JN418115

서경

서경

권용호 역주

學古房

머리말

《서경》은 중국의 우虞나라·하夏나라·상商나라·주周나라의 임금과 신하 간의 정치적인 발언과 행위를 기록한 책이다. 이 책을 통해 중국 역사상 가장 성군으로 알려진 요임금·순임금·문왕·무왕의 정치를 만나 볼 수 있다. 또 그들의 정치사상을 통해 중국사상의 다양한 원류도 보아낼 수 있다. 《서경》에 보이는 덕치주의는 유가사상의 형성에, 법치주의는 법가사상의 형성에, 무위이치의 사상은 도가사상의 형성에 지대한 영향을 끼쳤다. 또한 《서경》에는 중국 상고시기의 정치·문학·종교·철학·법·지리·역법·군사 등을 이해할 수 있는 귀중한 기록들도 적지 않다. 한漢나라의 역사학자 사마천司馬遷조차 《사기史記》 중의 상고사를 집필할 때 《서경》의 기록에 상당부분을 의존했을 정도였다. 또 《서경》의 〈우공禹貢〉 편은 중국의 가장 이른 지리서로 평가받는다. 우리나라에서도 삼국시기부터 《서경》을 국가이념을 세우고 군주와 신하가 가야할 길을 제시하는 큰 가르침을 주는 책으로 추종했다. 특히 조선 후기의 정약용은 기존의 공고한 성리학적 이념체계에서 벗어나 새로운 국가질서의 이념을 《서경》에서 찾고자 했다. 이처럼 《서경》은 동양사상의 형성에 지대한 영향을 끼친 책이라고 할 수 있다.

《서경》은 군주와 신하들에게 힘없는 백성들을 아끼고 지키라고 말한다. 이를 위해 《서경》은 군주와 신하된 사람들이 몸가짐을 어떻게 해야 하고, 어떤 정치를 펼쳐야 하고, 어떻게 국가를 경영해야 할지를 말하고 있다. 또 백성들의 삶을 어렵게 하면 어떤 일이 일어나고, 어떤 벌을 받게 되는지도 알려주고 있다. 백성들을 위하는 그 말 하나하나가 현대를 살아가는 우리에게도 가슴에 절실하게 와 닿는다. 그래서 역대 왕조의 통치자들과 관리들은 이 책의 가르침을 금과옥조처럼 받들고 따랐던 것이다. 《서경》이 유가경전

중에서 가장 먼저 거론되는 것도 이와 무관하지 않을 것이다. 바로 이점이 무수한 세월이 흐른 지금도 《서경》이 생명력을 잃지 않는 이유일 것이다.

중국문헌 중에서 《서경》만큼 우여곡절을 겪은 책도 드물 것이다. 한대 금문今文·고문古文의 출현과 소실, 그리고 진대晉代에 "공전고문상서孔傳古文尙書"의 출현 이후 이를 둘러싼 위작논쟁은 중국학술사에서 유례를 찾아볼 수 없을 정도로 복잡했다. 특히 위작논쟁은 송나라의 오역吳棫이 제기한 이후 청나라의 염약거閻若璩가 "공전고문상서"가 위작임을 고증하고서야 일단락되었을 정도였다. 이 위작 "공전고문상서"는 진나라 때 학관에 세워지고 당나라의 공영달孔穎達이 이를 저본으로 《상서정의尙書正義》를 편찬함으로써 《서경》의 정본으로 인정되었다. 또 송나라 때에는 이 《상서정의》를 저본으로 《십삼경주소十三經注疏》를 편찬해 지금까지 전해오고 있다.

《서경》의 문장은 난해하기로 정평이 나있다. 상고의 문자인데다 전래되는 과정에서의 손실과 필사 과정에서의 착오 등이 이 책의 정확한 해석을 어렵게 만들었다. 어떤 판본을 선택하느냐에 따라서도 문장의 끊어 읽기와 해석도 달라졌다. 이 때문에 사마천은 《사기》를 집필할 때 《서경》 중에 아는 부분만 참고하고 모르는 부분은 넘어갔다고 한다. 또 당나라의 대문호인 한유韓愈조차 《서경》의 문장을 "까다롭고 난삽하다"고 했다. 필자도 《서경》을 옮기면서 《서경》의 문자가 지금 우리가 알고 있는 한자와 많이 달라 읽는데 큰 어려움을 겪었다. 일례로 "천天"과 "자字"는 누가 봐도 "하늘"과 "글자"의 의미인데, 《서경》에서는 지시대명사 "이"와 "사랑하다"로 해석이 되었다. 그래서 쉬운 글자라도 혹여 다른 의미가 있는지를 늘 의심하고 문장을 봐야 했다.

본서는 《서경》의 금·고문 58편은 물론 공안국의 이름으로 가탁된 "상서서"와 각 편에 실린 "서문"을 모두 번역했다. 이렇게 번역하기는 우리나라에서 처음이 아닌가 싶다. 우리나라에서 "상서서"와 "서문"이 번역되지 않은 것은 이 서문들이 순수한 《서경》의 경문이 아닌 후인들이 덧붙인 것이라는 점과《서집전書集傳》의 체례를 따랐기 때문이 아닌가 싶다. 본서는 이 서문들이 후인들이 덧붙인 것이지만《서경》주석의 집대성이라고 할 수 있는《상서정의》에 수록되어 있고 당대 이후로 계속 읽혀져 왔던 점을 고려해 모두 번역을 시도했다.

원래 역자의 전공은 중국고전희곡이었다. 전공분야를 공부하는데 기초 지식이 너무 부족하다는 생각이 들어 주요 고전들을 섭렵해보고 싶은 생각이 들었다. 이런 생각을 한 후에 역자가 가장 먼저 고른 책은 중국의 가장 이른 역사문헌이자 중국사상의 원류인《서경》이었다. 이 어려운 책을 무슨 용기로 골랐는지 지금 생각하면 그래도 참 놀랍고 신기하다. 이제《서경》을 보기 시작한 지 1년이 조금 지났다. 예전에 문학작품을 읽다가《서경》의 구절이 인용된 것을 보면 지레 겁을 먹고 곧장 번역서나 주석서를 참고했던 기억이 난다. 요즈음은 책을 읽다가《서경》의 구절을 보고 해석이 될 때면 그렇게 반갑고 뿌듯할 수가 없다.《서경》을 읽으면서 책 속의 훌륭한 가르침들을 그냥 묻어두면 너무 아쉽겠다는 생각이 들었다. 그래서 읽은 문장들을 틈틈이 타이핑 한 것이 여기까지 오게 되었다. 돌이켜 보면 매일 밤 어려운 문장을 헤쳐 나가는 수고로움보다 중국 역사를 관통해온 성현들의 주옥같은 가르침에 더 매료되었던 같다. 어째든 지금《서경》이라는 책의 무게 앞에 필자의 학식과 번역솜씨가 너무 보잘 것 없는 것 같아 정말 "호랑이 꼬리를 밟고, 봄날의 살얼음을 밟는"(〈군아〉편) 것처럼 조심스럽고 두려운 심정이다.《서경》에 관심이 있는 분들의 많은 지적과 관심을 부탁할 따름이다.

1월의 추운 겨울날 보잘 것 없는 원고를 보시고 출간을 결정해주신 도서출판 학고방 하운근 대표님의 고전에 대한 해박한 지식과 고전의 보급에 대한 열의에 삼가 경의를 표한다.

2018년 1월

권용호

차례

《서경》해제: 중국에서 가장 이른 역사 기록 • 11
일러두기 • 23

상서서尙書序 • 25

우하서虞夏書 • 33

제1편 요전堯典: 요임금의 사적과 제위의 선양 • 34
제2편 순전舜典: 순임금의 사적 • 42
제3편 대우모大禹謨: 순임금과 우의 대화 • 54
제4편 고요모皐陶謨: 고요와 우의 대화 • 65
제5편 익직益稷: 우와 익의 사업 • 71
제6편 우공禹貢: 우의 토지정비와 공물제도 • 81
제7편 감서甘誓: 감 땅에서의 출정사 • 101
제8편 오자지가五子之歌: 다섯 동생의 노래 • 104
제9편 윤정胤征: 윤나라 군주의 출정 • 110

상서商書 • 115

제10편 탕서湯誓: 탕 임금의 출정사 • 116
제11편 중훼지고仲虺之誥: 중훼의 알림 • 119
제12편 탕고湯誥: 탕 임금의 알림 • 125
제13편 이훈伊訓: 이윤의 가르침 • 129

제14편 태갑상太甲上: 동궁으로 쫓겨난 태갑 • 135
제15편 태갑중太甲中: 태갑의 반성 • 140
제16편 태갑하太甲下: 태갑의 맹세 • 143
제17편 함유일덕咸有一德: 순수한 덕을 닦음 • 146
제18편 반경상盤庚上: 천도의 당위성 • 151
제19편 반경중盤庚中: 천도에 대한 지지를 호소함 • 160
제20편 반경하盤庚下: 천도를 단행함 • 166
제21편 열명상說命上: 부열에게 명함 • 169
제22편 열명중說命中: 부열의 충언 • 174
제23편 열명하說命下: 부열에 대한 기대 • 178
제24편 고종융일高宗肜日: 고종의 제사 • 182
제25편 서백감려西伯戡黎: 서백이 여나라를 침 • 185
제26편 미자微子: 미자의 선택 • 188

주서周書 • 193

제27편 태서상泰誓上: 태 땅에서의 첫 번째 출정사 • 194
제28편 태서중泰誓中: 상나라를 쳐야 할 이유 • 199
제29편 태서하泰誓下: 태 땅에서의 두 번째 출정사 • 203
제30편 목서牧誓: 목 땅에서의 출정사 • 207
제31편 무성武成: 어진 정치의 시작 • 211
제32편 홍범洪範: 치국의 큰 법도 • 218
제33편 여오旅獒: 여나라에서 올린 큰 개 • 232
제34편 금등金縢: 쇠줄로 묶은 궤짝 속의 책서 • 236
제35편 대고大誥: 크게 알림 • 243
제36편 미자지명微子之命: 미자에게 명함 • 252
제37편 강고康誥: 강숙에게 알림 • 255
제38편 주고酒誥: 금주할 것을 알림 • 269

제39편 재재梓材: 가래나무로 치국의 도리를 말함 • 279
제40편 소고召誥: 소공에게 알림 • 284
제41편 낙고洛誥: 낙읍으로의 천도를 알림 • 294
제42편 다사多士: 은나라의 유신들에게 알림 • 307
제43편 무일無逸: 향락을 추구하지 말라 • 316
제44편 군석君奭: 군석에게 가르침을 청함 • 325
제45편 채중지명蔡仲之命: 채중에게 명함 • 336
제46편 다방多方: 여러 나라의 관리들에게 알림 • 340
제47편 입정立政: 관리임명의 원칙 • 352
제48편 주관周官: 주나라의 관직제도 • 363
제49편 군진君陳: 군진에게 성주를 다스릴 것을 명함 • 371
제50편 고명顧命: 성왕의 마지막 유지 • 376
제51편 강왕지고康王之誥: 강왕의 알림 • 387
제52편 필명畢命: 필공에게 명함 • 392
제53편 군아君牙: 군아를 대사도에 명함 • 398
제54편 경명冏命: 경명을 태복정에 명함 • 402
제55편 여형呂刑: 여후의 형벌제도 • 406
제56편 문후지명文侯之命: 문후에게 명함 • 420
제57편 비서費誓: 비 땅에서의 출정사 • 425
제58편 진서秦誓: 진 땅에서의 출정사 • 429

《서경》 해제:
중국에서 가장 이른 역사 기록

서명에 대해

《서경》은 최초에 《서》로 불렸다. 《논어》나 《맹자》를 읽다보면 "《서書》왈曰" 혹은 "《서書》운云"이라고 한 말을 볼 수 있다. 이때의 "《서》"가 바로 《서경》을 말한다. "서"는 원래 "가늘고 긴 대쪽"을 뜻하는 말이었다. 때문에 《시경詩經》이나 《춘추春秋》 같은 책들도 모두 "서"라고 불렀다. 고대의 책들은 모두 대나무에 적었기 때문에 이렇게 불렀던 것이다. 순자荀子는 "《서》는 정사의 기록이다《書》者, 政事之紀也."라고 했으니 《서》는 정사를 기록한 대쪽이라고 할 수 있다.

《서경》은 《상서尙書》로도 불렸다. "상서"는 "서"보다 조금 후대에 불린 명칭이다. "서"에 "상"자 더해진 것은 서한 초기였다. "상"자를 더한 사람에 대해서는 두 가지 설이 유력하다. 첫째는 복생伏生이 더했다는 설이다. 이 설은 공안국이 썼다고 하는 《상서·서》의 "제남의 복생은……이것이 상고의 책이었기 때문에 《상서》라고 했다濟南伏生……以其上古之書, 謂之《尙書》."에 근거한다. 둘째는 구양씨歐陽氏라는 설이다. 이 설은 유흠劉歆이 《칠략七略》에서 "《상서》는 직언한 것이다. 구양씨가 가장 먼저 이름을 붙였다《尙書》直言也, 始歐陽氏先名之."라고 한 것에 근거한다. "상"의 의미에 대해서는 "높다"로 보는 견해도 있고, "옛날"의 의미로 보는 견해도 있다. 두 학설 모두 《서경》이라는 책의 특징을 잘 보여준다.

《서》와 《상서》를 "경(전)"으로 받든 것은 전국시기 순자로부터 시작되었다. 다만 이때는 유가의 경전들을 통칭해서 "경經"이라고 했을 뿐 "서경"이라고는 부르지 않았다. 한대에 와서도 《서》나 《상서》로 불렀을 뿐 《서경》이라고는 역시 부르지 않았다. 이후 수·당대에 와서도 여전히 《서》나 《상서》로만 불렀다. 《서경》으로 정식적으로 불리기 시작한 것은 송나라 때였다. 청대 왕명성王鳴盛은 "상"자는 원래 공자가 더했는데 송대의 유학자들이 "상"자를 빼고 《서경》으로 불렀다고 했다. 이때부터 지금까지 《서경》이라는 명칭이 쓰이고 있다. 중국에서는 《상서》로 많이 알려져 있다. 우리나라에서는 《서경》으로 많이 알려져 있다.

작자와 편찬자에 대해

《서경》의 작가는 사관史官이다. 고대 하·은·주대에는 임금의 언행을 전문적으로 기록하는 사관이 있었다. 《예기禮記·옥조玉藻》에는 "(임금이) 움직이면 좌사가 기록하고, 말하면 우사가 기록했다動則左史書之, 言則右史書之."고 했다. 이들 사관들의 기록이 《서경》의 토대가 되었다. 당대 공영달孔穎達의 《상서정의尙書正義》에 의하면 주나라 때 전해진 문서가 3,000여 편이나 되었다고 한다. 주나라 말기에 오면 이들 문서들은 파손이 심해져 옛 모습을 알아볼 수 없게 되는데, 공자가 이를 정리하여 제자들에게 강의했다. 전국 시기에는 여러 학파가 각 국의 군주들에게 자신들의 학설을 전파했다. 이때 군주의 지지를 이끌어내기 위해 사람들은 옛 문헌으로 자신의 학설을 증명하고자 했다. 이 때문에 그들은 상고의 책이었던 《서경》의 수집에 상당한 공을 들였다. 진몽가陳夢家의 《상서통론尙書通論》에 의하면, 《논어》·《맹자》·《좌전》·《국어》·《묵자》·《예기》·《순자》·《한비자》·《여씨춘추》에 《서경》을 인용한 구절이 168곳이 된다고 했다. 이런 이유로 《서경》은 당시 널리 유행했다.

체제와 내용에 대해

《서경》은 임금이 신하나 백성들에게 명령을 내리는 말과 군신들 간의 대화 등으로 이루어져있다. 《사기史記·태사공자서太史公自序》는 "선왕의 일을 기록하였다記先王之事."라고 했다. 현존하는 《서경》은 총 58편이다. 쓰인 시기에 따라 《우하서虞夏書》·《상서商書》·《주서周書》로 나눈다. 이중 《우하서》는 9편, 《상서》는 17편, 《주서》는 32편이 있다. 위로는 요·순에서 아래로는 동주東周까지 매우 진귀하고도 방대한 사료를 모아 놓고 있다. 《상서·서》는 문체를 "전典·모謨·훈訓·고誥·서誓·명命" 6가지로 나누었다. 또 공영달의 《상서정의》는 "전典·모謨·공貢·가歌·서誓·고誥·훈訓·명命·정征·범範" 10가지로 세분하고 있다. 현대의 학자들은 대체로 4가지 형식으로 나누고 있다.

1. 전典. 고대 전적제도를 기록한 형식이다. 《요전堯典》·《순전舜典》·《우전禹典》·《홍범洪範》·《여형呂刑》·《주관周官》 등이 여기에 속한다.
2. 훈고訓誥. 훈계하거나 명령을 내리는 형식이다. 여기에는 군신 간, 대신 간의 대화와 신들에게 고하는 글들이 포함된다. 《서경》에서 가장 많이 보이는 형식이다. 《고요모皐陶謨》·《반경盤庚》·《고종융일高宗肜日》·《서백감려西伯戡黎》·《금등金縢》·《대고大誥》·《다사多士》·《소고召誥》·《군석君奭》·《고명顧命》 등이 여기에 속한다.
3. 서誓. 군왕과 제후들의 출정사이다. 《감서甘誓》·《탕서湯誓》·《태서泰誓》·《목서牧誓》·《비서費誓》·《진서秦誓》 등이 여기에 속한다.
4. 명命. 군왕이 관리를 임명하거나 제후에게 내릴 때의 책명이다. 《군진君陳》·《필명畢命》·《군아君牙》·《경명冏命》·《문후지명文侯之命》 등이 여기에 속한다.

이밖에 《서서書序》가 있다. 《서서》는 각 편의 문장 제일 앞에 있으면 몇 마디의 말로 전체를 개괄하는 성격을 띠고 있다. 서序가 없는 편도 있고, 몇 편을 합해 하나의 서를 쓴 것도 있다. 원래 이 《서서》는 공자가 3,000여 편의 문헌기록에서 본보기가 될 만한 글을 뽑아 서를 썼다고 전해지는데, 학자들의 연구에 의하면 서한 때 《서경》을 강학하던 경학자들이 쓴 것으로 밝혀졌다.

금문今文 《상서》의 발견

진시황은 천하를 통일하자 문자를 통일하라는 명을 내렸다. 이 때문에 진나라 관가에서 사용하던 《서경》은 예서로 고쳐졌다. 그러나 민간에서 통행하던 《서경》은 전국 시기에 사용되던 문자 그대로 사용되었다. 이렇게 되자 《상서》는 글자체가 다른 판본이 생기게 되었다. 또 진시황은 만년에 분서갱유를 단행하여 관가에서 전수하던 《서경》 외에 다른 책들은 모두 소각할 것을 명했다. 이로써 전국 시기의 문자로 쓰인 《상서》는 거의 불타고 만다. 남아있는 것은 박사들이 소장하고 있던 예서로 쓴 《상서》뿐이었다. 그러나 이마저도 진나라 말기 유방과 항우를 중심으로 한 농민기의가 일어나면서 진나라 관가의 장서들은 모두 불태워지거나 소실되는 운명을 맞이한다. 이 와중에 《서경》은 자취를 감춰버린다.

산동山東 제남濟南 사람인 복생伏生은 원래 진나라 박사관博士官 출신으로, 《상서》를 전문적으로 강학했다. 농민기의 때 그는 《상서》를 벽 속에 숨겨 놨다. 한 혜제惠帝 때 서책을 소유하지 못하게 한 법률을 폐지하자 민간의 장서들이 나타나기 시작했다. 이때 복생은 벽 속에서 숨겨놨던 《서경》을 찾았다. 숨겨 놓은 《서경》을 보니 죽간의 대부분이 썩고 닳아 있었는데, 추려보니 28편만 남아있었다. 그는 이 28편을 가지고 고향에서 제자들에게 전수했다. 한나라는 진나라의 예서를 그대로 쓰고 있었기 때문에 이 《상서》 28편은 한나라에서 통용되던 예서로 쓰인 것이었다. 한 문제文帝는 조조晁錯를 복생에게 보내 《상서》를 전수받도록 했다. 조조는 복생의 말을 필기하여 조정에 돌아왔다. 이로 이 《상서》 28편은 박사관에서 전문적으로 강학되면서 전국적으로 유행하기 시작했다. 이 28편은 다음과 같다.

우하서 : 《요전堯典》·《고요모皐陶謨》·《우공禹貢》·《감서甘誓》

상서 : 《탕서湯誓》·《반경盤庚》·《고종융일高宗肜日》·《서백감려西伯戡黎》·《미자微子》

주서 : 《목서牧誓》·《홍범洪範》·《금등金縢》·《대고大誥》·《강고康誥》·《주고酒誥》·《재재梓材》·《소고召誥》·《낙고洛誥》·《다사多士》·《무일無逸》·《군석君奭》·《다방多方》·《입정立政》·《고명顧命》·《비서費誓》·《여형呂刑》·《문후지명文侯之命》·《진서秦誓》

후에 다른 지역에서 《태서泰誓》라고 하는 《상서》의 또 다른 편이 발견되었는데, 이 역시 예서로 쓰여 있었다. 이로써 복생이 전한 28편과 이 《태서》편을 더해 총 29편이 되었다. 그러나 《태서》의 문자는 진나라 사람들이 인용한 《태서》와 상당히 달라 진위를 의심받기도 했다. 한나라의 경학자들은 이것이 진짜라고 여기고 인용하였다. 그래서 서한 때에는 총 29편의 《상서》가 유행하게 되는데, 당시의 통용되던 예서로 쓰여 있었기 때문에 이를 금문 《상서》라고 했다.

고문古文 《상서》의 발견

한 경제景帝 때 29편으로 된 금문 《상서》가 유행하는 동시에 선진 때의 문자로 쓰인 《상서》가 계속 발견되었다. 이들은 금문 《상서》와 문자도 달랐고 편수나 장구도 달랐기 때문에 고문 《상서》라고 했다. 고문 《상서》는 여러 차례 발견되는데 이중 가장 주목받는 것이 공자의 옛집 벽에서 나온 《상서》이다.

한 경제의 아들 노魯 공왕恭王이 공자의 옛집을 허물고 궁전을 지으려다 벽의 틈 사이로 선진 때의 경서들을 발견했는데, 이때 《상서》도 함께 발견된 것이다. 노 공왕은 이 책들을 공씨 집안에 돌려주었다. 그런데 공씨 집안에는 《시경》과 《상서》를 연구하는 공안국孔安國이라는 학자가 있었다. 공안국은 벽에서 나온 《상서》를 금문 《상서》와 대조하여 문자에 다소 차이가 있을 뿐 금문 《상서》 29편뿐만 아니라 금문 《상서》에 없는 16편을 새로 얻었다. 그러나 그는 고문을 잘 알지 못했기 때문에 금문 《상서》와 일치하는 29편만 전수하고 나머지 새로 나온 16편을 "일서逸書" 내지 "일편逸篇"이라 했다. 이 16편은 다음과 같다.

하우서 : 《순전舜典》·《골작汨作》·《구공九共》(《구편九篇》)·《대우모大禹謨》·《기직棄稷》(《익직益稷》)·《오자지가五子之歌》·《윤정胤征》.

상서 : 《탕고湯誥》·《함유일덕咸有一德》·《전보典寶》·《이훈伊訓》·《사명肆命》·《원명原命》.

주서 : 《무성武成》·《여오旅獒》·《경명冏命》.

공안국은 이 45편을 조정에 올려 고문 《상서》라 하고 학관에 세워 줄 것을 청했다. 그러나 당시 태자를 무고해 죽인 일이 일어나 학관에는 세워지지 못했다. 그의 학생이었던 사마천司馬遷이 조정의 서고에서 이 45편의 고문 《상서》를 보고 《사기》에 인용했다.

금·고문 《상서》의 융합

금·고문 《상서》는 편수와 글자체의 차이 외에는 큰 차이가 없었다. 금문 《상서》는 100여 년간 유행하는데, 동한의 유향劉向이 고문 《상서》로 대조해본 결과 700여 글자가 달랐다고 한다. 이로 보면 금·고문의 차이는 크지 않다고 할 수 있다.

한나라 때 금문 《상서》를 전수한 학파를 금문학파라고 하고, 고문 《상서》를 전수한 학파를 고문학파라고 한다. 그들은 《상서》연구의 방법이 달랐기 때문에 금문학파와 고문학파를 형성했다. 금문학파는 미언대의微言大義의 서술을 중시하여 세세한 부분까지 해설했다. 고문학파는 문자의 훈고를 중시하고 제도나 사물을 고증했다. 서한 때는 금문학자들 대부분이 정치적으로 상당한 위치에 있었기 때문에 금문 《상서》는 오랫동안 학관에 세워졌다. 유흠이 고문 《상서》를 제창한 이래 두림杜林·가규賈逵·마융馬融 등의 학자들의 노력으로 동한 때 고문 《상서》가 학술계에서 우위를 점하게 되었다. 동한 말년, 금·고문에 정통했던 마융과 정현이 고문 《상서》에 주석을 달았다. 그들의 해박한 지식과 당시 학술계의 영향력으로 금·고문 《상서》의 논쟁이 종식된다. 이들의 주석본이 유행하자 다른 사람들의 주석본은 점차 사라지게 된다.

《공전고문상서孔傳古文尙書》의 출현

서진西晉 때 일어난 영가지난永嘉之亂(311년) 이후 금·고문 《상서》는 연이어 실전되었다. 동진 초년, 예장내사豫章內史 매색梅賾이 조정에 공안국이 쓴 것으로 된 《공전고문상서》를 올렸는데, 총 58편의 글들이 실려 있었다. 이중 33편의 내용이 복생이 전수한 금문 《상서》 28편과 일치했다(《요전》의 후반 부분을 나누어 《순전》으로 삼았고, 《고요모》의 후반 부분을 나누어 《익직》으로 삼았고, 《반경》을 상·중·하 3편으로 나누었으며, 《고명》의 후반 부분을 《강왕지고》로 삼았다). 여기에 또 새로 25편이 더해져 있었다. 이 새로 더한 25편을 후에 "만서晩書"라고 한다. 《공전고문상서》는 출현한 지 얼마 되지 않아 학관에 세워졌다. 동진東晉에서 수·당대 대부분의 학자들은 이 책이 공자의 집에서 나온 고문 《상서》이고 공안국이 주석을 단 것이라고 믿었다. 수대 육덕명陸德明은 《경전석문經傳釋文》을 쓸 때 이 책을 텍스트로 삼았고, 유현劉炫은 이 책에 소疏를 달았다. 이로

이 책은 당시 널리 유행하기 시작했다.

당대에는 오경五經의 정본을 지정하고자 안사고顔師古에게 오경을 고증하는 일을 명했다. 안사고는 유현이 소를 단 《공전고문상서》를 텍스트로 삼았다. 공영달도 이 책을 텍스트로 삼아 《상서정의》를 편찬했다. 이로 《상서정의》는 관가에서 인정한 정본으로 반포되어 유행되기 시작했다. 당대에는 해서楷書가 통용되고 있었고, 예서는 이미 고문체가 되었다. 이에 개성開成 2년 해서로 《공전고문상서》를 돌에 새겼는데, 이를 "개성석경開成石經"이라고 한다. 인쇄술이 발명된 후에는 "개성석경"을 근거로 경전을 인쇄하였는데 지금까지 이어지고 있다. 송대 편찬된 《십삼경주소十三經注疏》의 《상서》가 바로 《공전고문상서》이다. 당대에는 오경을 통일하고 다른 판본들을 배척했기 때문에 당대 초기까지 유행했던 마융의 주석본·왕숙의 주석본·정현의 주석본은 모두 배척되어 실전되었다. 지금 우리가 보는 것은 이 판본이 유일하다.

《공전고문상서》의 변위작업

송대 오역吳棫이 《서패전書稗傳》에서 처음으로 "만서" 25편을 위작으로 의심하기 시작했다. 주희朱熹도 오역의 의견에 찬성했다. 오역과 주희의 논거는 금·고문의 사상적 깊이와 문장의 난이도가 다르다는 점이었다. 명대 매작梅鷟은 《상서고이尙書考異》에서 《공전》과 "만서"의 내용을 분석하고 한나라 사람들의 기록 중 고문 《상서》의 전수과정과 "만서"의 편수·문체·유래 등의 방면에서 위작임을 지적했다. 청대의 학자 염약거閻若璩는 20년간의 연구 성과를 집약한 《상서고문소증尙書古文疏證》에서 《공전고문상서》가 위작임을 증명하는 128가지 증거를 제기했다. 염약거의 고증은 요제항姚際恒과 혜동惠棟 등의 학자들의 수정을 거쳐, 최종적으로 이 《공전고문상서》가 위작임을 밝혀냈다. 현대 학자들도 《공전고문상서》 58편 중 33편은 복생이 전수한 것이며, "만서" 25편은 위작임을 인정하고 있다. 이 때문에 이 《공전고문상서》를 "위《공전》"으로 부르기도 한다. "위《공전》"의 저자가 누구인지는 지금까지도 베일에 가려있다.

"위《공전》" 중 33편은 한나라에서 전해진 고문 《상서》를 보고 베낀 것으로 진짜 기록이다. 나머지 25편은 각종 자료를 짜깁기한 가짜 기록들이다. 그리고 책에 나오는 "공안국의 주석"과 "공안국의 서"는 모두 위조된 것이다. 이 33편의 진짜 기록은 실질적으로 복생이 전수한 금문 《상서》 28편과 일치한다(앞의 금문《상서》 목록 참조). 그러나 이 28편의 진짜 기록은 모두가 1차적인 원시자료들이 아니다. 믿을 수 있는 정도에 따라 분류하면 세 가지로 나눌 수 있다.

1. 1차 원시자료로 믿을 수 있는 것. 총 13편
   상서 :《반경》.
   주서 :《대고》·《강고》·《주고》·《신재》·《소고》·《낙고》·《다사》·《다방》·《여형》·《문후지명》·《비서》·《진서》.

2. 기본적으로 1차 원시자료이지만 문자 등이 후대의 가공을 거친 것. 총 12편.
   우하서 :《감서》.
   상서 :《탕서》·《고종융일》·《서백감려》·《미자》.
   주서 :《목서》·《홍범》·《금등》·《무일》·《군석》·《입정》·《고명》.

3. 전국 때 상고의 전설과 옛 자료들을 이용해 쓴 것. 총 3편
   우하서 :《요전》·《고요모》·《우공》.

《서경》 연구와 연구서

《서경》의 문장은 예로부터 읽기 어려운 것으로 정평이 나있다. 한대 사마천조차 문장을 완전하게 이해하지 못해 해석한 부분만 《사기》에 인

용하고 이해할 수 없는 부분은 보지 않고 넘어갔다고 한다. 그래서 서한 때부터 글자·단어·문장을 훈고하는 학문이 일어났다. 한나라 말 정현이 고문 《상서》를 텍스트로 하고 금문 《상서》의 주석을 참고하여 《상서주尙書注》를 지었다. 이 주석본은 양한대 《상서》 주석의 집대성으로 평가받는다.

동진 때 나온 《공전고문상서》는 위작으로 판명 났지만 그 주석은 앞 사람의 성과를 흡수하고 문장마다 해석을 곁들여 알기 쉽게 풀고 있다. 또 주석 수준도 정현의 주석보다 뛰어나다고 평가받는다. 당대 공영달은 이 《공전고문상서》를 텍스트로 삼고 소를 달아 《상서정의》를 편찬하였다. 이 책은 당대 이전 《상서》 연구의 성과를 집대성하고 있다. 지금 통용되는 《십삼경주소》에 수록된 것이 바로 공영달의 《상서정의》이다.

송대 주희의 제자 채침蔡沈의 《서집전書集傳》은 한·당대의 복잡한 고증방법을 버리고 새로운 관점에서 문장을 풀고 있으며, 주석 또한 알기 쉽고 간명하다. 이 책은 원·명·청대 과거시험의 정본으로 읽힐 정도로 후세 지대한 영향을 끼쳤다. 역대로 《상서정의》와 더불어 《서경》의 대표적 주석서로 손꼽혀왔다.

청대 학자들은 다방면으로 《상서》연구를 진행하여 가장 풍성한 성과를 거두었다. 염약거는 송대 이후로 오랫동안 논쟁이 되었던 《상서》의 위작논쟁에 종지부를 찍었다. 단옥재段玉裁의 《고문상서찬이古文尙書撰異》는 《상서》의 문자·구두 등의 문제를 해결했다. 왕인지王引之의 《경의술문經義述聞》과 《경전석사經傳釋詞》는 소리로 의미를 유추하는 방법과 문법의 비교를 통해 《상서》 중의 많은 난제들을 해결했다. 손성연孫星衍의 《상서금고문주소》는 역대 《상서》 관련 모든 자료를 망라하여 시비를 판단하였다. 피석서皮錫瑞는 "《상서》를 공부하려면 먼저 손성연의 《상서금고문주소》를 봐야한다治《尙書》當先看孫星衍《尙書今古文注疏》."라고 했다. 이 책은 청대 《상서》연구의 집대성이라고 할 수 있다.

근대에 와서 학자들은 새롭게 발굴된 자료와 서양의 새로운 연구방

식으로 《상서》를 연구했다. 왕국유王國維의 《낙고전洛誥箋》·《상서고명찰징尙書顧命札徵》·《상서고명후고尙書顧命後考》와 제자 양균여楊筠如의 《상서핵고尙書覈考》는 갑골문과 금문金文으로 전인들이 오해한 곳을 지적하고 새로운 해석을 시도하고 있다. 장태염章太炎의 《태사공고문상서설太史公古文尙書說》과 《고문상서습유古文尙書拾遺》는 새롭게 발굴된 위나라의 삼체석경三體石經과 《사기》를 근거로 고문 《상서》의 문자장구를 고증했다. 유사배劉師培의 《상서원류고尙書原流考》는 《상서》의 진위眞僞의 원류를 고증했다. 그의 제자 우성오于省吾의 《쌍검치상서신증雙劍誃尙書新證》은 고문자와 옛 기물들을 이용해 《상서》의 문자와 역사적 사실을 고증했다. 증운건曾運乾의 《상서정독尙書正讀》은 훈고·문법·수사 등을 이용해 해석상의 많은 난제들을 해결했다. 주병균周秉鈞의 《상서이해尙書易解》는 훈고의 방법을 이용해 초학자들이 《상서》에 쉽게 접근할 수 있도록 풀고 있다.

이밖에 《서경》 연구의 개설서로는 진주陳柱의 《상서논략尙書論略》·오강吳康의 《상서대강尙書大綱》·진몽가陳夢家의 《상서통론尙書通論》·장서당張西堂의 《상서인론尙書引論》·마옹馬雍의 《상서사화尙書史話》·장선국蔣善國의 《상서종술尙書綜述》·유기우劉起釪의 《상서학사尙書學史》 등이 있다.

우리나라의 《서경》 연구와 번역서

우리나라에 《서경》이 언제부터 들어왔는지는 정확하지 않다. 다만 삼국시대 신라 진흥왕의 마운령비문磨雲嶺碑文과 임신서기석壬申誓記石에 《서경》을 인용한 문장이 보이는 것으로 보아 삼국시대에 이미 《서경》을 학습한 것으로 보인다. 통일신라시대에는 국학에서 가르치는 과목의 하나였으며, 원성왕元聖王 때에는 독서삼품과에도 들어가 있었다. 당시는 중국의 당나라 때였으므로 공영달의 《상서정의》를 본 것으로 추정된다.

고려 말에 주자학이 전래되면서 성리학적 바탕위에서 《서경》을 재해석한 채침의 《서집전》을 받아들였다. 이후 《서집전》은 조선시대에 와서도 대표적 주석서로 널리 읽혔다. 조선시대 "서경학"은 두 가지로 나눌 수 있다. 첫째는 주자학적 《서경》의 해석을 절대 존중하고 이에 대한 이해를 심화한 주석서들이다. 조선 후기의 "서경학"은 대부분 여기에 속한다. 이황李滉의 《삼경석의三經釋義》가 대표적이다. 둘째는 독자적으로 《서경》을 연구한 경우이다. 대표적인 인물들이 조선 후기의 실학자들인 이익李瀷·정약용丁若鏞·김정희金正喜이다. 이들은 《상서정의》를 비롯한 다양한 주석서를 참고해 주자학적 해석의 범주를 벗어나 독자적인 체계를 세우고자 했다. 특히 청대의 고증학을 이용해 《서경》 경문 자체에 대한 고증과 위서고증을 비롯하여 금·고문에 대한 분석 등의 연구를 진행했다. 이익의 《서경질서書經疾書》·정약용의 《매씨서평梅氏書評》과 《상서고훈尙書古訓》·김정희의 《상서금고문변尙書今古文辨》 등이 이 시기에 나온 저작들이다.

현대에 오면 번역서들이 많이 보인다. 역자의 조사에 의하면, 지금까지 10여권의 번역서가 나왔다. 이들 번역서들은 풍부한 해설과 주석을 덧붙이고 있다. 대표적인 번역서로는 성백효의 《서경집전書經集傳》·김학주의 《서경》·서정기의《새 시대를 위한 서경》·이기동의 《서경강설書經講說》 등을 꼽을 수 있다.

일러두기

1. 본서는 공영달孔穎達의 《상서정의尙書正義》의 체례를 따라 금·고문 《서경》 58편을 비롯한 각 편의 서문들을 번역했다.
2. 본서의 문장 표점과 해석은 증운건曾運乾의 《상서정독尙書正讀》, 주병균周秉鈞의 《상서이해尙書易解》, 강호江灝·전종무錢宗武의 《금고문상서전역今古文尙書全譯》, 왕세순王世舜·왕취엽王翠葉의 《상서역주尙書譯注》를 참고했다.
3. 본서에 수록된 그림은 곽인성郭仁成 역해의 《상서도문본尙書圖文本》(岳麓書社, 2007)과 청나라 손가내孫家鼐와 장백희張百熙 등이 편찬한 《흠정서경도설欽定書經圖說》(1905)을 참고했다.
4. 원문은 되도록 짧은 대목으로 나누어 번역했고, 번역문 아래에 원문과 주석을 붙여놓아 대조하며 읽기에 편하도록 했다.
5. 각 편의 앞머리에는 해당 편의 역사적 유래와 내용 등을 미리 이해할 수 있도록 해제를 붙여 놓았다.
6. 번역문은 원문에서 크게 벗어나지 않는 부분에서 해석하려고 노력했으나 어떤 부분은 충분한 이해를 돕기 위해 알기 쉽게 풀어 놓기도 했다.
7. 해제와 주석에 나오는 주요 참고 문헌은 다음과 같이 표기했다.

《상서대전》	[漢] 伏生	《尙書大傳》
《상서공씨전》	[漢] 孔安國	《尙書孔氏傳》
《사기》	[漢] 司馬遷	《史記》
《설문해자》	[漢] 許愼	《說文解字》

《방언》	[漢] 楊雄	《方言》
《이아》	[漢]	《爾雅》
《소이아》	[漢] 孔鮒	《小爾雅》
《광아》	[北魏] 張揖	《廣雅》
《상서정의》	[唐] 孔穎達	《尙書正義》
《서집전》	[宋] 蔡沈	《書集傳》
《상서표주》	[宋] 金履祥	《尙書表注》
《경의술문》	[淸] 王引之	《經義述聞》
《경전석사》	[淸] 王引之	《經傳釋詞》
《상서금고문주소》	[淸] 孫星衍	《尙書今古文注疏》
《상서계몽》	[淸] 黃式三	《尙書啓蒙》
《상서변지》	[淸] 孫詒讓	《尙書駢枝》
《상서보소》	淸] 焦循	《尙書補疏》
《상서공전참정》	[淸] 王先謙	《尙書孔傳參正》
《상서고》	[淸] 吳汝綸	《尙書故》
《상서집주음소》	[淸] 江聲	《尙書集注音疏》
《상서주소교감기》	[淸] 阮元	《尙書注疏校勘記》
《고문상서습유》	[淸] 章太炎	《古文尙書拾遺》
《상서신증》	于省吾	《尙書新證》
《상서핵고》	楊筠如	《尙書覈考》
《상서정독》	曾運乾	《尙書正讀》
《상서설》	楊樹達	《尙書說》
《상서이해》	周秉鈞	《尙書易解》
《상서석의》	屈萬里	《尙書釋義》
《상서역주》	王世舜·王翠葉	《尙書譯注》

상서서尙書序

1

옛날 복희씨伏犧氏가 세상을 다스릴 때, 처음으로 팔괘八卦를 그리고 문자를 만들어, 줄의 매듭으로 나라를 다스렸던 시대를 대신했다. 이로부터 글로 쓰인 책이 나왔다.

古者伏犧氏之王天下也, 始畫八卦, 造書契, 以代結繩之政, 由是文籍生焉.

> ○伏犧氏(복희씨): 전설 속의 부족장. 복희(宓羲)라고도 함. 전설에 의하면 팔괘를 처음으로 창안했으며, 사람들에게 물고기를 잡고 가축을 기르는 법을 가르쳐주었다고 함. ○王(왕): 임금 노릇하다. ○書契(서계): 고대 나무·대나무·갑골 등에 새긴 문자. "계"는 칼로 새기다. ○結繩(결승): 문자가 생기기 전에 줄의 매듭으로 모양이나 숫자를 나타내던 방식. ○由是(유시): 이로.

2

복희伏犧·신농神農·황제黃帝의 책인 《삼분三墳》은 큰 도리를 말하고 있다. 소호少昊·전욱顓頊·고신高辛·당唐·우虞의 책인 《오전五典》은 일상적인 도리를 말하고 있다. 하·상·주의 책들은 가르침의 방향이 (《삼분》·《오전》과) 같지 않지만, 심오한 이치를 바르게 알려주고 있으니, 그 취지는 같다. 이 때문에 역대로 큰 가르침을 주는 책이라고 여기고 중히 여겼다.

伏犧、神農、黃帝之書, 謂之《三墳》, 言大道也; 少昊、顓頊、高辛、唐、虞之書, 謂之《五典》, 言常道也. 至于夏、商、周之書, 雖設教不倫, 雅誥奧義, 其歸一揆. 是故歷代寶之, 以爲大訓.

> ○神農(신농): 전설 속 삼황(三皇)의 한 사람. 염제(炎帝)라고도 함. 사람들에게 농사를 가르치고 약을 만들어 병을 치료해주었다고 함. ○黃帝(황제): 소전(少典)의 아들로, 성은 공손(公孫). 헌원씨(軒轅氏)라고도 함. 전설에 의하면 누에치기·의술·조선술·문자 등이 그로부터 시작되었다고 함. 신농(神農)·복희(伏犧)와 더불어 삼황(三皇)으로 불림. ○三墳(삼분): 책이름.

《상서정의》는 "'분'은 '크다'는 의미이다. 말한 삼황의 도리는 지극히 크기 때문에 '큰 도리'라고 말했다(墳, 大也. 以所論三皇之事其道至大, 故曰言大道也)."라고 했다. ○少昊(소호): 황제(黃帝)의 아들. 다음 문장에 나오는 전욱(顓頊)·고신(高辛)·당(唐)·우(虞)와 더불어 오제(五帝)로 불림. ○顓頊(전욱): 황제(黃帝)의 손자이자 창의(昌意)의 아들. 고양씨(高陽氏)라고도 함. ○高辛(고신): 황제(黃帝)의 증손자이자 소호(少昊)의 손자. 제곡(帝嚳)이라고도 함. ○唐(당): 요(堯)임금. 도당씨(陶唐氏) 출신이기 때문에 당요(唐堯)라고도 함. ○虞(우): 순(舜)임금. 유우씨(有虞氏) 출신이기 때문에 우순(虞舜)이라고도 함. ○五典(오전): 책이름. 《상서정의》는 "'전'은 '일상적인'의 의미이다. 다섯 임금의 도리는 영원히 행해질 수 있기 때문에 '일상적인 도리'라고 했다(典者, 常也. 言五帝之道可以百代常行, 故曰言常道)."라고 했다. ○設敎(설교): 가르침을 행하다. ○倫(윤): 같다, 유사하다. ○雅誥(아고): 올바르게 알려줌. ○一揆(일규): 같은 이치.

3

팔괘의 말을 《팔삭八索》이라고 하는데, 그 이치를 탐구한다. 구주九州의 기록을 《구구九丘》라고 한다. "구丘"는 "모으다"는 의미이다. 구주에 있는 것, 땅에서 생겨나는 것, 풍습에 맞는 것, 모두가 이 책에 수록되어 있다. 《춘추좌씨전春秋左氏傳》은 "초나라의 좌사左史 의상倚相은 《삼분》·《오전》·《팔삭》·《구구》를 읽을 수 있었다."고 했다. 이곳에 언급한 책들은 상고시대 제왕들의 유서이다.

八卦之說, 謂之《八索》, 求其義也. 九州之志, 謂之《九丘》, 丘, 聚也. 言九州所有, 土地所生, 風氣所宜, 皆聚此書也. 《春秋左氏傳》曰: "楚左史倚相能讀《三墳》、《五典》、《八索》、《九丘》." 卽謂上世帝王遺書也.

○志(지): 기록하다.

4

주나라 말에 태어난 공자는 사서의 글들이 잡다한 것을 보고, 읽는 사람들의 관점이 달라질 것을 걱정했다. 이에 《예기禮記》와 《악경樂經》을 정리해 옛 책들을 새롭게 하였다. 또 《시경詩經》을 300편으로 줄이고, 사서의 기록을 토대로 《춘추春秋》를 편찬했고, 《주역周易》의 도리를 풀어 《팔삭》을 퇴출했고, 직방職方의 직무를 명기해 《구구》를 폐기했다. 《삼분》과 《오전》을 정리하고, 요·순부터 주나라까지의 기록만 수록했다. 불필요하고 근거 없는 말을 배제하고, 큰 법도를 담고 있는 말과 핵심이 되는 중요한 말들을 발췌하였으니, 후대에 좋은 가르침으로 전해줄 만하다. 전典·모謨·훈訓·고誥·서誓·명命의 100편은 큰 도리를 널리 알려주고, 군주로서 모범이 되어야 할 것들을 보여준다. 제왕의 제도가 아주 분명해서 실행에 옮길 수 있다. (공자의) 3,000명의 제자들이 모두 이 책의 가르침을 받았다.

先君孔子生於周末, 覩史籍之煩文, 懼覽之者不一, 遂乃定《禮》、《樂》, 明舊章, 刪《詩》爲三百篇, 約史記而修《春秋》, 讚《易》道以黜《八索》, 述職方以除《九丘》. 討論《墳》、《典》, 斷自唐虞以下, 迄於周. 芟夷煩亂, 翦裁浮辭, 擧其宏綱, 撮其機要, 足以垂世立敎. 典、謨、訓、誥、誓、命之文, 凡百篇, 所以恢弘至道, 示人主以軌範也. 帝王之制, 坦然明白, 可擧而行. 三千之徒, 幷受其義.

○先君(선군): 자손이 자신의 조상을 일컫는 말. ○煩(번): 번다함. ○舊章(구장): 옛 글이나 문장. ○約(약): 구(求)하다. 이곳에서는 사서의 기록을 토대로 했음을 의미. ○讚(찬): 풀다, 설명하다. ○黜(출): 퇴출하다. ○職方(직방): 관직이름. 《주례(周禮)·하관사마(夏官司馬)·직방씨(職方氏)》는 "직방씨는 천하의 지도를 관장하며, 천하의 땅을 주관한다(職方氏掌天下之圖, 以掌天下之地)."라고 했다. ○討論(토론): 정리하다. ○訖(흘): 그치다, 끝나다. ○芟夷(삼이): 제거하다, 없애다. "삼"은 제거하다, 베다. "이"는 평평하다. ○宏綱(굉강): 큰 법도. ○撮(촬): 취하다, 뽑다. ○機要(기요): 핵심적인 말. ○垂世(수세): 후세에 전하다. ○典·謨·訓·誥·誓·命(전·모·훈·고·서·명): 《상서》에 나오는 문체이름. "전"은 오제(五帝)의 법도를 말함. "훈"은 국사를 의론하는 말. "훈"은 지도하고 인도하는 말. "고"는 임금이 제후에게 알려주는 말. "서"는 임금이 출정하는 군사들에게 하는 말. "명"은 명령하는 말. ○以

(이): 사용되다. 쓰이다. ○恢弘(회홍): 발양하다, 드날리다. ○軌範(궤범): 모범, 본보기. ○坦然(탄연): 분명하다. ○三千之徒(삼천지도): 공자의 제자들. 《사기·공자세가(孔子世家)》는 "공자는 시·서·예·악을 가르쳤는데, 제자가 대략 3,000명이었다(孔子以詩書禮樂敎, 弟子蓋三千焉)."라고 했다.

5

진시황은 선대의 전적들을 없애고 분서갱유를 단행했다. 천하의 학사들은 난을 피해 흩어졌다. 우리 선조께서는 집안의 책들을 벽 속에 숨겼다.

及秦始皇滅先代典籍, 焚書坑儒, 天下學士逃難解散, 我先人用藏其家書於屋壁.

6

한나라가 들어서자, 학교를 열고 박식한 유사들을 널리 구해 옛 책 속의 큰 도리를 밝히고자 했다. 당시 90세가 넘은 제남濟南의 복생伏生은 원전을 잃어버려 구두로 남은 20여 편을 전수했다. 상고시대의 책이었기 때문에 《상서尙書》라고 했다. 세상에 100편의 가르침을 들은 사람은 없었다.

漢室龍興, 開設學校, 旁求儒雅, 以闡大猷. 濟南伏生, 年過九十, 失其本經, 口以傳授, 裁二十餘篇. 以其上古之書, 謂之《尙書》. 百篇之義, 世莫得聞.

○龍興(용흥): 새로운 나라가 들어섬. ○旁求(방구): 널리 구함. ○大猷(대유): 대도(大道), 큰 도리. ○伏生(복생): 이름은 승(勝), 자는 자천(子賤). 제남(濟南) 사람. 진(秦)나라 때 박사(博士)를 지냄. 한 문제(文帝) 때 나이가 이미 90여 세였다고 함. 문제가 태상사장고(太常使掌故) 조조(鼂錯)를 보내 《상서》를 배우도록 했다. 복생의 딸이 그에게 20여 편을 전수해주었다고 함. ○裁(재): 남다, 줄어들다.

7

노魯 공왕共王은 궁실을 축조하길 좋아했다. 그는 집을 넓히려고 공자의 구택을 허물다가 벽 속에서 선조들이 숨긴 고문으로 된 우·하·상·주의 책과 전傳을 비롯해 《논어》·《효경》을 발견했는데, 모두가 과두문자였다. 노 공왕은 또 공자를 모신 사당에 올라갔다가 악기 소리를 듣고는 공자의 구택을 허물지 않았다. 발견한 책들은 모두 공씨에게 돌려주었다. 과두문자로 쓴 책은 오래 전에 없어져서, 당시 알아볼 수 있는 사람이 없었다. 복생이 들었다는 책으로 문의를 따져보니, 알아볼 수 있는 것은 예서로 쓴 고문이었다. 이를 다시 죽간에 옮겨보니 복생이 전수한 것보다 25편이 더 많았다. 복생은 또 《순전舜典》을 《요전堯典》에 넣고, 《익직益稷》을 《고요모皐陶謨》에 넣고, 《반경盤庚》 세 편을 한 편으로 묶고, 《강왕지고康王之誥》를 《고명顧命》에 넣었다. 이렇게 나누어진 편에 서문까지 더하니 총 59편이 되었는데, 이를 46권으로 만들었다. 그 나머지 두서가 없고 사라진 부분들은 알 길이 없어, 모두 관부의 서고로 보내 소장토록 했다. 후일 알아볼 수 있는 사람을 기다린다.

至魯共王, 好治宮室, 壞孔子舊宅以廣其居, 於壁中得先人所藏古文虞夏商周之書及傳、《論語》、《孝經》, 皆科斗文字. 王又升孔子堂, 聞金石絲竹之音, 乃不壞宅. 悉以書還孔氏. 科斗書廢已久, 時人無能知者. 以所聞伏生之書考論文義, 定其可知者爲隷古定, 更以竹簡寫之, 增多伏生二十五篇. 伏生又以《舜典》合於《堯典》, 《益稷》合於《皐陶謨》, 《盤庚》三篇合爲一, 《康王之誥》合於《顧命》, 復出此篇幷序, 凡五十九篇, 爲四十六卷. 其餘錯亂摩滅, 弗可復知, 悉上送官, 藏之書府, 以待能者.

○魯共王(노공왕): 노공왕(魯恭王)이라고도 함. 한 경제(景帝)의 아들로, 이름은 여(餘). 공자의 옛 집을 허물다가 벽 속에서 오래전의 경전들을 발견했다고 함. ○전(傳): 경전에 설명을 단 책. 주석서를 의미. ○科斗文字(과두문자): 고대 문자의 일종. 위가 굵고 아래가 가늘어 올챙이처럼 생겼다고 해서 붙은 이름. "과두"는 올챙이를 뜻하는 "과두(蝌蚪)"와 통함. ○金石絲竹(금석사죽): 음악. "금"은 종. "석"은 석경. "사"는 거문고. "죽"은 관악기. ○時人(시

인): 당시의 사람들. ○隷古定(예고정): 예서의 필체로 고문을 씀. ○摩滅(마멸): 손실되다, 사라지다. "마"는 "마(磨)"와 통함.

8

황제께서 나에게 이 59편에 주석을 달라고 명했다. 이에 열심히 살피고 심사숙고를 거듭하며, 경적들을 두루 참고하고 여러 학설들을 모아, 이 주석을 달게 되었다. 문장의 의미를 간명하게 설명하고, 그 이치를 분명하게 말했으니, 장래에 도움이 될 것이다.

承詔爲五十九篇作傳, 於是遂硏精覃思, 博考經籍, 採摭群言, 以立訓傳. 約文申義, 敷暢厥旨, 庶幾有補於將來.

○承詔(승조): 임금의 명을 받음. ○作傳(작전): 주석을 붙임. ○覃思(담사): 깊이 생각함. "담"은 미치다, 퍼지다. ○採摭(채척): 취하다. "척"은 줍다. ○訓傳(훈전): 단어나 문장에 대한 해설. 주석을 의미함. ○約(약): 간명하다. ○申(신): 설명하다. ○敷暢(부창): 분명하게 진술하다. ○庶幾(서기): 아마도.

9

《상서》의 서에는 글을 쓴 이의 의도가 나와 있다. 이 서문들은 의미가 분명해, 각 편의 정문과 함께 붙어 있어야 한다. 그래서 이 서문들을 인용함에 해당되는 편의 제일 앞에 두었다. 서문은 총 58편이다. 작업이 끝나니, 나라에 무술巫術로 사람을 현혹시킨 사건이 일어나 경전의 도가 막혀버렸다. 때문에 더 이상 (《서》전을) 조정에 올리지 않고 자손을 통해 후대에 전한다. 옛 것을 좋아하고 박식한 군자가 나의 뜻에 공감한다면, 나 역시 내가 지은 《서》전을 숨기지 않을 것이다.

《書》序, 序所以爲作者之意. 昭然義見, 宜相附近, 故引之各冠其篇首, 定五十八篇. 旣畢, 會國有巫蠱事, 經籍道息, 用不復以聞, 傳之子孫, 以貽後代. 若好古博雅君子, 與我同志, 亦所不隱也.

○昭然(소연): 분명하다, 확연하다. ○見(현): 드러나다, 나타나다. ○附近(부근): 가까이 있음. 서문이 각 편의 정문과 가까이 있어야 함을 의미. ○會(회): 만나다. ○巫蠱事(무고사): 무술(巫術)로 사람을 현혹시킨 사건. 한 무제(武帝)는 말년에 무술(巫術)을 신봉했다. 강충(江充)은 태자와 사이가 나빠지자 기만책으로 태자를 해치려다 도리어 태자에게 살해당한다. 이때 무제는 태자궁에 독기가 있다는 강충의 말을 믿고 승상(丞相)에게 군사를 이끌고 태자를 치라고 명한다. 태자는 이 소식을 듣고 자살함. "고"는 독(毒). ○息(식): 그치다, 멈추다. ○貽(이): 남기다, 전하다.

우하서虞夏書

우虞는 순舜임금이 다스린 나라이다. 하夏는 우禹임금이 다스린 나라이다. 고문《상서》에는 원래 "우서虞書"로 되어 있다. 공영달孔穎達의 《상서정의尙書正義》에는 마융馬融·정현鄭玄·왕숙王肅의 주석본과 유향劉向의《별록別錄》을 인용하여 "우하서虞夏書"로 되어 있다. 복생伏生의《상서대전尙書大全》에도 "당전唐傳"·"우전虞傳"·"하전夏傳" 앞에 각각 "우하서虞夏傳"라는 세 글자가 있다. 이곳에서는 마융·정현의 주석본을 따라 "우하서虞夏書"로 표기한다.

제1편 요전堯典: 요임금의 사적과 제위의 선양

해제

요堯는 중국 원시사회 후기의 씨족수령이다. 이름은 방훈放勳이며, 도당씨陶唐氏 부족 출신이기 때문에 당요唐堯라고도 부른다. "전典"은 《설문해자》에는 "큰 책大冊"이라고 했다. "다섯 황제의 책"이라는 의미이다. 본편은 후대의 사관들이 요의 사적을 추도하기 위해 지은 글이다. 지어진 시기는 대략 주나라 초기에서 진·한 사이로 추정된다.

요임금의 모습(堯帝畵像)

내용은 제위의 선양, 백관들과의 공개적인 의사토론, 동서남북과 춘하추동의 관계 등이다. 본편은 중국 원시사회 후기의 정치제도와 고대의 사상·문화를 이해하는데 중요한 자료이다.

서한西漢의 복생伏生이 전한 금문《상서》의 〈요전〉은 다음에 나오는 〈순전舜典〉을 포함하고 있다. 이곳에서는 고문《상서》를 따라 두 편으로 나누었다.

1

옛날 요임금께서는 영민하고 지혜로우시며, 치밀하고 빠른 사고로 천지를 다스렸다. 천하에 그 은혜로운 빛이 가득했다. 후에 제위를 우순에게 양위하여 물러나려고 했다. (사관들이 이를 근거로) 《요전》을 지었다.

昔在帝堯, 聰明文思, 光宅天下. 將遜于位, 讓于虞舜, 作《堯典》.

○文(문): 천지를 다스림. ○思(사): 사고가 치밀하고 빠름. ○宅(택): 가득하다 ○ 遜(손): 물러나다. ○虞舜(우순): "우"는 성이고, "순"은 이름. 요임금으로부터 왕위를 이어받아 임금이 됨.

2

요임금이 세상을 평안하게 한 그림(帝世時雍圖)

옛날의 전설에는 이렇게 전한다. 요임금의 본명은 방훈이다. 공경하게 정무를 처리하시고 몸소 절약을 실천했다. 옳고 그름을 잘 살피시고, 치밀하고 빠른 사고로 천지를 다스렸으며, 사람을 대하는 태도가 부드러웠다. 진심으로 사람을 공경하고 자신보다 뛰어난 사람에게 양보할 줄 알았다. 그래서 그 은혜로운 빛이 세상을 비춤에 하늘과 땅까지 이르렀다. 친척 중에 재능과 덕을 겸비한 사람을 뽑으시니, 가족들이 화목해졌다. 가족들이 화목해지자, 백관들 중에 착한 일을 한 사람을 가려서 표창했다. 백관들이 업무를 잘 처리하자, 각 제후국들이 서로 협력하고 평화롭게 지냈다. 이로부터 천하의 백성들도 선량해지고 화목해졌다.

曰若稽古, 帝堯曰放勳, 欽明文思安安, 允恭克讓, 光被四表, 格于上下. 克明俊德, 以親九族. 九族旣睦, 平章百姓. 百姓昭明, 協和萬邦, 黎民於變時雍.

○曰若(왈약): 발어사. 의미가 없음. ○欽(흠): 일처리가 신중하고 근검절약함. ○明(명): 잘 살피다. ○안안(安安): 부드럽다. ○允(윤): 진실로. ○克(극): ~할 수 있다. ○被(피): 뒤덮다. ○四表(사표): 사방. ○格(격): 이르다. ○俊德(준덕): 재능이 있고 덕이 있는 사람. ○구족(九族): 가족, 친족. ○平(평): 구별하다, 가리다. 《사기색은(史記索隱)》에는 "변(辯)"으로 되어있음. ○章(장): 표창하다. ○백성(百姓): 모든 관리, 백관(百官). ○여민(黎民): 백성. ○於(어): ~로써. 이(以)와 통함. ○時(시): 착하다, 좋다. ○雍(옹): 화목하다.

3

이에 희씨羲氏와 화씨和氏에게 명했다. 하늘의 뜻을 공경하게 따르고, 해·달·별의 운행규칙을 헤아려 역법을 제정해, 사람들에게 절기를 정중하게 알려준다. 또 희중에게 명했다. 동쪽의 바닷가에 있는 양곡이라는 곳에 살 것이며, 떠오르는 해를 공경하게 맞이하고, 해가 떠오르는 시간을 살피고 측량한다. 낮과 밤의 길이가 같아지고, 조성鳥星이 저녁 무렵 남쪽 하늘에 나타나면, 이 날을 춘분으로 정한다. 이때 사람들은 들판으로 흩어져 일을 하고, 금수들은 짝짓기를 한다. 또 희숙에 명했다. 남방의 교지交趾에 살 것이며, 해가 남쪽으로 이동하는 것을 살피고 측량하며, 해가 남쪽으로 돌아오는 것을 정중하게 맞이한다. 낮의 길이가 가장 길고, 화성火星이 저녁 무렵 남쪽 하늘에 나타나면, 이 날을 하지로 정한다. 이때 사람들은 높은 곳에 거주하며, 금수들은 털이 빠지기 시작한다. 또 화중에게 명했다. 서쪽의 매곡에 살 것이며, 지는 해를 정중하게 보내고, 해가 지는 시간을 살피고 측량한다. 낮과 밤의 길이가 같아지고, 허성虛星이 저녁 무렵 남쪽 하늘에 나타나면, 이 날을 추분이라 한다. 이때 사람들은 평지로 다시 돌아와 살고, 금수들은 털갈이를 한다. 또 화숙에게 명했다. 북방의 유도에 살 것이며, 태양이 북쪽으로 움직이는 것을 살핀다. 낮의 길이가 가장 짧고, 묘성昴星이 저녁 무렵 남쪽 하늘에 나타나면, 이날을 동지로 정한다. 이때 사람들은 실내에서 생활하고, 금수들은 부드럽고 가는 털이 나온다. 요임금이 말했다. "오! 희씨와 화씨여, 1년은 366일이오. 윤달을 더해 봄·여름·가을·겨울로 정

백성들에게 절기를 알려줄 것을 명하는 그림
(命官授時圖)

하고, 이를 한 해로 삼으시오. 이것으로 백관들이 해야 할 일을 정한다면, 많은 일들이 순조롭게 될 것이오."

乃命羲和, 欽若昊天, 曆象日月星辰, 敬授人時. 分命羲仲, 宅嵎夷, 曰暘谷. 寅賓出日, 平秩東作. 日中, 星鳥, 以殷仲春. 厥民析, 鳥獸孳尾. 申命羲叔. 宅南交. 平秩南訛, 敬致. 日永, 星火, 以正仲夏. 厥民因, 鳥獸希革. 分命和仲, 宅西, 曰昧谷. 寅餞納日, 平秩西成. 宵中, 星虛, 以殷仲秋. 厥民夷, 鳥獸毛毨. 申命和叔, 宅朔方, 曰幽都. 平在朔易. 日短, 星昴, 以正仲冬. 厥民隩, 鳥獸氄毛. 帝曰: "咨! 汝羲暨和. 朞三百有六旬有六日, 以閏月定四時, 成歲. 允釐百工, 庶績咸熙."

○羲和(희화): "희"는 희씨(羲氏)를 말하고, "화"는 화씨(和氏)를 말함. 전설에 의하면 천문을 관장했다는 중(重)과 여(黎)의 후손이라고 함. ○若(약): 따르다. ○曆(역): 헤아리다, 추산하다. ○象(상): 본받다, 본뜨다. ○嵎夷(우이): 지명. 동해에 있다고 함. ○暘谷(탕곡): 해가 뜨는 곳. ○寅賓(인빈): 공손하게 맞이하다. ○平(평): 구별하다, 측량하다. ○秩(질): 관찰하다. ○作(작): 시작하다. ○日中(일중): 낮과 밤의 길이가 같아지는 시기. 즉 춘분을 말함. ○성조(星鳥): 별자리 28수(宿) 중의 하나. ○殷(은): 바로하다, 확정하다. ○궐(厥): 그. 기(其)와 통함. ○석(析): 흩어지다, 갈라지다. ○자미(孳尾): "자"는 새끼를 낳거나 부화하는 것이고, "미"는 짝짓기를 하는 것. ○교(交): 지명. 교지(交趾)를 말함. ○訛(와): 움직이다, 운행하다. ○致(치): 이르다. ○永(영): 길다. 해가 가장 긴 날. ○星火(성화): 화성. 28수 중의 하나. ○因(인): 높은 곳으로 올라감. ○희혁(希革): 털이 듬성듬성해지는 것. "희"는 "稀"(드물다)와 같음. "혁"은 깃털을 말함. ○납일(納日): 해가 짐. ○서성(西成): 해가 지는 시간. ○宵中(소중): 낮과 밤의 길이가 같아지는 시기. 즉 추분을 말함. ○星虛(성허): 28수 중의 하나. ○夷(이): 평평하다. ○毨(선): 털갈이하다. ○幽都(유도): 유주(幽州). 중국 고대어에서 "도"와 "주"는 음이 비슷하였다고 함. ○在(재): 살피다. ○朔易(삭역): 남쪽에서 북쪽으로 움직이는 것. ○星昴(성묘): 28수 중의 하나. ○隩(오): 실내의 깊은 곳. ○氄毛(용모): 부드럽고 고운 짐승의 털. ○咨(자): 감탄사. ○暨(기): ~와. ○朞(기): 만1년. ○允(윤): ~으로. 용(用)과 같음. ○釐(리): 다스리다. ○百工(백공): 백관. ○熙(희): 흥하다, 일어나다.

4

요임금: "누가 네 계절에 순응하며 공을 이룰 수 있겠소?"

방제: "폐하의 아드님이신 단주丹朱 마마께서 정무에 밝사옵니다."

요임금: "허허! 허튼 소리를 잘하고 다투기 좋아하는 아이인데, 이를 감당할 수 있겠소?"

요임금: "누가 짐의 일을 잘 처리할 수 있겠는가?"

환두: "예, 폐하! 공공이 백성들을 규합하는데 큰 공을 세우고 있습니다."

요임금: "허허! 위선에 찬 말을 잘하고 명령에 어긋나는 짓을 잘하는 자요. 게다가 군주를 공경하는 척하며 무시하기까지 하오."

요임금: "오! 사방의 제후들이여, 거침없이 넘치는 홍수가 전국 각지의 백성들을 해치고 있소. 모든 것을 삼킨 홍수로 산이 포위되고 구릉은 잠겼소. 수세가 하늘을 덮을 만큼 대단하오. 백성들은 지금 탄식만 하고 있으니, 누가 홍수를 다스릴 수 있겠소?"

모두들: "예, 폐하! 곤이 다스릴 수 있을 것이옵니다."

요임금: "허허! 법을 무시하고, 명을 따르지 않으며, 동족을 위험에 빠뜨리는 자요."

사방의 제후들: "그렇지 않습니다. 맡겨보고 안 되면 그때 철회하면 될 것입니다."

요임금: "곤은 떠나라! 임무에 신중 하라!"

곤은 9년 동안 물을 다스렸으나 공을 세우지 못했다.

帝曰: "疇咨若時登庸?"

放齊曰: "胤子朱啓明."

帝曰: "吁! 嚚訟可乎?"

帝曰: "疇咨若予采?"

驩兜曰: "都! 共工方鳩僝功."

帝曰: "吁! 靜言庸違, 象恭滔天."

帝曰: "咨! 四岳, 湯湯洪水方割, 蕩蕩懷山襄陵, 浩浩滔天. 下民其咨, 有能俾乂?"

僉曰: "於! 鯀哉."

帝曰: "吁! 咈哉, 方命圮族."

岳曰: "异哉! 試可乃已."

帝曰: "往, 欽哉!"

九載, 績用弗成.

○疇(주): 누구. ○咨(자): 어기사. 의미가 없음. ○時(시): 사시. ○登庸(등용): 공을 이루다. "등"은 얻다. "용"은 공(功). ○放齊(방제): 요임금의 신하. ○胤(윤): 뒤를 이을 사람. ○朱(주): 요임금의 아들 단주(丹朱). ○啓明(계명): 정무에 밝음. ○吁(우): 탄식할 때 쓰는 감탄사. ○嚚(은): 말에 진실성이 없음. ○訟(송): 다투다. ○若(약): 잘하다. ○采(채): 일. 즉 국정을 돌보는 것을 말함. ○驩兜(환두): 요임금의 신하. 요임금 때 국정을 어지럽힌 신하 중의 한 사람. ○都(도): 감탄사. ○共工(공공): 요임금의 신하. 요임금 때 국정을 어지럽힌 신하 중의 한 사람. ○方(방): 크게. ○鳩(구): 모으다. ○僝(잔): 갖추다, 나타내다. ○靜言(정언): 교묘한 말. ○庸(용): ~로써. ○象恭(상공): 공경하는 척하다. ○滔(도): 무시하다, 업신여기다. ○四岳(사악): 원의는 네 개의 큰 산이란 뜻. 이곳에서는 사방의 제후. ○湯湯(탕탕): 물이 넘실대며 흘러가는 모양. ○割(할): 해치다. "해(害)"와 같음. ○蕩蕩(탕탕): 물이 세차게 흘러가는 모양. ○懷(회): 포위하다, 둘러싸다. ○襄(양): 물이 올라 차다. ○浩浩(호호): 물이 도도하게 흘러가는 모양. ○滔天(도천): 하늘을 가리다. ○俾(비): ~로 하여금……하게 하다. ○乂(예): 다스리다. ○僉(첨): 모두. ○於(오): 감탄사. ○鯀(곤): 요임금의 신하이자 우(禹)의 부친. ○咈(불): 어기다. ○方命(방명): 명령을 거역하다. ○圮(비): 무너뜨리다. ○試可乃已(시가내이): 《상서집주음소》는 "시"와 "이"는 모두 "사용하다(用)"는 뜻이라고 했다. ○績用(적용): 공적, 업적

5

요임금: "오! 사방의 제후들이여, 짐은 70년이나 제위에 있었소. 그대들 중에 누가 천명에 순응하고 짐의 제위를 이을 수 있겠소?"

순이 부모에게 효도하고 형제와 우애롭게 지내는 그림 (大孝克諧圖)

제후들: "저희는 덕이 부족해 제위를 이을 수 없습니다."

요임금: "귀족 중에 어진 이를 검정해 볼 수도 있고, 재야에 묻혀 사는 신분이 낮은 이도 천거할 수 있소."

모두들 요임금에게 고했다: "민간에 아주 어렵게 사는 사람이 있는데, 우순이라 합니다."

요임금: "그런 사람이 있었지. 짐도 들었소. 어떤 사람이오?"

제후들: "악관 고수瞽瞍의 아들입니다. 부친은 마음이 고약하고, 모친은 거짓말을 잘하며, 동생 상象은 거드름을 잘 피웁니다. 그런데도 순은 그들과 화목하게 지냅니다. 지극한 효성으로 그들을 감화시켰으며, 수양을 잘하여 나쁜 곳에 빠지지 않습니다."

요임금: "짐이 한번 시험해봐야겠소! 딸 둘을 이 사람에게 시집보낼 것이오. 그리하여 딸들을 통해 그의 덕이 어떤 지를 볼 것이오."

요임금은 두 딸을 규수嬀水가 돌아 흐르는 곳으로 보내 우에게 시집갈 것을 명했다.

요임금: "신중하게 정무를 보라!"

帝曰: "咨! 四岳. 朕在位七十載, 汝能庸命, 巽朕位?"

岳曰: "否德忝帝位."

曰: "明明揚側陋."

師錫帝曰: "有鰥在下, 曰虞舜."

帝曰: "兪! 予聞, 如何?"

岳曰: 瞽子, 父頑, 母嚚, 象傲, 克諧. 以孝烝烝, 乂不格姦.
帝曰: "我其試哉! 女于時, 觀厥刑于二女."
釐降二女于嬀汭, 嬪于虞.
帝曰: "欽哉!"

○庸(용): 쓰다, 따르다. ○巽(손): 이행하다, 밟다. ○否(부): 비루하다. ○忝(첨): 욕되게 하다. ○明明(명명): 앞의 "명"은 동사로 "밝히다"이고, 뒤의 "명"은 "어진 이"를 뜻함. 따라서 이 문장은 어진 이가 있는 지 잘 살핀다는 뜻. ○揚(양): 천거하다, 추천하다. ○측루(側陋): 민간에 숨어사는 신분이 낮은 사람. ○師(사): 뭇 사람. ○錫(석): 진언하다. 의견을 올리다. ○鰥(환): 어려운 처지에 있는 사람. ○兪(유): 상대방의 말에 동의함을 나타낼 때 쓰는 감탄사. ○瞽子(고자): 원의는 맹인. 이곳에서는 순의 부친인 악관 고수(瞽瞍)를 말함. ○嚚(효): 말하는 것에 믿음이 없음. ○象(상): 요임금의 동생 이름. ○烝烝(증증): 효성이 지극함을 말함. ○格(격): 이르다. ○女(여): 시집보내다. ○時(시): 이. "시(是)"와 같음. ○刑(형): 법도. ○二女(이녀): 요임금의 두 딸 아황(娥皇)과 여영(女英)을 말함. ○釐(리): 명령하다. ○嬀(규): 규수(嬀水). 강 이름. 지금의 산서성(山西省) 영제현(永濟縣)의 남쪽에 있음. ○汭(예): 물이 굽어 흐르는 곳. ○嬪(빈): 시집가서 아내가 됨. ○虞(우): 순의 성씨.

제2편 순전舜典: 순임금의 사적

해제

순임금의 모습 (舜帝畵像)

순舜은 중국 상고 시기의 유명한 부족장이다. 성은 요姚, 이름은 중화重華이며, 유우씨有虞氏 부족 출신이기 때문에 우순虞舜이라고도 한다.

본편은 순이 즉위 전에 각종 검증을 받은 일, 즉위 후에 천하를 순시하며 사악四岳에서 제사를 지낸 일, 형법을 제정해 공공共工·환두歡兜·삼묘三苗·곤鯀 같은 나쁜 신하를 처벌한 일, 어질고 능력 있는 이를 기용한 일, 백관들을 임용한 일, 백성들을 위해 정무를 본 일들로 구성되어 있다.

1

우순은 신분이 미천하여 세상에 자신을 드러내지 않았다. 요임금은 그가 영민하다는 것을 듣고 제위를 물려주고자 했다. 어려운 일로 몇 번이나 그의 자질을 검정했다. 사관들이 이 일로 《순전》을 지었다.

虞舜側微, 堯聞之聰明, 將使嗣位, 歷試諸難, 作《舜典》.

○側微(측미): "측"은 조정에 몸담지 않고 민간에 은거해 있는 것. "미"는 가난하고 신분이 미천한 것. ○歷(역): 여러 번. ○諸(제): "지우(之于)"·"지호(之乎)"의 합음.

2

옛날의 전설에는 이렇게 전한다. 순임금의 본명은 중화이다. 요임금처럼 영민했다. 큰 지혜로 천하를 경영하고, 온화하고 공손한 인품은 세상에 널리 알려졌다. 조정에서는 우순이 덕을 잘 행한다는 것을 듣고 그에게 관직을 내렸다. 우순에게 우선적으로 다섯 가지 미덕을 정립하게 하자, 사람들은 다섯 가지 미덕을 어기지 않고 잘 따랐다. 또 우순에게 백관을 총괄하게 하자, 백관들이 따르면서 일이 잘 처리되었다. 또 우순에게 명당의 사문에서 사방에서 오는 제후들을 영접하게 하자, 제후들이 화목하게 지내게 되었다. 마지막으로 우순에게 산림을 지키게 하자, 강풍·폭우·천둥에도 길을 잃지 않았다.

曰若稽古, 帝舜曰重華, 協于帝. 浚哲文明, 溫恭允塞, 玄德升聞, 乃命以位. 愼徽五典, 五典克從. 納于百揆, 百揆時敍. 賓于四門, 四門穆穆. 納于大麓, 烈風雷雨弗迷.

○協(협): 같다, 일치한다. ○浚哲(준철): 큰 지혜. ○文(문): 천지를 다스리다. 앞의 《요전(堯典)》 주석 참조. ○塞(색): 가득하다, 충만하다. ○玄(현): 몰래 행하다. ○升聞(승문): 조정에 알려지다. ○命(명): ~에 임명되다, 받다. ○徽(휘): 훌륭하다. 이곳에서는 훌륭하게 정립했음을 의미. ○五典(오전): 오륜(五倫), 즉 아버지는 의로워야 하고, 어머니는 자애로워야 하고, 형은 배려할 줄 알아야 하고, 동생은 공경할 줄 알아야 하고, 자식은 효도할 줄 아는 것. ○納(납): 관직을 내리다. ○百揆(백규): 백관, 모든 관리. ○시서(時敍): 받들고 따름. ○四門(사문): 명당(明堂)의 동서남북 방향으로 난 문. ○穆穆(목목): 화목하게 지냄. ○대록(大麓): 산림을 다스리는 관리.

3

요임금: "이리 오라! 순이여. 그대가 하는 일과 말을 보니, 그대는 반드시 성공할 것이오. 그대는 3년 동안 큰 업적을 쌓았으니, 제위에 오르라." 순은 덕이 있는 사람에게 양보하며, 제위를 잇지 않으려고 했다.

帝曰: "格! 汝舜. 詢事考言, 乃言厎可績. 三載, 汝陟帝位." 舜讓于德, 弗嗣.

○格(격): 오라(부르는 말). ○詢(순): 꾀하다, 묻다. ○乃(내): 너, 그대. ○厎(저): 반드시. ○陟(척): 오르다. ○德(덕): 덕이 있는 사람.

4

정월의 어느 길일, 순은 요임금을 모신 사당에서 제위를 물려받았다. 제위에 오른 순은 북두칠성을 살피어, 해·달·금성·목성·수성·화성·토성의 운행규칙을 정립했다. 이어서 천제께 제위를 이어받은 것을 고했다. 또 하늘·땅·봄·여름·가을·겨울을 비롯한 산천과 여러 신들에게도 제사를 올렸다. 그런 후 제후들이 가지고 다니는 다섯 가지의 홀을 거두어 들였다. 길일을 골라, 각 지역 제후들의 알현을 받고, 홀을 그들에게 수여했다.

순임금이 산천에 제사를 지내는 그림
(望祀山川圖)

正月上日, 受終于文祖. 在璿璣玉衡, 以齊七政. 肆類于上帝, 禋于六宗, 望于山川, 遍于群神. 輯五瑞. 旣月乃日, 覲四岳群牧, 班瑞于群后.

○上日(상일): 길일. "첫날"이라는 설도 있음. ○受終(수종): 요임금의 제위를 이어받은 것을 말함. "종"은 요임금의 제위가 끝난 것을 말함. ○文祖(문조): 요의 태묘(太廟). ○在(재): 살피다. ○璿璣玉衡(선기옥형): 북두칠성. ○齊(제): 다스리다, 정립하다. ○七政(칠정): 해·달·금성·목성·수성·화성·토성을 말함. ○肆(사): 그래서. ○類(유): 제사 이름. 이곳에서는 제위를 이

은 것을 하늘에 고함을 나타냄. ○禋(인): 제사 이름. ○六宗(육종): 하늘·땅·봄·여름·가을·겨울을 말함. ○望(망): 제사 이름. ○輯(집): 모으다. ○五瑞(오서): 제후들이 조정에 알현할 때 손에 드는 옥으로 만든 홀(笏)인데, 신분에 따라 다섯 종류의 홀이 있었다고 함. 순임금은 제후들의 홀을 거두어들여 그들이 하는 일을 보고 다시 돌려주었다고 함. ○기월내일(旣月乃日): 길한 달과 일을 고름. 《사기·오제본기(五帝本紀)》에는 "택길월일(擇吉月日)"로 되어 있음. ○覲(근): 천자를 알현하다. ○班(반): 나누어주다, 돌려주다.

5

이해 2월, 순임금은 동쪽으로 민심을 살피러 갔다. 태산泰山에서 제사를 올렸다. 나머지 산천들은 크기에 따라 제사를 지냈다. 그런 후 동쪽 제후들의 알현을 받았다. 네 계절에 맞게 일과 월을 정하고, 음률과 도량형을 통일했다. 공公·후侯·백伯·자子·남男의 예절과 그에 상응하는 다섯 개의 홀을 만들었다. 또 제후는 알현할 때 홍색·흑색·백색의 세 가지 비단을 공물로 바치고, 경대부는 알현할 때 살아 있는 어린 양과 기러기를 공물로 바치고, 사士는 알현할 때 죽은 꿩을 공물로 바치도록 규정했다. 알현이 끝나면 다섯 개의 홀을 제후들에게 돌려주었다.

歲二月, 東巡守, 至于岱宗, 柴. 望秩于山川, 肆覲東后. 協時月正日, 同律度量衡. 修五禮、五玉、三帛、二生、一死贄. 如五器, 卒乃復.

○岱宗(대종): 태산(泰山). ○柴(시): 제사 이름. ○望秩(망질): 차례로 망(望) 제사를 지냄. ○協(협): 합하다, 맞추다. ○正(정): 정하다, 확정하다. ○五禮(오례): 공(公)·후(侯)·백(伯)·자(子)·남(男)의 예절. ○五玉(오옥): 오서(五瑞)를 말함. ○三帛(삼백): 홍색·흑색·백색의 비단. 제후들이 조정에 알현하러 올 때 올리는 공물. ○二生(이생): 살아있는 어린 양과 기러기. 경대부가 조정에 알현하러 올 때 올리는 공물. ○一死(일사): 죽은 꿩. 사(士)가 조정에 알현하러 올 때 올리는 공물. ○贄(지): 알현할 때 올리는 공물. ○如(여): 그리고. "이(而)"의 의미.

6

5월에는 남쪽으로 민심을 살피러 갔다. 형산衡山에서 태산에서 행한 것과 같은 제사를 올렸다. 8월에는 서쪽으로 민심을 살피러 갔다. 화산華山에서 태산에서 행한 것과 같은 제사를 올렸다. 11월에는 북쪽으로 민심을 살피러 갔다. 항산恒山에서 화산에서 행한 것과 같은 제사를 올렸다. 돌아온 후, 요임금을 모신 사당에서 소 한 마리를 제물로 썼다.

五月南巡守, 至于南岳, 如岱禮. 八月西巡守, 至于西岳, 如初. 十有一月朔巡守, 至于北岳, 如西禮. 歸, 格于藝祖, 用特.

○南岳(남악): 형산(衡山). ○西岳(서악): 화산(華山). ○北岳(북악): 항산(恒山). ○藝祖(예조): 앞에 나온 "문조(文祖)"와 같은 의미. ○特(특): 소 한 마리.

7

이후 5년에 한 번씩 민심을 살피러 갔다. 제후들은 사악에서 순임금을 알현하고, 자신이 한 일을 보고했다. 순임금은 그들의 공을 잘 헤아려, 공이 있는 제후에게 수레와 의복을 상으로 하사했다.

五載一巡守, 群后四朝. 敷奏以言, 明試以功, 車服以庸.

○試(시): 헤아리다, 측량하다. ○庸(용): 공로.

8

순임금께서는 처음으로 12주의 경계를 짓고, 12개의 큰 산에 흙을 쌓아 제단을 만들었다. 또 물길을 열었다.

肇十有二州, 封十有二山, 濬川.

○肇(조): 처음. 처음으로 땅의 경계를 나눈 것을 말함. ○封(봉): 제단을 쌓고 제사를 지내는 것. ○濬(준): 강을 준설하여 물길을 여는 것.

9

순임금은 다섯 가지 형벌을 기물에 새겨 사람들이 경계로 삼도록 했다. 또 유배를 보내는 것으로 다섯 가지 형벌을 받은 사람들을 용서했다. 관가에서는 채찍으로 벌하고, 학교에서는 회초리로 벌했다. 또 돈으로 죄를 면죄 받을 수 있도록 했다. 실수로 죄를 저지른 경우는 사면하고, 뉘우칠 줄 모르고 끝까지 죄를 저지르면 엄벌에 처했다. 신중 하라, 신중 하라! 형벌을 내릴 때는 정말 신중해야 한다!

象以典刑, 流宥五刑, 鞭作官刑, 扑作教刑, 金作贖刑. 眚災肆赦, 怙終賊刑. 欽哉, 欽哉, 惟刑之恤哉!

○象以典刑(상이전형): 다섯 가지 형벌을 기물에 새겨 사람들에게 경각심을 일깨워 줌. "상"은 새기다. "전형"은 자주 집행되는 형벌. 이곳에서는 다섯 가지 형벌을 말함. ○扑(복): 매로 때리다. ○贖刑(속형): 재물을 내고 형벌을 면제 받음. ○眚(생): 과실, 실수. ○怙(호): 믿다, 의지하다. 끝까지 나쁜 짓을 하는 것을 말한다. ○賊(적): 즉. "즉(則)"과 같다.

10

공공을 유주로 유배를 보내고, 환두를 숭산으로 귀양을 보냈다. 또 삼묘를 삼위로 쫓아내고, 곤을 우산으로 보내버렸다. 이들이 상응하는 벌을 받자 세상 사람들은 기뻐했다.

流共工于幽洲, 放驩兜于崇山, 竄三苗于三危, 殛鯀于羽山, 四罪而天下咸服.

○幽洲(유주): "유주(幽州)"가 되어야 함. 지금의 하북성 밀운현(密雲縣) 일대. ○崇山(숭산): 지금의 호북성 황피현(黃陂縣) 서남쪽에 있는 산. ○竄(찬): 쫓아내다. ○三苗(삼묘): 나라이름. 지금의 호남성(湖南省)과 강서성(江西省) 일대. ○三危(삼위): 지명. 지금의 감숙성(甘肅省) 돈황(敦煌) 일대. ○羽山(우산): 두 가지 설이 있음. 지금의 산동성 담성(郯城) 동남쪽 일대라는 설과 지금의 산동성 봉래(蓬萊) 동남쪽 이라는 설이 있음. ○殛(극): 유배를 보냄.

11

순이 제위에 오른 지 28년째 되던 해, 요임금이 세상을 떠났다. 백성들은 부모를 잃은 것처럼 슬퍼했다. 3년 동안, 세상에는 음악이 연주되지 않았다. 3년 상을 치르고 난 후의 정월의 어느 길일, 순은 요임금을 모신 사당에 와서, 제후들과 국사를 논의했다. 또 명당의 사문을 열고, 사방의 정무를 살피고, 사방의 의견을 경청했다.

二十有八載, 帝乃殂落. 百姓如喪考妣, 三載, 四海遏密八音. 月正元日, 舜格于文祖, 詢于四岳, 闢四門, 明四目, 達四聰.

> ○殂落(조락): 사망하다. ○考妣(고비): “고”는 죽은 아버지, “비”는 죽은 어머니를 말함. ○遏(알): 그치다, 끊기다. ○密(밀): 고요하다.

계가 오륜의 가르침을 전하는 그림(契敷五教圖)

12

순이 탄식하며 12주의 장관들에게 말했다. “먹는 것은 백성들의 근본이니 절기를 잘 지키시오! 먼 곳의 신민들은 어루만지고 가까운 곳의 신민들은 아껴주시오. 또 덕이 있는 이를 가까이 하고 선량한 이를 신임할 것이며, 간사한 사람을 멀리하시오. 그렇게 한다면 먼 곳의 민족들이 그대에게 복종할 것이오.”

순임금: “오, 사방의 제후들이여! 선제의 사업을 열심히 추진하며, 백관을 이끌고 정무를 잘 보좌할 수 있는 사람이 누구인가?”

모두들: “백우를 사공(땅과 강을 다스리는 관리)에 임명하십시오.”

순임금: "좋소! 우여, 그대는 물과 흙을 다스리는데 공을 세웠으니, 직무를 잘 수행하시오!"

우는 몸을 굽혀 머리를 조아리며, 직·설·고요에게 양보했다.

순임금: "알겠네만 그래도 그대가 가도록 하라!"

순임금: "기여! 지금 백성들이 굶주림에 허덕이고 있소. 그대는 농사를 책임지고, 사람들에게 곡식을 경작하는 법을 가르쳐주시오."

순임금: "설이여! 지금 백성들은 서로 반목하고 있소. 군신·부자·부부·장유·붕우라도 예외가 없소. 그대는 사도(민사를 돌보는 관리)가 되어, 오륜의 가르침을 정중하게 시행하시오. 관대해야 할 것이오."

직이 백성들에게 곡식을 경작하는 법을 가르쳐주는 그림 (稷播百穀圖)

순임금: "고요여! 이민족들이 우리나라를 어지럽히고 있소. 그들은 약탈과 살인을 자행하며 나라를 안팎으로 흔들고 있소. 그대는 법관이 되어, 죄의 경중에 따라 다섯 가지 형벌을 사용하시오. 다섯 가지 형벌을 집행할 때 죄질이 무거운 자는 들판에서 집행하고 죄질이 가벼운 자는 저자거리나 조정에서 집행하시오. 유배도 보내는 곳에 따라 다섯 가지가 있소, 각자 거리가 다른 세 곳으로 보내야 하오. 사건을 잘 살피고 공정하게 처리해야 백성들이 따를 것이오."

咨十有二牧, 曰: "食哉惟時! 柔遠能邇, 惇德允元, 而難任人, 蠻夷率服."
舜曰: "咨, 四岳! 有能奮庸熙帝之載, 使宅百揆亮采, 惠疇?"
僉曰: "伯禹作司空."

帝曰: "兪, 咨! 禹, 汝平水土, 惟時懋哉!" 禹拜稽首, 讓于稷、契曁皐陶.

帝曰: "兪, 汝往哉!"

帝曰: "棄, 黎民阻饑, 汝后稷, 播時百穀."

帝曰: "契, 百姓不親, 五品不遜. 汝作司徒, 敬敷五教, 在寬."

帝曰: "皐陶, 蠻夷猾夏, 寇賊奸宄. 汝作士, 五刑有服, 五服三就. 五流有宅, 五宅三居. 惟明克允!"

○咨(자): 감탄사. ○十有二牧(십유이목): 12주의 장관. ○惇(돈): 도탑게 하다. ○允(윤): 믿다, 신임하다. ○難(난): 거절하다, 막다. ○任人(임인): 간사한 사람. ○奮庸(분용): 분발하여 열심히 일하다. ○載(재): 일하다. ○宅(택): 거느리다. ○亮(량): 보좌하다. ○采(채): 일. ○惠(혜): 의미가 없음. ○時(시): 이, 이것. 이곳에서는 사공의 직책을 맡는 것을 말함. ○阻(조): 곤경에 처함. ○后(후): 맡다, 책임지다. ○稷(직): 농사를 담당하는 관직명. ○時(시): 심다. "시(蒔)"와 같음. ○五品(오품): 군신·부자·부부·장유·붕우의 관계. ○遜(손): 따르다. ○敷(부): 행하다, 시행하다. ○五教(오교): 아버지는 의롭고, 어머니는 자애롭고, 형은 우애롭고, 동생은 공경스럽고, 아들은 효도해야 하는 것. ○猾(활): 어지럽히다. ○夏(하): 중국. ○寇賊(구적): 물건을 빼앗고 살인하는 것. ○奸宄(간귀): "간"은 내부에서 음모를 꾸미는 것, "귀"는 밖에서 소란을 피우는 것. ○士(사): 법을 집행하는 관리. ○五刑(오형): 묵형(墨刑), 코 베는 것, 다리를 자르는 것, 거세하는 것, 사형시키는 것을 말함. ○服(복): 사용하다. "용(用)"의 의미. ○三就(삼취): 형벌을 집행하는 세 곳의 장소. "취"는 장소를 말함. ○宅(택): 귀양 보내 거주하게 함. ○三居(삼거): 거리가 다른 세 곳의 장소.

13

순임금: "누가 짐을 대신해 백관들을 잘 관리할 수 있겠는가?"

모두들: "수입니다."

순임금: "알겠소! 자, 수여, 그대가 백관들을 관리해주시오."

수가 몸을 굽히고 머리를 조아리며, 수장과 백여에게 양보했다.

순임금: "좋소! 그들과 함께 가서 일을 하시오."

순임금: "누가 짐을 대신해 산과 늪의 초목과 금수를 잘 돌볼 수 있겠는가?"

모두들: "익이옵니다!"

순임금: "알겠소! 자, 익이여, 그대가 산림을 관리해주오."

익은 몸을 굽히고 머리를 조아리며, 주호와 웅비에게 양보했다.

순임금: "좋소! 그들과 함께 가서 일을 하시오.

순임금: "자! 사방의 제후들이여, 누가 짐을 대신해 삼례(제사를 통해 하늘·땅·사람에게 예를 나타내는 것)를 주재할 수 있겠는가?"

모두들: "백이옵니다!"

순임금: "좋소! 자, 백이여, 그대가 제사를 주재해주시오. 아침이든 저녁이든 공경하게 신을 모실 것이며, 몸가짐을 바르고 순결하게 하시오."

백이는 몸을 굽히고 머리를 조아리며, 기와 용에게 양보했다.

요임금: "좋소! 가시오. 공경하시오."

帝曰: "疇若予工?"

僉曰: "垂哉!"

帝曰: "俞, 咨! 垂, 汝共工."

垂拜稽首, 讓于殳斨暨伯與.

帝曰: "俞, 往哉! 汝諧."

帝曰: "疇若予上下草木鳥獸?"

僉曰: "益哉!"

帝曰: "俞, 咨! 益, 汝作朕虞."

益拜稽首, 讓于朱虎、熊羆.

帝曰: "俞, 往哉! 汝諧."

帝曰: "咨! 四岳, 有能典朕三禮?"

僉曰: "伯夷!"

帝曰: "俞, 咨! 伯, 汝作秩宗. 夙夜惟寅, 直哉惟淸."

伯拜稽首, 讓于夔、龍.

순임금이 임명한 관리들이 천명을 받드는 그림
(羣后亮功圖)

帝曰: "兪, 往, 欽哉!"

○若(약): 잘하다. ○工(공): 백관을 이끄는 관리. ○垂(수): 순임금의 신하. ○共工(공공): 관직 이름. 백관들을 통솔하는 일을 담당함. ○殳斨(수장): 순임금의 신하 이름. ○伯與(백여): 순임금의 신하 이름. ○諧(해): 함께. 이곳에서는 함께 가는 것을 말함. "해(偕)"와 같음. ○上下(상하): 산과 늪. ○虞(우): 산림을 지키는 관리. ○朱虎(주호): 순임금의 신하 이름. ○熊羆(웅비): 순임금의 신하 이름. ○典(전): 주재하다. ○三禮(삼례): 하늘·땅·사람에 대한 예절. ○伯夷(백이): 순임금의 신하 이름. ○秩宗(질종): 제사를 주관하는 관리. ○寅(인): 공경하다. ○直(직): 마음가짐을 바르게 함. ○淸(청): 마음가짐을 순결하게 함. ○夔(기): 순임금의 신하 이름. ○龍(용): 순임금의 신하 이름.

14

순임금: "기여! 그대는 악관들을 관리하고, 젊은 자제들을 가르치라. 곧으면서 따뜻하고, 관대하면서 정중하고, 강인하면서 거칠지 아니하고, 절도가 있으면서 거만하지 않도록 가르치라. 시는 사람의 생각을 읊고, 노래는 말로 생각을 부르는 것이다. 소리는 생각을 따라야 하고, 음률과도 조화를 이루어야 한다. 여덟 종류의 악기가 조화를 이루고, 서로의 순서를 침범하지 않는다면, 신과 사람은 조화를 이룰 것이다."

기: "예! 제가 석경을 치고 두드려, 짐승들이 음악을 따라서 춤을 추도록 하겠습니다."

순임금: "용아, 나는 참언을 하는 사람과 탐욕스런 사람을 싫어한다. 그들은 나의 백성들을 두려움에 떨게 하기 때문이다. 그대를 납언에 명하노니, 아침저녁 할 것 없이 나의 명령을 하달하고 아래 사람의 의견을 보고하라. 정중하라!"

순임금: "자! 22명의 신임관리들이여, 맡은 바 임무에 신중을 기하시오! 천명을 받들어 백성들을 다스리고 있음을 늘 생각하시오. 3년에 한번 씩 평가하겠소. 3번 평가한 후, 잘한 사람은 승진시키고, 잘못한 사

람은 파면할 것이오."

이렇게 하자 많은 일들이 잘 진행되었고, 삼묘족은 먼 곳으로 달아나 버렸다.

帝曰: "夔! 命汝典樂, 敎冑子, 直而溫, 寬而栗, 剛而無虐, 簡而無傲. 詩言志, 歌永言, 聲依永, 律和聲. 八音克諧, 無相奪倫, 神人以和."

夔曰: "於! 予擊石拊石, 百獸率舞."

帝曰: "龍, 朕堲讒說殄行, 震驚朕師. 命汝作納言, 夙夜出納朕命, 惟允!"

帝曰: "咨! 汝二十有二人, 欽哉! 惟時亮天功. 三載考績, 三考, 黜陟幽明."

庶績咸熙. 分北三苗.

○樂(악): 악관. ○冑子(주자): 태자와 공경대부들의 자제. ○栗(율): 정중하다. ○永(영): 읊조리다. "영(咏)"과 같음. ○奪倫(탈륜): 정해진 순서를 벗어남. ○於(오): 감탄사. ○拊(부): 가볍게 두드리다. ○石(석): 악기의 일종인 석경(石磬)을 말함. ○堲(즐): 미워하다. ○讒說(참설): 참언하다. ○殄(진): 다하다. 탐욕스럽고 잔인함. "잔(殘)"과 통함. ○震驚(진경): 놀라게 하다. ○師(사): 백성들. ○納言(납언): 임금과 신하들 사이에서 말을 전해주는 관리. ○時(시): 받들다. ○亮(량): 돕다, 보좌하다. ○黜陟(출척): 진퇴시키다. ○熙(희): 일이 잘됨. ○分(분): 흩어지다. ○北(북): 떠나다. 등지다. "배(背)"와 통함.

15

순은 30살에 부름을 받았다. 그로 30년 후에 요임금의 제위를 물려받았다. 50년 후 남방으로 민심을 시찰하던 도중에 세상을 떠났다.

舜生三十徵, 庸三十, 在位五十載, 陟方乃死.

○徵(징): 부름을 받다. ○庸(용): 임용되다. ○陟方(척방): 순시하다, 시찰하다.

제3편 대우모大禹謨: 순임금과 우의 대화

해제

대우大禹는 융우戎禹 혹은 하우夏禹라고도 부른다. 전설에 의하면, 중국 고대 하후씨夏后氏 부족의 지도자라고 한다. 성은 사姒이고, 곤鯀의 아들이다. 대우는 곤의 수리사업을 이어받아 13년의 노력 끝에 수리공사를 완성했다. 《설문해자說文解字》는 모謨를 "상의하고 계획한다議謀."는 의미라고 했다. 학자들의 연구에 의하면, 《우서虞書》는 본래 《요전堯典》과 《순전舜典》만 있었다고 한다. 후에 이 두 전典만으로는 부족해서 군신 간의 대화를 기록해 《대우모大禹謨》·《고요모皐陶謨》·《익직益稷》 세 편으로 만들었다고 한다. 실질적으로는 두 전典을 보충한 것이라고 할 수 있다.

하나라 우왕의 모습
(夏禹王畵像)

《대우모》는 순임금이 대신 우禹·익益·고요皐陶와 정무를 토론한 기록이다. 이들은 요임금이 덕행으로 백성들을 교화하고, 혼란을 막아 나라를 안정시킨 공로를 높게 평가하고 있다. 또 우·익·고요는 치국에 대한 자신들의 생각을 나타냈다. 이들이 서로 양보하는 가운데 순임금은 우에게 제위를 물려주었다.

《대우모》·《고요모》·《익직》은 내용이 서로 비슷하다. 이들 중에 수리공정을 완성한 우의 공적이 가장 컸기 때문에 "대우"라고 했고, 세 편 중에 가장 먼저 나온다.

《대우모》는 금문에는 없고, 고문에는 있다.

1

고요가 자신의 생각을 말하고, 우가 자신의 공적을 설명했다. 순임금은 이 두 사람의 말을 중시했다. 사관들은 그들이 한 말로 《대우》·《고요모》·《익직》을 지었다.

皐陶矢厥謨, 禹成厥功, 帝舜申之. 作《大禹》·《皐陶謨》·《益稷》.

○皐陶(고요): 순임금의 신하. 형벌을 주관했다고 함. ○矢(시): 진술하다. ○謨(모): 계획, 생각. ○成(성): 말하다, 진술하다. ○申(신): 중시하다, 중히 여기다.

2

옛날의 전설에는 이렇게 전한다. 대우: "덕의 가르침을 천하에 알리고, 선대 대왕의 유지를 삼가 받들어야 합니다." 또 "군주가 되는 사람은 군주의 어려움을 알아야 하고, 신하가 되는 사람은 신하의 어려움을 알아야 합니다. 그래야 정치는 잘 되고, 백성들은 열심히 덕을 닦을 것입니다."

순임금: "그렇소! 정말 그리 된다면, 좋은 의견은 사장되지 않고, 어진 이들은 초야에 묻히지 않을 것이며, 나라는 평안해질 것이오. 또 늘 사람들과 상의하고, 잘못한 것은 인정하고 다른 사람의 의견을 따르고, 하소연 할 곳 없는 사람들을 학대하지 않고, 가난하고 의지할 곳 없는 사람들을 버리지 않아야 하오. 이는 요임금만이 할 수 있는 일이오."

익: "아, 요임금의 덕은 크고 높습니다. 영민하고 신묘해서, 혼란을 잠재우고 나라를 잘 다스릴 수 있었습니다. 하늘은 요임금을 아끼시어 천명을 주었습니다. 요임금은 이 천명을 받아 천하를 가지시고 군주가 되셨습니다."

우: "정도를 따르면 길하고, 정도를 거역하면 흉합니다. 그림자가 형체를 따르고, 메아리가 소리를 따르는 것과 같은 이치입니다."

익: "아! 경계하십시오! 뜻밖의 일을 경계하고, 법도를 어기지 말아야 합니다. 방탕하게 놀거나 지나친 향락을 추구해서는 안 됩니다. 현명한 이를 임용할 때는 망설이지 마시고, 간사한 이를 제거할 때는 주저하지 마십시오. 의심스런 계획은 시행하지 마시며, 사고의 범위를 넓혀 다양하게 생각하십시오. 정도를 어겨가며 백성들의 찬사를 받으려 하지 마시고, 백성들의 바램을 어겨가며 사욕을 채우려 하지 마십시오. 게을러지지 않고 소홀해지지 않으면, 사방의 민족들이 폐하를 알현하러 올 것입니다."

우: "아! 폐하께서는 익의 말을 잘 생각하십시오! 덕이란 정치를 잘하는 것이며, 정치란 백성을 편안하게 하는 것입니다. 물·불·쇠·나무·흙·곡식을 잘 관리하십시오. 그리고 덕을 바르게 세우고, 쓰는 물건을 편리하게 하며, 생활을 풍요롭게 하신다면 백성들은 화목해질 것입니다. 이 아홉 가지 일을 잘 조화시켜 실행하십시오. 이 일들이 잘 실행되면 백성들은 폐하의 어진 정치를 노래할 것입니다. 어진 정치로 일깨워주시고, 형벌로 감독하시고, 아홉 가지 노래로 격려해주십시오. 이로 덕의 정치가 무너지지 않도록 해주십시오."

순임금: "옳도다! 물과 흙이 다스려졌으니, 만물은 자연스럽게 성장할 것이오. 여섯 가지 물자(물·불·쇠·나무·흙·곡식)와 세 가지 일(덕을 바르게 세우는 것·쓰는 물건을 편리하게 하는 것·생활을 풍요롭게 하는 것)이 잘 다스려져, 후손들까지 오래 오래 복을 누린다면, 이것은 그대의 공이오."

曰若稽古. 大禹曰: "文命敷于四海, 祗承于帝." 曰: "后克艱厥后, 臣克艱厥臣, 政乃乂, 黎民敏德."

帝曰: "兪! 允若玆, 嘉言罔攸伏, 野無遺賢, 萬邦咸寧. 稽于衆, 舍己從人, 不虐無告, 不廢困窮, 惟帝時克."

益曰: "都, 帝德廣運, 乃聖乃神, 乃武乃文. 皇天眷命, 奄有四海, 爲天下君."

禹曰: "惠迪吉, 從逆凶, 惟影響."

益曰: "吁! 戒哉! 儆戒無虞, 罔失法度. 罔遊于逸, 罔淫于樂. 任賢勿貳,去邪勿疑. 疑謀勿成, 百志惟熙. 罔違道以干百姓之譽, 罔咈百姓以從己之欲. 無怠無荒, 四夷來王."

禹曰: "於! 帝念哉! 德惟善政, 政在養民. 水火金木土穀惟修, 正德利用厚生惟和, 九功惟敍, 九敍惟歌. 戒之用休, 董之用威, 勸之以九歌, 俾勿壞."

帝曰: "兪! 地平天成, 六府三事允治, 萬歲永賴, 時乃功."

○文命(문명): 덕의 가르침. ○祗(지): 공경하다. ○后(후): 군주. ○克(극): ~할 수 있다. ○艱(간): 어려움. ○允(윤): 진실로. ○茲(자): 이. ○攸(유): ~하는 바. "소(所)"와 통함. ○伏(복): 사장되다, 묻히다. ○時(시): 이렇게. ○都(도): 감탄사. ○廣運(광운): 덕이 크고 넓음. ○乃聖乃神(내성내신): 영민하고 신묘함. "내"는 어기사. ○乃武乃文(내무내문): 혼란을 잠재우고 어질게 나라를 다스림. ○ 眷(권): 돌보다, 아끼다. ○奄有(엄유): 보유하다, 가지다. ○惠(혜): 따르다. ○迪(적): 도리, 이치. ○影響(영향): 그림자가 형체를 따르고 메아리가 소리를 따름. 길흉은 빠르고도 분명하게 나타남을 의미. ○吁(우): 감탄사. ○儆戒(경계): 경계하다. ○無虞(무우): 예상하지 못한 일. ○淫(음): 지나치다. ○百志(백지): 여러 가지 생각. ○熙(희): 사고의 폭을 넓히다. ○干(간): 구하다. ○咈(불): 어기다, 위반하다. ○利用(이용): 백성들이 사용하는 물건을 편리하게 해줌. ○厚生(후생): 백성들의 삶을 풍요롭게 함. ○九功(구공): 앞에서 나온 "물·불·쇠·나무·흙·곡식"의 일과 "덕을 바르게 하는 것·백성들이 사용하는 물건을 편리하게 하는 것·백성들의 삶을 풍요롭게 하는 것"을 말함. ○敍(서): 차례, 순서. 이곳에서는 질서를 잘 지키는 의미. ○休(휴): 어진 정치, 좋은 도리. ○董(동): 감독하다. ○壞(괴): 무너뜨리다. ○地平(지평): 흙과 물이 다스려짐. ○天成(천성): 만물이 자연스럽게 성장함. ○六府三事(육부삼사): "육부"는 "물·불·쇠·나무·흙·곡식"의 일이고, "삼사"는 "덕을 바르게 하는 것·백성들이 사용하는 물건을 편리하게 하는 것·백성들의 삶을 풍요롭게 하는 것"을 말함. ○賴(뢰): 이롭다. ○時(시): 이것. ○乃(내): 너, 그대.

3

순임금: "우는 이리오라! 짐은 33년간이나 제위에 있었다. 나이가 드

니 국정을 돌보는데 힘이 드오. 그대는 부지런한 사람이니, 짐의 백성들을 다스리라.”

우: “저는 덕이 많이 부족하옵니다. 백성들이 따르지 않을 것이옵니다. 고요가 열심히 덕을 쌓고 있습니다. 그의 덕은 백성들에게까지 미치고 있습니다. 백성들도 그를 따르고 있습니다. 폐하께서는 부디 살펴주십시오. 덕을 생각하는 사람도 이 사람이며, 덕을 말하는 사람도 이 사람이고, 덕을 찬양하는 사람도 이 사람이며, 진심으로 덕을 행하는 사람도 이 사람입니다. 폐하께서는 그의 공을 살펴주십시오!”

순임금: “고요여, 이들 신하들 중 누구도 짐의 어진 정치를 거스르지 않도록 해주시오. 그대가 형을 집행하는 관리가 되어주시오. 다섯 가지 형벌을 밝히고, 다섯 가지 가르침을 지키도록 해주시오. 그대는 나를 도와 정무를 처리해주시오. 형벌을 사용하되 종국에는 형벌이 사용되지 않게 해주시오. 백성들을 올바른 길로 인도한다면, 이는 그대의 공이오. 힘쓰시오.”

우가 고요에게 양위하는 그림(禹讓皐陶圖)

고요: “폐하의 덕은 무결하시고, 신하를 대하심에 허물이 없으시며, 백성들에게는 관대하십시다. 죄를 자손들에까지 묻지 아니하시고, 상은 대대로 내려주셨습니다. 과실이 아무리 커도 용서하시고, 의도적으로 지은 죄는 아무리 가벼워도 벌을 주셨습니다. 죄가 의심이 갈 때는 가볍게 처리하시고, 공이 의심이 갈 때는 후한 상을 내리셨습니다. 무고한 사람을 죽이느니, 차라리 정도를 지키지 않는 사람을 버리셨습니다. 생명을 아끼시는 어진 마음이 백성들의

마음에 스며들었습니다. 이 때문에 백성들도 관리들의 말을 잘 따랐습니다."

순임금: "그대가 나의 바람대로 나라를 다스려서, 세상 사람들이 호응한다면, 이것은 그대의 덕이 훌륭하기 때문이오."

帝曰: "格, 汝禹! 朕宅帝位三十有三載, 耄期倦于勤. 汝惟不怠, 總朕師."

禹曰: "朕德罔克, 民不依. 皐陶邁種德, 德乃降, 黎民懷之. 帝念哉! 念玆在玆, 釋玆在玆, 名言玆在玆, 允出玆在玆, 惟帝念功."

帝曰: "皐陶, 惟玆臣庶, 罔或干予正. 汝作士, 明于五刑, 以弼五教. 期于予治, 刑期于無刑, 民協于中, 時乃功, 懋哉."

皐陶曰: "帝德罔愆, 臨下以簡, 御衆以寬. 罰弗及嗣, 賞延于世. 宥過無大, 刑故無小. 罪疑惟輕, 功疑惟重. 與其殺無辜, 寧失不經. 好生之德, 洽于民心, 玆用不犯于有司."

帝曰: "俾予從欲以治, 四方風動, 惟乃之休,"

○모기(耄期): "모"는 90세, "기"는 100세를 말함. 이곳에서는 나이가 연로하다는 의미. ○勤(근): 부지런히 일하다. 이곳에서는 국정을 돌보는 것을 의미. ○總(총): 이끌다. ○邁(매): 힘쓰다. ○種(종): 행하다. ○懷(회): 품다, 따르다. ○念玆在玆(염자재자): 앞의 "자"는 덕을 말하고, 뒤의 "자"는 고요를 말한다. 덕을 생각하는 사람이 고요라는 의미. ○釋(석): 말하다, 설명하다. ○名出(명출): 찬양하다. ○出(출): 행하다. ○或(혹): 어떤 사람, 누군가. ○干(간): 방해하다, 거스르다. ○予正(여정): 나의 어진 정치. ○五教(오교): 오륜(五倫). 앞의 주석 참고. ○期于予治(기우여치): 나의 다스림을 돕는 의미. ○刑期于無刑(형기우무형): 처음에는 형벌을 사용하되 나중에는 사용하지 않게 되길 바란다는 의미. "기"는 바라다. ○協(협): 부합되다, 들어맞다. ○簡(간): 허물이 없다. ○故(고): 고의를 죄를 짓는 것. ○與其…寧~(여기…녕~): …하느니 차라리~한다. ○不經(불경): 정도를 지키지 않는 사람. ○好生(호생): 생명을 중히 여기다. ○有司(유사): 관리. ○從欲以治(종욕이치): 자신의 바람대로 다스리다. ○風動(풍동): 바람이 불어 풀이 한쪽으로 쏠리듯 천자의 말에 온 천하가 움직이는 것을 말함. ○休(휴): 훌륭한 덕.

4

요임금: "우여, 이리 오라! 홍수가 일어난 것은 우리를 경고하기 위함이오. 그대는 약속한대로 물을 다스려 공을 세웠소, 이는 그대가 어질기 때문이오. 그대는 나라를 위해서 수고를 아끼지 않으며, 집에서는 근검절약하며, 자만하지 않고 과시하지 않았소. 이 역시 그대가 어질기 때문이오. 그대는 자신의 재능을 과시하지 않기 때문에 천하에는 그대와 재능을 다툴 수 있는 사람은 없소. 그대는 공을 내세우지 않기 때문에 천하에는 그대와 공을 다툴 수 있는 사람은 없소. 짐은 그대의 덕을 높이 평가하고, 그대의 큰 공에 찬사를 보내는 바이오. 하늘의 운세를 보면 제왕의 기운이 그대에게 있으니, 그대는 결국에는 제위에 올라야하오. 지금 사람들의 마음은 위태롭기 그지없고, 도를 지키는 마음은 사라지고 있소. 정성을 다하고 뜻을 한곳으로 모아, 어느 한쪽으로 치우침이 없는 중용의 도를 실행해야 할 것이오. 근거 없는 말은 듣지 말고, 사람들에게 의견을 구하지 않은 계책은 쓰지 마시오. 사람들이 추대하는 사람이 군주가 아니겠소? 두려워해야 할 대상은 백성들이 아니겠소? 백성에게 군주가 없다면, 그들은 누구를 섬기겠소? 군주에게 백성이 없다면, 누가 나라를 지키겠소? 신중하시오! 권한을 행사할 때는 신중하고, 그대가 하길 바라는 일은 정중하게 실행하시오. 천하의 백성들이 곤궁해지면, 하늘이 내린 복록은 영원히 끊길 것이오. 입은 좋은 말을 하기도 하지만 전쟁도 일으킬 수도 있소. 잘 알리라 믿고 더 이상 말하지 않겠소."

우: "그래도 공신들 한 명 한 명을 점쳐보십시오. 점괘가 가장 잘 나온 사람에게 제위를 물려주십시오."

순임금: "우여! 관청에서 보는 점은 먼저 점을 치는 목적을 정하고, 그런 후에 큰 거북이에게 길흉을 물어보오. 짐은 그대에게 제위를 물려주려는 뜻을 먼저 정했소. 신하들과 의논을 해봐도 나와 같은 생각이었소. 귀신도 짐의 생각을 따랐소. 거북과 시초로 점을 봐도 짐의 뜻과

똑같이 나왔소. 길한 점은 여러 번 보지 않는 법이오."

우는 몸을 굽히고 머리를 조아리며 끝까지 사양했다.

순임금: "사양하지 말라! 그대만이 적임자요."

정월 초하루 아침에 우는 요임금을 모신 사당에서 제위에 올랐다. 백관들을 이끌고 의식을 거행하는 모습이 순임금이 요임금의 제위를 이을 때의 모습 같았다.

帝曰: "來, 禹! 降水儆予, 成允成功, 惟汝賢. 克勤于邦, 克儉于家, 不自滿假, 惟汝賢. 汝惟不矜, 天下莫與汝爭能. 汝惟不伐, 天下莫與汝爭功. 予懋乃德, 嘉乃丕績, 天之曆數在汝躬, 汝終陟元后. 人心惟危, 道心惟微, 惟精惟一, 允執厥中. 無稽之言勿聽, 弗詢之謀勿庸. 可愛非君? 可畏非民? 衆非元后, 何戴? 后非衆, 罔與守邦? 欽哉! 愼乃有位, 敬修其可願, 四海困窮, 天祿永終. 惟口出好興戎, 朕言不再."

禹曰: "枚卜功臣, 惟吉之從."

帝曰: "禹! 官占惟先蔽志, 昆命于元龜. 朕志先定, 詢謀僉同, 鬼神其依, 龜筮協從, 卜不習吉."

禹拜稽首固辭.

帝曰: "毋! 惟汝諧."

正月朔旦, 受命于神宗, 率百官若帝之初.

○儆(경): 경고하다. ○成允(성윤): 신의를 지키다. 자신이 한 말을 지킨 것을 의미. "윤"은 믿다. ○假(가): 잘난 척하다. ○矜(긍): 과시하다, 자랑하다. ○伐(벌): 자랑하다. ○嘉(가): 찬미하다. ○曆數(역수): 하늘의 운세. ○元后(원후): 천자의 자리. ○惟精惟一(유정유일): "정"은 정성을 다하는 것이고, "일"은 마음을 한 곳을 모으는 것. ○執(집): 지키다, 실천하다. ○愛(애): 존경하다, 추대하다. ○出好(출호): 좋은 말을 하다. ○興戎(흥융): 전쟁을 일으키다. ○枚卜(매복): 고대에는 점을 쳐서 관리를 선발했다고 함. 선택한 사람들을 한명씩 점을 쳐 길한 점괘가 나온 사람을 관리로 선발함. ○官占(관점): 점을 치는 관리. ○蔽(폐): 단정하다, 결정하다. "단(斷)"과 통함. ○昆(곤): 후에, 연후에. ○僉(첨): 모두. ○龜筮(귀서): 거북으로 점을 치는 것과 점대로 점을 치는 것. ○習(습): 반복하다, 중복하다. ○固辭(고사): 고사하다, 한사코 사양

하다. ○諧(해): 적합하다. ○朔(삭): 매월의 초하루. ○神宗(신종): 요임금의 종묘. ○若帝之初(약제지초): 당시 순임금이 요임금의 제위를 이을 때 행한 의식과 같음.

5

순임금: "자! 우여! 저 묘족苗族이 짐을 따르지 않고 있으니, 그대가 정벌하라."

우는 곧 제후들을 모아놓고, 군대 앞에서 훈시했다. "장병들이여, 나의 명을 들으시오. 소란을 피우는 저 묘족은 무지하고 예의범절을 모르는 민족이오. 또 사람을 업신여기고 잘난 척하며, 도를 어기고 덕을 망치고 있소. 때문에 군자들은 배척되고, 소인들이 득세하며, 백성들은 버려져 불안해하오. 이에 하늘이 그들에게 재앙을 내렸소. 그래서 내가 그대들을 이끌고 순임금의 명을 받들어 그 죄를 벌하고자 하는 것이오. 바라건대 그대들은 마음과 힘을 하나로 모아주시오. 그래야 공을 세울 수 있소."

군사들에게 묘족을 칠 것을 알리는 그림
(征苗誓師圖)

30일 후 묘족은 여전히 복종하지 않았다. 익이 우를 보좌하며 말했다. "덕만이 하늘을 감동시킬 수 있습니다, 아무리 먼 곳의 부족이라도 귀순할 것입니다. 자만은 손실을 부르고, 겸손은 이익을 줄 것입니다. 이것은 하늘의 도리입니다. 순임금께서는 처음에 역산에서 밭을 가실 때, 매일 하늘을 보고 울부짖었습니다. 부친과 계모에게 불효한 것을 자신의 죄로 여기고 기꺼이 비난을 받고자 했습니다. 순임금은 부친 고수를 공경하게 섬겼습니다. 특히 부친을 뵈러 갈 때는 공경하고 두려워했습니다. 고수도 그를 믿고 따르게 되었습니다. 지성이면 감천이라 했습니다. 하물며 저 묘족은 더 말할 나위가 없겠지요."

우가 익의 고견에 절하며 말했다. "옳습니다!"

이에 군사를 거두어 본국으로 돌아왔다. 순임금은 천하에 덕의 가르침을 널리 펼치시고, 방패와 깃털을 들고 섬돌 앞에서 춤을 추도록 했다. 철군한 지 70일 후, 묘족이 귀순했다.

순임금이 역산에 가서 밭을 가는 모습
(歷山往田圖)

帝曰: "咨, 禹! 惟時有苗弗率, 汝徂征."

禹乃會群后, 誓于師曰: "濟濟有衆, 咸聽朕命. 蠢玆有苗, 昏迷不恭, 侮慢自賢, 反道敗德, 君子在野, 小人在位, 民棄不保, 天降之咎, 肆予以爾衆士, 奉辭罰罪. 爾尙一乃心力, 其克有勳."

三旬苗民逆命, 益贊于禹曰: "惟德動天, 無遠不屆. 滿招損, 謙受益, 時乃天道. 帝初于歷山, 往于田, 日號泣于旻天, 于父母, 負罪引慝. 祇載見瞽瞍, 夔夔齋慄, 瞽亦允若. 至誠感神, 矧玆有苗."

禹拜昌言曰: "兪!" 班師振旅. 帝乃誕敷文德, 舞干羽于兩階, 七旬有苗格.

○有(유): 의미가 없음. ○苗(묘): 묘족. ○徂(조): 가다. ○群后(군후): 각 국의 제후들. ○濟濟(제제): 아주 많은 모양. ○蠢(준): 소란을 피우다, 어리석다. ○侮慢(모만): 태만하다, 업신여기다. ○自賢(자현): 대단한 척하다, 잘난 척하다. ○咎(구): 재앙, 재난. ○肆(사): 그래서. ○辭(사): 순임금의 명령. ○尙(상): 바라다. ○勳(훈): 공훈. ○贊(찬): 보좌하다. ○屆(계): 이르다, 오다. ○滿(만): 자만. ○歷山(역산): 순임금은 제위에 오르기 전 역산에서 밭을 갈았다

고 함. 당시 그의 부모와 배다른 동생 상(象)이 순을 모질게 대했다고 한다. ○부죄(負罪): 죄를 책임짐. ○引慝(인특): 비난을 받음. ○載(재): 섬기다. ○瞽瞍(고수): 순임금의 부친. ○夔夔(기기): 정중하고 조심스러워 함. ○齋慄(재율): 엄숙하고 송구스러워함. ○允若(윤약): 믿고 따르다. ○矧(신): 하물며. ○昌言(창언): 고견, 좋은 생각. ○班師(반사): 철군함. ○振旅(진려): 군대를 정비함. ○誕(탄): 크게, 널리. ○文德(문덕): 덕의 정치. ○干(간): 방패. ○羽(우): 새의 깃털로 만든 무구(舞具). ○格(격): 오다.

제4편 고요모皐陶謨: 고요와 우의 대화

해제

고요皐陶는 구요咎繇라고도 한다. 순임금 때 형벌을 주관했다고 전한다. 모謨를 《설문해자》는 "의론하고 계획한다議謀."라고 했다.
본편은 고요와 우가 덕의 정치로 어떻게 이상적인 국가를 만들어 나갈 것인가에 대한 문제를 토론하고 있다. 고요는 "몸을 삼가고愼身" "사람을 잘 알아보며知人" "백성을 평안하게安民" 할 것을 주장하고 있다.
〈고요모〉편은 중국에서 가장 오래되고 완전한 회의기록이다. 정사와 유관한 실록 중에서 문장이 아주 생동적이다. 서한의 복생伏生이 전한 금문《상서》의 〈고요모〉는 다음에 나오는 〈익직〉편을 포함하고 있다. 이곳에서는 고문《상서》를 따라 두 편으로 나눈다.

고요의 모습(皐陶像)

1

옛날의 전설에는 이렇게 전해온다. 고요: "선왕의 덕을 성실히 행하신다면, 계획은 실현되고 신하들은 일치단결할 것입니다."

우: "옳은 말이오! 덕을 어떻게 행하면 좋겠소?"

고요: "예! 몸을 삼가 하시고, 멀리까지 내다볼 줄 아는 지혜를 길러야 합니다. 또 친족들을 도탑게 대하시고, 어진 이가 열심히 보필하게 해야 합니다. 가까운 곳에서 먼 곳까지 다스리는 길이 여기에 있습니다."

우가 고요의 훌륭한 말에 절하며 말했다. "맞습니다!"

우가 고요모의 고견에 절하는 모습(禹拜昌言圖)

고요: "이밖에도 사람을 잘 알아보고, 백성을 편안하게 해야 합니다."

우: "오! 모든 일을 이렇게 하기란 요임금도 어려워했을 것이오. 명철해야 사람을 잘 알아볼 수 있고, 적절한 자리에 사람을 임용할 수 있습니다. 은혜로워야 백성들을 편안할 수 있고, 백성들은 군주를 따를 것입니다. 명철하고 은혜롭다면, 무엇 때문에 저 환두 같은 인간이 두렵겠습니까? 무엇 때문에 저 묘족을 멀리 보내겠습니까? 무엇 때문에 비위에 맞는 말을 잘하고 남의 얼굴이나 잘 살피는 간사한 인간들이 두렵겠습니까?"

曰若稽古. 皐陶曰: "允迪厥德, 謨明弼諧."

禹曰: "兪, 如何?"

皐陶曰: "都! 愼厥身, 修思永. 惇敍九族, 庶明勵翼, 邇可遠, 在玆."

禹拜昌言曰: "兪!"

皐陶曰: "都! 在知人, 在安民."

禹曰: "吁! 咸若時, 惟帝其難之. 知人則哲, 能官人. 安民則惠, 黎民懷之. 能哲而惠, 何憂乎驩兜? 何遷乎有苗? 何畏乎巧言令色孔壬?"

○迪(적): 따르다, 이행하다. ○謨(모): 생각, 계획. ○弼(필): 군주를 보좌하는 신하. ○惇敍(돈서): 도탑게 대하다. ○勵(려): 힘쓰다. ○邇(이): 가깝다. ○哲(철): 지혜롭다. ○官(관): 임용하다. ○遷(천): 이주시키다, 유배를 보내다. ○巧言令色(교언영색): 말을 잘하고 아첨을 잘하는 사람. ○孔(공): 매우. ○壬(임): 간사하다.

2

고요: "아! 사람이 제대로 행하고 있는지를 검증하려면 9가지 덕을 보아야 합니다. 말을 검증해서, 덕이 있는 사람이라면, 정치를 하라고 하십시오."

우: "9가지 덕이란 무엇입니까?"

고요: "대범하면서 삼가하고, 온화하면서 주관이 분명하고, 성실하면서 공손하고, 재능이 있으면서 신중하고, 온순하면서 굳세고, 곧으면서 부드럽고, 뜻이 커면서 작은 예의에 얽매이지 않고, 강직하면서 거칠지 않고, 굽히지 않으면서 도의에 벗어나지 않는 것입니다. 9가지 덕을 갖춘 사람을 잘 기용해야합니다.

9가지 덕 중에 3가지 덕을 매일 실천함에, 아침부터 저녁까지 삼가하며 열심히 노력한다면, 대부는 자신의 봉지를 잘 지킬 수 있을 것입니다. 9가지 덕 중에 6가지 덕을 매일 조심하고 공경하게 실천한다면, 제후는 군주를 보필해 나라를 지킬 수 있습니다. 3가지 덕과 6가지 덕을 합쳐 널리 시행하고, 9가지 덕을 갖춘 이에게 관직을 내린다면, 관직에 있는 사람들은 재능과 덕이 출중한 사람들이 될 것입니다. 관리들은 서로 본받으려 하고, 맡을 바 일을 잘 처리해, 임금을 보필하려고 할 것입니다. 그러면 많은 일들이 이루어질 것입니다.

皐陶曰: "都! 亦行有九德. 亦言, 其人有德, 乃言曰, 載采采."

禹曰: "何?"

皐陶曰: "寬而栗, 柔而立, 愿而恭, 亂而敬, 擾而毅, 直而溫, 簡而廉, 剛而塞, 彊而義. 彰厥有常吉哉!

日宣三德, 夙夜浚明有家; 日嚴祗敬六德, 亮采有邦. 翕受敷施, 九德咸事, 俊乂在官. 百僚師師, 百工惟時, 撫于五辰, 庶績其凝.

○亦(역): 검정하다. ○九德(구덕): 사람이 갖추어야 할 아홉 가지 덕. 아래 문장 참고. ○載(재): 어기사. 의미가 없음. ○采采(채채): 앞의 "채"는 "일하다"의 의미이고, 뒤의 "채"는 "일"의 의미. 이곳에서는 나라를 다스리는 일을

하는 것을 말함. ○栗(율): 삼가다. ○立(입): 주관이 분명한 것. ○愿(원): 성실하다. ○亂(난): 다스리다. 국가를 다스릴 재능을 갖고 있는 것. ○擾(요): 온순하다. ○簡(간): 작은 예의에 얽매이지 않는 것. ○廉(염): 구차하지 않는 것. ○塞(색): 거칠지 않은 것. ○彊(강): 강함, 굽히지 않음. "강(強)"과 통함. ○彰(창): 잘 드러나다. ○常吉(상길): 9가지 덕을 갖고 있는 사람. ○宣(선): 나타내다. ○浚(준): 공경하다. ○家(가): 대부의 봉지. ○亮(량): 보좌하다. ○采(채): 일. ○邦(방): 제후의 봉지. ○翕受(흡수): 모으고 받아들임. ○事(사): 일을 맡기다. ○俊乂(준예): 재능 있는 사람. 재주와 덕이 천 명의 사람보다 뛰어난 사람을 "준"이라 하고, 백 명의 사람보다 뛰어난 것을 "예"라고 함. ○사사(師師): 서로 본받으려고 하다. ○惟(유): 생각하다. ○時(시): 잘하다. ○撫(무): 돌보다, 지키다. 이곳에서는 임금을 잘 보필하는 의미. ○五辰(오신): 군주. ○凝(응): 이루어지다.

3

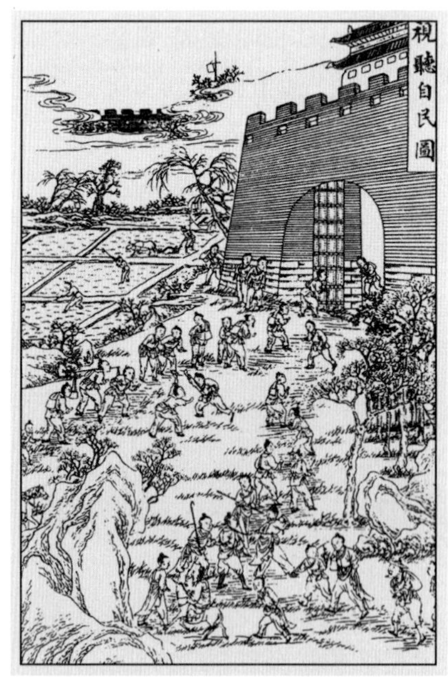

백성들이 듣고 보는 그림 (視聽自民圖)

국가를 다스리는 사람은 안일해지거나 사욕을 추구해서는 안 되며, 늘 조심하고 두려워해야 합니다. 매일 상황이 어떻게 변할지 모르기 때문입니다. 불필요한 관직을 두지 말며, 하늘이 내린 일은 사람이 대신해서 이루어야 합니다. 하늘의 질서에는 변치 않는 일정한 법칙이 있는데, 우리에게 오륜의 가르침을 돈독히 할 것을 말하고 있습니다. 하늘은 사람의 신분에 따른 예절을 정해놓았으니, 우리는 천자·제후·대부·사·서민의 예절을 지키고 일상화해야 합니다! 임금과 신하는 서로 존중하고 일치단결하며 사이가 좋아야 합니다! 하늘은 덕이 있는 이를 임명하고, 천자·제후·대부·사·서민의 예복으로 이 다섯 신분의 사람을 표창합니다! 하늘은 죄를 지은 사람을 벌하고, 다섯 가지 형벌로 다스립니다. 국사에 힘쓰고 힘쓰십시오.

하늘이 듣고 보는 것은 백성들이 듣고 보는 것입니다. 하늘이 사람에게 상을 내리고 벌을 주는 것은 백성들이 상을 내리고 벌을 주는 것입니다. 하늘과 백성은 서로 통합니다. 공경하게 국사를 돌보아야 나라를 보존할 수 있습니다!

고요: "저의 말은 하늘의 뜻을 따른 것이니 반드시 실천할 수 있을 것입니다."

우: "그렇소! 그대의 말은 실천할 수 있을 뿐만 아니라 실천하면 성공할 것이오."

고요: "제가 아는 것은 없지만, 매일 폐하를 열심히 보필하는 것만 생각할 뿐이옵니다."

無教逸欲, 有邦兢兢業業, 一日二日萬幾. 無曠庶官, 天工, 人其代之. 天敍有典, 勅我五典惇哉! 天秩有禮, 自我五禮有庸哉! 同寅協恭和衷哉! 天命有德, 五服五章哉! 天討有罪, 五刑五用哉! 政事懋哉懋哉!

天聰明, 自我民聰明. 天明畏, 自我民明威. 達于上下, 敬哉有土!"

皐陶曰: "朕言惠可厎行."

禹曰: "兪! 乃言厎可績."

皐陶曰: "予未有知, 思日贊贊襄哉!"

○教(교): …로 하여금 ~하게 하다. "사(使)"와 통함. ○逸欲(일욕): 안일과 사욕. ○兢兢業業(긍긍업업): 조심하고 두려워함. ○一日二日(일일이일): 매일, 날마다. ○萬幾(만기): 변화가 많음. ○曠(광): 비다. ○天工(천공): 하늘이 내린 일. 즉 백성을 잘 다스리는 일. ○天敍(천서): 하늘이 내린 질서. "서"는 질서. ○典(전): 변치 않는 일정한 법칙. ○勅(칙): 알려주다. "칙(敕)"과 같음. ○五典(오전): 오륜(五倫)을 말함. ○秩(질): 질서를 정하다. ○五禮(오례): 천자·제후·경대부·사(士)·백성의 예절. ○庸(용): 일상화하다. "상(常)"과 통함. ○同寅(동인): 군신 간에 서로 존중함. ○協恭和衷(협공화충): 한 마음

한 뜻으로 일치단결함. ○五服(오복): 천자·제후·경대부·사(士)·백성 간에 신분을 나타내기 위해 입는 다섯 가지 옷. ○章(장): 드러내다. "창(彰)"과 통함. ○討(토): 징벌하다, 토벌하다. ○五刑(오형): 다섯 가지 형벌. 즉, 얼굴에 글자를 새기고 묵을 칠하는 형벌·코를 베는 형벌·발을 자르는 형벌·생식기를 자르는 형벌·사형 ○聰明(총명): 듣고 보는 것. ○明畏(명외): 착한 사람은 표창하고 나쁜 사람은 벌하는 것. ○達(달): 통하다. ○有土(유토): 땅을 지키다. ○惠(혜): 따르다. ○底(저): 필히, 반드시. ○底(저): 이르다. ○贊贊(찬찬): 보좌하다, 돕다. ○襄(양): 돕다.

제5편 익직益稷: 우와 익의 사업

해제

한나라 사람 공안국孔安國은 고문 《상서·익직》편 아래에 "우가 이 사람을 말했기 때문에 편명으로 삼았다.禹稱其人, 因以名篇."라고 말했다. 이를 당나라 사람 공영달孔穎達은 "우는 기익과 기직을 말했다. 이는 우가 두 사람을 말한 것이다. 두 사람이 우를 도운 공이 있기 때문에 이 두 사람의 이름으로 편명을 삼았다. 대우를 찬미하면서 이 두 사람의 공을 표창하였다.禹言暨益、暨稷, 是禹稱其二人. 二人佐禹有功, 因以此二人名篇. 旣美大禹, 亦所以彰此二人之功也."라고 설명했다.

익益은 백익伯益이라고도 하며, 백예伯翳라고도 쓴다. 순임금 때 동이족東夷族의 수령이었다. 전설에 의하면, 익은 우禹가 치수하는데 공을 세웠고, 우가 제위를 익에게 양위하려고 하자 익은 기산箕山의 북쪽에 은거했다고 한다. 직은 후직后稷이라고도 한다. 전설에 따르면 그의 모친이 그를 낳아 버렸다고 해서 그를 기棄라고도 부른다. 순임금 때 농업을 주관하는 관리가 되었고, 우임금 때는 농민들에게 곡식을 심는 법을 가르쳐 주었다고 한다.

본편은 순과 우의 대화이다. 앞부분은 우가 백성들을 이끌고 치수를 한 공적과 국가의 안위와 백성들의 평안을 강조하며 군신의 도리를 말하고 있다. 뒤 부분은 화기애애한 노래가 울려 퍼지는 가운데 군신들이 서로 나라와 백성들을 위해 힘쓸 것을 말하고 있다.

《맹자孟子·공손추상公孫丑上》의 "우는 좋은 말을 들으면 절을 했다.禹聞善言則拜."는 말은 본편의 "그대도 좋은 생각이 있으면 말해보라.汝亦昌言."에서 유래했다. 때문에 〈익직〉편이 쓰인 연대는 늦어도 《맹자》 이전으로 추정된다.

백익의 모습(伯益畵像)

1

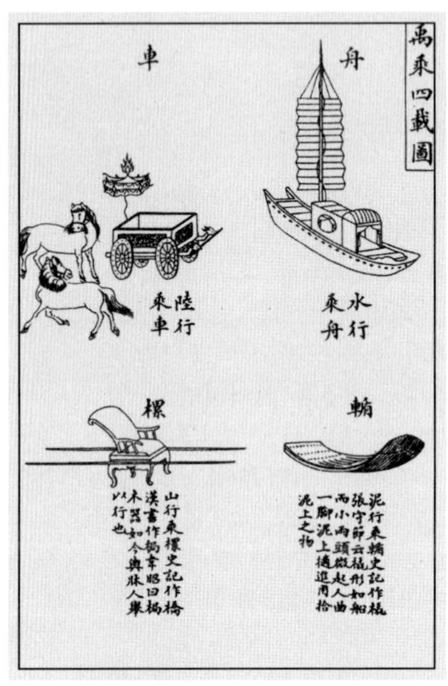

우가 탄 네 가지 교통수단(禹乘四載圖)

순임금: "우여, 이리오라! 그대도 좋은 생각이 있으면 말해보라."

우가 절하며 말했다: "예, 폐하! 제가 무슨 말을 하겠습니까? 매일 열심히 일할 생각만 할 뿐이옵니다."

고요: "그래요! 무슨 일을 그리 열심히 생각하십니까?"

우: "홍수가 하늘에 닿을 만큼 넘치고 있습니다. 크게 불어난 물이 산을 에워싸고 언덕을 잠기게 하고 있습니다. 백성들은 물속에 빠져 죽어가고 있습니다. 저는 네 종류의 탈 것을 이용해, 산을 따라가며 나무를 베어 길을 냈고, 익과 함께 백성들에게 갓 죽인 짐승을 주었습니다. 또 저는 아홉 개의 강을 통하게 하여 바다로 흘러가게 하였으며, 논 사이의 도랑을 깊게 파서 강으로 흘러가게 하였습니다. 후직과 함께 곡식을 심어, 백성들에게 여러 가지 곡식과 짐승의 고기를 먹을 수 있도록 해주었습니다. 백성들에게 있는 것과 없는 것을 바꾸도록 하고, 여남은 것은 다른 곳에서 팔 수 있도록 했습니다. 이렇게 하니 백성들의 삶은 안정되었고, 제후국들도 다스려졌습니다."

고요: "그렇군요! 참으로 좋은 말씀이십니다."

帝曰: "來, 禹! 汝亦昌言."
禹拜曰: "都, 帝! 予何言? 予思日孜孜."
皐陶曰: "吁! 如何?"
禹曰: "洪水滔天, 浩浩懷山襄陵, 下民昏墊. 予乘四載, 隨山刊木, 曁益奏庶鮮食. 予決九川距四海, 濬畎澮距川. 曁稷播, 奏庶艱食鮮食. 懋遷有無, 化居. 烝民乃粒, 萬邦作乂."

皐陶曰: "兪! 師汝昌言."

○孜孜(자자): 열심히 일하다. ○昏墊(혼점): "혼"은 물에 잠기는 것이고, "점"은 물에 빠지는 것. ○四載(사재): 네 가지 교통수단. 즉 땅에서 타는 수레·물에서 타는 배·진흙에서 타는 썰매·산에서 타는 가마. ○刊木(간목): 나무를 베어 길을 냄. ○奏(주): 올리다, 바치다. ○鮮(선): 갓 죽인 새나 짐승. ○九川(구천): 아홉 개 주의 강. ○距(거): 이르게 하다. ○濬(준): 깊이 파서 흐르게 함. ○畎澮(견회): 논밭 사이로 난 도랑. ○艱食(간식): 고구마나 감자 같은 구황작물. 이곳에서는 곡식을 의미. "간"은 "근(根)"과 통함. ○懋(무): 무역하다, 거래하다. "무(貿)"와 통함. ○化居(화거): 쌓아둔 물건을 없는 사람이나 없는 곳으로 옮겨 파는 것을 말함. 《사기·하본기(夏本紀)》에는 "사거(徙居)"로 되어 있음. ○蒸民(증민): 백성. "증"은 많다. ○粒(립): 안정되다. ○作(작): 시작하다. ○師(사): 이, 이것. "사(斯)"와 통함. 《사기·하본기》에는 "차이미야(此而美也)"로 되어 있음.

2

우: "아, 폐하! 자리에 있는 대신들을 존경하십시오."

순임금: "알겠소!"

우: "폐하의 직무를 다하시고, 대신들의 안위를 생각하십시오. 곧은 신하의 보좌를 받는다면, 폐하께서 조금만 움직이셔도 천하가 크게 호응할 것입니다. 덕이 있는 이를 기다릴 때에는 하늘의 명을 분명하게 받으십시오. 그러면 하늘은 거듭 폐하를 찬미할 것입니다."

순임금: "오! 신하야말로 가장 가까운 사람이로다! 가장 가까운 사람이야말로 신하로다!"

우: "그렇습니다!"

순임금: "신하는 짐의 다리요 팔이요 귀요 눈이로다. 짐은 백성들을 돕고자 하니, 그대가 나를 보좌해주오. 짐은 열심히 사방을 다스리려고

하니, 그대가 맡아주오. 짐은 고인들이 옷에 그린 문양을 나타내고 싶소. 그래서 해·달·별·산·용·꿩의 문양을 상의에 그리고, 호랑이·수초·불·백미·흑색과 백색으로 된 도끼·청색과 흑색으로 되어 있으면서 서로 등지고 있는 두 개의 기己자 문양을 하의에 수놓고자 하오. 그리고 다섯 종류의 안료로 신분의 고하를 잘 나타내주는 다섯 등급의 옷을 만들려고 하오. 그대가 처리해주시오. 짐은 여섯 가지 악률·다섯 가지 소리·여덟 가지 악기의 연주를 들을 것이오. 이것으로 정치가 잘 되고 있는지를 살피고, 각 지역의 의견을 수렴하고자 하오. 그대는 잘 들어주시오. 짐이 잘못하는 것이 있다면, 그대가 잘 보필해주시오. 그대는 앞에서는 아무런 말을 하지 않다가, 물러나서 다른 말을 해서는 안 되오. 짐은 곁에 있는 신하들을 예로 대할 것이오! 신하된 도리를 다하지 않고, 남을 모략하는 어리석은 신하가 있다면, 사후射侯의 예禮로 다스리고, 매로써 일깨워주시오. 죄를 책에 기록해서, 그들이 뉘우치고 발전할 수 있도록 해주시오! 관리가 된 사람은 아래 사람의 말을 받아들일 줄 알아야 하오. 잘한 것은 칭찬하고, 좋은 생각은 위에 올려 행해지도록 해야 하오. 관리된 사람이 이렇게 하지 못한다면, 처벌받아야 할 것이오."

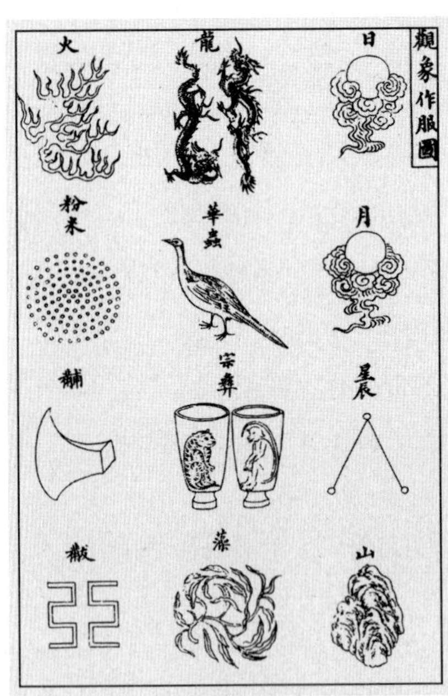

옛 사람의 옷에 그려진 그림이나 문양
(觀象作服圖)

우: "그렇습니다! 폐하, 저 넓은 하늘 아래, 천하의 백성들과 제후국의 많은 어진 이들은 모두 폐하의 신하입니다. 폐하께서는 이들을 잘 기용해야 합니다. 그들의 의견을 널리 받아들이고, 그들이 하는 일을 분명하게 살펴서, 수레와 옷을 수고의 대가로 내리소서. 이렇게 한

다면 누가 감히 어진 이에게 사양하지 않겠으며, 누가 감히 폐하의 명을 삼가 따르지 않겠습니까? 폐하께서 이를 잘 분별하지 못하고, 좋은 사람과 나쁜 사람을 똑같이 대하신다면, 매일 사람을 천거해도 하고자 하는 일은 이루어지지 않을 것입니다."

禹曰: "都! 帝. 愼乃在位."

帝曰: "兪!"

禹曰: "安汝止, 惟幾惟康. 其弼直, 惟動丕應. 徯志以昭受上帝, 天其申命用休."

帝曰: "吁! 臣哉鄰哉! 鄰哉臣哉!"

禹曰: "兪!"

帝曰: "臣作朕股肱耳目. 予欲左右有民, 汝翼. 予欲宣力四方, 汝爲. 汝欲觀古人之象, 日、月、星辰、山、龍、華蟲, 作會; 宗彝、藻、火、粉米、黼、黻、絺繡, 以五采彰施于五色作服, 汝明. 予欲聞六律五聲八音, 在治忽, 以出納五言, 汝聽. 予違, 汝弼, 汝無面從, 退有後言. 欽四鄰! 庶頑讒說, 若不在時, 侯以明之, 撻以記之, 書用識哉, 欲幷生哉! 工以納言, 時而颺之, 格則承之庸之, 否則威之."

禹曰: "兪哉! 帝, 光天之下, 至于海隅蒼生, 萬邦黎獻, 共惟帝臣, 惟帝時擧. 敷納以言, 明庶以功, 車服以庸. 誰敢不讓, 敢不敬應? 帝不時敷, 同, 日奏, 罔功."

○安(안): 다하다. ○止(지): 직책, 직분. ○惟(유): 생각하다. ○幾(기): 위험. ○徯志(혜지): 덕이 있는 사람을 기다림. ○申(신): 거듭. ○股肱(고굉): 다리와 팔. ○左右(좌우): 돕다. ○宣力(선력): 힘을 보여주다, 위력을 나타내다. ○象(상): 옷에 그려진 그림이나 무늬. ○華蟲(화충): 꿩. ○會(회): 그리다. "회(繪)"와 통함. ○宗彝(종이): 호랑이. ○藻(조): 수초. ○粉米(분미): 흰 쌀. ○黼(보): 보무늬. 검은색과 푸른색으로 된 도끼머리문양이 이어지는 무늬. ○黻(불): 불무늬. 검은색과 푸른색으로 된 기(己)자 두 개가 등지고 있는 모양이 이어지는 무늬. ○絺(치): 꿰매다, 바느질하다. ○五采(오채): 청색·황색·적색·백색·흑색의 다섯 가지 빛깔. 색깔 자체를 "채"라 하고, 색칠한 것을 "색(色)"이라 함. ○作服(작복): 다섯 가지 등급의 옷을 만듦. ○在(재): 살피다. ○治忽(치홀): 정사가 잘 되고 안 됨. ○出納(출납): 위 사람의 말을 아래

에 전하고 아래 사람의 말을 위 사람에게 올리는 것. ○五言(오언): 동·서·남·북·중앙의 의견. ○後言(후언): 뒤에서 욕하거나 비난하는 것. ○頑(완): 어리석다. ○若(약): 만약. ○在(재): 살피다. ○時(시): 이. ○侯以明之(후이명지): "후"는 과녁. 옛날에는 과녁을 쏘는 예로 선악을 구분했다고 함, 어질지 못한 사람은 과녁을 쏘는데 참여하지 못했음. ○撻(달): 매나 채찍으로 때림. ○記(기): 일깨워주다. ○識(식): 기록하다. ○工(공): 관리. ○納言(납언): 의견을 받아들이다. ○時(시): 잘하다. ○颺(양): 표창하다. ○格(격): 좋은 의견. ○承(승): 올리다. ○庸(용): 쓰다. ○威(위): 벌하다. ○光(광): 넓다. ○隅(우): 구석, 모퉁이. ○蒼生(창생): 백성. ○黎獻(여헌): 많은 어진 사람. "헌"은 "현(賢)"과 통함. ○時(시): 잘하다. ○庶(서): 살피다, 헤아리다. ○庸(용): 공로. ○應(응): 호응하다, 응하다. ○敷(부): 구분하다, 분별하다.

3

단주가 게으름을 피우며 못된 장난을 하는 그림(丹朱慢遊圖)

"단주(요임금의 아들)처럼 거만해지지 마십시오. 그는 게으르고 못된 장난질을 하며 노는 것을 좋아합니다. 낮이건 밤이건 멈출 줄 모릅니다. 홍수가 물러가도 사람들에게 배를 띄우라고 합니다. 집에서 음란한 짓을 많이 해서 요임금의 제위를 이을 수 없었습니다. 저는 그의 행동에 마음이 아팠습니다. 저는 도산씨塗山氏의 딸에게 장가를 들었으나, 결혼한 지 4일 만에 치수하러 떠났습니다. 아들 계가 앙앙하며 울었으나 아들을 돌볼 겨를이 없었습니다. 물과 흙을 정비하느라 정신이 없었습니다. 저는 다시 다섯 지역을 정했고, 5천 리나 떨어진 곳까지 갔습니다. 주마다 3만 명을 모집

했습니다. 구주에서 바다까지, 다섯 제후국마다 우두머리를 두었습니다. 그래서 이들에게 치수의 일을 맡겼습니다. 묘족만 저항하며 치수하는 일을 하지 않으려고 했습니다. 폐하께서는 저 완강한 묘족들을 유념하소서."

순임금: "짐은 덕으로 그들을 인도할 것이오, 그들이 짐의 가르침을 따른다면, 이는 그대의 공이오. 고요는 귀순한 사람들을 정중하게 대해 주시오. 귀순하지 않고 저항하는 사람은 기물에 형벌을 가하는 새겨 일깨워 주시오. 공정해야 하오."

"無若丹朱傲, 惟慢遊是好, 傲虐是作. 罔晝夜頟頟, 罔水行舟. 朋淫于家, 用殄厥世. 予創若時, 娶于塗山, 辛壬癸甲. 啓呱呱而泣, 予弗子, 惟荒度土功. 弼成五服, 至于五千. 州十有二師, 外薄四海, 咸建五長, 各迪有功, 苗頑弗卽工, 帝其念哉!"

帝曰: "迪朕德, 時乃功, 惟敍. 皐陶方祗厥敍, 方施象刑, 惟明."

○丹朱(단주): 요임금의 아들. ○傲(오): 오만하다, 거만하다. ○慢(만): 게으르다. ○好(호): 좋아하다. ○虐(학): 장난질하다. "학(謔)"과 통함. ○作(작): 하다. ○頟頟(액액): 쉬지 않음, 멈추지 않음. ○罔水行舟(망수행주): 홍수가 물러갔는데도 배를 띄움. ○朋(붕): 무리를 짓다. ○用(용): 그래서. ○殄(진): 끊기다. ○創(창): 마음이 아프다. "상(傷)"과 통함. ○若時(약시): 이렇게 된 것. ○塗山(도산): 나라이름. ○辛壬癸甲(신임계갑): 신일(辛日)에서 갑일(甲日)까지. 4일을 말함. 전설에 의하면 우(禹)는 결혼한 지 3일 만에 치수하러 떠났다고 함. ○呱呱(고고): 어린 아이의 울음소리. ○子(자): 귀여워하다. "자(字)"와 통함. ○荒(황): 바쁘다. "망(忙)"과 통함. ○度(탁): 헤아리다. ○土功(토공): 물과 흙을 다스리는 일. ○弼(필): 다시. ○成(성): 정하다. ○五服(오복): 도성에서 거리에 따라 정한 지역으로, 전복(甸服)·후복(侯服)·수복(綏服)·요복(要服)·황복(荒服)으로 나눔. 다음 장의 《우공(禹貢)》에 자세히 보임. ○師(사): 1사는 2,500명을 말함. 주마다 12사를 두었으므로, 총 30,000명을 동원했음을 알 수 있음. ○薄(박): 가까이하다. ○五長(오장): 아홉 개 주의 바깥 지역에 다섯 나라마다 한 명의 행정장관을 두어 다스린 것을 말함. ○迪(적): 인도하다. ○卽工(즉공): 일을 맡다. "즉"은 나아가다. ○敍(서): 따르다. ○상형(象刑): 형벌을 가하는 그림을 기물에 새겨 사람들이 경계하도록 함.

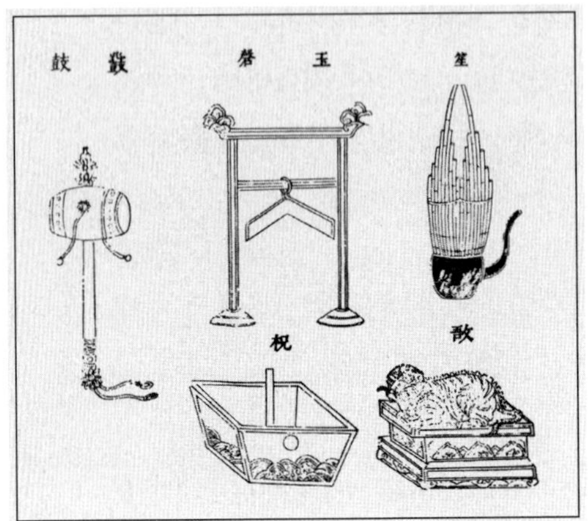

도고 · 옥경 · 생황 · 축 · 어 그림

4

기: "옥경과 박부를 치고 두드리며, 금슬을 튕기고, 노래를 부릅시다. 돌아가신 조상님과 부친의 영혼이 강림하시며, 선대 대왕의 후손과 순임금의 손님들이 자리를 잡으시고, 여러 제후들이 사당에 올라 정중히 양보합니다. 사당 아래에서는 피리를 불고 작은 북을 칩니다. 또 축을 쳐서 음악의 시작을 알리고 어를 쳐서 음악의 끝을 알리며, 생황과 큰 종을 중간 중간에 불고 칩니다. 새와 짐승으로 분장한 사람들은 춤을 추고, 악곡 《소소》가 9번 바뀌면, 봉황으로 분장한 사람들이 짝지어 나와 춤을 춥니다."

기: "아! 제가 석경을 치고 두드리니, 짐승으로 분장한 사람들이 춤을 추었습니다. 각 부서장께서도 나오셔서 함께 춤을 추었습니다."

夔曰: "戛擊鳴球、搏拊、琴、瑟, 以詠. 祖考來格, 虞賓在位, 群后德讓. 下管鼗鼓, 合止柷敔, 笙鏞以間. 鳥獸蹌蹌, 《簫韶》九成, 鳳凰來儀."

夔曰: "於! 予擊石拊石, 百獸率舞, 庶尹允諧."

○戛(알): 가볍게 치다. ○擊(격): 세게 치다. ○鳴球(명구): 악기의 일종인 옥경(玉磬)을 말함. ○搏拊(박부): 가죽으로 만든 악기로 모양이 소고(小鼓)와 비슷함. ○琴(금): 현악기의 일종. ○瑟(슬): 현악기의 일종. 금(琴)보다 조금 더 큼. ○祖考(조고): 조상과 돌아가신 부친의 영혼. ○虞賓(우빈): 순임금의 손님. 즉 전대 임금의 후손들. ○德(덕): 오르다. ○管(관): 관악기. ○鼗鼓(도고): 가운데 북자루를 잡고 흔들면 양쪽 끝에 단 구슬이 북면을 치게 만든 북. ○合(합): 합주하다. ○止(지): 음악을 그치다. ○柷(축): 나무로 만든 타악기. 합주할 때 치는 악기. ○敔(어): 호랑이와 비슷하게 생긴 악기. 음악을 그칠 때 치는 악기. ○笙(생): 생황. ○鏞(용): 큰 종. ○間(간): 생황과 큰 종을

번갈아 불고 치는 것. ○蹌蹌(창창): 춤추는 모습. ○簫韶(소소): 순임금이 만들었다고 하는 음악. ○九成(구성): 총 9장으로 됨. "성"은 음악의 장(章)을 세는 단위. ○鳳凰來儀(봉황래의): 봉황으로 분장한 사람들이 짝을 이루고 나와 춤을 춤. "의"는 짝을 이루는 것. ○石(석): 석경. ○庶尹(서윤): 여러 부서장. ○允(윤): 들어오다. ○諧(해): 함께. "해(偕)"와 통함.

5

이에 순임금이 노래를 지으셨다: "하늘의 명을 열심히 받드는 것은 이렇게 하는 것이다."

그런 후 또 노래를 부르셨다: "신하들이 즐겁게 일하고, 군왕이 분발하면, 모든 일들이 잘 돌아갈 것이라네."

고요가 손을 땅에 짚고 머리를 조아리며 계속 말했다: "유념하십시오! 폐하께서 일으킨 일을 하실 때는, 폐하의 법도를 분명하게 지키십시오. 공경하십시오! 폐하의 공을 자주 살피십시오. 공경하십시오!"

이에 계속 노래를 불렀다: "임금이 현명해야, 신하들이 충성을 다하고, 모든 일들이 잘 될 것이네!"

또 노래를 했다: "임금이 작은 것에 연연하고 큰 뜻이 없으면, 신하들은 게을러지고, 일들은 제대로 되지 않을 것이네!"

순임금이 절하며 말했다. "옳은 말이오. 가서 공경하게 일하시오."

帝庸作歌. 曰: "敕天之命, 惟時惟幾." 乃歌曰: "股肱喜哉! 元首起哉! 百工熙哉!"

皐陶拜手稽首颺言曰: "念哉! 率作興事, 愼乃憲, 欽哉! 屢省乃成, 欽哉!"

乃賡載歌曰: "元首明哉! 股肱良哉! 庶事康哉!"

又歌曰: "元首叢脞哉! 股肱惰哉! 萬事墮哉!"

帝拜曰: "兪, 往欽哉!"

○庸(용): 그래서. ○敕(칙): 부지런히 일하다. 이곳에서는 천명을 부지런히 받는 것. ○時(시): 이. ○幾(기): 가까워지다. ○股肱(고굉): 신하. ○元首(원

수): 군주. ○百工(백공): 모든 일. ○颺(양): 계속하다. ○배수계수(拜手稽首): 이마에 손을 대고 허리를 굽혀 머리를 땅에 갖다 대는 큰 절. ○率(솔): 통솔하다. 이끌다. ○憲(헌): 법도. ○屢(루): 자주. ○省(성): 살피다. ○賡(갱): 잇다, 계속하다. ○載歌(재가): 노래를 하다. "재(載)"는 "~를 하다"는 의미. ○叢脞(총좌): 번잡하고 자질구레한 일. ○墮(타): 무너지다, 혼란해지다.

제6편 우공禹貢: 우의 토지정비와 공물제도

해제

우禹는 대우大禹 혹은 융우戎禹라고도 한다. 하夏나라의 개국황제이다. 공貢은 제후들이 지방의 토산물을 조정에 바치는 것을 말한다. 《광아廣雅·석언釋言》은 "바치다獻也"라고 했다.

본편은 우가 구산九山을 가르고 구택九澤을 잇고 구하九河를 터뜨려 구주九州를 안정시킨 업적을 칭송하면서 당시의 정치제도·행정구역·산천의 위치·특산물·공물의 등급 등을 기록하고 있다. 이 때문에 본편은 중국에서 가장 이른 지리서로 평가받고 있다. 후에 나온 《한서漢書·지리지地理志》와 《수경주水經注》 등의 지리서들은 〈우공〉의 기록을 근거로 지어졌다. 또 한대 이후 〈우공〉을 연구한 저서들은 100종이 넘었다고 전해질 정도로 후인들의 중시를 받았다.

본편이 지어진 시기는 학자들에 따라 의견이 분분하다. 많은 학자들이 전국시기에 지어진 것으로 추정하고 있다.

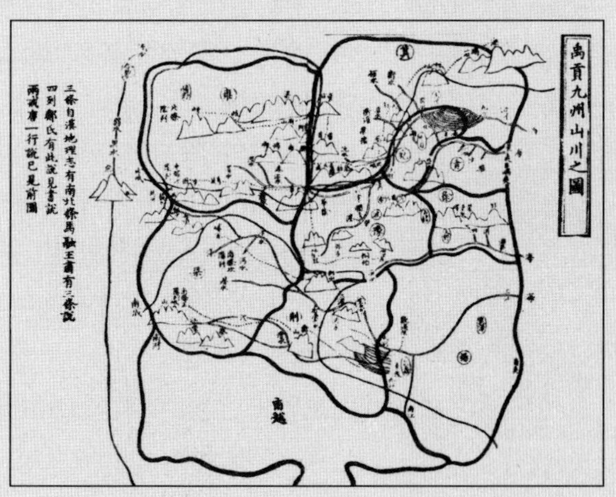

우가 정비한 구주의 산천을 그린 그림(禹貢九州山川之圖)

1

우는 구주의 경계를 짓고, 산을 따라 나무를 베어 길을 만들고 강을 이었으며, 토지에 따라 공물을 정했다.

禹別九州, 隨山濬川, 任土作貢.

○別(별): 나누다. 땅의 경계를 나눔. ○隨山(수산): 산을 따라 나무를 베어 길을 냄. ○任土(임토): 토지의 비옥한 정도를 따르다.

2

우는 땅의 경계를 짓고, 산을 따라 나무를 베고 길을 만들었으며, 고산과 대하의 이름을 지었다.

기주: 호구산의 수리공정이 끝나자, 양산과 기산을 정비했다. 태원을 정비하기 시작해 태악산太岳山의 남쪽까지 수리하기에 이르렀다. 담회 일대가 성공적으로 정비되어, 이곳에서 북쪽으로 가로 질러 황하로 들어가는 장수까지 이르렀다. 이곳의 흙은 희고도 부드럽다. 부세는 1등급이나 2등급도 섞여있다. 이곳의 토지는 5등급이다. 항수와 위수가 강을 따라 바다로 흘러들어가면서, 대륙택이 정비되었다. 동해의 제후들이 갈석산에서 황하를 타고 올라와 가죽옷을 바쳤다.

산을 따라 나무를 베어 길을 낸 그림
(隨山刊木圖)

禹敷土, 隨山刊木, 奠高山大川.

冀州: 旣載壺口, 治梁及岐. 旣修太原, 至于岳陽. 覃懷底績, 至于衡漳. 厥土惟白壤, 厥賦惟上上, 錯, 厥田惟中中. 恒、衛旣從, 大陸旣作. 島夷皮服, 夾右碣石入于河.

○敷(부): 나누다. ○奠(전): 정하다. 산과 강의 이름을 정하는 것. ○冀州(기주): 지금의 산서성(山西省)과 하북성(河北省) 서부 지역. 아홉 개 주의 하나이자, 요임금 때의 정치중심지. ○載(재): 일. 수리공정을 말함. ○壺口(호구): 산이름. 지금의 산서성 길현(吉縣) 남쪽. ○梁(양): 산이름. 지금의 섬서성(陝西省) 한성현(韓城縣) 서쪽. ○岐(기): 산이름. 지금의 섬서성 기산(岐山) 일대. ○太原(태원): 지금의 산서성 태원(太原) 일대. ○岳陽(악양): 태악산(太岳山)의 남쪽. 태악산은 지금의 산서성 곽주(霍州) 동쪽. "양"은 산의 남쪽을 이르는 말. ○覃懷(담회): 지명. 지금의 하남성(河南省) 무척(武陟)과 심양(沁陽) 일대. ○底(저): 이루다, 얻다. ○績(적): 공적. ○衡(형): 가로지르다. "횡(横)"과 통함. ○漳(장): 강이름. 담회 북쪽에서 약 500여리 떨어진 곳에 있음. ○惟(유): ~이다. ○壤(양): 부드러운 흙. ○賦(부): 부세. ○上上(상상): 1등급. 총 9등급까지 있음. 상상(上上)·상중(上中)·상하(上下)·중상(中上)·중중(中中)·중하(中下)·하상(下上)·하중(下中)·하하(下下). ○錯(착): 섞여있음. 2등급도 섞여있다는 의미. ○中中(중중): 5등급. ○恒(항): 강 이름. ○衛(위) 강 이름. ○從(종): 강을 따라 바다로 흘러감. ○大陸(대륙): 못이름. 지금의 하북성 거록현(鉅鹿縣) 서북쪽. ○島夷(도이): 동쪽 바다의 섬에 사는 민족. ○皮服(피복): 짐승의 가죽으로 만든 옷. ○夾(협): 다가오다, 접근하다. ○碣石(갈석): 산이름. 지금의 하북성 무녕현(撫寧縣)과 창려현(昌黎縣)의 경계에 있음.

3

제수와 황하 사이에 연주가 있다: 황하 하류의 9개의 지류를 잇자, 뇌하는 호수가 되었다. 옹수와 저수가 합류해 뇌하호로 흘러든다. 뽕나무를 심어 누에를 칠 수 있게 되자, 사람들은 언덕에서 내려와 평지에 살았다. 이곳의 땅은 검고 비옥하다. 풀은 무성하며, 나무는 길게 자란다. 밭은 6등급이고, 부세는 9등급이다. 13년을 경작해야 다른 8주의 부세와 같아진다. 이곳에서는 칠과 명주실 외에 문양을 넣어 짠 채색비단을 대나무 바구니에 담아 공물로 올린다. 공물은 제수와 탑수에서 배로 황하까지 운반된다.

濟、河惟兗州, 九河既道, 雷夏既澤. 灉、沮會同. 桑土既蠶, 是降丘宅土. 厥土黑墳, 厥草惟繇, 厥木惟條, 厥田惟中下, 厥賦貞, 作十有三載乃同. 厥貢漆絲, 厥篚織文. 浮于濟、漯, 達于河.

○濟(제): 강이름. ○河(하): 황하. ○兗州(연주): 지금의 하북성과 산동성(山東省) 일대. ○九河(구하): 황하 하류의 아홉 줄기의 강. 황하 상류의 물을 바다로 신속하게 흐르도록 하기 위해 만들었다고 함. ○道(도): 연결하다, 잇다. ○雷夏(뇌하): 못이름. 지금의 산동성 하택(荷澤)의 동북쪽. ○灉(옹): 황하의 지류. 이 강은 하택에서 저수(沮水)와 합해져 뇌하택으로 흘러간다. ○沮(저): 옹수(灉水)의 지류. ○墳(분): 비옥하다. ○繇(요): 무성하다, 우거지다. ○條(조): 길다. ○貞(정): 가장 마지막 등급, 즉 제9등급을 말함. ○作(작): 경작하다. ○同(동): 다른 8개주의 부세와 같아진다는 의미. ○篚(비): 물건을 담는 둥근 모양의 대나무 바구니. ○織文(직문): 문양을 넣어 짠 것. ○漯(탑): 강이름. 황하의 지류.

4

바다와 태산 사이에 청주가 있다: 우이가 정비되자, 유수와 치수도 연결되었다. 이곳의 땅은 희고 비옥하다. 바닷가에는 넓은 염전이 있다. 밭은 3등급이고, 부세는 4등급이다. 공물은 소금과 고운 칡베·다양한 해산물이다. 태산의 산골짜기에서 나는 명주실·모시·주석·소나무·괴석도 올린다. 내이 일대는 방목도 할 수 있다. 이곳에서는 산누에고치 실을 대나무 바구니에 담아 공물로 올린다. 공물을 실은 배는 문수에서 제수로 들어온다.

海、岱惟青州: 嵎夷既略, 濰、淄其道. 厥土白墳, 海濱廣斥. 厥田惟上下, 厥賦中上. 厥貢鹽絺, 海物惟錯. 岱畎絲、枲、鉛、松、怪石. 萊夷作牧. 厥篚檿絲. 浮于汶, 達于濟.

○岱(대): 태산. 지금의 산동성 태안현(泰安縣) 북쪽. ○青州(청주): 지금의 산동 반도 일대. ○嵎夷(우이): 지명. 동해에 있었다고 함. 《요전》에도 보임. ○略(략): 다스리다. ○濰(유): 강이름. 지금의 산동성에 있음. ○淄(치): 강이름. 지금의 산동성에 있음. ○斥(척): 염전. ○絺(치): 고운 칡으로 짠 천. ○錯

(착): 섞여있음. 다양함을 의미. ○畎(견): 산골짜기. ○枲(시): 모시. ○萊夷(내이): 지명. ○檿絲(염사): 산누에고치실. “염”은 산뽕나무. ○汶(문): 강이름. 지금의 산동성 내무현(萊撫縣)에서 발원하여 서남쪽으로 흘러 제수(濟水)와 합쳐짐.

5

바다와 태산·회하 사이에 서주가 있다: 회하와 기수가 정비되자, 몽산과 우산에 농작물을 심을 수 있게 되었다. 대야호에 사방에서 흘러오는 물을 저수하니, 동원지방도 경작할 수 있게 되었다. 이곳의 땅은 붉고 점성이 강하며 비옥하다. 초목은 무성하게 자란다. 밭은 2등급이고, 부세는 5등급이다. 공물은 다섯 가지 빛깔의 흙·우산의 골짜기에서 나는 큰 산꿩·역산嶧山의 남쪽에서 나는 오동나무·사수泗水의 물가에서 나는 경을 만드는 돌·회하에 나는 진주조개와 물고기이다. 이외에 검은 색의 고운 비단과 흰 명주를 담은 대나무 바구니를 공물로 올린다. 공물을 실은 배는 회하와 사수에서 출발해서 제수와 통하는 가택菏澤으로 운반된다.

海、岱及淮惟徐州: 淮、沂其乂, 蒙、羽其藝, 大野旣豬, 東原底平. 厥土赤埴墳, 草木漸包. 厥田惟上中, 厥賦中中. 厥貢惟土五色, 羽畎夏翟, 嶧陽孤桐, 泗濱浮磬, 淮夷蠙珠暨魚. 厥篚玄纖縞. 浮于淮、泗, 達于河.

○淮(회): 강이름. 하남성 동백산(桐柏山)에서 발원하여 안휘성과 강소성의 북부지역을 거쳐 동쪽으로 흘러 바다로 흘러감. ○徐州(서주): 지금의 강소성과 안휘성의 북부와 산동성 남쪽 일대. ○沂(기): 강이름. 산동성 몽음현(蒙陰縣)에서 발원하여 남쪽으로 흘러 강소성 비현(邳縣)에서 사수(泗水)와 합해짐. ○蒙(몽): 산이름. 지금의 산동성 몽음현(蒙陰縣) 서남쪽. ○羽(우): 산이름. 강소성 감유현(贛楡縣) 서남쪽. ○藝(예): 경작하다. ○大野(대야): 거야택(鉅野澤). 지금의 산동성 거야현(鉅野縣) 경내에 있음. ○豬(저): 물이 모이는 곳. ○東原(동원): 지금의 산동성 동평현(東平縣). ○平(평): 다스리다. ○埴(식): 점성이 강함. ○漸包(점포): 무성하게 자라다. ○土五色(토오색): 다섯 가지 빛깔의 흙. ○羽畎(우견): 우산(羽山)의 골짜기. ○夏(하): 크

다. ○翟(적): 산꿩. ○嶧陽(역양): 역산(嶧山)의 남쪽. 역산은 지금의 강소성 비현(邳縣) 경내에 있음. ○泗濱(사빈): 사수(泗水)의 물가. ○浮磬(부경): 물에 떠있는 듯한 느낌을 주는 경을 만드는 돌. ○蠙珠(빈주): 진주조개. "빈"은 조개. ○玄纖(현섬): 검은 색의 고운 비단. ○縞(호): 흰 명주. ○達于河(달우하): "하"는 "가(菏)"가 되어야 함. 《상서표주》는 "'달우하'는 《고문상서》에 '달우가'로 되어 있다. 《설문해자》도 《서경》을 인용하면서 '가'로 쓰고 있다. 지금 통속본이 '하'로 잘못한 것이다. 가택과 제수는 서로 통한다(達于河, 《古文尚書》作達于菏. 《說文》引《書》亦作菏. 今俗本誤作河耳. 菏澤與濟水相通)."라고 했다.

6

회하와 바다 사이에 양주가 있다: 팽려호에 많은 물을 저수하니, 남쪽의 섬에 사는 사람들이 안정되었다. 세 갈래의 강이 바다로 흘러들자, 진택도 정비되었다. 작은 대나무와 큰 대나무가 각지에 분포해있다. 풀은 매우 무성하며, 나무는 높고 커다. 이곳의 땅은 진흙이 많다. 밭은 9등급이고, 부세는 7등급인데, 6등도 섞여있다. 공물은 금·은·동을 비롯해서 미옥·진귀한 돌·작은 대나무·큰 대나무·상아·짐승가죽·새의 깃·쇠꼬리 털과 나무이다. 동남쪽 바닷가의 섬에 사는 사람들은 풀로 엮은 옷을 입는다. 이곳에서는 조개무늬를 넣어 짠 비단을 대나무 바구니에 넣고, 귤과 유자를 보자기에 싸서 공물로 올린다. 공물을 실은 배는 양자강과 황하를 따라

바닷가의 섬사람들이 풀로 엮은 옷을 입고 있는 그림(島夷卉服圖)

회하와 사수로 운반된다.

淮、海惟揚州: 彭蠡既豬, 陽鳥攸居. 三江旣入, 震澤底定. 篠簜既敷, 厥草惟夭, 厥木惟喬. 厥土惟塗泥. 厥田惟下下, 厥賦下上, 上錯. 厥貢惟金三品, 瑤、琨、篠、簜、齒、革、羽、毛惟木. 島夷卉服, 厥篚織貝, 厥包橘柚, 錫貢. 沿于江、海, 達于淮、泗.

○彭蠡(팽려): 못이름. 지금의 강서성(江西省)에 있는 파양호(鄱陽湖)를 말함. ○陽鳥(양조): 남쪽의 섬. 《상서정독》은 "조"를 "도(島)"로 봄. "양"은 산의 남쪽을 의미. ○三江(삼강): 민강(岷江)·한수(漢水)·팽려(彭蠡)를 말함. ○震澤(진택): 강소성의 태호(太湖). ○篠簜(소탕): 작은 대나무와 큰 대나무. ○敷(부): 분포하다. ○夭(요): 무성하다. ○喬(교): 높고 큼. ○塗泥(도니): 땅이 습하고 진흙이 짐. ○上錯(상착): 위의 등급인 6등급도 섞여있다는 의미. ○金三品(금삼품): 금·은·동을 말함. "품"은 등급을 의미. ○瑤(요): 미옥. ○琨(곤): 미석. ○齒(치): 상아. ○革(혁): 가죽. ○毛(모): 쇠꼬리 털. ○惟(유): ~와. ○島夷(도이): 동남쪽 연해안 일대의 섬들. ○卉服(훼복): 풀로 만든 옷. ○織貝(직패): 조개 무늬를 넣어 짠 비단. ○包(포): 싸다, 포장하다. ○橘柚(귤유): 귤과 유자. ○錫(석): 공물을 바치다. "공(貢)"과 통함.

제후가 알현하듯 장강과 한수가 바다로 흐르는 그림(江漢朝宗圖)

7

형산荊山과 형산衡山의 남쪽에 형주가 있다. 제후가 천자를 알현하러가듯 장강과 한수가 바다로 흐르면서, 동정호가 크게 안정되었다. 타수와 잠수가 정비되자, 운몽택 일대가 정비되어 경작할 수 있게 되었다. 이곳의 땅은 진흙지다. 밭은 8등급이며, 부세는 3등급이다. 공물로는 새의 깃·쇠꼬리 털·상아·짐승의 가죽과 금·은·동을 비롯해 참나무·산뽕나무·향나무·잣나무·거친 숫돌·고운 숫돌·돌로 만든 활촉·단사·가늘고 긴 대나무·호나무가 있다. 호수 인근의 세 제후국은 해당 지역의 유명한 토산물, 즉 상자에 넣고 포장을 한 가시가 달린 띠풀·대나무 바구니에 담은 채색 비단·실로 연결한 진주를 공물로 올린다. 동정호 일대에서는 큰 거북이를 바친다. 공물을 실은 배는 장강·타수·잠수·한수에서 출발해 수로를 따라 가다가 육로를 거쳐 낙수에 이른 다음 남하로 운송된다.

큰 거북이를 받치는 그림 (納錫大龜圖)

荊及衡陽惟荊州: 江、漢朝宗于海, 九江孔殷, 沱、潛既道, 雲土夢作乂. 厥土惟塗泥, 厥田惟下中, 厥賦上下. 厥貢羽毛齒革惟金三品, 杶、榦、栝、柏、礪、砥、砮、丹惟箘簵、楛, 三邦底貢厥名. 包匭菁茅, 厥篚玄纁璣組, 九江納錫大龜. 浮于江、沱、潛、漢, 逾于洛, 至于南河.

○荊(형): 산이름. 지금의 호북성 남장(南漳) 서쪽. ○衡陽(형양): 형산(衡山)의 남쪽. 지금의 호남성 형산현(衡山縣). ○朝宗(조종): 봄에 천자를 알현하는 것을 "조"라 하고, 여름에 천자를 알현하는 것을 "종"이라고 한다. 이곳에서는 장강과 한수가 바다로 흘러가는 것을 천자를 알현하듯 가는 것에 비유한 것임. ○九江(구강): 동정호(洞庭湖). ○孔(공): 크게. ○殷(은): 안정되다. ○沱(타): 강이름. 양자강의 지류. ○潛(잠): 강이름. 한수(漢水)의 지류. ○雲土夢(운토몽): 운몽택(雲夢澤). ○作(작): 경작하다. ○惟(유): ~와. ○杶(춘): 참나무. ○榦(간): 산뽕나무. ○栝(괄): 향나무. ○柏(백): 잣나무. ○礪(려): 거친 숫돌. ○砥(지): 고운 숫돌. ○砮(노): 살촉을 만드는 돌. ○丹(단): 단사(丹

砂). 붉은 물감의 원료로 쓰임. ○箘簵(균로): 가늘고 긴 대나무. ○楛(호): 호나무. ○三邦(삼방): 호수 인근의 세 제후국. ○匭(궤): 상자. ○菁茅(청모): 가시가 달린 띠풀. ○玄(현): 검은 비단. ○纁(훈): 붉은 비단. ○璣組(기조): 줄로 꿰맨 진주. "기"는 진주. "조"는 끈·줄의 의미. ○納錫(납석): 공물을 바치다. ○南河(남하): 강이름. 지금의 낙양(洛陽) 공현(鞏縣) 일대.

8

형산과 황하 사이에 예주가 있다: 이수·전수·간수가 낙수로 흘러들고 낙수는 또 황하로 흘러든다. 형파호는 이미 정비가 되어 많은 물을 저수하게 되었다. 하택을 잇고, 맹저호에 제방을 쌓았다. 이곳의 땅은 부드럽고, 땅의 아래 부분은 비옥하면서 검고 굳다. 밭은 4등급이고, 부세는 2등급이나 1등급도 섞여있다. 공물로는 칠·모시·칡베·모시옷감을 비롯해 가는 목면사를 담은 대나무 바구니·옥경을 만드는 돌이 있다. 공물을 실은 배는 낙수에서 황하로 운송된다.

荊、河惟豫州: 伊、洛、瀍、澗既入于河, 滎波既豬. 導菏澤, 被孟豬. 厥土惟壤, 下土墳壚. 厥田惟中上, 厥賦錯上中. 厥貢漆、枲、絺、紵, 厥篚纖纊, 錫貢磬錯. 浮于洛, 達于河.

○荊(형): 산이름. 지금의 호북성 남장현(南漳縣) 서북쪽. ○伊(이): 강이름. 지금의 하남성 노씨현(盧氏縣)에서 발원하여 낙양에서 낙수(洛水)와 합해짐. ○洛(낙): 강이름. 지금의 섬서성 낙남현(洛南縣)에서 발원. ○瀍(전): 강이름. 지금의 하남성 맹진현(孟津縣)에서 발원하여 언사(偃師)에서 낙수와 합해짐. ○澗(간): 강이름. 지금의 하남성 민지현(澠池縣)에서 발원하여 낙양에서 낙수와 합해짐. ○滎波(형파): 못이름. 지금의 하남성 형양현(滎陽縣) 일대. ○菏澤(하택): 못이름. 지금의 산동성 정도현(定陶縣) 동쪽. ○被(피): 제방을 쌓다. "피(陂)"와 상통. ○孟豬(맹저): 못이름. 지금의 하남성 상구(商丘) 동북쪽. ○壤(양): 부드럽다. ○下土(하토): 땅 아래쪽. ○墳(분): 비옥하다. ○壚(로): 검고 굳다. ○錯上中(착상중): 2등급에 1등급이 섞여있음. ○絺(치): 칡베. ○紵(저): 모시옷감. ○纖纊(섬광): 가는 목면사.○錯(착): 돌. 《모

전(毛傳)》은 "착은 돌이다. 옥을 만들 수 있다(錯, 石也, 可以琢玉)."라고 했음.

9

화산 남쪽과 흑수 사이에 양주가 있다: 민산과 파총산이 정비되자, 타수와 잠수도 소통되었다. 아미산峨嵋山과 몽산이 정비되자, 화수 일대의 백성들이 물을 다스린 공을 보고하러 왔다. 이곳의 땅은 검고 푸석푸석하다. 밭은 7등급, 부세는 8등급이나, 7등급과 9등급도 섞여 있다. 공물로 미옥·철·은·강철·활촉을 만들 수 있는 돌을 비롯해 곰·말곰·여우·너구리의 가죽을 올린다. 서경산의 공물은 환수를 따라 온다. 공물을 실은 배는 잠수에서 면수를 지나 위수로 들어온 후 황하로 운반된다.

華陽、黑水惟梁州: 岷、嶓旣藝, 沱、潛旣道, 蔡、蒙旅平, 和夷底績. 厥土靑黎, 厥田惟下土, 厥賦下中, 三錯. 厥貢璆、鐵、銀、鏤、砮、磬、熊、羆、狐、貍、織皮. 西傾因桓是來. 浮于潛, 逾于沔, 入于渭, 亂于河.

○華陽(화양): 화산(華山)의 남쪽. 화산은 지금의 섬서성 화음현(華陰縣) 남쪽. ○黑水(흑수): 강이름. 확실한 위치를 알 수 없음. ○岷(민): 산이름. 지금의 사천성 북부와 감숙성 접경지역 일대. ○嶓(파): 파총산(嶓冢山). 지금의 섬서성 영강현(寧强縣) 서북쪽. ○藝(예): 다스리다. ○蔡(채): 아미산(峨嵋山). ○蒙(몽): 산이름. 지금의 사천성 아안(雅安) 북쪽. ○旅(려): 다스리다. ○和夷(화이): 화수(和水) 일대의 사람들. "화"는 화수를 말함. ○靑(청): 검다. ○黎(려): 푸석푸석하다. ○三錯(삼착): 8등급에다 7등급과 9등급이 섞여 있음. ○璆(구): 미옥. ○鏤(루): 강철. ○砮(노): 활촉을 만드는 돌. ○貍(리): 너구리. ○織皮(직피): 짐승의 가죽. ○西傾(서경): 산이름. 지금의 감숙성과 청해성의 접경지 일대. ○桓(환): 강이름. ○沔(면): 한수(漢水)의 지류. ○亂(난): 가로 질러 건너옴.

10

흑수와 서하 사이에 옹주가 있다: 약수가 소통되자 서쪽으로 흘러갔고, 경수가 위수로 흘러들어가면서 두 강이 한 곳으로 합류했다. 칠수와 저수는 낙수와 합해져 황하로 흘렀다. 풍수도 북쪽으로 위하로 들어가 위하와 합류했다. 형산과 기산이 정비되자, 종남산과 돈물산에서 조서산까지 정비되었다. 원습이 정비되자, 저야호도 자연스럽게 정비되었다. 삼위산은 거주할 수 있게 되었다. 묘족들은 크게 안정되었다. 이곳의 땅은 누렇다. 밭은 1등급이고, 부세는 6등급이다. 공물은 미옥·괴석·보석이다. 공물을 실은 배는 적석산 인근의 황하에서 용문과 서하에 이르고, 위하를 거슬러 올라가는 배와 위하 북쪽에서 만난다. 곤륜·석지·거수 등의 서쪽 이민족들은 규정에 따라 가죽으로 만든 옷을 올렸다.

삼묘족을 안정시킨 그림(三苗丕敍圖)

黑水、西河惟雍州: 弱水旣西, 涇屬渭汭, 漆沮旣從, 灃水攸同. 荊、岐旣旅, 終南、惇物, 至于鳥鼠. 原隰厎績, 至于豬野. 三危旣宅, 三苗丕敍. 厥土惟黃壤, 厥田惟上上, 厥賦中下. 厥貢惟球琳琅玕. 浮于積石, 至于龍門、西河, 會于渭汭. 織皮崑崙、析支、渠搜, 西戎卽敍.

○西河(서하): 산서성과 섬서성의 경계를 남북으로 흐르는 황하의 일부분. 옛날 기주(冀州)의 서쪽이었기 때문에 붙인 이름. ○弱水(약수): 강이름. 지금의 감숙성 북부 지역을 흐름. ○涇(경): 강이름. 감숙성 화평현(化平縣)에서 발원하여 섬서성 고릉현(高陵縣)에서 위수(渭水)와 합해짐. ○屬(속): 흘러들다. ○渭(위): 강이름. 지금의 감숙성 위원현(渭源縣)에서 발원하여 동쪽

으로 섬서성의 화음(華陰)으로 흐르다가 황하로 들어감. ○汭(예): 강이 만나는 곳. ○漆(칠): 강이름. 지금의 섬서성 동천(銅川) 북쪽의 대신산(大神山)에서 발원하여 서남쪽으로 요주(耀州)로 흐름. ○沮(저): 강이름. 지금의 섬서성 요주(耀州) 북쪽의 분수령(分水嶺)에서 발원하여 동남쪽으로 흘러 칠수(漆水)와 합해짐. ○灃水(풍수): 강이름. 섬서성 호현(戶縣) 동남쪽에서 발원하여 북쪽으로 흘러 위하(渭河)로 들어감. ○同(동): 만나다. ○荊(형): 산이름. 지금의 섬서성 부평현(富平縣)에 있음. 형주의 형산(荊山)과는 다른 산임. ○岐(기): 산이름. 지금의 섬서성 기산현(岐山縣) 동북쪽. ○終南(종남): 산이름. 지금의 진령(秦嶺). ○惇物(돈물): 태백산(太白山). 지금의 섬서성 미현(郿縣)의 남쪽. ○鳥鼠(조서): 산이름. 감숙성 위원현(渭源縣)의 서남쪽. ○原隰(원습): 지명. 섬서성 순읍(旬邑)과 빈현(彬縣) 일대. ○豬野(저야): 못이름. 지금의 감숙성 민근현(民勤縣) 동북쪽. ○三危(삼위): 산이름. 지금의 감숙성 돈황현(敦煌縣) 남쪽. ○三苗(삼묘): 나라이름. 지금의 호남성과 강서성 일대에서 활동함. ○球(구): 미옥. ○琳(림): 미석. ○琅玕(낭간): 진주 모양의 미옥. ○積石(적석): 산이름. 지금의 청해성 서녕(西寧) 서남쪽. ○龍門(용문): 산이름. 지금의 섬서성 한성현(韓城縣) 동북쪽. ○직피(織皮): 가죽으로 만든 옷. ○崑崙(곤륜): 서쪽 지역의 나라이름. 지금의 신강(新疆) 서부. ○析支(석지): 서쪽 지역의 나라이름. 지금의 청해성 일대. ○渠搜(거수): 서쪽 지역의 나라이름. 신강(新疆) 트루판 일대. ○西戎(서융): 서쪽의 이민족. ○卽敍(즉서): 차례를 따르다, 규정을 따르다.

11

견산과 기산의 길을 열어, 형산에 이르고, 황하를 넘었다. 호구산과 뇌수산을 열어 태악산에 이르렀다. 저주산과 석성산에서 왕옥산에 이르렀다. 태행산과 항산에서 갈석산에 이르고, 여기에서 바다로 흘러들어간다.

서경산·주어산·조서산에서 태화산에 이르렀다. 웅이산·외방산·동백산에서 배미산까지 정비되었다.

파총산의 길을 열어 형산에 이르렀다. 내방산에서 대별산에 이르렀다. 민산의 남쪽에서 형산에 이르렀고, 동정호를 지나 여산廬山까지 정비되었다.

導岍及岐，至于荊山，逾于河．壺口、雷首至于太岳．底柱、析城至于王屋．太行、恒山至于碣石，入于海．

西傾、朱圉、鳥鼠至于太華． 熊耳、外方、桐柏至于陪尾．

導嶓冢至于荊山． 內方至于大別． 岷山之陽至于衡山，過九江至于敷淺原．

산길을 연 그림(導山副圖)

○導(도): 열다. ○岍(견): 산이름. 지금의 섬서성 농현(隴縣) 서남쪽. ○岐(기): 산이름. 섬서성 기산(岐山) 동북쪽. ○荊山(형산): 형주(荊州)의 형산이 아님. 섬서성 부평현(富平縣) 서남쪽과 기산(岐山) 동쪽에 있음. ○壺口(호구): 산이름. 지금의 산서성 길현(吉縣) 서쪽. ○雷首(뇌수): 산이름. 산서성 영제(永濟) 동남쪽. ○太岳(태악): 산이름. 지금의 산서성 곽주(霍州)의 동쪽. ○底柱(저주): 산이름. 산서성 평륙(平陸)에서 동쪽으로 50리 떨어진 황하 중류에 있음. ○析城(석성): 산이름. 산서성 양성(陽城) 서남쪽. ○王屋(왕옥): 산이름. 산서성 양성(陽城) 서남쪽. ○太行(태행): 산이름. 지금의 하남성·산서성·하북성의 경계에 있음. ○恒山(항산): 산이름. 지금의 하북성 곡양현(曲陽縣) 서북쪽. 예로부터 북악(北岳)으로 불림. ○碣石(갈석): 산이름. 지금의 하북성 창려현(昌黎縣)과 무녕현(撫寧縣)의 경계에 있음. ○西傾(서경): 산이름. 지금의 감숙성과 청해성의 접경지역에 있음. ○朱圉(주어): 산이름. 지금의 감숙성 감곡(甘谷) 서남쪽. ○鳥鼠(조서): 산이름: 지금의 감숙성 위원현(渭源縣) 서쪽. ○太華(태화): 산이름. 섬서성 화음현(華陰縣)에서 남쪽으로 10리 떨어진 곳에 있음. 예로부터 서악(西岳)으로 불림. ○熊耳(웅이): 산이름. 지금의 하남성 노씨현(盧氏縣) 서남쪽. ○外方(외방): 산이름. 지금의 하남성 등봉(登封)에 있는 숭산(嵩山). ○桐柏(동백): 산이름. 지금의 하남성 동백(桐柏) 서쪽. ○陪尾(배미): 산이름. 두 가지 설이 있다. 지금의 호북성 안륙(安陸) 동북쪽이라는 설과 지금의 산동성 사수(泗水) 동쪽이라는 설이 있다. ○嶓冢(파총): 산이름. 양주(梁州)의 파산(嶓山)을 말함. 지금

의 섬서성 영강현(寧强縣) 동북쪽. ○荊山(형산): 산이름. 지금의 호북성 남장현(南漳縣) 서남쪽. ○內方(내방): 산이름. 호북성 종상현(鐘祥縣) 서남쪽. ○大別(대별): 산이름. 지금의 하남성·호북성·안휘성의 경계에 있음. ○岷山之陽(민산지양): 민산의 남쪽. 민산은 지금의 사천성 송반현(松潘縣) 서북쪽. ○衡山(형산): 산이름. 지금의 호남성 형산현(衡山縣). 예로부터 남악(南岳)으로 불림. ○九江(구강): 동정호(洞庭湖): ○敷淺原(부천원): 산이름. 지금의 강서성 여산(廬山).

12

약수를 열어 합려산까지 흐르게 하고, 하류의 물을 사막으로 흐르게 했다.

흑수를 열어 삼위산까지 흐르게 하고, 남해로 흘러가게 했다.

흑수를 연 그림 (導黑水副圖)

황하를 열어 적석산에서 용문산까지 흐르도록 했다. 남쪽으로는 화산의 북쪽까지 흐르고, 동쪽으로는 저주산까지 흐른다. 또 동쪽으로 맹진까지 흐른다. 낙수와 황하가 만나는 곳을 지나 대비산까지 흐른다. 북쪽으로 강수를 지나 대륙호까지 흐른다. 또 북쪽으로 아홉 개의 지류로 나누어지는데, 이 아홉 개의 지류가 함께 황하의 물을 맞이하고, 바다로 흘러간다.

파총산에서 양수를 여니, 동으로 흘러 한수가 되었다. 또 동으로 흘러 창랑수가 되었다. 삼서수를 지나 대별산까지 흐르고, 남쪽으로 흘러 장강으로 들어간다. 동쪽으로 흘러 물이 모인 곳이 팽려

호이다. 동쪽은 북강인데, 바다로 흘러들어간다.

민산에서 장강을 열고, 동쪽으로 또 하나의 지류가 흐르는데 이것이 타강이다. 또 동쪽으로 가면 풍수까지 흐른다. 동정호를 지나 동릉까지 흐른다. 다시 동쪽에서 북쪽으로 비뚤하게 뻗어서 회하와 합류한다. 동쪽은 중강인데, 바다로 흘러들어간다.

연수를 열어, 동으로 흐르는 것이 제수인데, 황하로 들어간다. 그 강물이 넘쳐흘러 만들어진 것이 형파호이다. 또 정도定陶의 북쪽에서 동쪽으로 흐르고, 다시 동쪽으로 흘러 가택菏澤에 이른다. 또 동북쪽으로 흘러 문수와 합류한다. 또 북쪽으로 가다가 동쪽으로 다시 방향을 바꾸어 바다로 흘러들어간다.

동백산에서 회수를 열어, 동쪽으로 사수·기수와 합류하고, 동쪽으로 흘러 바다로 들어간다.

조서동혈산에서 위수를 열어, 동쪽으로 풍수와 합류하고, 또 동쪽으로 흘러 경수와 합류한다. 또 동쪽으로 칠서를 지나 황하로 흘러들어간다.

웅이산에서 낙수를 열어, 동북쪽으로 간수·전수와 합류한다. 또 동쪽으로 이수와 합류한다. 또 동북쪽으로 흘러 황하로 들어간다.

導弱水至于合黎, 餘波入于流沙.

導黑水至于三危, 入于南海.

導河、積石, 至于龍門; 南至于華陰; 東至于底柱; 又東至于孟津; 東過洛汭, 至于大伾; 北過降水, 至于大陸; 又北, 播爲九河, 同爲逆河, 入于海.

嶓冢導漾, 東流爲漢; 又東, 爲滄浪之水; 過三澨, 至于大別, 南入于江. 東, 匯澤爲彭蠡; 東, 爲北江, 入于海.

岷山導江, 東別爲沱; 又東至又澧; 過九江, 至于東陵; 東迤北, 會于匯; 東爲中江, 入于海.

導沇水, 東流爲濟, 入于河, 溢爲滎; 東出于陶丘北, 又東至于菏; 又東北, 會于汶; 又北東, 入又海.

導淮自桐柏, 東會于泗、沂, 東入于海.

導渭自鳥鼠同穴, 東會于灃, 又東會又涇; 又東過漆沮, 入于河.

導洛自熊耳, 東北, 會于澗、瀍; 又東, 會于伊; 又東北, 入于海.

○弱水(약수): 강이름. 옹주(雍州) 주석 참고. ○合黎(합려): 산이름. 감숙성 장액현(張掖縣)에 있음. ○餘波(여파): 강의 하류. ○流沙(유사): 사막. ○흑수(黑水): 강이름. 양주(梁州) 주석 참고. ○三危(삼위): 산이름. 지금의 감숙성 돈황현(敦煌縣) 경내에 있음. ○積石(적석): 산이름. 지금의 청해성과 감숙성의 경계에 있음. ○龍門(용문): 산이름. 지금의 섬서성 경내에 있음. ○華陰(화음): 화산(華山)의 북쪽. 지금의 섬서성 화음(華陰) 일대. ○底柱(저주): 산이름. 산서성 평륙(平陸)에서 동쪽으로 50리 떨어진 황하 중류에 있음. ○孟津(맹진): 지금의 하남성 맹현(孟縣) 남쪽에서 18리 떨어진 곳에 있음. ○洛汭(낙예): 낙수와 황하가 만나는 곳. "예"는 강이 만나는 곳. ○大伾(대비): 산이름. 지금의 하남성 준현(浚縣) 서남쪽. ○降水(강수): 강이름. 지금의 하북성 곡주현(曲周縣)과 비향현(肥鄉縣) 사이를 지나감. ○大陸(대륙): 대륙택(大陸澤)을 말함. 기주(冀州)의 주석 참고. ○播(파): 나누어지다. ○同(동): 함께. ○逆(역): 맞이하다, 영접하다. ○嶓冢(파총): 산이름. 섬서성 영강현(寧强縣) 동북쪽. ○漾(양): 강이름. 파총산(嶓冢山)에서 발원하여 동남쪽으로 흘러 면수(沔水)와 합해지고, 한중(漢中)으로부터 동쪽을 한수(漢水)라고 한다. ○滄浪(창랑): 강이름. 한수(漢水)를 말함. ○三澨(삼서): 강이름. 호북성 경산현(京山縣)에서 발원하여 동쪽으로 한천현(漢川縣)까지 흐르다가 한수(漢水)로 들어감. ○江(강): 양자강. ○匯(회): 고이다, 모이다. ○彭蠡(팽려): 못이름. 앞 문장의 "양주(揚州)" 주석 참고. ○북강(北江): 한수(漢水)를 말함. 양자강의 북쪽에 있다고 해서 붙여진 말. ○岷山(민산): 산이름. 지금의 사천성 북부. ○別(별): 다르다. ○沱(타): 강이름. 양자강의 지류. ○澧(례): 강이름. 지금의 호남성 상현(桑縣)에서 발원하여 동정호로 흘러들어감. ○東陵(동릉): 지명. 위치에 대해서는 세 가지 설이 있음. 첫째, 지금의 하남성 고시현(固始縣) 서남쪽. 둘째, 호남성 악양(岳陽) 일대. 셋째, 호북성 황매(黃梅) 일대. ○迆(이): 비스듬히 흐른다는 의미. ○北會于匯(북회우회): 북쪽에서 회수(淮水)와 만난다는 의미. 증운건(曾運乾)의 《상서정독(尙書正讀)》은 "회는 회(淮)의 가차자이다(匯, 爲淮之假借字)."라고 했다. "회(淮)"는 회수(淮水)를 말함. ○中江(중강): 민강(岷江)을 말함. ○沇水(연수): 산서성 왕옥산(王屋山)에서 발원하여 하남성 무척현(武陟縣)에 이르러 황하로 들어감. ○溢(일): 물이 넘치다. ○滎(형): 형택(滎澤)을 말함. 지금의 하남성 형양현(滎陽縣) 북쪽. ○陶丘(도구): 산동성 정도현(定陶縣) 서남쪽으로 7리 떨어진 곳에 있음. ○菏(가): 산동성에 있는 가택(菏澤)을 말함.

○淮(회): 회하(淮河)를 말함. 지금의 하남성 동백산(桐柏山) 동쪽에서 발원함. ○自(자): ~로부터. ○鳥鼠同穴(조서동혈): 산이름. 앞에 나온 조서산(鳥鼠山)의 또 다른 이름.

13

구주의 강과 산이 모두 정비되어, 사방의 땅에 거주할 수 있게 되었다. 구주의 큰 산들에 나무를 베어 길을 냈고, 구주의 강은 수원까지 막힘이 없게 되었으며, 구주의 호수에는 제방을 쌓아 범람하지 않도록 했다. 전국의 공물이 올라오는 길이 원활하게 소통되자, 육부(물·불·쇠·나무·흙·곡식)의 일이 원활하게 잘 돌아갔다. 사방의 토지를 정확하게 조사해, 토지에 따라 세금을 차등 있게 매겼다. 모든 백성들은 토지의 상·중·하 3등급에 따라 세금을 냈다. 구주의 땅을 제후들에게 분봉하면서 성씨도 하사했다. 제후들은 짐의 덕을 가장 먼저 존중하고, 짐이 하는 일을 거역하지 않아야 한다.

땅과 성씨를 하사하는 그림(錫土錫姓圖)

九州攸同, 四隩旣宅. 九山刊旅, 九川滌源, 九澤旣陂. 四海會同, 六府孔修. 庶土交正, 底愼財賦, 咸則三壤成賦. 中邦錫土、姓. 祇台德先, 不距朕行.

○同(동): 같다. 이곳에서는 똑같이 정비하다는 의미. ○四隩(사오): 사방의 구석구석. ○旅(려): 다스려지다. ○滌源(척원): 발원지까지 길이 막힘이 없

음. "척"은 씻다. ○陂(피): 제방. ○會同(회동): 공물을 올리는 길이 막힘이 없어짐. ○六府(육부): 물·불·쇠·나무·흙·곡식의 일. ○孔(공): 매우, 크게. ○庶土(서토): 많은 땅. 이곳에서는 사방의 토지를 의미함 ○交(교): 모두. "구(俱)"와 통함. ○正(정): 정확하다, 알맞다. 이곳에서는 정확하게 조사하는 의미. ○底(저): 정하다, 규정하다. ○財賦(재부): 재물에 대한 세금. ○則(칙): 법도, 법칙. ○三壤(삼양): 토지의 비옥한 정도에 따라 상·중·하 세 등급으로 나눈 것. ○成賦(성부): 세금을 내다. ○中邦(중방): 구주. ○祗台德先(지이덕선): 도치가 됨. 원래는 "선지이덕(先祗台德)"임. "선"은 동사로 "우선하다"의 의미. "이"는 1인칭의 "나"를 의미함. 따라서 나의 덕을 정중히 따르는 것을 가장 먼저 해야 한다는 의미가 됨. ○距(거): 막다, 어기다. "거(拒)"와 통함.

14

수도에서 500리 안에 있는 지역이 전복이다. 수도에서 가장 가까운 100리 안에 있는 지역은 볏단을 낸다. 200리 안에 있는 지역은 벼이삭을 낸다. 300리 안에 있는 지역은 겉껍질이 있는 곡식을 낸다. 400리 안에 있는 지역은 찧지 않은 곡식을 낸다. 500리 안에 있는 지역은 찧은 곡식을 낸다.

전복에서 또 500리 안에 있는 지역이 후복이다. 후복에서 가장 가까운 100리 안에 있는 지역은 천자에게 각종 노역을 제공한다. 200리 안에 있는 지역은 국가에 노역을 제공한다. 300리 안에 있는 지역은 정찰과 경비임무를 수행한다.

후복에서 또 500리 안에 있는 지역이 수복이다. 300리 안에 있는 지역은 천자의 가르침을 자신의 봉지에서 실행한다. 200리 안에 있는 지역은 무력을 길러 천자를 보위한다.

수복에서 또 500리 안에 있는 지역이 요복이다. 300리 안에 있는 지역은 화목하게 지내야 한다. 200리 안에 있는 지역은 법을 지켜야 한다.

요복에서 또 500리 안에 있는 지역이 황복이다. 300리 안에 있는 지역은 현지의 풍속을 존중하고 현지 주민들과 좋은 관계를 유지한다. 200리 안에 있는 지역은 거처를 자유롭게 옮길 수 있게 한다.

五百里甸服. 百里賦納總, 二百里納銍, 三百里納秸服, 四百里粟, 五百里米.

五百里侯服. 百里采, 二百里男邦, 三百里諸侯.

五百里綏服. 三百里揆文教, 二百里奮武衛.

五百里要服. 三百里夷, 二百里蔡.

五百里荒服. 三百里蠻, 二百里流.

○五百里(오백리): 도성으로부터 사방 500리 안쪽의 땅을 말함. ○總(총): 곡식을 베어 그대로 짚채로 묶어 놓은 것. ○銍(질): 곡식의 이삭. ○秸(갈): 곡식의 짚과 수염만 따낸 것. ○服(복): 겉껍질을 그대로 지닌 곡식. ○粟(속): 찧지 않은 곡식. ○米(미): 찧은 곡식. ○五百里(오백리): 전복(甸服)의 끝에서 다시 사방 500리 안쪽의 땅. ○采(채): 일. 이곳에서는 천자를 위해 노역을 제공하는 것. ○男邦(남방): 천자에게 규정된 노역을 제공하는 것. ○諸侯(제후): 정찰과 경비 임무를 수행하는 것. ○五百里(오백리): 후복(侯服)의 끝에서 다시 사방 500리 안쪽의 땅. ○揆(규): 헤아리다, 주관하다. ○文教(문교): 천자의 어진 정치. ○奮武衛(분무위): 국방력을 강화하여 천자를 호위함. ○五百里(오백리): 수복(綏服)의 끝에서 다시 사방 500리 안쪽의 땅. ○夷(이): 사이좋게 지내다. ○蔡(채): 법을 서로 지키고 존중함. ○五百里(오백리): 요복(要服)의 끝에서 다시 사방 500리 안쪽의 땅. ○蠻(만): 그들의 풍속을 존중하고 그들과의 관계를 잘 유지하는 것. ○流(유): 거처를 자유롭게 옮길 수 있음을 의미.

15

동쪽으로는 바다까지, 서쪽으로는 사막까지, 그리고 북쪽에서 남쪽에 이르기까지 천하의 모든 사람들이 우의 명성을 듣고 가르침을 받았다. 때문에 순임금은 우에게 검은 색의 미옥을 하사하여 그의 큰 공을 표창했다.

東漸于海, 西被于流沙, 朔南暨聲教訖于四海. 禹錫玄圭, 告厥成功.

○漸(점): 들어가다. ○被(피): 이르다. ○朔(삭): 북쪽. ○暨(기): 이르다, 미치다. 이곳에서는 해가 닿는 곳은 모두 우임금의 교화를 입었다는 의미. ○聲教(성교): 명성을 듣고 가르침을 받음. ○玄圭(현규): 검은 색의 미옥.

제7편 감서甘誓: 감 땅에서의 출정사

해제

감甘은 지명이다. 유호씨有扈氏의 수도 남쪽에 있다. 서誓는 출정하기 전 장병들에게 명령을 내리는 형식의 문체이다.

《사기·하본기夏本紀》에 의하면, 대우大禹가 동쪽으로 순행을 하다 회계會稽에서 사망하자 왕위를 익益에게 물려주었다고 한다. 3년 후, 익은 우의 아들 계啓에게 왕위를 물려주었다. 계는 어질고 덕이 있어 민심의 지지를 받고 있었기 때문에 제위를 계승했다. 이로써 덕이 있는 이에게 제위를 물려주는 전통이 아들에게 제위를 물려주는 것으로 바뀌었다. 이때 하나라의 동성 제후인 유호씨는 이에 불복하였다. 이에 계는 병사를 이끌고 토벌에 나서 감 땅에서 유호씨를 멸하였다. 출정하기 전, 계는 군사들에게 명령을 내렸다. 사관들이 계의 말을 적어 〈감서〉라고 했다.

1

우임금의 아들 계와 유호씨가 감 땅에서 전쟁을 했다. 사관들이 계가 출정하기 전에 군사들에게 명령을 내리는 말을 적어 《감서》라고 명했다.

啓與有扈戰于甘之野, 作《甘誓》.

○啓(계): 우임금의 아들. ○有扈(유호): 나라이름. 지금의 섬서성 호현(戶縣) 일대. ○甘(감): 유호씨(有扈氏)의 서남쪽 교외에 있는 지명.

하나라 계의 모습(夏啓畵像)

군사들에게 유호씨를 치자고 알리는 그림
(征扈誓師圖)

2

(계는) 감 땅에서 유호씨와 대전을 앞두고, 육군六軍의 장수들을 불렀다. 임금이 말했다. "아! 육군의 전 장병들이여, 짐이 그대들에게 명하노라. 유호씨는 쇠·나무·물·불·흙을 무시하고, 하늘·땅·사람의 법도를 저버렸소. 때문에 하늘은 그들의 국운을 끊으려 하오. 지금 짐은 하늘의 뜻을 받들어 그들에게 벌을 내리려 하오.

大戰于甘, 乃召六卿. 王曰: "嗟! 六事之人, 予誓告汝: 有扈氏威侮五行, 怠棄三正, 天用剿絶其命, 今予惟恭行天之罰.

○六卿(육경): 하·은·주 때 천자에게는 육군(六軍)이 있었는데, 이 육군의 장수를 육경이라 함. ○六事(육사): 육군(六軍)의 전 장병. ○威侮(위모): 가벼이 여기고 업신여기다. 《경의술문》은 "'위'는 '멸(烕)'이 잘못된 글자이다. '멸'은 '멸(蔑)'의 가차자이다. '멸(蔑)'은 '가벼이 여긴다.'는 의미이다(威乃烕之訛, 烕者蔑之借. 蔑, 輕也)."라고 했다. ○五行(오행): 쇠·나무·물·불·흙을 말함. ○怠(태): 게으르다. ○三正(삼정): 하늘·땅·사람의 법도. ○用(용): 그래서. ○剿(초): 끊어버리다.

3

수레 왼쪽의 병사들이여, 그대들이 화살을 쏘아 적을 죽이지 못한다면 짐의 명을 수행하지 못한 것이오. 수레 오른쪽의 병사들이여, 창과 칼로 적을 찌르지 못한다면 짐의 명을 수행하지 못한 것이오. 수레를 모는 사람들이여, 말을 제대로 몰지 못한다면 짐의 명을 수행하지 못한 것이오. 명을 잘 수행한 사람에게는 선조들의 위패 앞에서 상을 내릴 것이오. 명을 수행하지 못한 사람에게는 지신地神의 위패 앞에서 처벌할 것이오. 짐은 명을 수행하지 못한 사람들을 노예로 만들거나 처형할 것이오."

左不攻于左, 汝不恭命; 右不攻于右, 汝不恭命; 御非其馬之正, 汝不恭命. 用命, 賞于祖; 弗用命, 戮于社, 予則孥戮汝."

○左不攻于左(좌불공우좌): 고대 전차에는 왼쪽에 1명, 중앙에 1명, 오른쪽에 1명씩 총 3명이 탔다. 왼쪽은 활을 쏘아 적을 쓰러뜨리는 역할을 맡았고, 오른쪽은 창으로 적을 찔러 죽이는 역할을 맡았다. 중앙은 말을 모는 역할을 맡았다. 따라서 앞에 나오는 "좌"는 "전차 왼쪽의 병사"를 말하고, 뒤에 나오는 "좌"는 "왼쪽"을 의미함. "공"은 "활을 잘 쏘다"는 의미. ○御(어): 전차를 모는 사람. ○正(정): 다스리다. ○賞于祖(상우조): 고대 천자는 친정(親征)할 때 조상의 신주와 지신의 신주를 가지고 갔다. 전공을 세운 사람에게는 조상의 신주 앞에서 상을 내렸고, 패한 사람에게는 지신의 신주 앞에서 벌을 내렸다고 함. ○戮(륙): 죽이다. ○孥(노): 노예로 만듦. "노(奴)"와 통함.

제8편 오자지가五子之歌: 다섯 동생의 노래

해제

하나라 계의 아들 태강太康은 향락과 사냥에 빠져 정사를 돌보지 않았다. 이 때문에 백성들의 원성이 자자했다. 유궁有窮의 군주 예羿가 군사를 이끌고 황하 북쪽 언덕에서 태강의 제위를 박탈하고자 그가 수도로 돌아가는 것을 막았다. 태강이 낙수洛水의 남쪽으로 사냥을 갈 때 그의 다섯 명의 남동생이 모친을 모시고 갔다. 다섯 명의 남동생들은 낙수의 북쪽에서 태강을 100여 일 동안 기다렸으나 그는 돌아오지 않았다. 그래서 그들은 노래 다섯 곡을 지어 태강을 원망하고 그의 무능을 질책했다.

다섯 남동생의 이름에 대해 전해오는 기록은 없다. 다만 유궁의 군주 예가 왕으로 세운 중강仲康이 그중의 한 명일 것으로 추정된다. 본편에서는 "다섯 명의 남동생이 모두 원망했는데, 대우의 가르침을 말하며 노래를 지었다.五子咸怨, 述大禹之戒以作歌."라고 했는데, 사실 앞 두 곡은 대우의 가르침을 말하고 있고, 뒤의 세 곡은 나라가 망하고 종묘사직이 끊어졌음을 한탄하고 있다.

본편은 금문에는 없고, 고문에는 있다.

1

태강이 제위를 잃자, 그의 다섯 명의 남동생들이 낙수가 굽이돌아 흐르는 곳에서 그를 기다리다가, 《오자지가》를 지었다.

太康失邦, 昆弟五人須于洛汭, 作《五子之歌》.

○太康(태강): 하나라 계(啓)의 아들. 사냥과 오락에 빠져 정사를 돌보지 않아 유궁(有窮)의 군주 예(羿)에 의해 제위에서 쫓겨남. ○昆(곤): 많다. ○須(수): 기다리다. "수(盨)"와 통함. ○洛汭(낙예): 낙수(洛水)가 굽이돌아 흐르는 곳.

2

태강은 천자의 자리에 있었지만 안일과 향락에 빠져 천자로서의 위신을 잃어버렸다. 이 때문에 백성들은 그를 따르지 않았다. 그럼에도 태강은 무절제하게 놀고 즐기기만 했다. 낙수의 남쪽으로 사냥을 하러 갔는데, 100일이 지나도 돌아오지 않았다. 유궁의 군주 예羿는 백성들이 태강의 폭정을 더 이상 참지 못하는 것을 보고, 황하의 북쪽 언덕에서 그가 궁궐로 돌아가는 길을 차단했다. 그의 다섯 명의 남동생들이 모친을 모시고, 낙수가 굽이돌아 흐르는 곳에서 태강을 기다렸다. 다섯 명의 남동생들은 태강을 원망하며, 대우의 가르침을 말하며 노래를 지었다.

太康尸位, 以逸豫滅厥德, 黎民咸貳, 乃盤遊無度, 畋于有洛之表, 十旬弗反. 有窮后羿因民弗忍, 距于河. 厥弟五人御其母以從, 徯于洛之汭. 五子咸怨, 述大禹之戒以作歌.

○尸位(시위): 천자의 자리에 있음. "시"는 주관하다, 주재하다. ○逸豫(일예): 안일과 향락. ○貳(이): 두 마음을 품다. 따르지 않음을 의미. ○盤遊(반유): 향락을 추구함. "반"은 즐기다. ○無度(무도): 법도가 없음. ○畋(전): 사냥하다. ○洛之表(낙지표): 낙수(洛水)의 남쪽. ○有窮(유궁): 나라이름. ○后(후): 임

태강이 놀고 즐기는 그림 (泰康盤遊圖)

다섯 형제가 노래를 부르는 그림 (五子作歌圖)

금. ○羿(예): 유궁국(有窮國)의 임금 이름. ○距(거): 막다, 차단하다. ○御(어): 모시다. ○徯(혜): 기다리다. ○汭(예): 물이 굽이돌아 흐르는 곳.

유궁의 군주 예가 황하에서 태강의 환궁을 막는 그림 (后羿距河圖)

3

첫 번째 노래: "위대하신 선조대왕이신 대우께서 이르셨네. 백성을 가까이 해야지, 멀리해서는 안 되네. 백성이야말로 나라의 근본이다. 근본이 튼튼해야 나라가 편안해진다. 내가 보니 천하의 어리석은 백성들 하나같이 나보다 낫네. 한 사람이 여러 번 과오를 저지를 때는 깨닫지 못하다가, 어찌하여 백성들이 원망하고서야 깨닫는가. 원망하지 않을 때 국사를 잘 도모해야 한다네. 많은 백성들을 대할 때는 썩은 고삐로 여섯 마리 말을 모는 것 같은 두려움을 느껴야 한다네. 그러니 천자로서 어찌 공경하지 않으리?"

其一曰: "皇祖有訓, 民可近, 不可下, 民惟邦本, 本固邦寧. 予視天下愚夫愚婦一能勝予, 一人三失, 怨豈在明, 不見是圖. 予臨兆民, 懍乎若朽索之馭六馬, 爲人上者, 奈何不敬?"

○皇祖(황조): 위대하신 선조. 이곳에서는 대우(大禹)를 가리킴. "황"은 크다, 위대하다는 의미. ○下(하): 무시하여 멀리함. ○勝(승): 낫다. ○在明(재명): 백성들의 원망이 많아지고서야 자신의 잘못을 살핌. "재"는 살피다. "명"은 원망이 많아지는 것. ○不見(불현): 원망이 나타나지 않음. "현"은 나타나다, 드러나다. ○臨(림): 대하다, 다스리다. ○兆民(조민): 백성들. "조"는 무수히 많음을 의미. ○懍(름): 두렵다. ○朽索(후삭): 썩은 말고삐. ○馭(어): 몰다.

4

두 번째 노래: "대우께서 또 이르셨네. 궁궐 안에서 여색에 빠지는 것, 궁 밖에서 사냥에 빠지는 것, 술을 좋아하고 음악에 심취하는 것, 높은 집을 짓고 화려한 담을 짓는 것 중에서 어느 한 가지라도 하는 것이 있다면, 나라를 잃어버릴 것이다."

其二曰: "訓有之. 內作色荒, 外作禽荒. 甘酒嗜音, 峻宇彫墻. 有一于此, 未或不亡."

> ○作(작): 일어나다, 흥하다. ○色荒(색황): 여색에 빠지다. ○禽荒(금황): 사냥에 빠지다. ○峻宇(준우): 큰 집. ○彫墻(조장): 화려하게 칠하고 장식한 담이나 벽.

5

세 번째 노래: "저 요임금만이 이 기주 땅에서 천하를 다스리셨네. 지금 태강은 요임금의 도를 잃고, 요임금이 세우신 나라의 기강을 문란하게 하여 멸망하였다네."

其三曰: "惟彼陶唐, 有此冀方. 今失厥道, 亂其紀綱, 乃底滅亡."

> ○陶唐(도당): 요임금을 말함. 요임금은 처음에 도구(陶丘)의 제후였다가 후에 당(唐)으로 옮긴 후 임금이 되었다. 그래서 요임금을 도당씨(陶唐氏)라고도 한다. ○有此冀方(유차기방): 요임금이 기주(冀州)를 정치중심으로 삼아 천하를 다스렸다는 의미. ○底(저): 이르다.

요임금이 기주에서 천하를 다스리는 그림
(陶唐有冀圖)

6

네 번째 노래: "영민하신 선조대왕이신 대우께서는 모든 나라의 임금이셨네. 나라를 다스는 법과 제도를 만드셔서, 우리 후손에게 물려주셨네. 물건을 바꿀 수 있도록 하니 물자가 공정하고 균등하게 돌아가 부족하지 않았고, 나라의 재정은 튼튼해졌다네. 지금은 선대 임금의 유업을 계승하지 않고 실추시켜, 종족을 패망시키고 제사마저 끊기게 만들었네."

其四曰: "明明我祖, 萬邦之君. 有典有則, 貽厥子孫. 關石和鈞, 王府則有. 荒墜厥緒, 覆宗絶祀!"

○明明(명명): 밝고 밝다. 즉 아주 영민하다는 의미. ○유전유칙(有典有則): 법과 제도를 만든 것. ○貽(이): 남기다. ○關(관): 통하다. 물건을 서로 교환한다는 의미. "통(通)"과 통함. ○石(석): 원의는 무게의 단위로, 120근을 1석이라 했음. 이곳에서는 석(石)으로 다는 여러 가지 물자들을 가리킴. ○和鈞(화균): 공정하고 균등하게 돌아가서 부족하지 않음. ○王府(왕부): 임금의 곳간. ○有(유): 풍족하다. ○荒(황): 버려두다. ○緖(서): 앞 사람들이 남긴 사업. ○覆宗(복종): 종족을 패망시키다.

7

다섯 번째 노래: "아아! 우리는 어디로 가야하나? 슬픔 내 마음이여! 천하의 모든 사람들이 우리를 원수로 여기니, 우리는 누구에게 의지해야 한단 말인가? 답답하고 서러운 이내 마음이여, 부끄러워 수줍어지는 이내 얼굴이여. 자신의 덕을 닦는데 신중하지 못했으니, 후회한들 어찌 용서를 받을 수 있으리."

其五曰: "嗚呼! 曷歸? 予懷之悲. 萬姓仇予, 予將疇依? 鬱陶乎予心, 顔厚有忸怩. 弗愼厥德, 雖悔可追?"

○曷(갈): 어디. ○懷(회): 마음. ○萬姓(만성): 만백성. ○疇(주): 누구. ○鬱陶

(울도): 답답하고 서러운 것. ○顔厚(안후): 부끄러워지는 것. 《상서공씨전》은 "얼굴에 나타난 부끄러운 표정이 살갗이 두꺼워지듯 하는 것이다(羞愧之情見于面貌, 似如面皮厚然)."라고 했다. ○忸怩(뉵니): 부끄러워하다. ○追(추): 구제받다, 용서받다.

제9편 윤정胤征: 윤나라 군주의 출정

해제

윤胤은 나라이름이다. "윤정"은 윤나라 군주가 정벌하러가는 것을 말한다. 태강太康이 제위를 잃자 예羿는 태강의 남동생 중강仲康을 임금으로 추대했다(기원전 2137년 무렵). 이때, 천문을 관장하던 희씨羲氏와 화씨和氏가 주색에 빠져들면서 자신들의 직무를 소홀히 했다. 중강은 윤후胤侯에게 군사를 이끌고 희씨와 화씨를 칠 것을 명했다. 윤후는 출정하기 전, 병사들을 소집하여 훈시했다. 〈윤정〉은 바로 출정할 때 훈시했던 말이다.

본편에서 윤후는 신하로서 맡은 바 직무에 충실히 해야 하며, 특히 직무를 제대로 수행하지 않는 사람은 엄벌에 처벌해야 한다고 말하고 있다. 본편은 금문에는 보이지 않고, 고문에는 보인다.

희씨와 화씨가 술에 빠진 그림 (羲和酒荒圖)

1

희씨와 화씨가 술에 빠져, 사시와 절기를 혼란스럽게 하였다. 윤후(윤나라의 군주)가 그들을 정벌하러 갔다. 사관들이 이를 근거로 《윤정》을 지었다.

羲和湎淫, 廢時亂日, 胤往征之, 作《胤征》.

○羲和(희화): 희씨(羲氏)와 화씨(和氏). 요임금은 이들에게 해·달·별의 운행을 보고 역법을 만들어 백성들에게 전해줄 것을 명했다. 요임금 때부터 하나라까지 희씨와 화씨는 대대로 천문을 주관했다.○湎(면): 술에 빠지다. ○淫(음): 지나치다. ○胤(윤): 나라이름. 이곳에서는 윤나라의 제후를 말함.

2

중강(태강의 남동생)이 제위에 올라 천하를 다스리기 시작할 때, 윤후는 육군을 통솔하라는 명을 받았다. 희씨와 화씨가 직무를 망각하고, 자신들의 봉지에서 술에 빠져 지냈다. 윤후는 왕명을 받들어 그들을 토벌하러 갔다.

惟仲康肇位四海, 胤侯命掌六師. 羲和廢厥職, 酒荒于厥邑, 胤侯承王命徂征.

> ○仲康(중강): 태강(太康)의 동생. ○四海(사해): 천하. ○胤侯(윤후): 윤나라의 제후. ○六師(육사): 육군(六軍). 전군을 통칭하는 말. ○邑(읍): 봉지(封地). ○徂(조): 가다.

중강이 이제 막 제위에 오른 그림(仲康肇位圖)

3

윤후가 군사들에게 말했다. "아! 나의 군사들이여, 성인의 가르침이 나라를 지키고 안정시키는 것임은 이미 증명되었소. 선왕께서는 하늘의 경고를 공경하게 받드셨소. 신하들도 불변의 법도를 공손하게 받들었소. 백관들은 직무에 최선을 다하여 군주를 보필하였소. 제후들도 어질고 지혜로웠소. 매년 이른 봄, 명을 전하는 관리는 거리를 돌며 방울을 흔들어 임금의 명을 전했소. 관리들은 서로 과실을 잡아주고 임금에 간언했으며, 장인과 예인들도 자신들의 기술로 임금에게 의견을 올렸소. 공경하지 않는 사람은 법에 따라 처벌받았소.

告于衆曰: "嗟! 予有衆, 聖有謨訓, 明徵定保. 先王克謹天戒, 臣人克有常憲, 百官修輔, 厥后惟明明. 每歲孟春, 遒人以木鐸徇于路. 官師相規,工執藝事以諫. 其或不恭, 邦有常刑.

○謨訓(모훈): 가르침. ○明徵(명징): 증명하다. ○定保(정보): 나라를 지키다. ○天戒(천계): 하늘의 경고. 일식·월식·지진 같은 천재지변을 말함. ○常憲(상헌): 일상적인 법도. ○修(수): 맡은 바 직책에 충실함. ○孟春(맹춘): 초봄. ○遒人(주인): 관직이름. 조정의 명령을 백성들에게 전달하는 관리. ○木鐸(목탁): 명령을 전달할 때 흔들고 다니는 큰 방울. ○徇(순): 돌다, 돌아다니다. ○官師(관사): 여러 관리. ○工(공): 백공(百工), 공인들. 기예를 업으로 삼고 사는 하층사람들. ○執(집): 맡다, 담당하다. ○藝事(예사): 기예, 기능.

4

저 희씨와 화씨는 선왕의 가르침을 무너뜨렸소. 그들은 술에 빠져, 직무를 소홀히 하고 자리를 이탈했소. 이로 일월의 운행기록이 혼란해지기 시작했소. 그들은 맡은 직무를 완전히 포기하였소. 9월 초하루에 일월의 운행이 정상에서 벗어나 일식이 일어났소. 악관은 북을 쳐대며 임금에게 고했고, 하급 관리들과 허드렛일을 하는 사람들은 이리저리 뛰어다니며 알렸소. 천문을 관장한다는 희씨와 화씨는 일식이 일어났는지도 몰랐고, 천체의 변화에도 무지했소. 이 때문에 선왕께서 지정한 사형의 죄를 범하게 된 것이오. 선왕의 법전인 《정전》에는 '역법이 실제의 사시절기보다 이르면 만든 사람을 죽이고 용서하지 않는다. 역법이 실제 사시절기보다 늦으

북을 치고 알리며 해를 구하는 그림
(奏鼓救日圖)

면 만든 사람을 죽이고 용서하지 않는다.'고 하였소.

惟時羲和顚覆厥德, 沈亂于酒, 畔官離次, 俶擾天紀, 遐棄厥司. 乃季秋月朔, 辰弗集于房. 瞽奏鼓, 嗇夫馳, 庶人走. 羲和尸厥官罔聞知, 昏迷于天象, 以干先王之誅. 政典曰 '先時者殺無赦, 不及時者殺無赦.'

○顚覆(전복): 망치다, 무너뜨리다. ○沈(침): 빠지다. "침(沉)"과 통함. ○畔(반): 직무를 소홀히 하다. ○次(차): 자리. ○俶(숙): 시작하다. ○擾(요): 혼란해지다, 어지러워지다. ○天紀(천기): 일월의 운행기록. ○遐(하): 멀다. ○季秋(계추): 음력 9월. ○月朔(월삭): 매월의 초하루. ○辰弗集于房(신불집우방): 일식이 일어난 것을 말함, "신"은 태양과 달이 만나는 것. "방"은 태양과 달이 만나는 지점을 말함. 9월 초하루에는 "방"에서 해와 달이 만나게 되어있었다. 그런데 이날 정상적으로 운행되지 않아 해와 달이 "방"으로 모이지 않았음을 말한다. ○瞽(고): 악관. ○嗇夫(색부): 하급관리. ○庶人(서인): 관가에서 허드렛일을 하는 사람들. ○干(간): 범하다, 어기다. ○政典(정전): 하나라 때 나라를 다스리는 도리를 담은 책. ○先時(선시): 사시절기보다 이르게 나타남. ○者(자): 역법을 만든 사람. ○不及(불급): 사시절기보다 늦게 나타남.

5

지금 나는 그대들을 이끌고, 하늘이 저들에게 내린 벌을 행하고자 하오. 전 장병들은 왕실을 위해 힘을 다해주시오. 바라건대 나를 도와 천자의 지엄한 명을 행해주시오. 곤산崐山이 불에 타면, 옥과 돌은 모두 탈 것이오. 천자의 관리가 덕을 잃으면, 큰 불보다 더욱 맹렬하게 타오를 것이오. 주동자들은 모두 처형할 것이며, 협박을 받아 따른 사람들은 처벌하지 않을 것이오. 불량한 풍속에 물든 사람들에게는 새로워질 수 있는 기회를 줄 것이오. 아! 사사로운 은혜보다 위엄을 앞세운다면 분명히 성공할 것이오. 위엄보다 사사로운 은혜를 앞세운다면 분명히 실패할 것이오. 장병들은 힘쓰고 경계하시오!"

今予以爾有衆, 奉將天罰. 爾衆士同力王室, 尙弼予欽承天子威命. 火

적의 수괴를 섬멸하는 그림 (殲厥渠魁圖)

炎崐岡, 玉石俱焚. 天吏逸德, 烈于猛火. 殲厥渠魁, 脅從罔治, 舊染汙俗, 咸與惟新. 嗚呼! 威克厥愛, 允濟; 愛克厥威, 允罔功. 其爾衆士, 懋戒哉!"

○以(이): 이끌다. ○尙(상): 바라다. ○崐岡(곤강): 곤산(崐山). 옥이 많이 나기로 유명한 산. "강"은 산등성이. ○天吏(천리): 천자의 관리. ○渠魁(거괴): 수괴. 나쁜 집단의 우두머리. "거"는 크다. "괴"는 우두머리. ○脅從(협종): 협박을 받아 따른 사람들. ○汙(오): 더럽다. "오(汚)"와 통함. ○與(여): 허락하다, 허가하다. ○惟新(유신): 새롭게 하다. ○克(극): 승리하다, 이기다. ○愛(애): 사사로운 은혜. ○濟(제): 이루다, 성공하다.

상서商書

순임금은 우禹와 함께 치수에 혁혁한 공을 세운 계契를 사도司徒에 임명하였다. 동시에 순임금은 계를 상商 땅에 봉하고, 자씨子氏 성을 하사했다. 계의 14번째 자손 탕湯이 제후를 이끌고 하나라의 폭군 걸桀을 몰아내고 제위에 올랐다. 그는 선조의 봉지인 상商을 국호로 삼았다.
"상서商書"는 상나라의 책이다. 현재 "상서"는 금·고문에 17편이 남아있다.

은나라의 시조 계의 모습
(殷契畵像)

제10편 탕서湯誓: 탕 임금의 출정사

해제

본편은 탕湯이 걸을 치기 위해 출정하기 전 군사들에게 한 훈시이다. 탕의 이름은 이履이고, 천을天乙이라고도 한다. 그는 인덕의 정치를 했기 때문에 백성들 사이에 덕망이 높았다. 당시 하나라의 임금 걸桀이 폭정을 일삼는 상황에서 제후인 곤오씨昆吾氏가 반란을 일으켰다. 이에 탕은 이윤伊尹의 보좌 하에 제후들을 이끌고 곤오씨를 멸하고 기세를 몰아 걸을 제위에서 몰아냈다.
걸을 치기 전, 탕의 장병들은 출정하길 바라지 않았다. 그래서 탕은 수도인 박亳에서 군사들에게 백성을 도탄에 빠뜨린 걸을 벌할 것을 말했다. 문장에서 "이 해는 언제 없어질까? 나는 그대와 함께 없어졌으면 좋겠네時日曷喪? 予及汝皆亡."라고 한 말은 폭군을 원망하는 하나라 백성들의 마음을 잘 보여준다.

1

이윤이 탕을 도와 걸을 치고자, 이 땅에서 올라왔다. 탕은 이윤과 함께 마침내 명조의 들판에서 걸과 싸웠다. 사관들이 이 일을 근거로 《탕서》를 지었다.

伊尹相湯伐桀, 升自陑, 遂與桀戰于鳴條之野, 作《湯誓》.

○이윤(伊尹): 탕(湯)을 도와 하나라를 멸망시킨 명재상. 원래는 탕의 부인이 시집올 때 따라왔던 노예출신이었다. 이후 탕을 떠나 하나라 걸(桀)에게 귀순했다가 걸의 폭정을 싫어하여 박(亳) 땅으로 돌아와 탕을 도와 걸을 쳤다. ○相(상): 돕다. ○桀(걸): 하나라의 마지막 군주. 성은 사(姒)이고, 이름은 이계(履癸)이다. 우(禹)임금의 제14대손이다. ○升(승): 아래에서 위로 올라오는 것을 말함. ○陑(이): 지명. 지금의 섬서성 동관(潼關) 일대. ○鳴條(명조): 지명. 지금의 산서성 안읍현(安邑縣) 북쪽.

2

임금이 말했다. "장병들은 이리 와서, 짐의 말을 들으라. 이 보잘 것 없는 사람이 무슨 큰 전쟁을 일으키려고 하는 것이 아니오. 하나라는 너무 많은 죄를 저질렀소, 하늘이 짐에게 그들을 치라고 명했소. 지금 그대들은 '우리 임금은 우리를 생각하지 않으신다. 백성들에게 농사일을 버려두라하고, 어찌 하나라를 치러 간단 말입니까'라고 말하고 있소. 짐 역시 그대들의 말을 들었소. 그러나 하나라 임금 걸은 많은 죄를 저질렀소. 짐은 하늘이 두려워 그들을 치러가지 않을 수 없소. 지금 그대들은 '하나라의 걸이 도대체 어떤 죄를 지었습니까?'라고 물을 것이오. 하나라의 걸은 무거운 노역으로 백성들의 힘을 소진시키고, 백성들을 무자비하게 착취했소. 백성들은 걸을 섬기지 않고 그가 하는 일에 비협조적이었소. 그들은 '이 해는 언제 사라질까? 나는 그대와 함께 없어졌으면 좋겠네!'라고 말하오. 하나라의 덕이 이 지경이니, 짐은 반드시 그들을 치러가야 하오.

성탕의 모습(成湯圖)

王曰: "格爾衆庶, 悉聽朕言. 非台小子, 敢行稱亂! 有夏多罪, 天命殛之. 今爾有衆, 汝曰: '我后不恤我衆, 舍我穡事, 而割正夏?' 予惟聞汝衆言, 夏氏有罪, 予畏上帝, 不敢不正. 今汝其曰: '夏罪其如台?' 夏王率遏衆力, 率割夏邑. 有衆率怠弗協, 曰: '時日曷喪? 予及汝皆亡.' 夏德若玆, 今朕必往.

○格(격): 오다. ○衆庶(중서): 그대들, 여러분. ○台(이): 나(1인칭). ○小子(소자): 탕임금 자신을 낮춰 부른 말. ○稱(칭): 발동하다, 일으키다. ○殛(극): 죽이다. ○恤(휼): 걱정하다. ○舍(사): 버려두다. ○穡事(색사): 농사. ○割

(할): 어찌. "갈(曷)"과 통함. ○正(정): 정벌하다. "정(征)"과 통함. ○其(기): 아마도. ○如台(여이): 어떠하다. "여하(如何)"와 통함. ○率(솔): 어기사. 의미가 없음. ○遏(알): 다하다, 소진하다. "갈(竭)"과 통함. ○割(할): 착취하다. ○時(시): 이. ○曷(갈): 언제.

3

그대들은 짐 한 사람만 보좌하여, 하늘의 벌을 시행해주시오. 그리하면 짐은 그대들에게 큰 상을 내릴 것이오. 그대들은 나를 믿어야 하오. 짐은 식언을 하지 않소. 그대들이 훈시의 말을 듣지 않는다면, 짐은 그대들을 노예로 강등하거나 처형할 것이오. 용서란 없소."

爾尙輔予一人, 致天之罰, 予其大賚汝! 爾無不信, 朕不食言. 爾不從誓言, 予則孥戮汝, 罔有攸赦."

○致(치): 이루다. ○其(기): 장차~할 것이다. ○賚(뢰): 상을 주다. ○攸(유): ~하는 바. "소(所)"와 통함.

제11편 중훼지고仲虺之誥: 중훼의 알림

해제

중훼仲虺는 하나라에서 거정車正이란 벼슬을 지낸 설薛 땅의 제후 해중奚仲의 후손이다. 그는 성탕成湯의 좌상左相을 지냈다. 고誥는 "알린다"는 의미이다. 본편은 중훼가 성탕에게 국정에 힘쓸 것을 권면하는 내용이다.

요·순·우는 선양으로 제위를 계승했지만, 탕은 무력으로 제위에 오른 것에 부끄러움을 느꼈다. 이에 중훼는 걸이 천명을 어겼기 때문에 탕이 천명을 따라 걸을 친 것은 사람들이 바라는 것이었으므로 부끄러워할 필요가 없다고 말했다. 이어 그는 탕에게 어진 정치를 편다면 자손들이 대대로 편안하게 살 것이라고 말했다.

본편은 금문에는 없고, 고문에 있다.

1

탕이 하나라의 걸을 치고 귀환하던 도중 대경에 이르렀다. 이때 중훼가 탕에게 글을 올렸다.

湯歸自夏至于大坰, 仲虺作誥.

○大坰(대경): 지명. ○仲虺(중훼): 탕임금의 신하이자 해중(奚仲)의 후손.

상나라 임금 성탕의 모습
(商王成湯)

걸을 남소로 유배시키는 그림
(放桀南巢圖)

2

성탕은 걸을 남소로 몰아낸 후, 무력으로 걸을 몰아내고 제위에 오른 것을 부끄러워하며 말했다. "짐은 후인들이 나의 행위를 문제 삼을까 두렵소."

成湯放桀于南巢, 惟有慚德. 曰: "予恐來世以台爲口實."

○成湯(성탕): 상나라의 개국임금. 무력으로 하나라의 걸(桀)을 물리치고 공을 이루었기 때문에 "성탕"이라고 한다. "탕"은 이름이고, "성"은 익호(謚號)이다. ○放(방): 쫓아내다. ○南巢(남소): 지명. 정확한 위치는 불분명하나 지금의 안휘성 소호(巢湖) 북쪽 일대라는 설이 있음. ○慚德(참덕): 탕임금이 무력으로 제위에 오른 것에 부끄러움을 느낌.

3

이에 중훼가 글을 올렸다. "아, 폐하! 사람은 천성적으로 욕구를 갖고 태어납니다. 군주가 없다면 크게 어지러워질 것입니다. 그래서 하늘은 총명한 이를 보내 다스리도록 합니다. 하나라의 걸은 덕을 잃고, 백성들을 도탄에 빠뜨렸습니다. 이에 하늘이 폐하께 용기와 지혜를 내리셔서, 모든 나라의 모범이 되게 하셨습니다. 폐하께서 우임금의 유지를 계승하시고, 그의 법도를 따르신다면, 이것이 천명을 받드는 것이옵니다.

仲虺乃作誥, 曰: "嗚呼! 惟天生民有欲, 無主乃亂, 惟天生聰明時乂. 有夏昏德, 民墜塗炭, 天乃錫王勇智, 表正萬邦, 纘于舊服, 玆率厥典, 奉若天命.

○塗炭(도탄): 진흙과 숯. 백성들의 삶이 피폐해짐을 의미. ○表(표): 모범이 되다. ○纘(찬): 계승하다. ○舊服(구복): 옛날의 전통. ○率(솔): 따르다. ○典(전): 법도.

4

하나라 걸은 죄를 지었습니다. 백성에게 하늘의 뜻이라고 속이고 명을 내렸습니다. 하늘은 하나라 걸의 행위가 잘못되었다고 여기고, 상나라가 천명을 받도록 했습니다. 그래서 하나라 걸은 백성들을 모두 잃어버렸습니다. 어진 이를 무시하고 권력을 좇는 무리들이 실로 너무 많습니다. 처음에 우리가 나라를 세웠을 때, 걸은 우리를 곡식의 싹에 기생하는 잡초나 곡식알의 쭉정이처럼 여겼습니다. 그때 우리 상나라는 위아래 할 것 없이 벌벌 떨며, 죄가 없는데도 화가 미칠까 두려워했습니다. 더군다나 폐하께서는 덕이 있으신 분이시라 누구라도 폐하의 말을 들으면 감동했습니다.

夏王有罪, 矯誣上天, 以布命于下. 帝用不臧, 式商受命, 用爽厥師. 簡賢附勢, 實繁有徒. 肇我邦于有夏, 若苗之有莠, 若粟之有秕. 小大戰戰, 罔不懼于非辜. 矧予之德, 言足聽聞.

○矯誣(교무): 속이다, 기만하다. ○用(용): 그래서. ○臧(장): 좋다, 선하다. ○式(식): ~로써. "이(以)"와 통함. ○爽(상): 잃다. ○師(사): 백성들. ○簡(간): 업신여기다. ○邦(방): 나라를 세우다. ○莠(유): 강아지풀. 이곳에서는 곡식을 해치는 잡초. ○秕(비): 쭉정이. ○戰戰(전전): 두려워 벌벌 떨다. ○非辜(비고): 죄가 없음. ○足(족): 충분히~할 수 있다.

5

폐하께서는 음악과 여색을 가까이 하지 마시고, 재물을 모으지 마십시오. 덕을 열심히 닦는 사람에게 관직을 내려 격려하시고, 열심히 일하는 사람에게는 상을 내려 격려하십시오. 사람을 쓸 때는 자신을 기용하듯 의심하지 마시고, 잘못을 시정하는데 인색하지 마십시오. 관대하고 어지셔서, 만백성들에게 신의를 보여주십시오.

惟王不邇聲色, 不殖貨利. 德懋懋官, 功懋懋賞. 用人惟己, 改過不吝. 克寬克仁, 彰信兆民.

○邇(이): 가까이하다. ○殖(식): 모으다, 취하다. ○德懋(덕무): 덕을 열심히 닦는 사람. ○懋官(무관): 관직을 내려 격려함.

갈나라 제후가 밥을 나르는 아이를 죽이려는 모습(葛伯仇餉圖)

6

갈나라 제후는 밭에서 일하는 사람에게 밥을 나르던 아이를 죽였으니 배은망덕한 인물입니다. 폐하께서는 갈나라를 제일 먼저 정벌하십시오. 동쪽을 정벌할 때 서쪽의 이민족들이 원망하고, 남쪽을 정벌할 때 북쪽의 이민족들이 원망할 것입니다. 그들은 '어찌하여 우리만 나중에 정벌하십니까?'라고 말합니다. 정벌하러 가는 곳의 백성들은 집집마다 경축하며 '우리의 임금님을 기다렸네, 임금님이 오시니 우리는 다시 살았네.'라고 말합니다. 백성들은 이미 오래전부터 상나라를 추대했습니다!

乃葛伯仇餉, 初征自葛, 東征西夷怨, 南征北狄怨, 曰: '奚獨後予?' 攸徂之民, 室家相慶, 曰: '徯予後, 后來其蘇.' 民之戴商, 厥惟舊哉!

○葛伯仇餉(갈백구향): 갈(葛)나라의 제후가 밭에서 일하는 사람에게 밥을 가져다주는 것을 원수를 대하듯 했다는 이야기. 성탕과 갈나라의 제후는 원래 이웃하고 있었다. 갈나라의 제후가 제사를 지낼 고기와 양식이 없다고 하자 성탕은 그에게 고기와 양식을 보내주었다. 성탕은 또 자신의 백성들을 갈나라로 보내 밭을 경작하도록 하고, 노인들과 아이들은 일하는 사람들에게 밥을 배달하도록 했다. 그런데 갈나라 제후는 자신의 부하를 이끌고 이들이 먹을 밥을 빼앗아 버렸다. "갈"은 나라이름. 지금의 하남성 영릉현(寧陵縣) 북쪽. "백"은 백의 작위를 받은 제후. "향"은 사람에게 밥을 가져다 줌. ○奚(해): 어찌. ○徂(조): 가다. ○蘇(소): 소생하다, 다시 살아나다. ○舊(구): 오래되다.

7

어진 이를 돕고 덕이 있는 이를 보좌하며, 충직한 사람을 표창하고 선량한 사람을 등용하십시오. 약한 나라는 흡수하시고 무지몽매한 제후는 치십시오. 어지러운 나라는 취하시고 망국의 군주는 무시하십시오. 멸망할 나라는 빨리 없애시고 생존할 나라는 잘 지켜주십시오. 이렇게 하면 국가는 흥성할 것입니다. 덕이 날로 새로워지면, 모든 나라가 폐하의 덕에 감복할 것입니다. 자만에 빠지시면, 가족들도 떠날 것입니다. 폐하께서는 큰 덕을 부지런히 밝히시고, 백성들에게 한쪽으로 치우치지 않는 마음을 세워주십시오. 의리로 일을 하고, 예절로 마음을 다스리게 하여, 후손들에게 풍요롭게 살아갈 도리를 남겨주십시오. 저는 들었습니다. '스스로 스승을 찾을 수 있는 사람은 왕이 되고, 사람들이 자기만 못하다고 생각하는 사람은 망한다. 묻기를 좋아하는 사람은 큰 사람이 되고, 스스로 옳다고 여기는 사람은 소인이 된다.'

佑賢輔德, 顯忠遂良, 兼弱攻昧, 取亂侮亡, 推亡固存, 邦乃其昌. 德日新, 萬邦惟懷; 志自滿, 九族乃離. 王懋昭大德, 建中于民, 以義制事, 以禮制心, 垂裕後昆. 予聞曰: '能自得師者王, 謂人莫己若者亡. 好問則裕, 自用則小.'

○遂(수): 등용하다. ○中(중): 중용의 도리. ○制(제): 다스리다, 통제하다. ○裕(유): 풍요롭다. ○後昆(후곤): 후손. ○王(왕): 임금이 되다. ○自用(자용): 스스로 옳다고 여기다.

8

아아 폐하! 좋은 결말을 맺으려면, 시작을 잘해야 합니다. 예절이 있는 사람은 높이고, 어리석고 포악한 사람은 제거해야 합니다. 하늘의 도를 삼가 받들어, 하늘의 가르침을 영원히 지키소서."

嗚呼! 愼厥終, 惟其始. 殖有禮, 覆昏暴. 欽崇天道, 永保天命."

○殖(식): 세우다, 키우다. ○欽崇(흠숭): 공경하게 받들다.

제12편 탕고湯誥: 탕 임금의 알림

해제

탕湯은 제후를 거느리고 안읍安邑 서쪽의 명조鳴條에서 걸을 대파하였다. 탕이 기세를 타고 삼종三朡까지 멸하자 제후들은 탕에게 귀순하였고 탕은 천자의 자리에 올랐다. 수도인 박亳으로 돌아온 후, 제후국들이 알현하러왔다. 탕은 이 기회를 이용해 천하에 하나라의 임금 걸을 토벌하게 된 이유를 밝혔다. 사관들이 이 일을 토대로 〈탕고湯誥〉를 지었다.

본편은 하늘은 착한 이에게 복을 내리고 악한 이에게는 화를 내리는 이치를 들어 탕이 걸을 친 것은 천명을 받든 것이라고 말하고 있다. 또 제후들에게 덕을 지켜 이제 막 개국한 상나라가 좋은 출발을 할 수 있게 도와줄 것을 부탁하고 있다.

《사기·은본기殷本紀》에도 탕이 걸을 치고 박으로 돌아온 후 동쪽 교외에서 〈탕고〉를 지어 제후들에게 알려준 것을 기록하고 있는데 본편과는 완전히 일치하지 않는다. 본편은 제후들에게 걸을 쳐야 하는 이유를 설명하고 있는 반면, 《사기》는 제후들이 백성을 위해 공을 세우지 못한다면 처벌을 받거나 심지어 나라를 잃어버릴 수 있음을 알려주고 있다.

본편은 금문에는 없고, 고문에는 있다.

1

탕은 하나라를 멸하고, 박 땅으로 돌아와, 《탕고》를 지었다.

湯旣黜夏命, 復歸于亳, 作《湯誥》.

○黜(출): 몰아내다, 없애다. ○亳(박): 지명. 성탕(成湯) 때의 수도.

2

탕 임금께서 하나라의 걸을 물리치시고 돌아오셨다. 수도인 박 땅에 도착하자 천하의 제후들에게 알렸다. 임금이 말했다. "아! 천하의 백성들이여, 짐의 말을 들으시오. 위대하신 상제께서는 백성들에게 아름다운 덕을 내리셨소. 사람들이 이런 아름다운 덕을 오랫동안 지켜나가려면, 임금이 가르침을 세워야만 할 수 있소. 하나라의 걸은 덕을 망치고 무력을 사용해, 수많은 그대들의 백성을 가혹하게 다루었소. 그대들의 백성은 모진 박해를 받고, 그 고통을 참지 못하고, 천지신령께 무고함을 알렸소. 착한 이에게 복을 주고 악한 이에게 화를 내리는 것이 하늘의 이치이오. 그러니 하나라에 재앙을 내려 그 죄를 밝히신 것이오.

王歸自克夏, 至于亳, 誕告萬邦. 王曰: "嗟! 爾萬方有衆, 明聽予一人誥. 惟皇上帝, 降衷于下民. 若有恒性, 克綏厥猷惟后. 夏王滅德作威, 以敷虐于爾萬方百姓. 爾萬方百姓, 罹其凶害, 弗忍荼毒, 幷告無辜于上下神祇. 天道福善禍淫, 降災于夏, 以彰厥罪.

○克(극): 승리하다. ○誕(탄): 크게. ○衷(충): 아름다운 덕, 훌륭한 덕. ○恒性(항성): 아름다운 덕을 오랫동안 유지하는 것. ○綏(수): 안정하다. ○猷(유): 가르침. ○罹(리): 당하다, ~를 입다. ○荼毒(도독): "도"는 쓴 나물. "독"은 벌레의 독. 이곳에서는 박해나 고통을 받음을 의미. ○淫(음): 사악하다, 나쁘다.

3

그래서 이 보잘 것 없는 사람이 하늘의 지엄한 명을 받들어, 걸의 죄를 용서할 수 없었던 것이오. 이에 감히 검은 소를 제물로 써서, 천지신명께 분명히 고했소. 하나라에 죄를 내려달라고 말이오. 이에 대성인이신 이윤伊尹을 얻어, 그와 힘을 합해, 천지신명께 여러분들을 대신해 생명을 지켜달라고 청한 것이오. 상제께서는 백성들을 믿고 보우하시어,

죄인 걸을 몰아내고 벌했소. 하늘의 명은 어긋남이 없는 것이오. 이렇게 되니 천하가 초목이 무성해지듯 번창해졌고, 백성들의 삶도 윤택해졌소. 하늘은 짐더러 그대들의 나라를 잘 다스리라고 했소. 이번 정벌로 짐은 하늘과 땅에게 죄를 짓지 않은지 모르겠소. 마음이 심연으로 떨어질 것만 같아 늘 불안하고 두렵기만 하오.

肆台小子, 將天命明威, 不敢赦. 敢用玄牡, 敢昭告于上天神后, 請罪有夏. 聿求元聖, 與之戮力, 以與爾有衆請命. 上天孚佑下民, 罪人黜伏, 天命弗僭, 賁若草木, 兆民允殖. 俾予一人輯寧爾邦家, 玆朕未知獲戾于上下, 慄慄危懼, 若將隕于深淵.

○肆(사): 그래서. ○將(장): 받들어 행하다. ○玄牡(현모): 검은 소. ○神后(신후): 지신(地神). ○聿(율): 이에, 그래서. ○元聖(원성): 대성인. 이곳에서는 이윤을 말함. ○戮力(육력): 힘을 다하다. ○與(여): 대신하다. ○請命(청명): 생명을 지켜달라고 청함. ○孚(부): 믿다. ○黜伏(출복): 물리치고 전복시킴. ○僭(참): 어긋나다. ○賁(분): 장식하다, 꾸미다. ○殖(식): 번식하다, 번성하다. ○輯(집): 화목하다. ○獲戾(획려): 죄를 짓다. ○慄慄(율률): 두려워서 떠는 모양. ○隕(운): 떨어지다.

죄를 지으면 자신을 용서하지 않겠다고 맹세하는 그림 (罪當朕躬圖)

4

짐이 세운 제후국들은 법도를 따르고, 지나친 향락을 추구해서는 안 될 것이오. 각자 자신들의 도리를 지켜, 하늘이 내린 큰 복을 받아야 할 것이오. 그대들이 선한 일을 한다면, 짐은 숨기지 않고 선양할 것이오. 짐이 죄를 짓는다면, 내 자신을 가벼이 용서하지 않을 것이오. 하늘은 이것들을 잘 살피고 있어 숨길 수 없기 때문이오. 그대들 제후들에게 죄가 있다면, 짐 한 사람이 책임을 질 것이오. 짐 한 사람에게 죄가 있다면, 그대들 제후국을 연루시키지 않을 것이오. 아아! 이렇게 성심을 다해야, 좋은 결말을 맞이할 수 있을 것이오."

凡我造邦, 無從匪彝, 無卽慆淫, 各守爾典, 以承天休. 爾有善, 朕弗敢蔽; 罪當朕躬, 弗敢自赦, 惟簡在上帝之心. 其爾萬方有罪, 在予一人; 予一人有罪, 無以爾萬方. 嗚呼! 尙克時忱, 乃亦有終."

○匪(비): 아니다. "비(非)"와 통함. ○彝(이): 법도. ○卽(즉): 나아가다, 다가가다. ○慆淫(도음): 지나치게 향락을 추구함. "음"은 지나치다. ○天休(천휴): 하늘의 아름다운 복. "휴"는 아름답다, 훌륭하다. ○當(당): 마땅히. ○簡(간): 살피다. ○其(기): 만약. ○以(이): 다스리다. "용(用)"과 통함. 이곳에서는 죄를 전가하거나 연루시키는 의미. ○時(시): 이. ○忱(침): 성심을 다하다. ○終(종): 좋은 결말.

제13편 이훈伊訓: 이윤의 가르침

해제

본편은 이윤伊尹이 태갑太甲에게 가르침을 주는 내용이다.

이윤의 모습(伊尹畵像)

성탕成湯이 세상을 떠난 후 누가 제위를 이었는지에 대해 역대로 두 가지 설이 있다. 《사기·은본기殷本紀》는 "탕이 붕어하자, 태자 태정은 즉위하기 전에 사망했다. 이에 태정의 동생 외병이 제위에 올랐는데, 이가 외병 임금이다. 외병 임금이 즉위한 지 3년 만에 붕어하시자, 외병의 동생 중임이 제위에 올랐는데, 이가 중임 임금이다. 중임 임금이 즉위한 지 4년 만에 붕어하시자, 이윤은 태정의 아들 태갑을 임금으로 세웠다. 태갑은 성탕의 적장손인데, 이가 태갑 임금이다.湯崩, 太子太丁未立而卒, 于是乃立太丁之弟外丙, 是爲帝外丙. 帝外丙卽位三年, 崩, 入外丙之弟中壬, 是爲帝中壬. 帝中壬卽位四年, 崩, 伊尹乃立太丁之子太甲. 太甲, 成湯嫡長孫也, 是爲帝太甲."라고 했다. 《상서공씨전》은 "태갑은 태정의 아들이자, 탕의 손자이다. 태정은 즉위하지도 못하고 사망했다. 탕이 붕어하자 태갑이 즉위했는데, 원년이라고 했다.太甲, 太丁子, 湯孫也. 太丁未立而卒, 及湯沒而太甲立, 稱元年."라고 했다. 《상서정의》는 〈이훈〉서와 〈태갑〉의 기년紀年을 근거로 "태갑이 탕의 뒤를 이은 것이 분명하다.太甲必繼湯后"고 단정했다. 그러나 〈이훈〉과 〈태갑〉은 모두 위고문僞古文이어서 믿을 만한 근거가 부족하다. 이곳에서는 《사기》를 따른다.

태갑이 즉위하자 이윤은 〈이훈伊訓〉·〈사명肆命〉·〈조후徂后〉를 지어 탕의 덕으로 태갑을 지도했다. 〈사명〉과 〈조후〉는 지금 전해지지 않는다. 〈이훈〉에서 이윤은 태갑에게 하나라의 걸이 망한 교훈을 잘 새기고 탕의 미덕을 계승시킬 것을 말하고 있다.

본편은 금문에는 있고, 고문에는 없다.

1

성탕이 붕어한 후, 이윤은 태갑 원년에 《이훈》·《사명》·《조후》를 지었다.

成湯既沒, 太甲元年, 伊尹作《伊訓》、《肆命》、《徂后》.

○沒(몰): 죽다.

이윤이 태갑을 훈계하는 그림 (稱祖訓王圖)

2

태갑 원년 12월 을축일, 이윤은 선왕이신 탕 임금에게 제사를 올렸다. 이윤은 태갑을 모시고 선조들의 신위神位에 정중하게 인사했다. 각 지역의 제후들도 모두 참석했다. 백관들도 부하 관리들을 인솔하고 육경의 수장인 총재 이윤의 지시를 따랐다. 이윤은 큰 업적을 쌓은 탕 임금의 큰 덕을 말해 태갑을 바르게 인도하고자 했다.

惟元祀十有二月乙丑, 伊尹祠于先王. 奉嗣王祗見厥祖, 侯甸群后咸在, 百官總己以聽冢宰. 伊尹乃明言烈祖之成德, 以訓于王.

○元祀(원사): 원년. “사”는 해, 년. ○祠(사): 제사지내다. ○先王(선왕): 탕임금을 말함. ○嗣王(사왕): 제위를 이은 사람. 이곳에서는 태갑(太甲)을 말함. ○祗(지): 공경하다. ○侯甸群后(후전군후): 전복(甸服)과 후복(侯服)의 여러 제후들. 고대 천자가 사는 도성 외의 지역은 원근에 따라 9개의 지역으로 나누었는데 이를 9복(服)이라고 한다. 전복과 후복은 이 9복에 속한다. 전복은 도성에서 500리 안에 있는 지역이며, 후복은

전복의 끝에서 다시 500리 안에 있는 지역을 말한다. 《우공》편에 자세히 보임. "후"는 제후. ○總己(총기): 자신들의 부하관리들을 거느림. ○冢宰(총재): 관직이름. 육경(六卿)의 수장. 이곳에서는 이윤을 말함. ○烈祖(열조): 공을 많이 세운 조상. 이곳에서는 탕임금을 말함. "열"은 공적, 공로.

3

이윤이 말했다. "아아, 폐하! 옛날 하나라의 선왕이신 우임금께서는 매우 열심히 덕을 닦으셨기에 나라에 큰 재앙이 없었습니다. 산천의 귀신들을 비롯한 새·짐승·물고기·자라도 평안했습니다. 그러나 그의 자손들이 선왕의 유지를 따르지 않아 하늘은 재앙을 내렸습니다. 하늘은 천명을 받은 우리 탕 임금의 손을 빌려, 명조에서 하나라 걸을 쳤습니다. 그리고 우리의 선조대왕께서는 박 땅에서 덕을 행하기 시작했습니다. 우리의 상나라 임금께서 신성한 위엄을 널리 나타내고, 관용으로 포악함을 대신하시자, 만백성들이 진심으로 따랐습니다. 지금 폐하께서 선조 대왕의 덕을 계승하시려면, 즉위한 날부터 새롭게 시작하셔야 합니다. 가까이 있는 이를 아끼고 연장자를 존경하는 기풍부터 세우십시오. 집과 나라부터 시작해서 천하에서 끝나도록 하십시오.

曰: "嗚呼! 古有夏先后, 方懋厥德, 罔有天災. 山川鬼神, 亦莫不寧, 暨鳥獸魚鼈咸若. 于其子孫弗率, 皇天降災, 假手于我有命, 造攻自鳴條, 朕哉自亳. 惟我商王, 布昭聖武, 代虐以寬, 兆民允懷. 今王嗣厥德, 罔不在初, 立愛惟親, 立敬惟長, 始于家邦, 終于四海.

○夏先后(하선후): 하나라의 선왕. 이곳에서는 우임금을 말함. ○方(방): 크다. ○暨(기): ~와. ○鼈(별): 자라. ○若(약): 같다. ○假(가): 빌리다. ○我有命(아유명): 우리의 천명을 받은 사람. 탕임금을 말함. ○造(조): 시작하다. ○攻(공): 치다, 공격하다. ○鳴鳥(명조): 지명. 지금의 산서성 운성(運城) 경내. 탕은 하나라를 칠 때 인접해있던 갈(葛)나라부터 먼저 공격했다. 갈나라를 멸한 후 차례로 위(韋)·고(顧)·곤오(昆吾)를 멸하고 이수(伊水)와 낙수

(洛水)를 건너 명조에서 걸과 일전을 벌여 하나라를 멸망시켰다. ○朕(짐): 우리들. ○哉(재): 시작하다. ○亳(박): 지명. 하남성 상구(商丘) 일대. ○布昭(포소): 널리 퍼뜨리고 드러내다. ○允(윤): 진심으로. ○懷(회): 따르다. ○初(초): 제위에 오른 날. ○立愛惟親(입애유친): 가까이 있는 사람부터 아끼는 기풍을 세움. ○立敬惟長(입경유장): 연장자부터 존경하는 기풍을 세움.

4

아아, 폐하! 선왕이신 탕 임금께서는 사람으로서 갖추어야 할 도리를 닦는데 힘쓰셨습니다. 또 신하들의 간언을 잘 받아들이시고, 어진 원로들의 의견을 따랐습니다. 천자의 자리에 계시면서도 아래 상황을 잘 살피셨고, 신하들도 진심으로 충성을 다했습니다. 또 사람들을 무조건 비난하려고 하지 않았으며, 자신을 살핌에 늘 부족하다고 여겼습니다. 이렇게 하셨기에 천자가 될 수 있었던 것입니다. 이 얼마나 어려운 것입니까! 탕 임금께서는 널리 어질고 지혜로운 이를 구해, 그들로 하여금 우리의 후손들을 보필하게 하셨습니다. 또 관리들을 처벌하는 법을 만드시고, 그들에게 이렇게 일깨워주었습니다. '궁궐에서 시도 때도 없이 춤을 추고 술을 마시고 음악을 즐기는 것은 무당들이나 하는 것이다. 재물과 여인을 탐하고, 시도 때도 없이 유희와 사냥을 즐기는 것은 방탕한 것이다. 성인의 말을 모욕하고, 충직한 권고를 듣지 않고, 덕이 있는 연장자를 멀리하고, 우매하고 유치한 이들을 가까이 하는 것은 문란한 것이다. 이 세 가지 행위와 열 가

시도 때도 없이 유희와 사냥을 하는 그림
(恒于遊畋圖)

지 과오 중에 경사가 한 가지라도 행한다면, 그 집안은 반드시 망할 것이다. 군주가 한 가지라도 행한다면, 그 나라는 반드시 멸망할 것이다. 신하된 자가 군주의 잘못을 바로 잡아주지 않는다면, 묵형에 처해 질 것이다. 우둔한 사람들은 모두 이 가르침을 잘 새겨들을 지어다.'

嗚呼! 先王肇修人紀, 從諫弗咈, 先民時若. 居上克明, 爲下克忠, 與人不求備, 檢身若不及, 以至于有萬邦, 玆惟艱哉! 敷求哲人, 俾輔于爾後嗣. 制官刑, 儆于有位. 曰: '敢有恒舞于宮, 酣歌于室, 時謂巫風. 敢有殉于貨色, 恒于遊畋, 時謂淫風. 敢有侮聖言, 逆忠直, 遠耆德, 比頑童, 時謂亂風. 惟玆三風十愆, 卿士有一于身, 家必喪, 邦君有一于身, 國必亡. 臣下不匡, 其刑墨, 具訓于蒙士.'

○肇(조): 힘쓰다. ○人紀(인기): 사람으로서 갖추어야 할 도리. ○咈(불): 어기다, 위반하다. ○先民(선민): 원로들. ○與(여): 함께하다. 교류하다. ○檢(검): 돌아보다, 살피다. ○敷(부): 널리. ○俾(비): …로 하여금 ~하게 하다. "비" 뒤에 앞 단락의 "철인(哲人)"이 생략되어 있음. ○儆(경): 일깨우다. ○恒(항): 늘, 수시로. ○酣(감): 술을 마시다. ○巫風(무풍): 무당들의 풍속. ○殉(순): 구하다, 탐하다. ○淫風(음풍): 방탕한 풍습. ○耆德(기덕): 나이가 많고 덕이 있는 사람, "기"는 나이가 많음. ○比(비): 가까이하다, 친하게 지내다. ○頑童(완동): 어리석고 유치한 사람. ○三風(삼풍): 세 가지 풍습. 앞에서 나온 "무풍(巫風)"·"음풍(淫風)"·"난풍(亂風)"을 말함. ○十愆(십건): 열 가지 허물. 앞에서 나온 "수시로 노래를 부름"·"수시로 춤을 춤"·"재물을 좋아함"·"여색을 탐함"·"오락을 좋아함"·"사냥을 좋아함"·"성인의 말을 업신여김"·"충직한 권고를 듣지 않음"·"덕이 있는 사람을 멀리함"·"어리석고 유치한 사람을 가까이 함"을 말함. ○匡(광): 바로잡다. 신하가 군주의 잘못을 바로 잡는 것을 말함. ○墨(묵): 묵형. 죄인의 얼굴에 글자를 새긴 후 먹칠을 하는 형벌. ○具(구): 모두. ○蒙士(몽사): 어리석은 사람, 우둔한 사람.

5

아아, 제위를 이으신 폐하! 자신을 경계하는 일을 잊지 마십시오. 성인의 생각은 아름답고 선하며, 좋은 말씀도 이치가 너무나 분명합니다.

하늘이 상을 내리고 벌을 주는데 일정한 법도가 있는 것은 아닙니다. 좋은 일을 하면 많은 복을 내리고, 나쁜 일을 하면 많은 재앙을 내립니다. 폐하께서는 덕을 행함이 작다고 두려워하지 마십시오, 온 나라가 경축할 것입니다. 덕을 행함에 부덕함이 크지 않다고 여기지 마십시오, 나라를 멸망시킬 수 있습니다."

嗚呼! 嗣王祗厥身, 念哉! 聖謨洋洋, 嘉言孔彰. 惟上帝不常, 作善降之百祥, 作不善降之百殃. 爾惟德罔小, 萬邦惟慶; 爾惟不德罔大, 墜厥宗."

○성모(聖謨): 성인의 가르침이나 생각. ○洋洋(양양): 아름답고 선함. ○嘉言(가언): 훌륭한 말씀. ○孔(공): 매우. ○彰(창): 분명하다. ○殃(앙): 재앙. ○德罔小(덕망소): 덕을 행하는 것이 적다고 여김. ○不德罔大(부덕망대): 부덕을 행하는 것이 크지 않다고 여김. ○宗(종): 종묘. 이곳에서는 나라의 의미.

제14편 태갑상太甲上: 동궁으로 쫓겨난 태갑

해제

〈태갑〉3편 역시 이윤이 태갑을 지도하는 내용이다.
태갑은 즉위한 지 3년 후 잔혹 무도해져 선조 성탕이 만든 법전을 따르지 않고 자신의 뜻대로 모든 것을 처리했다. 이에 이윤은 그를 동궁桐宮으로 몰아내 중임中壬을 대신해 선왕의 무덤을 지키게 했다. 이윤은 태갑을 대신해 국정을 처리하고 제후의 알현을 받았다. 태갑은 동궁에서 3년 동안 무덤을 지키면서 자신의 과오를 뉘우쳤다. 이에 이윤은 태갑을 수도로 불러 제위를 물려주었다. 이로부터 태갑은 수양에 힘썼고, 제후들은 상은殷商으로 귀순했으며 백성들은 평안한 생활을 영위했다. 이윤은 태갑을 칭찬하고자 〈태갑〉3편을 지었다.
태갑이 제위에 오른 것에서 동궁으로 쫓겨나기 까지 그리고 동궁에서 다시 수도로 돌아오기까지 이윤은 늘 태갑에게 충고하는 말을 올렸다. 사관들은 이 충고하는 말을 기록할 때 동궁으로 쫓겨나는 부분을 상편으로 삼고, 동궁에서 박으로 돌아오는 부분을 중·하편으로 나누었는데, 사실 3편이 하나의 완전한 글이다.
〈태갑〉3편은 금문에는 없고, 고문에는 있다.

1

태갑은 제위에 오른 후, 국정을 제대로 돌보지 않았다. 이윤은 그를 탕 임금의 묘지가 있는 동궁桐宮으로 쫓아냈다. 3년 후 태갑은 다시 수도인 박 땅으로 돌아왔다. 그는 지난날의 잘못을 뉘우치고 일상적인 도리를 실천하였다. 이에 이윤은 《태갑》3편을 지었다.

太甲旣立, 不明, 伊尹放諸桐. 三年復歸于亳, 思庸, 伊尹作《太甲》三篇.

○不明(불명): 정사를 제대로 돌보지 않음. ○放(방): 쫓아내다. ○桐(동): 동궁(桐宮). 탕임금의 묘지가 있는 곳. 지금의 하남성 언사현(偃師縣). ○庸(용): 일상적인 도리.

2

제위를 이은 임금은 아형(상나라의 관직명) 이윤의 말을 듣지 않았다. 이에 이윤이 글을 지어 말했다. "선왕이신 성탕대왕께서는 하늘의 분명한 명을 중시하시고, 천지신령들을 정중하게 받들었습니다. 종묘사직에 대해서도 경건하고 엄숙하셨습니다. 하늘이 그의 덕을 보시고, 그에게 천하의 백성들을 잘 어루만지라는 큰 사명을 내렸습니다. 저 이윤은 몸소 성탕대왕을 보필하여 백성들이 편안하게 생업에 종사할 수 있도록 했습니다. 이렇게 했기 때문에 제위를 이으신 임금께서는 그 유업을 크게 계승하게 된 것입니다. 저 이윤이 이전에 서쪽에 도읍했던 하나라의 군주를 보니, 시종일관 충성과 신의로 신하들을 대했습니다. 신하들도 시종일관 충성과 신의로 군주를 보필했습니다. 그의 뒤를 이은 걸은 시종일관 충성과 신의로 신하를 대하지 않았습니다. 그러자 그의 신하들도 충성과 신의로 군주를 끝까지 보필하지 않았습니다. 제위를 이으신 임금께서는 하나라의 걸을 경계로 삼으십시오! 군주로서의 도리를 정중하게 행하십시오. 군주가 군주답지 못하면, 선조들을 욕되게 하는 것입니다."

이윤이 태갑에게 올릴 글을 쓰는 그림
(伊尹作書圖)

惟嗣王不惠于阿衡, 伊尹作書曰: "先王顧諟天之明命, 以承上下神祇. 社稷宗廟, 罔不祗肅. 天監厥德, 用集大命, 撫綏萬方. 惟尹躬克左右厥辟宅師, 肆嗣王丕承基緖. 惟尹躬先見于西邑夏, 自周有終, 相亦惟終; 其後嗣王, 罔克有終, 相亦罔終, 嗣王戒哉! 祗爾厥辟, 辟不辟, 忝厥祖."

○惠(혜): 따르다. ○阿衡(아형): 상나라 때의 관직이름. 이곳에서는 이윤을 말함. ○顧(고): 중시하다. ○諟(시): 이. "시(是)"와 통함. ○上下神祇(상하신기): 천지신령. "기"는 지신(地神)을 말함. ○監(감): 보다. ○用(용): 때문에. "이(以)"와 통함. ○集(집): 내려주다. ○躬(궁): 몸소. ○左右(좌우): 돕다, 보필하다. ○辟(벽): 군주. ○宅(택): 편안히 살게 하다. ○師(사): 백성. ○基緖(기서): 기업(基業). ○西邑夏(서읍하): 서쪽에 수도를 둔 하나라. 하나라의 수도 안읍(安邑)은 박(亳) 땅의 서쪽에 있었음. ○周(주): 충성과 신의. 《상서공씨전》은 "'주'는 '충성과 신의'의 의미이다(周, 忠信也)."라고 했다. ○相(상): 돕다, 보좌하다. 이곳에서는 신하를 말함. ○後嗣王(후사왕): 뒤에 제위에 오른 하나라 임금. ○辟不辟(벽불벽): 임금이 임금 노릇을 제대로 하지 못하는 것. ○忝(첨): 욕되게 하다.

3

태갑은 여전히 이윤의 가르침을 잘 새겨듣고 생각하지 않았다. 이에 이윤이 말했다. "선왕께서는 날이 밝기 전에 앉아 어떻게 덕을 행할 것인지를 생각하며 아침이 오기를 기다렸습니다. 재능 있는 이를 널리 구해, 후인들을 인도하려 했습니다. 선왕 폐하께서 남기신 사명을 어겨 자멸하지 않도록 하십시오. 폐하께서는 근검절약하는 미덕을 행하시고, 장기적으로 계획을 도모하십시오. 산과 연못을 감독하는 관리가 쇠뇌의 시위를 당겨놓고 화살의 오늬가 적합한 곳에 장착되었는지를 보고 쏘는 것과 같은 이치입니다. 폐하의 행동거지를 진중하게 하시고, 선왕들께서 행하신대로 하십시오. 이렇게 하신다면 저는 기뻐할 것이며, 폐하께서는 만세토록 칭송을 받을 것입니다."

王惟庸罔念聞. 伊尹乃言曰: "先王昧爽丕顯, 坐以待旦. 旁求俊彦, 啓迪後人, 無越厥命以自覆. 愼乃儉德, 惟懷永圖. 若虞機張, 往省括于度則釋. 欽厥止, 率乃祖攸行, 惟朕以懌, 萬歲有辭."

○庸(용): 평소, 평시. "상(常)"과 통함. ○念聞(염문): 듣고 생각하다. ○昧爽(매상): 동이 틀 무렵. "매"는 어둡다. "상"은 날이 밝다. ○丕顯(비현): 크게 밝히다. 이곳에서는 덕을 어떻게 크게 밝힐 지를 생각함을 의미함. ○旁求(방구): 널리 구함. ○俊彦(준언): 재주가 출중한 사람. "언"은 선비. ○啓迪(계적): 인도하다. ○越(월): 어긋나다. ○乃(내): 너, 그대. ○懷(회): 생각하다. ○永圖(영도): 장기적인 계획. ○若(약): ~와 같다. ○虞(우): 산이나 연못을 다스리는 관리. ○機(기): 쇠뇌의 시위. ○張(장): 당기다. ○括(괄): 오늬(화살의 끝을 시위에 끼도록 두 갈래지게 에어낸 부분). ○度(도): 적당하다, 알맞다. ○釋(석): 발사하다. ○止(지): 행동거지. ○懌(역): 기뻐하다. ○辭(사): 칭송하는 말.

태갑이 동궁에서 선왕의 가르침을 생각하는 그림
(桐宮思訓圖)

4

태갑은 그래도 태도를 고치지 않았다. 이윤이 말했다. "태갑은 군주로서 하지 말아야 할 일을 하고 있습니다. 그의 행위는 습관이 되고 성격이 되었습니다. 저는 의리를 따르지 않는 사람을 가까이 두고 모실 수 없습니다. 그에게 탕 임금의 묘지가 있는 동 땅에 행궁行宮을 짓도록 할 것입니다. 가까이서 선왕의 가르침을 본받아, 평생토록 미혹되지 않게 할 것입니다. 폐하께서는 탕 임금의 묘지가 있는 동 땅의 행궁에 가셔서 복상하십시오, 큰 덕을 이루실 것입니다."

王未克變. 伊尹曰: "玆乃不義, 習與性成. 予弗狎于弗順, 營于桐宮, 密邇先王其訓, 無俾世迷. 王徂桐宮居憂, 克終允德."

○克(극): 할 수 있다. ○習與性成(습여성성): 습관이 되어 성격이 됨. ○狎(압): 가까이하다. ○營于桐宮(영우동궁): 동(桐) 땅에 궁전을 짓다. "동"은 탕임금의 묘지가 있는 곳. ○密邇(밀이): 가까이하다. ○世(세): 평생. ○居憂(거우): 복상하다. ○允德(윤덕): 참된 마음.

제15편 태갑중太甲中: 태갑의 반성

1

태갑 3년 12월 초하루, 이윤은 면류관과 예복을 가지고 태갑을 맞이하여 수도인 박 땅으로 돌아왔다. 이윤이 글을 지어 올렸다. "백성에게 군주가 없다면, 서로 도와 살아갈 수 없습니다. 군주에게 백성이 없다면, 사방을 다스릴 수 없습니다. 위대하신 하늘께서 우리 상나라를 보우하시어, 마침내 폐하로 하여금 덕을 이루게 하셨습니다. 이는 실로 만세에 더 없는 기쁨입니다."

惟三祀十有二月朔, 伊尹以冕服奉嗣王歸于亳, 作書曰: "民非后, 罔克胥匡以生; 后非民, 罔以辟四方. 皇天眷佑有商, 俾嗣王克終厥德, 實萬世無疆之休."

○朔(삭): 음력으로 매월의 초하루. ○冕服(면복): 면류관과 예복. ○非(비): 없다. "무(無)"와 통함. ○匡(광): 돕다. ○辟(벽): 다스리다. ○眷佑(권우): 보우하다. ○無疆(무강): 끝이 없다, 한없다. ○休(휴): 경사, 기쁨.

2

왕이 무릎을 꿇고 머리를 숙이며 말했다. "이 보잘 것 없는 사람이 덕에 밝지 못해, 불충한 짓을 했습니다. 욕심으로 법도를 어지럽히고, 방종으로 예법을 무시하여, 죄를 지은 몸이 되었습니다. 하늘이 내린 재앙은 피할 수 있다지만 스스로 초래한 재앙은 피할 수 없습니다. 지난날 사보(이윤의 관직명)의 가르침을 저버리고, 제위를 오른 날부터 덕을 행하지 못했습니다. 지금 바로잡아주시고 구해주신 은덕에 힘입어, 좋은 결과를 얻도록 끝까지 노력하겠나이다."

王拜手稽首, 曰: "予小子不明于德, 自底不類. 欲敗度, 縱敗禮, 以速戾于厥躬. 天作孼, 猶可違; 自作孼, 不可逭. 旣往背師保之訓, 弗克于厥初, 尙賴匡救之德, 圖惟厥終."

> ○底(저): 이르다. ○類(류): 좋다, 선하다. ○速(속): 초래하다. ○戾(려): 죄. ○孼(얼): 재앙. ○違(위): 피하다. ○逭(환): 도망가다. ○師保(사보): 관직이름. 왕실의 자제를 가르치는 관리. 이곳에서는 이윤을 말함. ○厥初(궐초): 제위에 올랐을 때를 말함. ○賴(뢰): 힘입다. ○匡救(광구): 바로잡고 구해주다. ○圖(도): 꾀하다. 힘쓰다. ○終(종): 좋은 결말.

3

이윤이 무릎을 꿇고 머리를 숙이며 말했다. "몸을 닦는데 힘쓰고, 참된 마음으로 신민들과 화합하는 것이 영민한 군주입니다. 선왕께서는 가난한 백성들을 자식처럼 아끼셨습니다. 백성들도 그의 명령에 복종하며, 기뻐하지 않는 이가 없었습니다. 심지어 이웃나라의 백성들까지도 '우리 임금님을 기다리자, 탕 임금님이 오시면 더 이상 고통은 없네.'라고 말했습니다. 폐하께서는 열심히 덕을 닦으시고, 선조들을 본받으시며, 안락과 게으름을 멀리 하십시오. 효성스런 마음으로 선왕의 가르침을 따르시고, 공경스런 마음으로 신민들을 대하십시오. 멀리 볼 수 있어야 눈이 밝은 것이며, 덕을 들어야 귀가 밝은 것입니다. 이렇게 하셔야 저는 폐하의 훌륭함을 받드는데 싫증나지 않을 것이옵니다."

가난한 백성들을 자식처럼 아끼는 그림
(子惠困窮圖)

효성스런 마음으로 선왕의 가르침을 따르는 그림
(奉先思孝圖)

伊尹拜手稽首, 曰: "修厥身, 允德協于下, 惟明后. 先王子惠困窮, 民服厥命, 罔有不悅. 幷其有邦厥隣, 乃曰: '徯我后, 后來無罰.' 王懋乃德, 視乃厥祖, 無時豫怠. 奉先思孝, 接下思恭. 視遠惟明; 聽德惟聰. 朕承王之休無斁."

○允德(윤덕): 참된 마음. ○下(하): 신민들. ○子惠(자혜): 자식처럼 아끼다. ○困窮(곤궁): 가난한 백성들. ○服(복): 복종하다. ○幷(병): 아울러, 심지어. ○有邦厥鄰(유방궐린): 이웃나라의 백성들. ○豫怠(예태): 안락함을 추구하고 게을러짐. ○奉先(봉선): 선조들을 받드는 것. ○接下(접하): 신민들을 대하다. ○休(휴): 훌륭함, 뛰어남. ○斁(역): 싫증나다, 싫어하다.

제16편 태갑하太甲下: 태갑의 맹세

1

이윤이 또 한 번 임금에게 글을 올렸다. "아, 폐하! 하늘은 가까이 하는 사람이 없습니다. 하늘은 공경할 줄 아는 사람을 가까이 합니다. 백성들은 어느 누구를 영원히 따르지 않습니다. 그들은 덕을 행하는 어진 군주를 따릅니다. 귀신도 변하지 않는 사람에게는 복을 내려주지 않습니다. 그들은 정성을 다하는 사람에게 복을 내려줍니다. 하늘이 내려준 자리는 그만큼 지키기 어렵습니다!

伊尹申誥于王曰: "嗚呼! 惟天無親, 克敬惟親. 民罔常懷, 懷于有仁. 鬼神無常享, 享于克誠. 天位艱哉!

백성들이 어진 이를 따르는 그림 (民懷有仁圖)

○申(신): 거듭. ○親(친): 가까이하다. ○常(상): 일정한 사람, 변하지 않는 사람. ○享(향): 제사를 받아 복을 내림. ○天位(천위): 하늘이 내려준 천자의 자리.

2

덕을 행해야 천하가 잘 다스려지고, 덕을 행하지 않으면 천하는 혼란해집니다. 세상을 다스리는 것과 같은 방법을 취한다면, 반드시 흥할 것입니다. 세상을 어지럽히는 것과 같은 방법을 취한다면, 반드시 멸망할 것입니다. 사람을 대함에 처음부터 끝까지 공경하는 것이 영민한 군주입니다.

德惟治. 否德亂. 與治同道, 罔不興; 與亂同事, 罔不亡. 終始愼厥與, 惟明明后.

> ○否德(부덕): 덕을 행하지 않음. ○愼厥與(신궐여): 사람을 대함에 신중한 것. "여"는 다루다. ○明明(명명): 밝고 밝음. 아주 영민하다는 의미.

3

선왕이신 성탕께서는 이렇게 열심히 덕을 닦아, 하늘의 뜻에 부합될 수 있었습니다. 지금 폐하에게는 선왕께서 남기신 훌륭한 전통이 있으니, 늘 이에 따라 일을 추진하십시오. 높이 오르려면, 반드시 아래에서 시작하십시오. 먼 곳에 가시려면, 반드시 가까운 곳에서 시작하십시오. 백성들이 하는 일을 가벼이 여기지 마시며, 그 어려움을 생각하십시오. 천자의 자리가 편안하다고 여기지 마시며, 그 위태로움을 생각하십시오. 시종일관 신중하셔야 합니다. 어느 누구의 말이 폐하의 생각과 다르다면, 반드시 그의 말이 정도에 맞는 지를 따져보십시오. 어느 누구의 말이 폐하의 생각과 같다면, 반드시 그의 말이 정도에 어긋나는 것이 있는지를 따져보십시오.

先王惟時懋敬厥德, 克配上帝. 今王嗣有令緖, 尙監玆哉. 若升高, 必自下, 若陟遐, 必自邇. 無輕民事, 惟艱; 無安厥位, 惟危. 愼終于始. 有言逆于汝心, 必求諸道; 有言遜于汝志, 必求諸非道.

> ○時(시): 이렇게. ○配(배): 부합되다. ○令緖(영서): 훌륭한 전통. "영"은 훌륭하다. ○監(감): 본보기로 삼다, 거울로 삼다. ○陟(척): 오르다. 이곳에서는 먼 길을 가는 의미. ○遐(하): 멀다. ○邇(이): 가깝다. ○惟艱(유간): 어려움을 생각하다. "유"는 생각하다. ○于(우): ~와. ○諸(제): ~에서. "지우(之于)"의

합음. ○遜(손): 따르다. ○求諸非道(구제비도): 정도에 어긋나는 것이 있는지를 살핌.

4

아, 폐하! 생각하지 않는다면 어찌 목표한 바를 얻을 수 있겠습니까? 하지 않는다면 어찌 목표한 바를 이룰 수 있겠습니까? 천자 한 사람이 잘 한다면, 세상은 올바르게 될 것입니다. 군주는 근거 없는 말로 옛날의 훌륭한 정치를 어지럽혀서는 안 될 것입니다. 신하는 총애와 봉록으로 이룬 공로에 안주해서는 안 될 것입니다. 모두가 이렇게 한다면 나라는 영원히 훌륭하게 지켜질 것입니다."

嗚呼! 弗慮胡獲? 弗爲胡成? 一人元良, 萬邦以貞. 君罔以辯言亂舊政, 臣罔以寵利居成功, 邦其永孚于休."

○胡(호): 어찌. ○一人(일인): 천자 한 사람. ○元(원): 크다. ○良(량): 잘하다. ○貞(정): 바르다. ○辯言(변언): 교묘한 말, 궤변. ○寵利(총리): 총애와 봉록. ○孚(부): 지켜지다, 보존되다. ○休(휴): 훌륭하다.

제17편 함유일덕咸有一德: 순수한 덕을 닦음

해제

본편 역시 이윤이 태갑을 지도하는 내용이다.
이윤은 태갑을 동궁에서 박 땅으로 돌아오게 하여 권력을 넘겨주고 자신은 봉지로 돌아가 말년을 보내려고 했다. 그러나 그는 한편으로 태갑의 덕이 순수하지 않을 것을 걱정하여 〈함유일덕咸有一德〉을 지어 태갑을 일깨워주었다.
본편은 덕은 순수해야 한다고 강조하고 있다. 하나라 걸은 덕이 없어서 천하를 잃었고, 성탕과 이윤은 덕이 순수했기 때문에 천하를 얻을 수 있었다. 이윤은 태갑에게 나날이 덕을 닦을 것이며, 어진 인재를 기용하고, 충직한 신하를 고르며, 겸허하게 사람들을 대할 것을 말하고 있다.
본편에서 이윤이 태갑을 훈계하는 것은 "지금 폐하께서는 이제 막 명을 받고 제위를 이으셨으니今嗣王新服厥命"로 증명할 수 있다. 《사기·은본기》는 본편이 성탕이 박으로 돌아왔을 때 지어졌다고 판단했는데, 경문과 차이가 난다. 이에 대해 사마정司馬貞은 《사기색은史記索隱》에서 "《상서》의 이윤이 지은 〈함유일덕〉은 태갑 때에 있었다. 사마천이 이곳에 기록하며, 성탕 때라고 말하고 있는데, 그의 말은 순서가 틀린 것이다.《尙書》伊尹作《咸有一德》在太甲時, 太史公記之于斯, 謂成湯之日, 其言又失次序."라고 지적했다.
금문에는 없고, 고문에는 있다.

1

이윤이 《함유일덕》을 지었다.

伊尹作《咸有一德》.

2

이윤은 임금인 태갑에게 권력을 넘겨주고, 자신의 봉지로 돌아갈 수 있게 해달라고 주청하려했다. 이에 덕으로 태갑을 일깨워주었다.

伊尹旣復政厥辟, 將告歸, 乃陳戒于德.

○復(복): 돌려주다. ○告歸(고귀): 자신의 봉지로 돌아가게 해달라고 요청함. ○陳戒于德(진계우덕):덕을 말해 임금을 일깨워줌.

이윤이 임금에게 제위를 돌려주고 고향으로 돌아가려는 그림(復政告歸圖)

3

이윤이 말했다. "아, 폐하! 하늘이 믿기 어려운 것은 천명이 일정하지 않기 때문입니다. 덕을 꾸준히 닦으시면, 천자의 자리를 지킬 수 있습니다. 꾸준히 덕을 닦지 않으면, 나라는 멸망할 것입니다. 하나라의 걸은 덕을 꾸준히 닦지 않았으며, 신령들을 무시하고 백성들을 학대했습니다. 하늘은 그를 더 이상 지켜주지 않았습니다. 하늘은 사방을 둘러보며, 천명을 받을 수 있으면서 순수한 덕을 간절하게 구하는 사람을 인도하여, 천지만물의 주인으로 삼았습니다. 저 이윤과 탕 임금이 가지고 있었던 순수한 덕만이 하늘의 뜻에 부합되어, 하늘의 큰 명을 받을 수 있었습니다. 그래서 천하의 백성들을 다스리게 되었고, 하나라의 역법을 바꾸게 된 것입니다.

曰: "嗚呼! 天難諶, 命靡常. 常厥德, 保厥位. 厥德匪常, 九有以亡. 夏王弗克庸德, 慢神虐民. 皇天弗保, 監于萬方, 啓迪有命, 眷求一德, 俾作神主. 惟尹躬暨湯, 咸有一德, 克享天心, 受天明命, 以有九有之師, 爰革夏正.

○諶(심): 믿다. ○靡(미): 아니다. ○匪(비): 아니다. "비(非)"와 통함. ○九有(구유): 구주(九州). 나라의 의미. ○庸(용): 꾸준히 닦다. "상(常)"과 통함. ○監(감): 둘러보다. ○啓迪(계적): 인도하다. ○有命(유명): 천명을 받을 수 있는 사람. ○眷求(권구): 간절하게 구함. ○一德(일덕): 순수한 덕. ○神主(신주): 신들의 주인. 이곳에서는 백성들의 주인의 의미. ○尹躬(윤궁): 이윤 자신. "윤"은 이윤을 말함. ○暨(기): ~와. ○享(향): 부합되다, 들어맞다. ○師(사): 백성. ○爰(원): 이에. ○革(혁): 바꾸다. ○夏正(하정): 하나라의 역법. "정"은 1년의 첫째 날. 고대에는 나라가 바뀌면 1년의 첫째 날을 새로이 정했음.

4

하늘이 우리 상나라를 편애한 것이 아닙니다, 하늘이 순수한 덕을 가지고 있던 이를 도운 것뿐입니다. 우리 상나라가 백성들에게 복종하라고 요구한 것도 아닙니다. 백성들이 순수한 덕을 갖춘 이를 따른 것뿐입니다. 덕만 순수하다면, 움직임에 길하지 않음이 없습니다. 덕이 일정하지 않으면, 움직임에 흉하지 않음이 없습니다. 길흉은 착오가 없고 사람하기에 달려있습니다. 하늘이 내리는 재앙과 복은 사람의 덕에 달려있습니다.

백성들이 순수한 덕을 가진 이를 따르는 그림
(民歸一德圖)

非天私我有商, 惟天佑于一德; 非商求于下民, 惟民歸于一德. 德惟一, 動罔不吉; 德二三, 動罔不凶. 惟吉凶不僭在人, 惟天降災祥在德.

○私(사): 편애하다. ○求(구): 복종하라고 요구함. ○二三(이삼): 변화가 많고 일정하지 않음. ○僭(참): 착오.

5

지금 폐하께서는 이제 막 명을 받고 제위를 이으셨으니, 덕을 새롭게 닦으셔야 합니다. 시종일관 한결 같은 마음을 가지시면, 덕은 나날이 새로워 질 것입니다. 어질고 재능 있는 이를 임용하시고, 이런 사람들로 폐하를 보좌하게 하십시오. 신하는 군주가 덕의 정치를 펼 수 있도록 보좌하며, 백성들의 바램을 따르고 백성들을 인도해야 합니다. 이것은 아주 어려운 일이니 신중하셔야 합니다. 마음을 모으고 시종일관 같은 마음을 가지셔야 합니다. 덕은 일정한 기준이 없으며, 선이 최고의 기준입니다. 선은 일정한 기준이 없습니다. 순수함에 부합되는 것이 최고의 기준입니다. 모든 백성들이 '훌륭하다, 임금님의 말씀이시여!'라고 말하게 하십시오. 또 '순수하다, 임금님의 마음이여!'라고 말하게 하십시오. 이렇게 하시면 하늘이 선왕께 내린 복을 지킬 수 있을 뿐만 아니라 백성들의 삶을 영원히 편안하게 할 수 있을 것입니다.

今嗣王新服厥命, 惟新厥德. 終始惟一, 時乃日新. 任官惟賢材, 左右惟其人. 臣爲上爲德, 爲下爲民. 其難其愼, 惟和惟一. 德無常師, 主善爲師. 善無常主, 協于克一. 俾萬姓咸曰: '大哉! 王言.' 又曰: '一哉! 王心.' 克綏先王之祿, 永底烝民之生.

○服(복): 맡다. ○一(일): 한결 같다. ○時(시): 이렇게 하다. ○賢材(현재): 어질고 재능 있는 사람. ○爲上爲德(위상위덕): 임금이 덕을 행하도록 보좌함. ○爲下爲民(위하위민): 백성들의 바람을 따르고 인도하는 것. 《상서공씨전》에는 "아래 백성들을 따르고 인도한다(順下訓民)."로 되어 있음. ○常師(상사): 일정한 기준이나 표준. ○烝(증): 아름답다, 훌륭하다.

6

아, 폐하! 7대의 조상들을 모신 사당을 보면, 덕이 행해지를 알 수 있습니다. 만백성의 어버이이신 천자를 보면 정치가 잘되고 있는지를 알

수 있습니다. 군주는 백성이 아니면 부릴 사람이 없고, 백성은 군주가 아니면 섬길 사람이 없습니다. 자신은 고귀하고 다른 사람은 하찮다고 여기지 마십시오. 백성들이 힘을 다하지 않는다면, 군주가 공을 이룰 수 있도록 도와줄 사람은 없습니다."

嗚呼! 七世之廟, 可以觀德. 萬夫之長, 可以觀政. 后非民罔使, 民非后罔事. 無自廣以狹人, 匹夫匹婦, 不獲自盡, 民主罔與成厥功."

○七世之廟(칠세지묘): 7대의 조상을 모신 사당. ○萬夫之長(만부지장): 백성들의 우두머리. 천자를 말함. ○使(사): 부리다. ○事(사): 섬기다. ○自廣(자광): 자신의 덕이나 재능이 다른 사람보다 뛰어나다고 여기는 것. ○狹(협): 무시하다. ○自盡(자진): 최선을 다하다. ○與(여): 함께~할 사람.

제18편 반경상盤庚上: 천도의 당위성

해제

반경(대략 기원전 1401년~기원전 1374년 재위)은 성탕의 제10대손이자 조정祖丁의 아들이다. 그는 형 양갑陽甲의 제위를 이어 상의 제20대 군주가 되었다. 그는 수재를 피하고 은상의 부흥을 위해 신민들을 이끌고 국도를 은으로 옮기려고 했다. 그러나 각 계층의 반대에 부딪쳤다. 반경은 여러 차례 신민들에게 천도할 때의 장점과 천도하지 않을 때의 단점을 강력하게 설명했다. 사관들이 반경의 말을 기록해 〈반경〉으로 삼았다. 《사기·은본기》에는 "반경 임금이 붕어하자, 동생 소신이 제위에 올랐는데, 이가 소신 임금이다. 소신 임금이 즉위하자 은나라는 다시 쇠퇴했다. 백성들이 반경을 그리워하여 〈반경〉3편을 지었다.帝盤庚崩, 弟小辛立, 是爲帝小辛. 帝小辛立, 殷復衰. 百姓思盤庚, 乃作〈盤庚〉三篇."라고 했다. 이에 근거하면, 《반경》은 일이 일어난 후의 기록이 된다.

복생伏生의 《상서대전尙書大傳》에는 〈반경〉이 한 편으로 되어 있고, 《사기》와 《십삼경주소》에는 세 편으로 되어있다. 상편에 "반경이 은으로 천도했다.盤庚遷于殷."라고 한 것으로 보아, 천도 후의 일을 기록하고 있다. 중편은 "지금 짐은 그대들을 이끌고 천도할 것이다.今予將試以汝遷."라고 한 것으로 보아, 천도하기 전의 일을 기록하고 있다. 하편은 "반경이 이미 천도했다.盤庚旣遷."라고 한 것으로 보아, 천도 후의 일을 기록하고 있다. 청나라의 학자 유월兪樾은 이를 근거로 중·하편이 상·중편이 되고, 상편이 하편이 되어야 한다고 여겼다. 사실 이 세 편은 모두가 반경 사후에 후인들이 기록한 글들이다. 후인들은 일의 발생순서가 아닌 도치의 방법으로 기술했다.

반경이 천도한 은은 과연 어디를 말하는 것일까? 《상서정의》는 《급총서汲冢書》를 인용하여 "반경은 엄에서 은으로 천도했다. 은은 업 남쪽 30리에 있다.盤庚自奄遷于殷. 殷在鄴南三十里."라고 했다. 또 《한서漢書·항우전項羽傳》을 인용하여 "원수 남쪽의 은허 일대로, 지금 안양 서쪽에 은이 있다.洹水南殷墟上, 今安陽西有殷."라고 했다. 그렇다면, 반경이 은으로 천도한 것은 엄에서 안양으로 옮긴 것이 된다. 《사기·은본기》에는 "반경 임금 때, 은나라는 이미 도읍을 하북에 두었다. 반경이 하남을 건너, 다시 옛날 성탕이 있던 곳으로 돌아와 거주했다. 다섯 번이나 천도를 했으니, 정해진 곳이 없었다.帝盤庚之時, 殷已都河北, 盤庚渡河南, 復居成湯之故居, 乃五遷, 無定處."라고 했다. 두 설이 다르므로 이곳에서는 지금 《죽서기년竹書紀年》(즉 《급총서》)의 설을 따른다.

〈반경〉 역시 고체誥體이며, 상편과 하편은 군신들에게 일리는 내용이고, 중편은 백성들에게 알리는 내용이다. 본편은 아주 중요한 은상대의 문헌자료로, 《상서》에서 아주 중요한 사료적 가치를 가지고 있다.

1

반경이 다섯 번째 천도를 단행해 은 땅에 정착하려고 했다. 그러자 사람들이 반경을 원망했다. 후인들이 《반경》 3편을 지었다.

盤庚五遷, 將治亳殷, 民咨胥怨. 作《盤庚》三篇.

○盤庚(반경): 성탕의 제10대손이자 조정(祖丁)의 아들. 형인 양갑(陽甲)의 뒤를 이어 상나라 제20대 군주가 됨. ○五遷(오천): 다섯 번 천도를 함. 상나라는 중정(仲丁) 때 박(亳)에서 효(囂)로, 하단갑(河亶甲) 때 효에서 상(相)으로, 조을(祖乙) 때 상에서 비(庇)로, 남경(南庚) 때 비에서 엄(奄)으로, 반경(盤庚) 때 엄에서 북몽(北蒙)으로 옮겼다. ○亳殷(박은): 은(殷) 땅을 말함. 지금의 하남성 안양현(安陽縣). 《상서정의》는 "공자의 옛 집 벽에서 나온 《상서》에는 '장시택은'으로 되어있다(孔子壁中《尙書》云: '將始宅殷')"라고 했다. ○咨(자): 탄식하다. ○胥(서): 서로.

2

반경이 은으로 천도했다. 백성들은 이곳에 정착하길 싫어했다. 그래서 반경은 가까운 대신들을 불러 의견을 말해줄 것을 호소했다. 반경이 말했다. "짐이 그대들을 데리고 이곳으로 천도한 것은, 신민들을 중히 여겨 더 이상 수해를 입지 않도록 하기 위함이오. 우리가 서로 도와 살아가지 않고, 점이나 쳐서 묻는다면 어찌 되겠소? 선왕께서는 일이 생기시면, 정중하게 하늘의 명을 받드셨소. 그래서 그들은 한 곳에 오랫동안 살지 않았소. 한 곳에 오랫동안 살지 못했기 때문에 지금까지 다섯 차례나 천도를 했던 것이오! 지금 정중하게 천명을 받드셨던 선왕 폐하의 유지를 따르지 않는다면, 이는 하늘이 내린 결정을 모르는 것이오. 그래 놓고 어찌 선왕의 사업을 계승한다고 말할 수 있겠소? 넘어진 나무의 그루터기에서 새움이 돋아나듯, 하늘은 우리가 이 새로운 도읍에서 영원히 살아나가, 선왕의 대업을 계속 잇고, 천하를 평화롭게 만들어 주실 것이오."

반경이 은 땅으로 천도하는 그림(盤庚遷殷圖)

盤庚遷于殷. 民不適有居, 率籲衆慼出矢言. 曰: "我王來, 旣爰宅于玆, 重我民, 無盡劉. 不能胥匡以生, 卜稽, 曰其如台? 先王有服, 恪謹天命. 玆猶不常寧. 不常厥邑, 于今五邦! 今不承于古, 罔知天之斷命, 矧曰其克從先王之烈? 若顚木之有由蘖, 天其永我命于玆新邑, 紹復先王之大業, 底綏四方."

○適(적): 기쁘다. 《상서금고문주소》는 "'적'은 《일절경음의》에서 《삼창》을 인용하여 '기쁘다(悅)'는 의미라고 했으니, 이 문장은 백성들이 새로운 도읍지에 사는 것을 기뻐하지 않았음을 의미한다(適者, 《一切經音義》引《三蒼》云: '悅也.' 言民不悅新邑)."라고 했다. ○率(솔): 그래서, 때문에. ○籲(유): 호소하다. ○慼(척): 가까운 대신들. "친(親)"과 통함. ○矢(시): 진술하다. ○我王(아왕): 반경 자신을 말함. ○爰(원): 어기사. 의미가 없음. ○劉(류): 죽이다. 이곳에서는 수해로 인한 재난을 말함. ○其(기): 장차~할 것이다. "장(將)"과

통함. ○如台(여이): 어떠하다. "여하(如何)"와 통함. ○服(복): 일. ○恪(각): 공경하다. ○玆猶(자유): 그래서. ○古(고): 옛날 선왕의 유지. ○斷命(단명): 하늘이 내린 결정. ○烈(열): 사업, 공적. ○顚(전): 넘어지다. ○由(유): 고목에서 새싹이 돋아나는 것. ○蘖(얼): 그루터기에서 새싹이 돋아나는 것. ○紹(소): 계속하다. ○復(부): 부흥하다. ○底(저): 이르다. ○綏(수): 안정되다.

3

반경은 신민들이 천도를 원하지 않는 것은 대신들이 선동한 것이라고 여겼다. 그래서 반경은 선왕의 제도로 당시의 법도를 정비하고자 하였다. 대신들에게 말했다. "짐이 백성들에 한 말을 어느 누구도 숨겨서는 안 될 것이다!" 임금은 사람들에게 조정에 모이라고 명했다.

盤庚斅于民, 由乃在位, 以常舊服, 正法度. 曰: "無或敢伏小人之攸箴?" 王命衆, 悉至于庭.

○斅(효): 여기다, 생각하다. ○由(유): ~때문이다. ○在位(재위): 대신들. ○常(상): 지키다. ○無或(무혹): 누구도~하지 말라. ○伏(복): 숨기다. ○小人(소인): 백성들. ○箴(잠): 권고하다, 충고하다.

4

임금이 이렇게 말했다. "경들은 이리 오시오, 짐이 경들에게 일러주고 싶은 말이 있소. 경들은 사사로운 마음을 버려야 할 것이오. 또 거만해지지 말 것이며 안락을 추구하지 마시오. 옛날 우리 선왕께서는 경험 많은 관리를 임용해 그들과 국사를 처리했소. 선왕께서 명을 내리면, 그 관리들은 선왕의 뜻을 어기지 않았소. 그래서 선왕께서는 그들을 무척이나 공경했소. 이들 관리들은 잘못된 말을 하지 않았기 때문에 백성들에게 큰 변화가 일어났소. 지금 경들은 사람들의 호의를 거절하고 자신이 옳다고 여기며, 근거 없는 못된 말을 퍼뜨려 민심을 동요시키고 있소. 짐은 정말 경들이 무엇을 논쟁하는지 모르겠소.

王若曰: "格汝衆, 予告汝訓汝, 猷黜乃心, 無傲從康. 古我先王, 亦惟圖任舊人共政. 王播告之修, 不匿厥指, 王用丕欽. 罔有逸言, 民用丕變, 今汝聒聒, 起信險膚, 予弗知乃所訟.

○格(격): 오다. ○猷(유): 힘쓰다. ○黜(출): 버리다, 없애다. ○乃(내): 그대들. ○心(심): 사사로운 마음. ○傲(오): 거만하다. ○舊人(구인): 오래 동안 관직에 있는 사람. ○播告(파고): 명령을 내리다. "파"는 퍼뜨리다. ○修(수): 시행하다. ○匿(닉): 어기다, 숨기다. ○指(지): 임금의 뜻. ○逸言(일언): 잘못된 말, 그릇된 말. ○聒聒(괄괄): 사람의 호의를 거절하고 자신이 옳다고 여김. ○起信(기신): 만들어내고 부풀리는 것. "기"는 만들어내는 것. "신"은 말을 부풀리는 것. "신(伸)"과 통함. ○險膚(험부): 악의적이고 근거 없는 말. "험"은 사악하다, 악의적이다. "부"는 천박하거나 근거 없는 말. ○訟(송): 논쟁하다.

5

짐은 선왕의 법도를 따르기 때문에 덕을 잃지 않았소. 경들이 짐의 지시를 숨기고, 사람들에게 알려주지 않았을 뿐이오. 짐은 불을 보듯 경들의 행동을 환하게 보고 있소. 일을 추진하는 과정에서 생각이 짧았던 것은 짐의 잘못이오. 줄로 그물을 잘 엮어야 질서정연하고 어지러워지지 않는 법이오. 농부가 밭에서 열심히 경작해야 풍요로운 가을을 맞이할 수 있소. 경들이 사사로운 마음을 버리고, 가식 없이 백성들에게 덕을 베풀면, 친척과 친구들에 그 덕이 미칠 것이오. 그래야 경들은 덕을 쌓았다고 감히 큰 소리로 말할 수 있을 것이오. 만약 경들이 지금이나 장래에 일어날 큰 재해를 두려워하지 않고, 게으른 농부처럼 안락만을 추구하며 열심히 일하지 않고, 밭에서 경작하지 않는다면, 수확할 곡식이 없을 것이오.

非予自荒玆德, 惟汝含德, 不惕予一人. 予若觀火, 予亦拙謀作, 乃逸. 若網在綱, 有條而不紊; 若農服田, 力穡乃亦有秋. 汝克黜乃心, 施實德于民, 至于婚友, 丕乃敢大言汝有積德. 乃不畏戎毒于遠邇, 惰農自安, 不昬作勞, 不服田畝, 越其罔有黍稷.

○荒(황): 잃다, 망치다. ○含(함): 숨기다. ○德(덕): 명령. ○惕(척): 시행하다. "시(施)"와 통함. ○予一人(여일인): 백성들 개개인. ○逸(일): 잘못, 실수. ○綱(강): 줄, 벼리. ○紊(문): 어지럽다, 혼란하다. ○服(복): 일하다. ○穡(색): 경작하다. ○婚友(혼우): 친척과 친구. ○丕乃(비내): 그래서, 그래야. ○乃(내): 만약. ○戎毒(융독): 큰 재해. "융"은 크다. ○遠邇(원이): 지금과 먼 장래. ○昬(혼): 열심히 노력하다. ○越其(월기): 그러면, 그리하면. ○黍稷(서직): 메기장과 찰기장. 이곳에서는 곡식을 말함.

6

경들은 짐의 지시를 백성들에게 알리지 않아 화를 자초했소. 경들의 나쁜 행위들로 많은 사람들이 화를 입었소. 이렇게 하는 것은 자신을 망치는 길이 될 것이오. 경들이 백성들을 나쁜 길로 인도한 것이니, 고통도 경들이 감당해야 할 것이오. 그때 가서 후회한들 무슨 소용이 있겠소? 저 하찮은 백성들을 보시오, 저들은 짐이 충고한 말로 서로 다독이며, 혹여 입에서 좋지 않은 말이 나올까 주의하오. 더군다나 짐은 경들의 목숨을 결정할 수도 있소. 경들은 왜 짐에게 고하지 않고, 서로 근거 없는 말로 백성들을 선동하여, 놀라게 하고 미혹시키는 것이오? 들판에 큰 불이 났는데, 가까이 가지 않는다면 어떻게 불을 끌 수 있겠소? 이것은 경들이 일을 잘못해

들판에 큰 불이 나는 그림(若火燎原圖)

서 그런 것이지, 짐의 잘못이 아니오.

汝不和吉言于百姓, 惟汝自生毒, 乃敗禍姦宄, 以自災于厥身. 乃既先惡于民, 乃奉其恫, 汝悔身何及? 相時憸民, 猶胥顧于箴言, 其發有逸口, 矧予制乃短長之命? 汝曷弗告朕, 而胥動以浮言, 恐沈于衆? 若火之燎于原, 不可嚮邇, 其猶可撲滅? 則惟汝衆自作弗靖, 非予有咎.

○和(화): 선포하다. "선(宣)"과 통함. ○生毒(생독): 화를 불러오다. 화를 초래하다. ○敗(패): 드러나다. ○禍(화): 화를 입히다. ○姦宄(간귀): 나라 안팎에서 나쁜 일을 하는 것. ○先(선): 인도하다. ○奉(봉): 감당하다. ○恫(통): 상심, 고통. ○相(상): 보다. ○憸民(섬민): 하찮은 백성들. "험"은 작다. ○猶(유): 그래도. ○箴(잠): 충고하다, 타이르다. ○發有逸口(발유일구): 입에서 잘못된 말이 나오는 것. "일"은 잘못, 실수. ○制(제): 주관하다. ○動(동): 선동하다. ○恐沈(공침): 놀라게 하고 미혹시키는 것. "침"은 바르지 않는 말로 사람들을 미혹시키는 것. 《상서계몽》은 "침(抌)"과 통한다고 했음. 《설문해자》는 "말을 바르게 알리지 않는 것을 침(抌)이라고 한다(告言不正曰抌)."라고 했다. ○撲滅(박멸): 불을 두들겨 끔. ○靖(정): 잘하다. ○咎(구): 허물, 잘못.

7

옛날 사관으로 이름을 떨쳤던 지임은 '사람은 경험 많은 이를 기용하고, 기물은 옛 것이 아닌 새 것을 사용한다.'라고 말한 적이 있소. 옛날 우리 선왕께서는 경들의 조부·부친과 동고동락하며 지냈소. 짐이 어찌 경들에게 함부로 부당한 형벌을 가하겠소? 경들이 근면했던 선조들의 전통을 계승해나간다면, 짐은 경들의 덕을 결코 덮어두지 않을 것이오. 지금 짐은 선왕께 크게 제사를 지내고자 하오. 경들의 선조들도 함께 제사를 받을 것이오. 짐은 경들에게 복을 내릴 수 있고 재앙을 내릴 수도 있소. 그렇지만 짐은 부당한 상벌을 함부로 쓰지 않을 것이오.

遲任有言曰: '人惟求舊, 器非求舊, 惟新.' 古我先王暨乃祖乃父胥及逸勤, 予敢動用非罰? 世選爾勞, 予不掩爾善. 茲予大享于先王, 爾祖其從與享之. 作福作災, 予亦不敢動用非德.

> ○遲任(지임): 인명. 고대 유명한 사관(史官). ○舊(구): 경험이 많은 사람. ○暨(기): ~와. ○逸勤(일근): 즐기고 일하는 것. ○非罰(비벌): 도리에 맞지 않는 형벌. ○選(선): 계속하다. 청나라 학자 유월(兪樾)은 《군경평의(群經平議)》(권4)에서 "선"은 "찬(纂)"과 통한다고 했다. "찬"은 "계속하다"는 의미. ○享(향): 제사를 지내다. ○非德(비덕): 부당한 상벌.

8

짐이 어려운 일을 경들에게 알리겠소. 활을 쏘는데 과녁이 있어야 하듯 서로 떠날 수 없는 것이오. 경들은 나이가 많은 사람을 무시하지 말며, 갈 곳 없는 사람과 어린 아이들을 업신여기지 말아주시오. 경들은 각자 새로운 도읍에서 오래 거주하고, 열심히 힘을 보태주시오. 그리고 짐 한 사람의 결정만 따르시오. 가까운 사람이든 먼 사람이든 똑같이 대할 것이오. 죄는 형벌로 다스릴 것이며, 선행은 작위와 봉록으로 표창할 것이오. 나라가 잘 다스려지면, 경들의 공이오. 나라가 잘 다스려지지 않으면, 짐 한 사람의 잘못이오.

予告汝于難, 若射之有志. 汝無侮老成人, 無弱孤有幼. 各長于厥居, 勉出乃力, 聽予一人之作猷. 無有遠邇, 用罪伐厥死, 用德彰厥善. 邦之臧, 惟汝衆; 邦之不臧, 惟予一人有佚罰.

> ○志(지): 과녁. ○老成人(노성인): 나이가 많은 사람. ○作猷(작유): 세운 계획, 내린 결정. "유"는 도모하다, 꾀하다. ○無有(무유): ~를 막론하고. ○死(사): 사악함. ○臧(장): 잘하다, 착하다. ○佚(일): 잘못, 과오.

9

경들은 짐의 말을 서로 전해주시오. 지금부터 경들은 자신들의 일을 신중하게 처리하고, 자신의 위치를 잘 파악하며, 자신의 입을 잘 단속해야 할 것이오. 그렇지 않으면, 형벌이 가해져도 후회하지 마시오."

凡爾衆, 其惟致告: 自今至于後日, 各恭爾事, 齊乃位, 度乃口. 罰及爾身, 弗可悔."

○致告(치고): 전달하다. ○齊乃位(제내위): 자신의 위치를 파악함. "제"는 잘 지키는 것. "위"는 위치. ○度(도): 닫다. 입조심을 해야 한다는 의미.

제19편 반경중盤庚中: 천도에 대한 지지를 호소함

황하를 건너 백성들을 이주시키는 그림
(涉河遷民圖)

1

반경은 배를 만들어, 신민들을 태우고 황하를 건너 이주하려고 했다. 이에 이주를 반대하는 사람들을 모아놓고 간곡한 말로 설득했다. 많은 사람들이 왔다. 그들은 공경하게 궁궐에 있었다. 반경은 사람들을 자기 앞으로 오게 했다.

盤庚作, 惟涉河以民遷. 乃話民之弗率, 誕告用亶. 其有衆咸造, 勿褻在王庭. 盤庚乃登進厥民.

○作(작): 만들다, 제작하다. 이주하기 위해 배를 만든 것을 말함. ○惟(유): 계획하다. ○話(화): 모으다. 《상서핵고》는 "화"는 "괄(佸)"의 가차자라고 했다. 《설문해자》는 "화는 '모이다'는 의미이다(佸, 會也)."라고 했다. ○亶(단): 정성을 다하다. ○造(조): 도착하다. ○褻(설): 건방지다, 버릇없다.

2

반경이 말했다. "짐의 말을 잘 들으시오. 짐의 명을 가벼이 여기지 마시오! 아아! 옛날 우리의 선조대왕께서는 백성들이 생업에 편안히 종사할 수 있도록 해주었소. 이는 임금도 잘 알고 신하들도 잘 아는 바이오. 때문에 하늘로부터 벌을 받지 않았소. 그 옛날 고통스런 큰 재앙이 와

도, 선왕께서는 자신이 건설한 도읍에 안주하지 않으시고, 백성의 이익을 생각해 천도했소. 그대들은 어찌하여 선왕 때의 일을 생각지 않소? 짐은 편안하고 안정된 생활을 바라는 그대들의 생각을 따르고자 하는 것이오. 그대들에게 죄가 있어 벌로써 다스리고자 하는 것이 아니란 말이오. 짐이 이렇게 그대들에게 새로운 도읍으로 가자고 호소하는 것은 그대들을 위하고, 선왕의 유지를 받들기 위함이오.

은나라에 큰 재앙을 내리는 그림(殷降大虐圖)

曰: "明聽朕言, 無荒失朕命! 嗚呼! 古我前后, 罔不惟民之承保. 后胥慼鮮, 以不浮于天時. 殷降大虐, 先王不懷厥攸作, 視民利用遷. 汝曷弗念我古后之聞? 承汝俾汝惟喜康共, 非汝有咎比于罰. 予若籲懷玆新邑, 亦惟汝故, 以丕從厥志.

○荒(황): 없애다. ○失(실): 무시하다. ○前后(전후): 선대의 임금. ○承保(승보): 받들고 편안하게 하다. "보"는 편안하다. ○胥(서): 알다. "서(諝)"의 옛 글자. ○慼(척): 대신. "척(戚)"과 통함. ○鮮(선): 분명하다, 또렷하다. ○浮(부): 벌. ○殷(은): 아픔, 고통. "은(慇)"과 통함. 《설문해자》에는 "은은 아프다는 의미이다(慇, 痛也)."라고 했다. ○大虐(대학): 큰 재난. ○懷(회): 안주하다. ○作(작): 하다. 선왕이 도읍지를 지은 것을 말함. ○承(승): 받들다, 계승하다. ○俾(비): 따르다. ○共(공): 함께, 같이. ○比(비): 다스리다, 벌하다. ○若(약): 이와 같이. ○厥志(궐지): 선왕의 유지.

3

지금 짐이 그대들을 이주시키면, 그곳에서 그대들의 나라를 세우시오. 그런데도 그대들은 짐의 고충을 헤아려 주지 않소. 오히려 짐과 불화를 일으키고, 부정한 말로 짐을 흔들려고만 하오. 그대들은 자신을 궁지에 빠뜨리며 고생을 자초하고 있소. 이는 배를 타고도 강을 건너가지 않고, 배가 썩기만을 기다리는 것과 같은 것이오. 이렇게 된다면 그대들만 침몰하는 것이 아니라 다른 사람들도 함께 침몰하오. 그대들은 그 원인은 따지지 않고, 줄곧 원망만하니 어찌 좋은 결과가 나오겠소? 그대들이 재난을 막을 근본적인 방법을 생각하지 않으면, 걱정거리만 더 크게 키울 뿐이오. 이렇게 한다면 오늘만 있고 내일은 없을 것이오. 그대들이 이 땅에서 어떻게 살아갈 수 있겠소?

今予將試以汝遷, 安定厥邦. 汝不憂朕心之攸困, 乃咸大不宣乃心, 欽念以忱動予一人. 爾惟自鞠自苦, 若乘舟, 汝弗濟, 臭厥載. 爾忱不屬, 惟胥以沈. 不其或稽, 自怒曷瘳? 汝不謀長以思乃災, 汝誕勸憂. 今其有今罔後, 汝何生在上?

○試(시): 시도하다. ○憂(우): 걱정하다. ○困(곤): 어려움, 고충. ○宣(선): 화합하다. ○欽念(흠염): 많이 생각하다. "흠"은 매우. 《상서이해》는 "'흠'은 '매우(甚)'의 의미이다. '흠염'은 '매우 많이 생각하다'는 의미이다(欽之言甚也. 欽念, 謂甚思也)."라고 했다. ○忱(침): 바르지 않는 말. 《상서이해》는 "침"은 "침(抌)"이 되어야 한다고 했다. 《설문해자》는 "말을 바르게 알리지 않는 것을 침(抌)이라고 한다(告言不正曰抌)."라고 했다. ○鞠(국): 궁지에 빠지다. ○臭(취): 썩다. ○載(재): 배에 실은 물건. ○爾忱不屬(이침불속): 그대들만 침몰하는 것이 아니다. 원래 형태는 "불속이침(不屬爾忱)"임. "속"은 "독(獨)"과 통함. "침"은 침몰하다. "침(沉)"과 통함. ○胥(서): 모두. ○稽(계): 살피다. 배가 침몰한 원인을 살피는 의미. ○曷(갈): 어찌. ○瘳(추): 병이 낫다. ○誕(탄): 크게. ○勸(권): 조장하다.

4

지금 그대들은 짐의 의견을 적극 지지해주길 바라오. 요언을 퍼뜨려 자신을 추하게 만들지 마시오. 사람들이 그대들의 몸을 부정하게 하고,

그대들의 마음을 왜곡시킬 수 있음을 두려워하시오. 짐은 하늘에 그대들이 계속 살아가게 해달라고 할 것이오. 짐이 어찌 그대들에게 위엄을 부리겠소. 이 모두가 그대들이 잘 살도록 도와주기 위함이오.

今予命汝一, 無起穢以自臭, 恐人倚乃身, 迂乃心. 予迓續乃命于天, 予豈汝威, 用奉畜汝衆.

○一(일): 한 마음이 되다. ○起穢(기예): 나쁜 짓을 하다. 요언을 퍼뜨리는 의미. "기"는 "~를 하다"는 의미. "예"는 더러운 짓. ○倚(의): 기울다, 넘어지다. ○迂(우): 구부러지다, 비뚤어지다. ○迓(아): ~로 하여금…하게 하다. ○奉(봉): 돕다. ○畜(휵): 기르다, 부양하다.

백성들이 잘 살도록 도와주는 그림 (奉畜汝衆圖)

5

짐의 선왕께서는 그대들의 선조들을 수고롭게 했소. 그래서 짐이 그대들에게 위에서 말한 의견을 올린 것은 그대들의 선조에게 경의를 나타내고자 함이었소. 이곳에서 나라를 잘 다스리지 못하고 오랫동안 산다면, 선왕께서는 중한 벌을 내리시며 '어찌 짐의 백성들을 학대하는 것인가?'라고 할 것이오. 그대들의 백성이 도탄에 빠지고, 짐과도 화합하지 않는다면, 선왕께서는 그대들에게 죄를 내리시며 '어찌하여 짐의 자손과 우애롭게 지내지 않는가?'라고 할 것이오. 그래서 덕을 잃으면, 하늘은 그대들을 벌할 것이오. 그대들은 빠져나갈 수 없소.

予念我先神后之勞爾先, 予丕克羞爾, 用懷爾然. 失于政, 陳于玆, 高后丕乃崇降罪疾, 曰: '曷虐朕民?' 汝萬民乃不生生, 暨予一人猷同心, 先后丕降與汝罪疾, 曰: '曷不暨朕幼孫有比?' 故有爽德, 自上其罰汝, 汝罔能迪.

○先神后(선신후): 선왕. "신"은 신성하다. 존경을 나타냄. ○先(선): 선조. ○羞(수): 올리다, 바치다. 반경이 신하들에게 천도하자고 의견을 올린 것을 말함. ○懷(회): 생각하다. ○爾然(연): 그대들의 선조. "연"은 "이(지시대명사)"의 의미. 이곳에서는 신하들의 선조를 말함. "차(此)"와 통함. ○陳(진): 오래되다. ○玆(자): 이곳. 천도하기 전의 수도를 말함. ○高后(고후): 선왕. ○丕乃(비내): 이에, 곧. ○崇(숭): 중하다, 무겁다. ○罪疾(죄질): 죄에 따른 고통. ○乃(내): 만약. ○生生(생생): 삶을 도모하다. ○猷(유): 도모하다, 꾀하다. ○幼孫(유손): 어린 손자. 반경을 말함. ○比(비): 친하게 지내다. ○爽(상): 잃다. ○迪(적): 달아나다.

6

옛날 우리의 선왕께서는 그대들의 조부와 부친을 수고롭게 했소. 그대들은 짐의 보살핌을 받는 백성이오. 그럼에도 그대들은 마음속으로 부정한 생각을 하고 있소! 우리의 선왕께서는 그대들의 조부와 부친에게 알릴 것이오. 그러면 그대들의 조부와 부친은 그대들을 버릴 것이오. 그대들이 죽는다 해도 구해주지 않을 것이오. 지금 저 국정을 어지럽히는 대신들은 권력을 쥐고 재물을 모으는데 혈안이 되어 있소. 그대들의 조부와 부친은 우리 선왕께 '저의 자손들에게 큰 형벌을 내려주십시오.'라고 고했소. 그래서 선왕께서는 큰 재앙을 내리셨소.

古我先后既勞乃祖乃父, 汝共作我畜民, 汝有戕則在乃心! 我先后綏乃祖乃父, 乃祖乃父乃斷棄汝, 不救乃死. 玆予有亂政同位, 具乃貝玉. 乃祖乃父丕乃告我高后曰: '作丕刑于朕孫!' 迪高后丕乃崇降弗祥.

○戕(장): 해치다. 이곳에서는 나쁜 생각 내지 부정한 생각을 말함. ○綏(수): 알리다, 고하다. ○同位(동위): 함께 국정을 장악하다. ○具(구): 모으다. ○貝玉(패옥): 조개와 옥. 고대에는 조개를 돈 대신 썼다고 함. ○迪(적): 인도하다. ○弗祥(불상): 상서롭지 않음. 재앙을 말함.

7

아아! 지금 그대들에게 알리건대, 천도하려는 계획은 바뀌지 않을 것이오. 그대들은 짐의 마음을 잘 헤아려 주시오. 이로 인해 서로 소원해져서도 안 될 것이오. 그대들은 서로 따르고 의지해야 하며, 늘 정도를 따라야 된다는 것을 명심하시오. 그대들 중에 착한 일을 하지 않고 정도를 이탈하거나, 타락하여 법을 어기고 공경하지 않거나, 사람을 속이고 간사하고 나쁜 행위를 한다면, 짐은 그를 죽이고 자손도 남기지 못하도록 할 것이오. 또 우리의 새 도읍에 그의 후손들이 영원히 살지 못하도록 할 것이오.

嗚呼! 今予告汝: 不易! 永敬大恤, 無胥絶遠! 汝分猷念以相從, 各設中于乃心. 乃有不吉不迪, 顚越不恭, 暫遇姦宄, 我乃劓殄滅之, 無遺育, 無俾易種于玆新邑.

○不易(불역): 바뀌지 않음. 이곳에서는 천도하려는 계획이 바뀌지 않음을 의미. ○恤(휼): 걱정, 고충. ○絶遠(절원): 관계가 끊어지고 멀어짐. ○分(분): 마땅히~해야 한다. "당(當)"과 통함. ○猷念(유념): 계획하고 생각함. ○中(중): 바른 길, 정도(正道). ○乃有(내유): 만약~한다면. ○吉(길): 선하다. ○迪(적): 정도(正道). ○顚越(전월): 타락하여 법을 어김 ○暫(잠): 속이다, 기만하다. 《경의술문》(권3)은 "'잠'은 '점(漸)'으로 읽고, '속이다'는 의미이다(暫, 讀曰漸, 詐欺也)."라고 했다. ○遇(우): 간사하다. 《경의술문》(권3)은 "'우'는 '우(隅)'로 읽으며……모두 '간사하다'는 말이다(遇讀隅……皆奸邪之稱也)."라고 했다. ○姦宄(간귀): 나라 안팎에서 나쁜 짓을 하다. ○劓(의): 베다, 자르다. ○殄滅(진멸): 멸망시키다, 멸종시키다. ○育(육): 후대, 후손. ○易(역): 이어지다, 계속되다. ○種(종): 종족. 이곳에서는 후손을 말함.

8

가시오, 생업에 종사하러 가시오! 지금 짐은 그대들을 이끌고 천도하여, 영원한 그대들의 집을 건설할 것이오."

往哉生生! 今予將試以汝遷, 永建乃家."

제20편 반경하盤庚下: 천도를 단행함

1

반경은 새로운 도읍으로 천도한 후, 사는 곳을 먼저 안정시키고, 종묘와 궁궐의 방위를 정했다. 그런 후 사람들에게 알렸다. "향락을 추구하거나 나태해지지 말라. 새로운 국가건설의 대업을 이루시오. 지금 짐은 이 자리에 오신 백관들에게 마음속의 말을 남김없이 다 털어놓았소. 경들을 벌하지 않을 것이오. 경들도 불만을 갖고 서로 결탁해서 짐을 비판하지 말아주시오.

은 땅으로 옮긴 후 사는 곳을 안정시키는 그림
(遷殷奠居圖)

盤庚既遷, 奠厥攸居, 乃正厥位, 綏爰有衆. 曰: "無戲怠, 懋建大命! 今予其敷心腹腎腸, 歷告爾百姓于朕志. 罔罪爾衆, 爾無共怒, 協比讒言予一人.

○奠(전): 안정하다. ○位(위): 위치. 종묘와 궁궐이 들어설 위치를 말함. ○綏(수): 알리다. ○爰(원): ~에. "우(于)"와 통함. ○戲怠(희태): 향락을 추구하고 게으름을 피우는 것. ○懋(무): 힘쓰다, 노력하다. ○敷(부): 알리다. ○心腹腎腸(심복신장): 심장·배·콩팥·창자. 이곳에서는 진심 내지 속마음을 말함. ○歷(력): 전부. ○協(협): 합치다. 모이다. ○比(비): 결탁하다.

2

옛날 우리의 선왕이신 성탕께서는 앞 사람보다 더 많은 공을 세우셨소. 그는 백성들을 산으로 이주시켜 홍수의 피해를 줄이시어, 나라에 큰 공을 세우셨소. 지금 백성들은 불어난 물 때문에 이리저리 떠돌며, 정해진 곳이 없이 살고 있소. 경들은 짐에게 '어찌하여 이주한다고 이렇게 수많은 백성들을 놀라게 하시는 것입니까?'라고 물을 것이오. 그것은 지금 하늘이 우리 고조(성탕)의 덕을 회복해주시어, 우리나라를 잘 다스리려 하기 때문이오. 짐은 간절하고 공손하게 하늘의 뜻을 받들어 백성들을 구해, 이 새로운 도읍지에서 영원히 살고자 하오. 지금 이 어린 사람이 경들의 의견을 무시하는 것이 아니오. 천도하는 일은 정말 하늘이 천명을 잘 아는 사람을 통해 내린 것이기 때문이오. 이 때문에 천도하는 일은 점괘를 어기는 것이 아니라, 점괘의 신통함을 오히려 더 잘 드러내는 일이오.

古我先王將多于前功, 適于山, 用降我凶, 德嘉績于朕邦. 今我民用蕩析離居, 罔有定極, 爾謂朕曷震動萬民以遷? 肆上帝將復我高祖之德, 亂越我家. 朕及篤敬, 恭承民命, 用永地于新邑. 肆予沖人, 非廢厥謀, 弔由靈各; 非敢違卜, 用宏玆賁.

○前功(전공): 앞 사람의 공로. ○適(적): 가다, 이주하다. ○降(강): 줄이다. ○凶(흉): 재해, 재앙. ○升(승): 오르다, 올리다. ○蕩析(탕석): 떠나고 흩어지는 것. ○定極(정극): 정해진 거처. "극"은 이르다. ○震動(진동): 놀라게 하다. ○肆(사): 지금. ○復(복): 회복하다. ○亂(난): 다스리다. ○越(월): 어조사. "우(于)"와 통함. ○及(급): 간절하다. "급(汲)"과 통함. ○民命(민명): 천명. ○地(지): 거주하다, 살다. ○肆(사): 그래서, 때문에. ○沖人(충인): 어린 사람. ○厥謀(궐모): 그대들의 생각. ○弔由靈各(조유영각): 천명을 잘 아는 사람을 통해 뜻을 내렸다는 의미. "조"는 잘하다. "유"는 말미암다. "영각"은 점을 전문적으로 치는 사람을 말함, "영격(靈格)"이라고도 함. ○宏(굉): 발양하다, 드날리다. ○賁(분): 은나라와 주나라 때의 큰 거북 이름. 점을 치는데 사용되었다고 함.

3

아아! 제후·대신·관리들이여, 자신의 책무를 잘 헤아리시오! 짐은 경들이 하는 일을 열심히 살필 것이오. 또 경들이 짐의 지시를 따라 백성들을 잘 다스리는지도 볼 것이오. 짐은 재물을 좋아하는 사람은 기용하지 않을 것이오. 백성들을 편안하게 해줄 수 있는 사람을 기용할 것이오. 짐은 백성을 가르치고 백성이 편안하게 살 수 있도록 생각하는 사람을 공헌한 정도에 따라 존중할 것이오. 지금 짐은 무엇을 따라야하고 무엇을 따르지 말아야 할지를 경들에게 알려주었으니, 경들은 이를 잘 따라주길 바라오! 재물을 모으지 말고, 백성들이 행복해질 수 있도록 공을 세우시오! 덕을 널리 베풀어야, 백성들과 영원히 한마음이 되어 새로운 나라를 세울 수 있소."

嗚呼! 邦伯師長百執事之人, 尙皆隱哉! 予其懋簡相爾, 念敬我衆. 朕不肩好貨, 敢恭生生. 鞠人謀人之保居, 敍欽. 今我既羞告爾于朕志若否, 罔有弗欽! 無總于貨寶, 生生自庸. 式敷民德, 永肩一心."

○邦伯(방백): 나라의 우두머리. 제후를 말함. ○師長(사장): 공경대신. ○百執事(백집사): 각종 업무를 맡고 있는 관리들. "집"은 맡다, 주관하다. ○尙(상): 바라다. ○隱(은): 헤아리다. ○簡(간): 살피다. ○相(상): 보다. ○肩(견): 임용하다. ○恭(공): 기용하다. ○生生(생생): 백성들을 행복하게 함. 이곳에서는 백성들을 행복하게 해주는 사람. ○鞠(국): 가르치다. ○保(보): 편안하다. ○敍欽(서흠): 순서대로 존경함. 이곳에서는 백성들에게 공헌한 정도에 따라 순서대로 존경하는 것을 말함. ○羞(수): 올리다, 바치다. ○若否(약부): 따르고 따르지 않음. "약"은 따르다. "부"는 따르지 않는 것. ○欽(흠): 따르다. ○總(총): 모으다. ○庸(용): 공로. ○式(식): 어조사. 의미가 없음. ○敷(부): 베풀다, 시행하다. ○肩(견): ~할 수 있다. "극(克)"과 통함.

제21편 열명상說命上: 부열에게 명함

해제

〈열명〉 3편은 은나라의 고종高宗 무정武丁(기원전 1324~기원전 1266 재위)이 부열傅說을 재상에 임명하는 글이다.
반경盤庚이 사망한 후, 그의 동생 소신小辛(약 기원전 1352~기원전 1353 재위)과 소을小乙(대략 기원전 1352~1325 재위)이 제위에 올랐지만 은나라의 국운은 쇠퇴해갔다. 무정이 즉위한 후, 국력을 회복하고자 했으나 자신을 보좌할 능력 있고 어진 이를 찾지 못했다. 그래서 무정은 총재冢宰에게 정권을 넘기고 자신은 3년 동안 말을 하지 않고 나라의 풍기를 관찰했다. 어느 날 저녁, 무정은 꿈에서 열說이라고 하는 성인을 보았다. 그러나 군신들 중에 꿈에 나타난 열을 닮은 사람이 없었다. 사람을 불러 꿈에 나타난 그의 모습을 그리게 하고, 이를 전국에 배포해 그를 찾도록 했다. 그리고 부암傅巖에서 열을 찾았다. 무정이 열을 재상에 임명하자 은나라는 크게 다스려지기 시작했다.
〈열명〉은 상·중·하편으로 나누어져 있다. 상편은 고종이 열을 얻는 과정과 열을 재상에 임명하는 내용이다. 중편은 재상이 된 열이 고종에게 간언하는 내용이며, 하편은 열이 배움에 대해 이야기하는 내용이다. 고종이 열을 재상에 임명하는 것이 본편의 요지이기 때문에 편명을 〈열명〉이라고 했다.
금문에는 없고, 고문에는 있다.

1

고종(무정)이 꿈에서 열을 만났다. 백관들에게 꿈속에서 나타난 열의 모습을 그리게 하여 전국적으로 찾게 했다. 부암에서 그를 찾았다. 이 일로 《열명》 3편을 지었다.

高宗夢得說, 使百工營求諸野, 得諸傅巖, 作《說命》三篇.

은나라 고종의 모습 (殷高宗畫像)

○高宗(고종): 무정(武丁)을 말함. 반경의 뒤를 이어 소신(小辛)과 소을(小乙)이 즉위한 후로 은나라의 국력은 나날이 쇠퇴해갔다. 그 뒤를 이은 무정은 부열(傅說)이라는 명재상을 얻어 은나라의 국력을 회복시켰다. 무정은 높은 덕을 가지고 있어 존경할만한 임금이라는 의미에서 고종이라 부른다. ○說(열): 인명. 무정(武丁)이 꿈에서 만났다는 어진 사람. ○百工(백공): 백관. ○營(영): 만들다, 제작하다. 이곳에서는 그림을 그리는 의미. ○野(야): 도성 외의 지역. 전국을 말함. ○傅巖(부암): 지명. 지금의 산서성 평륙현(平陸縣)과 하남성 섬현(陝縣) 사이의 삼문협(三門峽) 인근.

2

고종이 백성을 다스리는 그림 (高宗圖)

고종은 부친상을 당해, 3년 동안 말을 하지 않았다. 그는 삼년상을 치르고도 여전히 말을 하지 않았다. 군신들이 임금에게 진언했다. "아, 폐하! 국정에 밝은 것이 영민하고 지혜로운 군주입니다, 영민하고 지혜로운 군주만이 법도를 만들 수 있습니다. 천자는 모든 제후국의 군주이십니다. 백관들은 폐하께서 만드신 법도를 따라 일을 합니다. 따라서 폐하의 말씀이 명령인 것입니다. 폐하께서 말씀을 하지 않으시면 신하들은 명령을 받을 수 없습니다."

王宅憂, 亮陰三祀. 旣免喪, 其惟弗言, 群臣咸諫于王: "嗚呼! 知之曰明哲, 明哲實作則. 天子惟君萬邦, 百官承式, 王言惟作命, 不言臣下罔攸稟令."

○宅憂(택우): 거상하다. 이곳에서는 무정의 부친 소을(小乙)의 장례를 치르는 것을 말함. ○亮陰(양음): 임금이 상(喪)을 치르는 것. ○祀(사): 해, 년. ○免喪(면상): 거상기간이 끝난 것. ○知之(지지): 국정에 대해 잘 아는 것. ○作則(작칙): 법도를 만듦. ○式(식): 법도, 법령. ○稟(품): 받다.

3

그래서 임금이 글을 지어 신하들에게 알렸다. "짐도 천하의 모범이 되고 싶소. 그러나 덕이 부족하여, 말을 하지 않았던 것이오. 짐은 그동안 삼가하고 침묵하며 나라를 다스릴 방안을 생각했소. 그런데 꿈에 상제께서 짐을 보좌할 어진 이를 내려주셨소. 그가 짐의 말을 대신할 것이오." 임금은 꿈속에 나타난 그의 모습을 떠올려, 신하들에게 그리게 한 후 전국으로 사람을 보내 그림 속의 인물을 찾게 했다. 열은 부암傅巖이라는 곳에서 벽을 쌓는 일을 하고 있었다. 그의 모습이 그림 속의 인물과 비슷하여, 부열傅說을 재상으로 삼았다. 임금은 그를 곁에 두었다.

열이 부암에서 벽 쌓는 일을 하는 그림
(說築傅巖圖)

王庸作書以誥曰: "以台正于四方, 惟恐德弗類, 玆故弗言. 恭默思道, 夢帝賚予良弼, 其代予言." 乃審厥象, 俾以形旁求于天下. 說築傅巖之野, 惟肖, 爰立作相, 王置諸其左右.

○以(이): ~로써. ○庸(용): 이에. ○台(태): 나. ○正(정): 모범, 귀감. ○類

(류): 훌륭하다. ○思道(사도): 나라를 다스릴 방법을 생각하는 것. ○賚(뢰): 주다. ○良弼(양필): 훌륭하게 보필할 수 있는 사람. ○審(심): 자세하다. 이곳에서는 꿈속의 인물의 모습을 잘 생각해보는 것을 의미. ○說(열): 부열(傅說)을 말함. ○築(축): 담틀을 만드는 일. 벽을 쌓는 일을 했음을 의미. ○肖(초): 닮다. ○爰(원): 이에.

4

임금이 부열에게 알렸다. "짐이 덕을 잘 쌓을 수 있도록 아침저녁으로 가르침을 올려주시오. 만약 쇠로 만든 기물이라면, 그대를 쇠를 가는 숫돌로 삼을 것이오. 큰 강을 건넌다면, 그대를 배와 노로 삼을 것이오. 큰 가뭄이 든다면, 그대를 단비로 삼을 것이오. 그대의 마음을 열어, 짐의 마음을 비옥하게 해주시오. 약을 먹고도 (약기운에) 머리가 어지럽고 눈이 침침해지지 않는다면, 병은 낫지 않을 것이오. 땅을 보지 않고 맨발로 걸으면, 발은 다칠 것이오. 그대는 동료 관리들과 일치단결해서, 짐의 잘못을 바로잡아주오. 그래서 짐이 선왕의 길을 따르고, 선왕께서 천하를 다스렸던 방법으로 나라를 다스려, 만백성들이 편안하게 생업에 종사할 수 있도록 해주시오. 아아! 짐의 이 명을 삼가 받든다면, 좋은 결과를 얻을 수 있을 것이오."

命之曰: "朝夕納誨, 以輔台德. 若金, 用汝作礪; 若濟巨川, 用汝作舟楫; 若歲大旱, 用汝作霖雨. 啓乃心, 沃朕心, 若藥弗瞑眩, 厥疾弗瘳; 若跣弗視地, 厥足用傷. 惟暨乃僚, 罔不同心, 以匡乃辟. 俾率先王, 迪我高后, 以康兆民. 嗚呼! 欽予時命, 其惟有終."

○納誨(납회): 가르침을 올리다. "납"은 간언을 올리다. ○若(약): 만약. ○礪(려): 숫돌. ○楫(즙): 노. ○霖雨(임우): 오랫동안 내리는 비. ○沃(옥): 비옥하다. ○瞑眩(명현): 머리가 어지럽고 눈이 침침함. 이곳에서는 약은 먹은 후 약기운으로 이런 증상이 나타남을 의미. ○瘳(추): 낫다. ○跣(선): 맨발. ○僚(료): 동료 관리. ○俾(비): ~하여금 …하게 하다. ○率(솔): 따르다. ○迪(적):

쫓다. ○高后(고후): 선조. ○兆民(조민): 백성들. "조"는 매우 많음을 형용. ○時(시): 이. ○有終(유종): 좋은 결말을 거두는 것.

5

부열이 임금에게 대답했다. "나무는 먹줄을 따라 잘라야 반듯해집니다. 군주가 신하들의 간언을 잘 받아들이면 성군이 됩니다. 군주가 성군이 되면, 신하는 군주의 명이 없어도 적극적으로 간언할 것입니다. 그러니 누가 감히 군주의 큰 명을 삼가 따르지 않겠나이까?"

說復于王曰: "惟木從繩則正, 后從諫則聖. 后克聖, 臣不命其承, 疇敢不祗若王之休命?"

○復(복): 대답하다. ○繩(승): 먹줄. ○疇(주): 누구. ○祗若(지약): 공경하고 따르다. ○休命(휴명): 큰 명, 훌륭한 명.

제22편 열명중說命中: 부열의 충언

부열의 모습 (傅說畵像)

1

부열은 왕명을 받아 백관들을 이끌었다. 그리고 임금에게 진언했다. "아, 폐하! 훌륭한 임금은 천도를 존중하고 따르며, 나라를 세우고 도성을 설치합니다. 또 천자와 제후를 세우고, 이어서 대부와 장관을 비롯한 관리들을 임명합니다. 이렇게 임명된 관리들이 안일과 향락에 빠지지 않고 백성들을 잘 다스릴 수 있게 하십시오.

惟說命總百官, 乃進于王曰: "嗚呼! 明王奉若天道, 建邦設都, 樹后王君公, 承以大夫師長, 不惟逸豫, 惟以亂民.

○說(열): 부열을 말함. ○命(명): 왕명을 받다. ○總(총): 이끌다, 통솔하다. ○后王(후왕): 천자. ○君公(군공): 제후. ○承(승): 잇다, 이어받다. ○逸豫(일예): 안일과 향락. ○亂(난): 다스리다.

2

하늘만이 모든 것을 보고 들을 수 있습니다. 영민한 임금만이 이런 법도를 만들 수 있습니다. 신하들이 이런 법도를 공경하게 따라야 백성들은 그 다스림을 따르게 됩니다. 말을 함부로 하면 망신을 당할 수 있습니다. 무력을 함부로 행사하면 전쟁을 일으킬 수 있습니다. 관복은 상자에 넣어두시고 함부로 상으로 내려서는 안 되며 상을 받는 사람이 직무를 잘 수행할 수 있는지를 먼저 봐야 합니다. 무기는 무기고에 넣어두고 함부로 주어서는 안 되며 받는 사람이 임무를 잘 수행할 수 있는지를 먼저 봐야 합니다. 폐하께서 이 네 가지에 주의하신다면, 정말이지 정치는 잘 되어 백성들은 편안해질 것입니다.

惟天聰明, 惟聖時憲, 惟臣欽若, 惟民從乂. 惟口起羞, 惟甲胄起戎, 惟衣裳在笥, 惟干戈省厥躬. 王惟戒玆, 允玆克明, 乃罔不休.

○聖(성): 훌륭한 임금. ○時憲(시헌): 이 법도. "시"는 이. ○乂(예): 다스리다. ○起羞(기수): 망신을 당함. "기"는 야기하다, 초래하다. "수"는 치욕, 망신. ○甲胄(갑주): 갑옷과 투구. 무력을 행사함을 의미. ○起戎(기융): 전쟁을 야기함. "융"은 전쟁. ○衣裳(의상): 관복(官服). ○笥(사): 옷을 넣는 네모난 형태의 대나무 상자. ○干戈(간과): 방패와 창. 무기를 의미. ○省(성): 살피다. ○允(윤): 실로, 정말로. ○克(극): ~할 수 있다. ○休(휴): 훌륭하다.

3

나라가 다스려지고 어지러워지는 것은 관리들에게 달려있습니다. 관직은 편애하거나 가까이에 있는 사람에게 내려서는 안 됩니다. 능력 있는 이에게만 내려야 합니다. 작위는 덕행이 바르지 않는 사람에게 내려서는 안 됩니다. 어진 이에게만 내려야 합니다. 옳다고 판단되면 실천에 옮기시되, 그 시기를 잘 잡으십시오. 스스로 옳다고 생각하고 무리하게 일을 추진하시면, 아무리 좋은 일이라도 망칠 수 있습니다. 자신의 재능을 과시한다고 일을 추진하면, 이제껏 쌓아왔던 공적을 무너뜨릴 수 있습니다. 어떤 일을 하시던, 철저하게 준비를 하십시오. 준비가 잘 되어있으면 아무런 근심이 없을 것입니다. 소인배를 총애하여 군주의 위신을 떨어뜨리지 마시고, 잘못이 부끄러워 덮으려고도 하지 마십시오. 이렇게 처신하신다면, 국정은 훌륭하게 운영될 것입니다. 제사를 경건하게 지내지 않고 가벼이 여기는 것은 공경하지 않는 것입니다. 제사의 예절이 너무 번다해도 혼란스러워집니다. 그러면 귀신을 모시는 것도 어려워집니다."

惟治亂在庶官. 官不及私昵, 惟其能; 爵罔及惡德, 惟其賢. 慮善以動, 動惟厥時. 惟其善, 喪厥善. 矜其能, 喪厥功. 惟事事, 乃其有備, 有備無患. 無啓寵納侮, 無恥過作非. 惟厥攸居, 政事惟醇, 黷于祭祀, 時謂弗欽. 禮煩則亂, 事神則難."

○不及(불급): 미치지 않는다. 관직을 내리지 않는다는 의미. ○私昵(사닐): 편애하고 가깝게 지내는 사람. ○爵(작): 작위. ○惡德(악덕): 행실이 나쁜 사람. ○慮善(여선): 옳다고 생각함. ○有其善(유기선): 스스로 옳다고 생각함. ○喪厥善(상궐선): 그 좋은 일을 망치는 것. ○矜(긍): 과시하다. ○事事(사사): 하는 일마다. ○啓寵(계총): 총애를 시작하는 것. 소인배를 총애하는 것을 말함. ○納侮(납모): 모욕을 받음. ○恥過(치과): 잘못을 부끄럽게 여김. ○作非(작비): 잘못을 덮고 감춤. ○居(거): 거하다, 처신하다. ○醇(순): 올바르다. "순(純)"과 통함. ○黷(독): 가벼이 여기고 공경하지 않음.

4

임금이 말했다. "훌륭한 말이오, 열이여! 그대의 말에 절로 고개가 끄덕여지오. 그대가 이렇게 잘 말해주지 않았더라면, 짐은 듣고 행하지 못했을 것이오."

王曰: "旨哉! 說. 乃言惟服. 乃不良于言, 予罔聞于行."

○旨(지): 훌륭하다. ○服(복): 신복하다.

5

열이 머리를 조아리고 절을 하며 말했다. "이치를 아는 것은 어려운 것이 아닙니다, 실천에 옮기는 것이 어렵습니다. 폐하께서 정성을 다하신다면 어렵지 않을 것입니다. 이렇게 하시는 것이야말로 선왕 폐하의 큰 덕과 같아지는 것입니다. 말하지 않는 것이 있다면 모든 잘못은 소신 열에게 있습니다."

說拜稽首曰: "非知之艱, 行之惟艱. 王忱不艱, 允協于先王成德, 惟說不言有厥咎."

○忱(침): 정성을 다함. ○協(협): 합치되다. ○成德(성덕): 큰 덕. ○咎(구): 잘못, 허물.

제23편 열명하說命下: 부열에 대한 기대

1

임금이 말했다. "열은 이리 오라! 짐은 옛날 무정 임금 때의 현신이었던 감반에게 배움을 구한 적이 있소. 그러나 짐은 얼마 후 곧 황량한 곳으로 물러나서 황하에 살았소. 후에 짐은 황하에서 수도인 박으로 왔소. 이렇게 몇 번이나 옮겨 다녔지만 배움에는 큰 진전이 없었소. 그대는 짐이 원대한 뜻을 가질 수 있도록 이끌어주시오. 짐이 만약 단술을 만들려고 한다면, 그대는 누룩이 되어주시오. 짐이 만일 여러 가지 맛이 잘 어울린 국을 만들려고 한다면, 그대는 소금과 매실이 되어주시오. 그대는 짐이 덕을 닦을 수 있게 다방면으로 지도해주시오. 짐을 버려서는 안 되오. 짐은 반드시 그대의 가르침대로 행할 것이오."

王曰: "來! 汝說. 台小子舊學于甘盤, 旣乃遯于荒野, 入宅于河. 自河徂亳, 暨厥終罔顯. 爾惟訓于朕志, 若作酒醴, 爾惟麴糵; 若作和羹, 爾惟鹽梅. 爾交修予, 罔予棄, 予惟克邁乃訓."

○台小子(이소자): 나 이 어린 사람. "이"는 나(1인칭). "소자"는 자신을 낮춰 하는 말. ○舊(구): 옛날. ○甘盤(감반): 무정(武丁) 때의 어진 신하. ○旣(기): 얼마 후, 오래지 않아. ○遯(둔): 달아나다, 도피하다. "둔(遁)"의 옛 글자. ○徂(조): 가다. ○亳(박): 지명. 은나라의 수도. 지금의 하남성 안양시(安陽市). ○暨(기): 이르다, 도달하다. ○終(종): 끝내, 결국. ○罔顯(망현): 드러나지 않음. 배움에 큰 진전이 없었음을 말함. ○于(우): 크다, 원대하다. 《방언》에는 "'우'는 '크다'는 의미이다(于, 大也)."라고 했다. ○醴(례): 단술. ○麴糵(국얼): 술을 발효시킬 때 쓰는 누룩. ○和羹(화갱): 여러 가지 맛이 잘 어울린 국. "화"는 여러 가지 재료를 잘 섞어 맛이 나게 하는 것. ○交(교): 다방면, 여러 방면. ○邁(매): 행하다. 《이아·석고(釋詁)》는 "'매'는 '행하다'는 의미이다(邁, 行也)."라고 했다.

2

부열이 말했다. "폐하, 사람이 많이 듣고자 하는 것은, 목표한 바를 이루고자 함이옵니다. 고인들의 가르침을 배워야만 성과를 낼 수 있습니다. 저 열은 일을 하는데 옛 것을 배우지 않으면서 국가가 대대손손 평화롭게 다스려졌다는 말을 들어본 적이 없습니다. 겸손한 마음을 가지고 늘 열심히 노력한다면, 배움은 늘어갈 것입니다. 이를 믿고 기억하신다면, 도는 몸에 쌓이게 될 것입니다. 가르침은 또 다른 배움입니다. 시종일관 배움을 생각하시면, 덕은 자신도 모르게 닦여갈 것입니다. 선왕께서 이룩하신 법도를 거울로 삼는다면, 잘못되는 일은 영원히 없을 것입니다. 그래서 저 부열은 폐하의 뜻을 삼가 받들어, 재능 있고 어진 이를 널리 구해, 그들을 적재적소에 배치할 것입니다."

說曰: "王, 人求多聞, 時惟建事, 學于古訓乃有獲. 事不師古, 以克永世, 匪說攸聞. 惟學遜志, 務時敏, 厥修乃來. 允懷于玆, 道積于厥躬. 惟斅學半, 念終始典于學, 厥德修罔覺. 監于先王成憲, 其永無愆. 惟說式克欽承, 旁招俊乂, 列于庶位."

○時(시): 이. ○建事(건사): 일을 이루다. ○師(사): 본받다. ○永世(영세): 대대로 오랫동안 이어져 나감. ○匪(비): 아니다. "비(非)"와 통함. ○遜志(손지): 겸손한 마음. "지"는 마음. ○時敏(시민): 늘 힘쓰다. ○厥修乃來(궐수내래): 배움이 늘어간다는 의미. "수"는 배움을 닦는 것. ○允(윤): 믿다. ○懷(회): 생각하다. ○斅學半(효학반): 가르치는 것은 배움의 반(半)이라는 의미. "효"는 가르치다. 《상서공씨전》은 "'효'는 '가르치다'는 의미. 가르친 후에 (배움의) 어려움을 아는 것이니, 이는 배움의 또 다른 반이다(斅, 敎也. 敎然後知所困, 是學之半)."라고 했다. ○典(전): 종사하다, 몰두하다. ○罔覺(망각): 자신도 모르게. ○監(감): 본보기로 삼다. ○愆(건): 잘못, 허물. ○式(식): 그래서, 이 때문에. ○俊乂(준예): 재능이 뛰어난 사람. ○列(열): 배치하다, 나열하다.

천하가 덕을 우러러 보는 그림(四海仰德圖)

3

왕이 말했다. "아! 열이여, 천하의 사람들이 짐의 덕을 우러러본다면, 이는 그대의 가르침 때문이오. 손과 발이 있어야 사람이듯, 어진 신하가 있어야 성군이오. 옛날 선왕의 재상을 지낸 보형(이윤)은 선왕을 보좌해 나라를 크게 일으켰음에도, '내가 우리의 주군을 요임금과 순임금처럼 되게 하지 못한다면, 내 마음은 시장에서 매를 맞는 것처럼 부끄럽고 치욕적일 것이다.'라고 말했소. 그는 또 한 사람이라도 적재적소에 배치되지 않았다면, '이것은 나의 잘못이다.'라고 말했소. 그는 우리의 위대하신 선조이신 성탕대왕을 도왔기에, 그 공로가 하늘에까지 이르렀소. 그대는 짐을 잘 보필하여, 은나라에 아형(이윤)만 이런 찬사를 받지 않도록 해주오. 어진 이의 보필을 받지 못하는 군주는 나라를 다스릴 수 없으며, 섬길 군주가 없는 어진 신하는 봉록을 받지 못하오. 그대는 그대의 주군이 선왕의 유지를 계속 받들어, 백성들을 영원히 편안하게 할 수 있도록 해주오."

王曰: "嗚呼! 說, 四海之內咸仰朕德, 時乃風. 股肱惟人, 良臣惟聖. 昔先王保衡作我先王, 乃曰: '予弗克俾厥后惟堯舜, 其心愧恥, 若撻于市.' 一夫不獲, 則曰時予之辜. 佑我烈祖, 格于皇天. 爾尙明保予, 罔俾阿衡專美有商. 惟后非賢不乂, 惟賢非后不食. 其爾克紹乃辟于先王, 永綏民."

○仰(앙): 우러러보다. ○風(풍): 가르침. ○股肱(고굉): 다리와 팔. ○先正(선정): 선대 임금 때에 백관을 통솔했던 신하. "정"은 우두머리. ○保衡(보형): 이윤을 말함. 《태갑상》에 나오는 "아형(阿衡)"과 같은 말. ○作(작): 일으키

다, 흥성하다. ○后(후): 임금. 이곳에서는 성탕을 말함. ○撻(달): 매질하다. ○一夫(일부): 한 사람. ○獲(획): 얻다. 적재적소에 배치하는 것을 말함. ○烈祖(열조): 큰 공을 세운 선조. ○格(격): 이르다. ○專美(전미): 명성을 독차지하다. "전"은 독차지하다, 독점하다. ○非賢(비현): 어진 신하가 없는 것. ○非后(비후): 섬길 임금이 없는 길. ○食(식): 봉록을 받는 것. ○紹(소): 계승하다. ○綏(수): 안정하다.

4

부열이 머리를 조아리고 절하며 말했다. "저 부열은 폐하의 큰 가르침을 만방에 드날리는 것으로 보답하겠나이다."

說拜稽首曰: "敢對揚天子之休命!"

○對(대): 대답하다. ○揚(양): 드날리다.

제24편 고종융일高宗肜日: 고종의 제사

해제

고종高宗은 은상殷商의 제23대 군주인 무정武丁이다. 융肜은 제사를 지낸 다음날 또 제사를 지내는 것을 말한다. 융일肜日은 융제를 지내던 날을 뜻한다. 〈서서書序〉와 《사기·은본기殷本紀》를 보면, 고종 무정이 성탕成湯의 제사를 지내는데 꿩 한 마리가 제기 위로 날아와 울자, 무정이 두려워했다. 이에 그의 현신 조기祖己가 〈고종융일〉을 지어 왕을 일깨워주었다고 한다.
현대 학자들은 갑골문의 복사卜辭에 근거해 융일에 나오는 인명은 제사를 받던 선조이며, 제사를 주재한 사람의 이름은 아니라고 여겼다. 그렇다면, 〈고종융일〉은 고종이 성탕을 제사지내는 것이 아닌 후인들이 고종을 제사지낸 것이 된다.
본편은 무정 사후에 지어진 것이다. 그의 아들 조경祖庚이 제위를 잇고, 융제에서 무정을 지낼 때 조기가 조경을 지도하는 내용이다.

1

고종 무정이 성탕의 제사를 지닐 때, 꿩 한 마리가 솥귀에 날아올라 울어댔다. 조기가 고종을 일깨워주려고 《고종융일》과 《고종지훈》을 지었다.

高宗祭成湯，有飛雉升鼎耳而雊，祖己訓諸王，作《高宗肜日》、《高宗之訓》.

○雉(치): 꿩. ○鼎耳(정이): 솥귀. ○雊(구): 꿩이 우는 것. ○祖己(조기): 조경(祖庚)의 현신. ○肜日(융일): 융제(肜祭)를 지내는 날. "융"은 제사 지낸 다음 날 또 제사를 지내는 것. 청나라의 학자 손이량(孫詒讓)은 《상서변지》에서 "융일"은 "역일(易日)"이 잘못된 것이라고 고증하며, "'역일'은 날을 바꾸는 것이다(易日, 猶言易日)."라고 했다.

2

고종의 제사를 지낸 다음날 또 제사를 지냈다. 이때 꿩 한 마리가 솥귀에 날아올라와 울었다. 조기가 말했다. "먼저 폐하의 몸가짐을 바르게 하고, 제사의 문제점을 시정해야 한다." 그래서 조기가 임금을 일깨워주었다.

高宗肜日, 越有雊雉. 祖己曰: "惟先格王, 正厥事." 乃訓于王.

> ○越(월): 발어사. 의미가 없음. ○格(격): 바로잡다. ○厥事(궐사): 그 일. 제사지내는 일을 말함.

융제 때 아버지를 모신 사당 그림(肜祭禰朝圖)

3

조기가 말했다. "하늘이 백성들을 살필 때는 의리를 따라 일을 하는지를 봅니다. 하늘이 내린 수명에는 길고 짧음이 있습니다. 하늘은 임의로 사람의 수명을 줄이지 않습니다. 백성들이 의리에 맞게 일을 하지 않아 중도에 단명 하는 것입니다. 백성 중에는 덕을 따르지 않는 사람도 있고, 자신의 죄를 인정하지 않는 사람도 있습니다. 하늘은 이미 그들의 덕을 바로 잡으라고 명을 내렸습니다. 그럼에도 그들은 '설마 우리를 어떻게 하겠는가?'라고 말합니다.

曰: "惟天監下民, 典厥義. 降年有永有不永, 非天夭民, 民中絶命. 民有不若德, 不聽罪. 天旣孚命正厥德, 乃曰: '其如台?'

> ○監(감): 살피다. ○典(전): 위주로 하다, 근거하다. ○義(의): 이치에 맞게 일을 하는 것. ○降年(강년): 하늘이 내린 수명. ○永(영): 길다. ○夭(요): 요

절하다, 단명하다. ○中(중): 중도(中途). ○絶命(절명): 목숨이 끊어짐. ○聽(청): 따르다, 복종하다. ○孚(부): 주다. 《사기·은본기》에는 "부(附)"로 되어 있고, 한나라의 석경(石經)과 《한서(漢書)·손광전(孫光傳)》에는 "부(付)"로 되어 있음, "부(付)"는 "주다"의 의미. ○如台(이태): 어떻게 하다. "여하(如何)"와 통함.

4

아, 폐하! 하늘이 폐하께 내리신 신민들을 공경하게 대하십시오. 그들은 하늘의 자손들입니다. 제사를 지낼 때 부친의 사당에 두는 제수품은 지나치게 풍성해서는 안 됩니다."

嗚呼! 王司敬民, 罔非天胤, 典祀無豊于昵."

○王司(왕사): 제위를 이은 임금. "사"는 잇다, 계승하다. 《사기·은본기》에는 "사(嗣)"로 되어 있음. ○罔非(망비): ~이 아님이 없다. ○天胤(천윤): 하늘의 자손. "윤"은 자손, 후손. ○典(전): 주관하다, 주재하다. ○昵(닐): 아버지를 모신 사당, 부묘(父廟). "녜(禰)"와 통함.

제25편 서백감려西伯戡黎: 서백이 여나라를 침

해제

서백西伯은 주나라 문왕文王을 말한다. 감戡은 싸워 이기는 것이다. 려黎는 은나라의 제후국이다. 문왕은 여의 제후가 무도하여 정벌했다. 본편은 서백 주 문왕이 은상의 속국인 여나라를 치자, 주왕紂王(대략 기원전 1154~기원전 1122 재위)의 신하 조이祖伊가 두려워하며 주왕에게 보고하는 내용이다. 사관들은 조이가 주왕에게 간언을 올리는 과정을 기록해, 〈서백감려〉라고 이름 했다. 본편에서 조이는 주왕의 무능과 부패로 인해 은의 국운이 쇠퇴하고 있음을 지적하며 주왕에게 지금이라도 국정에 매진할 것을 간언하고 있다.
본편의 "지금 우리 백성들은 나라가 하루빨리 망하길 바라고 있습니다. 그들은 '하늘이 어찌 위엄을 나타나지 않는가?'今我民罔弗欲喪, 曰: '天曷不降威?'"는 〈탕서湯誓〉의 "이 해는 언제 없어질까, 나는 그대와 함께 없어졌으면 좋겠네.時日曷喪, 予及汝皆亡."처럼 폭군에 대한 백성들의 원망을 보여준다.

1

처음에 은나라가 주나라를 비난할 때, 주나라 사람들이 여를 공격해 승리했다. 조이가 두려워, 주왕에게 달려와 보고했다. 사관들이 이 일로 《서백감려》를 지었다.

殷始咎周, 周人乘黎. 祖伊恐, 奔告于受, 作《西伯戡黎》.

○殷(은): 나라이름. 상나라 제10대 군주 반경(盤庚)이 수도를 엄(奄)(지금의 山東省 曲阜)에서 은(殷)(지금의 河南省 安陽市 서북쪽)으로 천도하면서 국호를 은으로 바꿈. ○咎(구): 나무라다, 책망하다. ○乘(승): 이기다, 승리하다. ○黎(여): 은나라의 제후국. 지금의 산서성 여성현(黎城縣) 일대. ○祖伊(조이): 조기(祖己)의 후손이자 상나라 주왕(紂王)의 신하. ○受(수): 상나라

주왕의 이름. ○西伯(서백): 주 문왕을 말함. 《사기·주본기》는 "공계가 죽자, 아들 창이 즉위했는데, 이 사람이 서백이다. 서백은 문왕을 말한다(公季卒, 子昌立, 是爲西伯, 西伯曰文王)."라고 했다. ○戡(감): 승리하다.

2

주 문왕 서백이 여를 물리치자, 조이는 두려워, 주왕에게 달려와 보고했다. "폐하! 하늘이 우리 은나라의 국운을 끊으려고 합니다. 앞을 내다보는 어진 이가 큰 거북이로 점을 쳐도 길한 점괘가 나오지 않습니다. 이는 선왕께서 우리 후손들을 도와주지 않아서가 아닙니다. 폐하의 방탕한 생활로 스스로 명이 끊어지게 된 것입니다. 그래서 하늘은 우리를 버리고, 재앙을 내려 편안하게 먹고 지내지 못하도록 한 것입니다. 이 모든 것은 우리가 천성을 헤아리지 아니하고, 법도를 따르지 않았기 때문입니다. 지금 우리 백성들은 나라가 하루빨리 망하길 바라고 있습니다. 그들은 '하늘이 어찌 위엄을 나타내지 않는가?'라고 말합니다. 천명은 늘 변한다는 것을 아셔야 합니다. 지금 폐하께서는 어떻게 하실 생각이십니까?"

서백이 여나라를 물리치는 그림 (西伯戡黎圖)

西伯旣戡黎, 祖伊恐, 奔告于王. 曰: "天子! 天旣訖我殷命. 格人元龜, 罔敢知吉. 非先王不相我後人, 惟王淫戲用自絶. 故天棄我, 不有康食. 不虞天性, 不迪率典. 今我民罔弗欲喪, 曰: '天曷不降威?' 大命不摯, 今王其如台?"

○旣訖(기흘): 아마도 ~를 끝내려고 한다. "기"는 아마도. "흘"은 끝나다. ○格人(격인): 앞을 내다볼 수 있는 사람. ○元龜(원

귀): 큰 거북. 점을 치는데 사용됨. 거북이가 크면 클수록 점이 영험해진다고 함. ○相(상): 돕다. ○淫戲(음희): 지나치게 술을 마시고 여색을 탐하는 것. "음"은 지나치다. ○康食(강식): 편안하게 지내고 밥을 먹는 것. ○虞(우): 헤아리다. ○迪(적): 따르다. ○率典(솔전): 일상적인 도리. "솔"은 일상적인. "전"은 법도. ○欲(욕): 바라다. ○喪(상): 멸망하다. ○不摯(불지): 다시 나타나지 않음, 다시 계속되지 않음. 늘 변한다는 의미. 《상서정독》에서 "지"는 "재(再)"와 통한다고 했음.

3

주왕이 말했다. "그렇더란 말이냐! 짐은 평생 동안 하늘로부터 천명을 받았으니 백성들이 짐을 어찌 할 수 있겠느냐."

王曰: "嗚呼! 我生不有命在天?"

○生(생): 평생 동안. ○不(불): ~이 아닌가? 반어문의 화법임. ○有命在天(유명재천): 하늘로부터 천명을 받았다는 의미.

4

조이가 반박했다. "아! 폐하께서 저지른 많은 죄는 이미 하늘에 열거되어 있습니다. 폐하께서는 하늘이 내린 명을 거스르고 있는 것입니다. 은나라는 곧 멸망할 것입니다. 이는 폐하께서 그동안 보이신 행동으로 알 수 있습니다. 그러니 어찌 주나라에 멸망당하지 않을 수 있겠습니까!"

祖伊反曰: "嗚呼! 乃罪多, 參在上, 乃能責命于天. 殷之卽喪, 指乃功, 不無戮于爾邦!"

○反(반): 반박하다. ○參(참): 나열되다, 열거되다. ○相(상): 하늘. ○責命(책명): 명을 거스르다. ○指(지): 보다. "시(視)"와 통함. ○乃功(내공): 그대가 한 일. "공"은 일. ○戮(륙): 죽이다, 멸망하다. ○爾邦(이방): 그들의 나라. 주나라를 말함. "이"는 그(지시대명사).

제26편 미자微子: 미자의 선택

해제

미자微子는 이름이 계啓이다. 미微는 봉호封號이며, 자子는 작위이다. 미자는 제을帝乙의 장자이자 주紂에게는 같은 어머니에게서 태어난 서형庶兄이다. 《여씨춘추呂氏春秋》에 따르면, 계의 모친이 계를 낳았을 때 제을은 그의 모친을 정비正妃로 세우지 않고, 주를 낳았을 때 정비로 세웠다고 한다. 이 때문에 계는 나이는 많았으나 서출庶出이었고, 주는 나이는 어렸으나 적출嫡出이었다.

《사기·은본기殷本紀》와 《사기·송미자세가宋微子世家》를 보면, 주는 제위에 오른 후 각종 음란한 행위를 하여 국정운영능력을 상실했다고 한다. 미자가 여러 차례 주를 일깨워 주었으나 주는 듣지 않았다. 미자는 죽으려고 했으나 마지막 결정을 하지 못해 태사太師와 소사少師를 찾아가 상의했다. 그들은 당시의 형세와 자신들의 처지를 분석했다. 결국 태사는 미자에게 도망가길 권했다.

미자의 모습 (微子畵像)

본편 역시 고체誥體이지만 문장이 다른 편보다 충실하지 못하다. 어떤 사람은 이를 근거로 본편을 후인들이 쓴 것이라고 추정한다. 증거가 부족해서 믿기에 부족하다.

1

은나라가 천명을 저버리자, 미자가 보사와 소사에게 고했다.

殷旣錯天命, 微子作誥父師、少師.

○錯(착): 어지럽히다. ○微子(미자): 이름은 계(啓)이다. "미"는 봉호이고,

"자"는 작위이다. 제을(帝乙)의 장자이자 주(紂)의 배다른 형이다. ○保師(보사): 관직 이름. 기자(箕子)를 말함. ○少師(소사): 비간(比干)을 말함.

2

미자가 이렇게 말했다. "보사님, 소사님! 은나라는 천하를 바르게 다스릴 수 없을 것 같습니다. 우리의 고조이신 성탕대왕께서는 과거에 수많은 공적을 세우셨습니다. 그러나 지금 우리의 임금은 주색에 빠져, 우리 고조의 덕을 마구 어지럽히고 있습니다. 지금 은나라에서는 대소 관리를 막론하고 각종 범법 행위들이 자행되며, 경사와 백관들도 법을 지키지 않고 있습니다. 죄를 지은 사람들도 잡지 않습니다. 백성들이 참다못해 들고 일어나니, 서로 원수가 되었습니다. 지금 은나라는 망할 것입니다. 큰 강을 건너는데, 정박할 나루터나 물가가 없는 것과 같습니다. 은나라가 이 지경까지 이르렀으니 곧 멸망할 것입니다!"

微子若曰: "父師、少師! 殷其弗或亂正四方. 我祖底遂陳于上, 我用沈酗于酒, 用亂敗厥德于下. 殷罔不小大好草竊姦宄, 卿士師師非度. 凡有辜罪, 乃罔恒獲, 小民方興, 相爲敵讐. 今殷其淪喪, 若涉大水, 其無津涯. 殷遂喪, 越至于今!"

○其(기): 아마도. ○或(혹): ~할 수 있다. "극(克)"과 통함. ○亂(난): 다스리다. ○我祖(아조): 우리의 선조. 탕임금을 말함. ○底(저): 이르다. ○遂(수): 이루다. ○陳(진): 열거되다, 나열되다. ○上(상): 이전, 과거. ○我(아): 우리 임

미자가 생각하는 모습 (微子圖)

금. 주왕(紂王)을 말함. ○亂敗(난패): 어지럽히고 망치다. ○下(하): 지금. 앞의 "상(上)"과 반대 개념. ○罔不(망불): ~를 막론하고. ○小大(소대): 대소 관리. ○草竊(초절): 남의 물건을 약탈하고 훔침. "초"는 "초(鈔)"의 가차자임. 《이아·석언(釋言)》은 "'초'는 '약탈하다'는 의미이다(鈔, 掠也)."라고 했다. ○師師(사사): 여러 관리들. ○獲(획): 잡다, 체포하다. ○方(방): 모두. ○興(흥): 들고 일어나다. ○敵讎(적수): 원수, 적. ○淪喪(윤상): 멸망하다. "윤"은 빠지다, 잠기다. ○津涯(진애): 나루터와 물가. ○越(월): 어기사. 의미가 없음. ○今(금): 이. "차(此)"와 통함.

3

미자가 또 말했다. "보사님, 소사님! 저는 저의 봉지로 돌아가려고 합니다. 저는 어리석은 노인이 되어 초야에 숨을까 합니다. 지금 선생님들께서 제가 숨는 것이 도리에 맞는 것인지 말씀해주시지 않는다면, 저는 어떻게 해야 한단 말입니까?"

曰: "父師、少師, 我其發出狂吾家, 耄遜于荒. 今爾無指告予, 顚隮, 若之何其?"

○其(기): 장차 ~할 것이다. ○發(발): 길을 떠나다. ○狂(광): 가다. 《사기·송세가(宋世家)》에는 "왕(往)"으로 되어 있다. "왕"은 가다. ○吾家(오가): 자신의 봉지. ○耄(모): 나이가 아주 많음. ○遜(손): 숨다, 은둔하다. ○荒(황): 황야, 거친 들판. ○指(지): 생각. "지(旨)"와 통함. ○顚隮(전제): 꼭대기에서 떨어지는 것. 은둔하는 것이 도리에 맞는 것인지를 묻는 말임. "전"은 꼭대기. "제"는 떨어지다. ○若之何(약지하): 어떻게 하다. ○其(기): 어기사. 의미가 없음.

4

보사가 이렇게 말했다. "왕자님! 하늘이 큰 재앙을 내려 우리 은나라를 망하게 하는데도, 지금 임금과 신하라는 자들은 술에 빠져 있습니다. 그런데도 하늘의 위엄을 두려워하지도 않고, 원로대신들의 충고도 듣지 않습니다. 지금 은나라의 백성들은 천지신령께 제사지낼 때 쓰는 소·돼지·양을 훔쳐 숨겨놓고, 기르거나 잡아먹어도 벌을 받지 않습니다. 하늘이 은나라 백성들을 보고 있음에도, 은나라의 임금은 중형과 처형으로 백성들의 재산을 착취하고 있습니다. 백성들의 원망이 자자함에도 조금도 늦추지 않고 착취를 계속하고 있습니다. 죄는 임금 혼자 다 저지른 것입니다. 백성들은 고통을 받아도 하소연 할 곳이 없습니다.

父師若曰: "王子! 天毒降災荒殷邦, 方興沈酗于酒, 乃罔畏畏, 咈其耇長舊有位人. 今殷民乃攘竊神祇之犧牷牲用以容, 將食無災. 降監殷民, 用乂讎斂, 召敵讎不怠. 罪合于一, 多瘠罔詔.

○王子(왕자): 미자(微子)를 말함. 미자는 제을(帝乙)의 장자임. ○毒(독): 심하다, 무겁다.《사기·송미자세가(宋微子世家)》에는 "독(篤)"으로 되어 있음. ○荒(황): 망하다.《사기·송미자세가(宋微子世家)》에는 "망(亡)"으로 되어 있음. ○方(방): 지금. ○乃(내): 오히려. ○畏畏(외외): 하늘의 위엄을 두려워하다. "위"는 "위(威)"와 통함. ○咈(불): 어기다, 위배하다. ○耇長(구장): 나이가 많고 덕망이 높은 사람. ○舊有位人(구유위인): 옛날 관직에 있었던 대신들. ○攘竊(양절): 훔치다. "양"은 훔치다. ○神祇(신기): 천지신령. "신"은 천신. "기"는 지신. ○犧(희): 제사에 쓰이는 털빛이 고른 가축. ○牷(전): 몸이 온전하고 건장한 가축. ○牲(생): 소·돼지·양. "희전생(犧牷牲)"은 제사에 쓰이는 소·돼지·양을 말함. ○容(용): 숨기다. ○將(장): 기르다, 키우다. ○無災(무재): 벌이 내려지지 않는 것. ○降監(강감): 아래로 내려 봄. "강"은 내려오다. ○乂(예): 베다, 죽이다. 처형의 의미. ○讎(수): 많다. ○斂(렴): 세금을 거두다. ○召(소): 초래하다, 불러오다. ○敵讎(적수): 적, 원수. 이곳에서는 백성들의 원망을 의미. ○怠(태): 늦추다, 느슨하게 하다. ○一(일): 한 사람. 주왕(紂王)을 말함. ○多瘠(다척): 많은 고통. "척"은 여위다. ○詔(조): 알리다, 하소연하다. "고(告)"와 통함.

5

지금 은나라에 재앙이 일어난다면, 모든 사람들이 피해를 입을 것입니다. 은나라가 멸망하면, 저는 적국의 노예가 되지 않을 것입니다. 저는 예전에 기자箕子(은나라 주왕의 숙부)에게 말한 적이 있습니다. 왕자님에게 멀리 떠날 것을 전해달라고 말입니다. 왕자님께서 떠나시지 않으시면, 우리 은나라는 완전히 멸망할 것입니다. 스스로 결정하십시오! 사람은 자신의 생각대로 선왕의 사업에 몸을 바칩니다. 저는 떠나지 않을 것입니다."

商今其有災, 我興受其敗; 商其淪喪, 我罔爲臣僕. 詔王子出迪, 我舊云刻子, 王子弗出, 我乃顚隮. 自靖! 人自獻于先王, 我不顧行遯."

○其(기): 만약~라면. ○敗(패): 폐해, 화. ○臣僕(신복): 노예. ○迪(적): 달아나다, 떠나다. ○舊云(구운): 옛날에 말한 적이 있음. ○刻子(각자): 은나라 주왕의 숙부인 기자(箕子)를 말함. 《상서보소》와 《상서변지》는 "기자(箕子)"로 고증하고 있음. 고대에 "기(箕)"와 "각(刻)"은 음이 비슷하여 서로 가차하여 사용됨. ○我(아): 은나라. ○顚隮(전제): 떨어지고 추락하는 것. 멸망하는 의미 ○靖(정): 도모하다, 계획하다. ○獻(헌): 헌신하다. ○顧(고): 생각하다. ○遯(둔): 달아나다.

주서周書

주周는 나라이름이다. 기원전 11세기 주周 무왕武王이 상나라를 멸하고 세웠다. 주서周書는 주나라의 문헌자료이다. 주의 시조는 기棄이다. 《사기史記 · 주본기周本紀》에는 순舜 임금이 "기를 태에 봉하고, 호를 후직이라 했으며, 희씨 성을 내렸다. 封棄于邰, 號曰后稷, 別姓姬."라고 기록하고 있다. 고공단보古公亶父 때 주원周原에 정착하였다. 《사기정의史記正義》에는 "태왕이 주원에 살았기 때문에 국호를 주라고 했다. 因太王所居周原, 因號曰周."라고 했다. 기원전 772년 주 평왕平王이 낙읍洛邑으로 천도했다. 역사에서는 천도 전을 서주西周, 천도 후를 동주東周라고 부른다. 기원전 256년 진秦나라에 멸망되었다. 주나라는 총 800여 년 동안, 34명의 왕이 있었다. 현존하는 "주서"는 무왕武王 · 성왕成王 · 강왕康王 · 목왕穆王 · 평왕平王 시기의 자료로, 총 32편이 남아있다. 이중 금문今文이 19편, 고문古文이 13편이다.

제27편 태서상泰誓上: 태 땅에서의 첫 번째 출정사

해제

태泰는 "크다"는 의미. 태는 《사기》에는 "태太", 《국어國語》에는 "대大"로 되어 있다. 고대 중국어에서 "태泰"·"태太"·"대大"는 음과 뜻이 같다. 서誓는 군대가 출정하기 전에 군사들을 모아놓고 하는 훈시를 말한다.

본편은 주 무왕이 상나라를 치기 위해 제후들의 군대를 모아 놓고 한 말이다. 《사기·주본기周本紀》에는 "무왕이 제후들에게 일러 말했다. '은나라는 큰 죄를 지었으니, 끝내 정벌하지 않을 수 없소.' 이에 문왕을 받들어 전차 300백대, 용맹한 군사 3,000명, 갑옷을 입은 병사 45,000명을 이끌고 동쪽으로 주를 정벌하러 갔다. 문왕 11년 12월 무오일, 군사들이 모두 맹진을 넘자 제후들이 모두 모여들었다. 무왕이 말했다. '부지런히 힘쓰고 게으름을 피우지 말라.' 무왕은 곧 〈태서〉를 지었다. 武王遍告諸侯曰: "殷有重罪, 不可以不畢伐." 乃遵文王, 遂率戎車三百乘, 虎賁三千人, 甲士四萬五千人, 以東伐紂. 十一年十二月戊午, 師畢渡孟津, 諸侯咸會, 曰: "孳孳無怠!" 武王乃作〈泰誓〉."라고 하였다.

주 문왕의 모습(周文王)

본편은 금문에는 없고, 고문에는 있다.

1

주 문왕 11년, 무왕은 은나라를 쳤다. 13년 1월 무오일, 군대가 맹진에서 황하를 건너자, 《태서》 3편을 지었다.

惟十有一年, 武王伐殷. 一月戊午, 師渡孟津, 作《泰誓》三篇.

○十有一年(십유일년): 주 문왕 11년을 말함. 문왕의 뒤를 이은 무왕은 아버지의 유업을 계승하고자 연호를 바꾸지 않고 그대로 사용했음. ○一月戊午(일월무오): 주 문왕 13년 정월 28일을 말함. 《상서정독》은 "《한서·율력지》는 은나라를 치고자 군사를 둘러본 것은 11년의 일이고, 1월 무오일 군사들이 맹진을 건넌 것은 13년의 일이다. 《서서》의 '일월'에는 '십삼년' 세 글자가 있어야 할 것 같다(《志》以伐殷觀兵爲十一年事, 一月戊午師渡孟津爲十三年事, 似《書序》'一月'上當有'十三年'三字)."라고 했다. ○孟津(맹진): 황하에 있는 나루터 이름. 지금의 하남성 맹진현(孟津縣).

2

13년 봄, 주 무왕은 맹진에서 제후들과 회동했다.

惟十有三年春大會于孟津.

○會(회): 모이다, 회동하다.

문왕이 맹진에서 제후와 회동하는 그림(大會孟津圖)

3

무왕이 말했다. "아! 짐의 우방인 제후와 짐의 일을 처리하는 대소 관리들이여! 짐의 훈시를 잘 들으시오. 천지는 만물의 부모이고, 사람은 만물의 영장이오. 정말로 총명한 사람이라야 군주가 되는 것이오. 군주는 만백성의 부모가 되어야 하오.

王曰: "嗟! 我友邦冢君越我御事庶士,

明聽誓. 惟天地萬物父母, 惟人萬物之靈. 亶聰明, 作元后, 元后作民父母.

○友邦(우방): 우방국. ○冢君(총군): 주 무왕을 따라 상나라를 정벌하기 위해 따라 나선 제후들. ○越(월): ～와. ○御事(어사): 정무를 처리하다. "어"는 주관하다, 다스리다. ○誓(서): 군사들에게 하는 훈시. ○作(작): 되다. ○元后(원후): 천자.

상나라 주왕의 모습 (紂王)

4

지금 상나라 임금 수受는 하늘을 공경하지 않고, 백성들에게 재앙을 내리고 있소. 술에 빠지고 여색을 탐하며, 폭행과 살상을 자행하고 있소. 죄인에게는 그 가족까지 처형하고, 관리에게는 대대로 관직을 세습하도록 하오. 그는 궁궐과 누각을 짓고 연못을 파고 사치스런 옷들을 만들며, 우리 백성들을 잔혹하게 해치고 있소. 또 충직하고 양심 있는 사람들을 태워 죽이고, 임신한 여인의 배를 가르기까지 했소. 하늘은 진노하며, 짐의 부친이신 문왕께 하늘의 위엄을 삼가 받들어 시행하라 명했소. 그러나 애석하게도 부친께서는 명을 완성하지 못했소.

今商王受, 弗敬上天, 降災下民. 沈湎冒色, 敢行暴虐, 罪人以族, 官人以世, 惟宮室、臺榭、陂池、侈服, 以殘害于爾萬姓. 焚炙忠良, 刳剔孕婦. 皇天震怒, 命我文考, 肅將天威, 大勳未集.

○受(수): 상나라 주왕의 이름. ○沈湎(침면): 술에 빠짐. ○冒色(모색): 여색을 탐함. "모"는 탐하다. ○族(족): 멸족시킴. ○世(세): 대대로 세습함. ○臺榭

(대사): 누각. "대"는 흙을 높이 쌓아 사방을 볼 수 있게 만든 건물. "사"는 대(臺) 위에 지은 정자. ○陂池(피지): 연못. "피"는 연못. ○侈服(치복): 사치스런 옷. ○焚炙(분구): 태우다. ○刳剔(고척): 살을 갈라 뼈를 발라내는 것. ○文考(문고): 문왕을 말함. "고"는 돌아가신 아버지. ○將(장): 시행하다, 행하다. ○勳(훈): 공업. ○集(집): 이루다.

5

예전에 이 보잘 것 없는 희발姬發(무왕의 이름)은 여기 계신 우방국의 제후들과 상나라의 정치를 살핀 적이 있었소. 당시 수는 잘못을 뉘우치기는커녕 더욱 오만방자했소. 또 상제와 천지신령께 제사를 올리지 않았으며, 선조의 종묘사직을 버려두고 제사도 지내지 않았소. 제사에 쓰이는 가축과 제기에 담아둔 기장밥도 흉악한 도적에게 모두 빼앗길 정도였소. 이런데도 그는 '짐에게는 백성이 있고 천명이 있다.'라고 말했소. 정말이지 자신의 오만함 을 고칠 줄 모르고 있었소. 하늘이 백성들을 보우하시어, 임금과 관리들을 세워주셨소. 그러니 우리가 상제를 보좌해 천하의 백성들을 지키고 안정시켜야 할 것이오. 죄가 있으면 처벌하고, 죄가 없으면 사면 받을 것이오. 짐이 어찌 감히 하늘의 뜻을 어기겠소?

肆予小子發, 以爾友邦冢君, 觀政于商. 惟受罔有悛心, 乃夷居, 弗事上帝神祇, 遺厥先宗廟弗祀. 犧牲粢盛, 旣于凶盜. 乃曰: '吾有民有命!' 罔懲其侮. 天佑下民, 作之君, 作之師, 惟其克相上帝, 寵綏四方. 有罪無罪, 予曷敢有越厥志?

○肆(사): 때문에, 예전에. ○發(발): 무왕의 이름. ○悛心(전심): 뉘우치는 마음, 회개하는 마음. ○乃(내): 오히려, 도리어. ○夷居(이거): 거만하고 무례함. "이"는 "거(倨)"와 통함. "거"는 거만하다. ○犧牲(희생): 제사 때 제물로 쓰이는 가축. ○粢盛(자성): 제기에 담아둔 기장밥. ○旣(기): 다하다. 도적에게 모두 빼앗긴다는 의미. ○懲(징): 잘못을 뉘우치고 고침. ○侮(모): 오만함.

○作(작): 세우다. ○寵(총): 아끼다, 지키다. ○有罪無罪(유죄무죄): 죄가 있으면 처벌하고 죄가 없으면 사면한다는 의미. ○越(월): 어조사. 의미가 없음. ○厥志(궐지): 그 뜻. 이곳에서는 하늘의 뜻을 의미.

6

양국의 힘이 같으면 덕으로 겨루고, 덕이 같으면 의로 겨루어야 하오. 수에게는 수많은 신하가 있지만 마음은 제각각이오. 짐에게는 삼천의 신하가 있지만 마음은 하나이오. 상나라 주왕은 너무도 많은 죄를 저질렀기 때문에 하늘은 짐에게 그를 없애라고 명했소. 짐이 하늘의 명을 따르지 않으면, 그 죄가 주왕과 같아질 것이오. 나 이 보잘 것 없는 사람은 아침저녁으로 늘 조심스럽고 두렵기만 하오. 선친이신 문왕의 종묘에서 상나라를 치라는 명을 받아, 상제께 제를 올리고, 지신과 곡신에게도 제를 올렸소. 그런 후 그대들을 이끌고, 상나라에 하늘의 벌을 시행하려고 하오. 하늘은 백성들을 가엾게 여기시오. 하늘은 백성들이 바라는 것을 반드시 들어주실 것이오. 그대들은 짐을 보필하여, 오래오래 천하를 평안하게 해주시오. 때를 놓쳐서는 안 되오!"

同力度德, 同德度義. 受有臣億萬, 惟億萬心; 予有臣三千, 惟一心. 商罪貫盈, 天命誅之. 予弗順天, 厥罪惟鈞. 予小子夙夜祗懼, 受命文考, 類于上帝, 宜于冢土, 以爾有衆, 底天之罰. 天矜于民, 民之所欲, 天必從之. 爾尙弼予一人, 永清四海. 時哉弗可失!"

○度(탁): 헤아리다. ○貫盈(관영): 꿰찰 만큼 가득하다. 죄가 매우 많음을 의미. ○鈞(균): 같다. ○夙夜(숙야): 아침저녁으로. ○類(류): 제사 이름. 임금의 먼 곳에 나가거나 군사를 일으킬 때와 같은 국가적인 중대한 일이 있을 때 하늘에 올리는 제사. ○宜(의): 제사 이름. 땅의 신에게 지내는 제사. ○冢土(총토): 땅의 신, 지신. ○以(이): 거느리다. ○底(저): 이루다. ○清(청): 맑게 하다, 평안하게 하다. ○時(시): 때, 시기.

제28편 태서중泰誓中: 상나라를 쳐야 할 이유

해제

본편은 주 무왕이 군대를 이끌고 맹진에서 황하를 건너 황하의 북쪽 언덕에 주둔한 후에 군사들에게 한 훈시이다. 천의와 인사를 가지고 상나라를 쳐야 한다는 명분을 밝히고 군사들을 격려하는 내용이다. 송나라 사람 임지기林之奇는 《상서집해尙書集解》에서 "상편에는 군사들에게 훈시한 시간을 밝히지 않았지만 중편에서 '무오일, 임금은 황하의 북쪽 언덕에 주둔했다'라고 한 것으로 보아, 상편은 정사일, 즉 황하의 남쪽에서 맹진을 건너기 전에 지어진 것임을 알 수 있다. 중편은 무오일로, 황하를 건너 황하의 북쪽에 주둔한 후에 훈시한 것이다. 上篇雖不明言所以誓師之日, 然以中篇曰: '惟戊午, 王次于河朔', 則知上篇當是丁巳日, 尙在河南未渡孟津時所作, 旣誓師而渡河也. 中篇則是戊午日, 旣渡而次舍于河之北所誓也."라고 했다.
본편은 상편과 서가 같다. 금문에는 없고, 고문에는 있다.

1

무오일, 주 무왕은 황하 북쪽에 주둔했다. 여러 제후들이 군사를 이끌고 이곳에 모였다. 무왕이 군사들을 둘러보고 훈시했다. "아! 서쪽에서 온 장병들이여, 짐의 말을 잘 들으시오. 짐은 착한 사람은 하루 종일 착한 일을 해도 부족하며, 나쁜 사람은 하루 종일 나쁜 일을 해도 부족하다고 들었소. 지금 상나라 임금 수는 법도에 맞지 않은 일을 마구 자행하고 있소. 충직한 노신들을 버리고, 죄인들을 가까이 하고 있소. 또 술에 빠져 난폭한 행동을 일삼고 있소. 신하들도 그에게 동화되어버렸소. 신하라는 사람들이 붕당을 만들어 서로 원수처럼 보고 있소. 그들은 권력으로 으르며 서로를 없애려고 하오. 무고한 이들이 하늘에 호소하니, 주

황하의 북쪽에서 군사들에게 출정을 알리는 그림
(河朔誓師圖)

왕의 악행이 만천하에 드러났소.

惟戊午, 王次于河朔. 群后以師畢會, 王乃徇師而誓曰: "嗚呼! 西土有衆, 咸聽朕言. 我聞吉人爲善, 惟日不足; 凶人爲不善, 亦惟日不足. 今商王受, 力行無度, 播棄犁老, 昵比罪人. 淫酗肆虐, 臣下化之, 朋家作仇, 脅權相滅. 無辜籲天, 穢德彰聞.

○惟(유): 어기사. 의미가 없음. ○戊午(무오): 1월 28일을 말함, 무왕이 황하를 건넌 날. ○次(차): 머무르다, 주둔하다. ○河朔(하삭): 황하의 북쪽. ○以師(이사): 군대를 이끌다. ○畢(필): 모두. ○徇(순): 순시하다, 둘러보다. ○西土有衆(서토유중): 서쪽에서 온 장병들. 주나라의 도성인 풍(豊) 땅과 호(鎬) 땅은 서쪽에 있었음. 또 상나라를 치기위해 무왕을 따라 황하를 건넌 군대는 모두가 서쪽의 제후들이었음. ○吉人(길인): 착한 사람. ○凶人(흉인): 나쁜 사람. "길인"과 반대개념. ○播棄(파기): 버리다, 내던지다. ○犁老(이로): 나이가 연로한 사람. 이곳에서는 나이가 많고 덕망 높은 노신. "이"는 사람이 늙어 피부가 검고 누런 것. ○昵比(닐비): 가까이하다. "닐"과 "비"는 모두 가까이하다. ○肆虐(사학): 난폭한 일을 마구 저지르는 것. ○化(화): 동화되다. ○朋家(붕가): 붕당을 이룸. ○脅權(협권): 권력으로 으르는 것. "협"은 으르다. ○籲(우): 호소하다. ○穢德(예덕): 악행. "예"는 더럽다. ○彰聞(창문): 드러나 알려짐.

2

하늘은 백성을 아끼고, 군주는 하늘을 받들어야 하오. 하나라 걸은 하늘을 따르지 않아, 만천하에 큰 피해를 끼쳤소. 하늘은 성탕을 지지하여 그에게 하나라의 국운을 끊어버리라고 명했소. 수의 죄는 하나라 걸보다 더 크오. 착하고 어진 신하들을 박해하고 쫓아냈으며, 충간하는 신하들을 무자비하게 살해했소. 그러고도 자신은 천명을 받았다니, 하늘은 공경할 것이 못된다니, 제사를 지내는 것은 무익하다니, 난폭한 행동은 해도 괜찮다니 등의 말을 해대고 있소. 그가 거울로 삼아야 할 대상은 먼 곳에 있는 것이 아닌, 바로 저 하나라 걸인 것이오. 하늘은 짐에게 백성을 잘 다스리라고 했소. 짐의 꿈과 짐이 친 점이 일치하였소. 좋은 징조들이 거듭되고 있으니, 상나라를 치면 반드시 승리할 것이오. 수는 수많은 평민들을 거느리고 있지만 사람들의 몸과 마음은 그를 떠나고 있소. 짐에게는 세상을 다스리는 신하가 열 명이 있으나, 짐과 그들은 한 마음 한 뜻이오. 수에게는 측근들이 있지만 이들은 짐의 어진 사람들만 못하오.

惟天惠民, 惟辟奉天. 有夏桀弗克若天, 流毒下國. 天乃佑命成湯, 降黜夏命. 惟受罪浮于桀. 剝喪元良, 賊虐諫輔. 謂己有天命, 謂敬不足行, 謂祭無益, 謂暴無傷. 厥監惟不遠, 在彼夏王. 天其以予乂民, 朕夢協朕卜, 襲于休祥, 戎商必克. 受有億兆夷人, 離心離德; 予有亂臣十人, 同心同德. 雖有周親, 不如仁人.

○惠(혜): 아끼다. ○流毒(유독): 큰 해를 끼치다. ○下國(하국): 하늘 아래의 나라. 천하를 말함. ○降黜(강출): 없애라는 명을 내리다. ○浮(부): 넘다, 더하다. ○剝喪(박상): 박해하고 멀리 쫓아냄. ○元良(원량): 착하고 어진 사람. ○賊虐(적학): 잔인하게 살해하다. ○諫輔(간보): 간언을 한 신하. ○監(감): 본보기로 삼다. ○夏王(하왕): 하나라 걸왕. ○以(이): ~로써. ○協(협): 들어맞다, 일치하다. ○襲(습): 거듭되다, 거듭 쌓이다. ○休祥(휴상): 좋은 징조. ○戎(융): 치다, 정벌하다. ○億兆(억조): 무수히 많음을 형용. ○夷人(이인): 평범한 사람, 범인(凡人). "이"는 평범하다. ○亂臣十人(난신십인): 나라를 다스릴 수 있는 10명의 신하. 주공단(周公旦)·소공석(召公奭)·태공망(太公望)·필공(畢公)·영공(榮公)·태전(太顚)·굉요(閎夭)·산의생(散宜生)·남궁적(南宮適)·읍강(邑姜)을 말함. "난"은 다스리다. ○周親(주친): 아주 가까운 신하. "주"는 매우·지극히.

3

하늘이 보는 것은 우리 백성들이 보는 것이며, 하늘이 듣는 것은 우리 백성들이 듣는 것이오. 백성들은 짐이 아직도 상나라의 주를 치지 않는다고 원망하고 있소. 지금 짐은 민심을 따라 상나라를 치러 가야만 하오. 우리의 힘을 떨쳐봅시다, 저들의 땅으로 들어가, 저 흉악하고 잔인한 인간을 잡으십시다. 우리의 출정은 크게 성공할 것이오. 하나라 임금 걸을 쳤던 성탕대왕보다 더욱 빛날 것이오. 분발해주시오, 장병들이여! 우리가 두려워해야 할 것은 없소, 저들은 우리의 적수가 되지 못한다고 생각하시오. 백성들은 지금 공포와 두려움에 떨고 있소. 그들은 산이 무너지듯 머리를 땅에 부딪치며 살려달라고 애원하고 있단 말이오. 아아! 그대들은 마음과 행동을 일치시켜 대업을 이루어야 하오. 그래야 백성들이 평화로운 세상에서 영원히 살 수 있을 것이오."

天視自我民視, 天聽自我民聽. 百姓有過, 在予一人, 今朕必往. 我武惟揚, 侵于之疆, 取彼凶殘. 我伐用張, 于湯有光. 勖哉, 夫子! 罔或無畏, 寧執非敵. 百姓懍懍, 若崩厥角. 嗚呼! 乃一德一心, 立定厥功, 惟克永世."

○過(과): 책망하다, 원망하다. ○武(무): 힘, 무력. ○之疆(지강): 저들의 영토. 상나라를 말함. ○侵(침): 들어가다. ○凶殘(흉잔): 흉악하고 잔인함. 주왕을 말함. ○伐(벌): 정벌, 출정. ○用(용): 얻다. ○張(장): 크다. 크게 성공한다는 의미. ○于(우): ~보다. ○有光(유광): 빛나다, 영광이 더해지다. ○勖(욱): 힘쓰다, 분발하다. ○夫子(부자): 장병들. ○寧(녕): 차라리. ○執(집): 가지다. ○非敵(비적): 적수가 되지 않음. ○懍懍(늠름): 두려워하는 모양. ○崩厥角(붕궐각): 산이 무너지듯 머리를 땅에 세게 부딪치는 것. "궐"은 땅에 머리를 조아리는 것. "각"은 머리. ○一德一心(일덕일심): 마음과 행동을 일치시킴.

제29편 태서하泰誓下: 태 땅에서의 두 번째 출정사

해제

본편은 무오일 다음날 군대가 출발하기 전에 주 무왕이 한 훈시이다. 이곳에서 주 무왕은 상나라 주왕의 죄상을 열거하며 주왕은 이미 백성들의 적이 되었기 때문에 그를 치는 것은 민의를 따르는 것이라고 말했다.

본편은 〈태서상泰誓上〉과 서문이 합해져 있다.

본편은 금문에는 없고, 고문에는 있다.

1

무오일의 다음날, 무왕은 제후의 군사들을 대대적으로 순시하고, 전 장병들에게 훈시했다.

時厥明, 王乃大巡六師, 明誓衆士.

○厥明(궐명): 그 다음날. 무오일의 다음날을 말함. ○六師(육사): 제후의 군대.

2

무왕이 말했다. "아! 서쪽에서 온 장병들이여! 하늘에는 분명한 법도가 있소. 우리는 그 법도를 선양해야 할 것이오. 지금 상나라 임금 수는 오륜五倫을 무시하고 있소. 그는 이를 버려두고 거드름을 피우며 공경하지 않소. 그리하여 하늘로부터 버림을 받고, 백성들과 원수가 되어버렸소. 그는 겨울날 아침에 강을 건너는 사람의 정강이를 잘랐고, 어진 이의 심장을 도려내었소. 이렇게 위엄을 부리고 살육을 자행하여, 천하

정강이를 자르고 심장을 도려내는 그림
(斮脛剖心圖)

에 막대한 피해를 주었소. 간사한 신하들을 총애하고, 태사와 태보(귀족자제들의 교육을 담당하는 관직)를 쫓아내고, 법도를 무시하고, 올바른 신하들을 감금하여 노역을 시켰소. 또 하늘과 땅에 제사를 올리지 않았으며, 종묘에도 제사를 지내지 않았소. 기이한 재주와 지나친 기교로 여인들을 즐겁게 하기까지 했소. 상제는 그를 따르지 아니하고, 단호하게 나라가 망하는 벌을 내렸소. 그대들은 짐을 보좌하는데 전력을 다해, 하늘이 상나라에 내린 벌을 삼가 행해 주시오.

王曰: "嗚呼! 我西土君子, 天有顯道, 厥類惟彰. 今商王受, 狎侮五常, 荒怠弗敬. 自絶于天, 結怨于民. 斮朝涉之脛, 剖賢人之心, 作威殺戮, 毒痛四海. 崇信姦回, 放黜師保, 屛棄典刑, 囚奴正士, 郊社不修, 宗廟不享, 作奇技淫巧, 以悅婦人. 上帝弗順, 祝降時喪. 爾其孜孜, 奉予一人, 恭行天罰.

○君子(군자): 장병. 병사들을 높여 부른 말. ○類(류): 법도. ○狎侮(압모): 업신여기다, 무시하다. "압"은 가벼이 보다, 업신여기다. ○五常(오상): 오륜을 말함. 아버지는 의로워하고, 어머니는 인자해야 하고, 형은 우애로워야 하고, 동생은 공경해야 하고, 자식은 효도해야 한다는 것을 말함. ○荒怠(황태): 버려두고 태만히 함. ○絶于天(절우천): 하늘로부터 끊어짐. 하늘로부터 버림을 받았다는 의미. ○結怨(결원): 원수가 됨. ○斮朝涉之脛(착조섭지경): 아침에 강을 건너는 사람의 정강이를 자름. "착"은 베다. "경"은 정강이. 《상서공씨전》은 "(주왕 수가) 겨울날 아침에 강을 건너는 사람을 보더니, 그의 정강이가 추위를 잘 견딘다고 하며, 그의 정강이를 잘라 보았다(冬月見朝涉水者, 謂其脛耐寒, 斮而視之)."라고 했다. ○剖賢人之心(부현인지심): 어진 사람의 심장을 도려냄. 이곳의 "어진 사람"은 비간(比干)을 말한. 비간이

올바른 말로 주왕에게 직언하자 주왕은 충신의 마음은 보통 사람과 다르다며 그의 가슴을 갈라 심장을 꺼내보았다는 이야기. ○毒痡(독포): 해를 끼치다. “포”는 괴롭히다. ○崇信(숭신): 높이고 총애함. ○姦回(간회): 간사함 사람. “회”는 간사하다. ○放黜(방출): 쫓아내 멀리 보냄. ○師保(사보): 귀족의 자제들을 가르치는 관리. 태사(太師)와 太保(태보)를 말함. ○屛棄(병기): 물리치고 버림. ○典刑(전형): 일상적인 법도. “형”은 법. ○囚奴(수노): 감금하고 노역을 시킴. ○正士(정사): 올바른 신하. ○郊(교): 하늘에 지내는 제사. ○社(사): 땅에 지내는 제사. ○修(수): 거행하다, 행하다. ○享(향): 제사지내다. ○奇技(기기): 기이한 재주. ○淫巧(음교): 지나친 기교. ○婦人(부인): 주왕의 비(妃)인 달기(妲己)를 말함. ○祝(축) 단호하게. “단(斷)”과 통함. ○孜孜(자자): 힘쓰다, 열심히 하다.

3

옛 사람은 ‘우리를 돌보는 사람이 우리의 군주이고, 우리를 학대하는 사람이 우리의 원수이다’고 말했소. 고립무원의 처지인 수는 온갖 만행을 자행하고 있으니, 지금 그대들의 원수인 것이오. 덕은 계속 퍼져나가게 하고, 사악함은 뿌리까지 없애야 하는 것이오. 이 때문에 이 보잘것 없는 사람이 그대들을 이끌고 그대들의 원수를 섬멸하려는 것이오. 그대들은 용감하고 강인한 정신으로 나아가 그대들의 군주가 이루려 했던 일을 완성해주시오. 공이 많은 자는 큰 상을 받을 것이고, 명령을 따르지 않는 자는 죽임을 면치 못할 것이오.

古人有言曰: ‘撫我則后, 虐我則讎.’ 獨夫受洪惟作威, 乃汝世讎. 樹德務滋, 除惡務本, 肆予小子誕以爾衆士殄殲乃讎. 爾衆士其尙迪果毅, 以登乃辟. 功多有厚賞, 不迪有顯戮.

○撫(무): 돌보다, 어루만지다. ○獨夫(독부): 백성들로부터 버림을 받아 혼자가 된 사람. 주왕을 말함. ○洪(홍): 크다. ○世讎(세수): 지금의 원수. ○務(무): 힘써~해야 한다. ○滋(자): 자라나다. ○本(본): 뿌리. 이곳에서는 뿌리를 뽑는다는 의미. ○誕(탄): 크게. ○以(이): 이끌다. ○殄殲(진섬): 섬멸하다.

○迪(적): 나아가다. ○登(등): 이루다, 성취하다. ○辟(벽): 임금. ○迪(적): 따르다. ○顯戮(현륙): 공개적으로 처형함.

주 문왕의 모습 (周文王)

4

아아! 짐의 선친이신 문왕의 덕행은 일월이 비추는 것처럼 사방을 비추었소. 특히 서쪽 땅에서 밝게 빛났소. 그리하여 우리 주나라는 여러 제후국의 추종을 받았소. 짐이 수를 이긴다면, 이것은 짐이 용맹해서가 아니오. 짐의 선친이신 문왕께서 과오가 없었기 때문이오. 수가 짐을 이긴다면, 짐의 선친이신 문왕께서 과오가 있어서가 아니오. 이 보잘 것 없는 사람이 어질지 못한 탓이오."

嗚呼! 惟我文考若日月之照臨, 光于四方, 顯于西土. 惟我有周誕受多方. 予克受, 非予武, 惟朕文考無罪; 受克予, 非朕文考有罪, 惟予小子無良."

○文考(문고): 문왕을 말함. "고"는 돌아가신 아버지. ○光(광): 비추다. ○受(수): 아끼다, 가까이하다. 이곳에서는 추종을 받는다는 의미. 《광아·석고(釋詁)》에는 "'수'는 '가까이하다'는 의미이다(受, 親也)."라고 했다. ○多方(다방): 여러 지역의 제후국. ○武(무): 용맹하다. ○良(량): 어질다, 훌륭하다.

제30편 목서牧誓: 목 땅에서의 출정사

해제

목牧은 목야牧野로, 지명이다. 상商나라의 수도 조가朝歌에서 남쪽으로 70리 떨어진 곳에 있다. 지금의 하남성河南省 기현淇縣 남쪽이다. 본편은 주 무왕이 목야에서 주왕紂王과 전쟁을 하기 전에 군사들에게 한 훈시이기 때문에 편명을 〈목서〉라고 했다.
본편은 금문과 고문에 모두 보인다.

1

무왕이 전차 300량과 용사 3,000명을 이끌고, 목야에서 주왕 수와 전투를 벌였다. 이것으로 《목서》를 지었다.

武王戎車三百兩, 虎賁三百人, 與受戰于牧野, 作《牧誓》.

○戎車(융거): 전쟁용 수레, 전차. ○兩(량): 대(수레를 세는 양사). ○虎賁(호분): 호랑이처럼 날쌔고 용감한 병사들. ○牧野(목야): 지명. 상나라의 수도 조가(朝歌)에서 남쪽으로 70리 떨어진 곳에 있었다고 함. 지금의 하남성 기현(淇縣) 남쪽.

2

갑자일 동이 틀 무렵, 주 무왕은 상나라의 수도 조가朝歌 교외에 있는 목야에 도착하여, 장병들에게 훈시했다. 무왕은 왼손에 노란 청동도끼를 잡고, 오른손에는 지휘용으로 사용하는 쇠꼬리로 만든 기를 쥐고 있었다. 무왕이 말했다. "정말 먼 길을 왔다, 서쪽에서 온 장병들이여!" 무

목야에서 군사들에게 출정을 알리는 그림
(牧野誓師圖)

왕이 계속 말했다. "아! 우리의 우방 제후와 각급 관리들 그리고 사도·사마·사공·아려·사씨·천부장·백부장(이상은 관직명)을 비롯한 용·촉·강·무·미·노·팽·복(이상은 주나라 서남쪽에 있던 제후국) 사람들이여, 그대들의 창을 들고, 그대들의 방패를 나란히 정렬하고, 그대들의 긴 창을 세우시오. 짐이 전쟁의 기율을 알리겠소."

時甲子昧爽, 王朝至于商郊牧野, 乃誓. 王左杖黃鉞, 右秉白旄以麾, 曰: "逖矣, 西土之人!" 王曰: "嗟! 我友邦冢君御事, 司徒、司馬、司空, 亞旅、師氏, 千夫長、百夫長, 及庸、蜀、羌、髳、微、盧、彭、濮人. 稱爾戈, 比爾干, 立爾矛, 予其誓."

○갑자(甲子): 갑자일. 무왕 즉위 제13년의 2월 5일을 말함. ○昧爽(매상): 날이 밝아 올 무렵. 《설문해자》에는 "매상은 아침이 밝는 것이다(昧爽, 旦明也)"라고 했다. ○杖(장): 잡다, 쥐다. ○黃鉞(황월): 청동으로 만든 노란 도끼. "월"은 큰 도끼. ○旄(모): 쇠꼬리로 만든 기(旗). ○麾(휘): 지휘하다. "휘(揮)"와 통함. ○逖(적): 멀다. 이곳에서는 멀리서 왔음을 의미. ○冢君(총군): 상나라를 치기 위해 무왕을 따라온 제후들. "총"은 크다. ○司徒(사도): 백성들을 다스리는 관리. ○司馬(사마): 군사를 다스리는 관리. ○司空(사공): 토지를 다스리는 관리. ○亞旅(아려): 상대부(上大夫). 군사를 다스리는 관리. ○師氏(사씨): 중대부(中大夫). 군사를 다스리는 관리. ○千夫長(천부장): 천 명의 군사를 거느리는 군관. ○百夫長(백부장): 백 명의 군사를 거느리는 군관. ○庸(용): 주나라 서쪽에 있는 제후국. 지금의 호북성 죽산현(竹山縣) 동남쪽. ○蜀(촉): 주나라 서쪽에 있는 제후국. 지금의 섬서성 한중현(漢中縣) 동남쪽. ○羌(강): 주나라 서쪽에 있는 제후국. 지금의 감숙성과 사천성 접경 지역. ○髳(무): 주나라 서쪽에 있는 제후국. 지금의 산서성 서남쪽. ○微(미):

주나라 서쪽에 있는 제후국. 지금의 섬서성 미현(眉縣) 인근. ○盧(로): 주나라 서쪽에 있는 제후국. 지금의 호북성 선성(宣城) 서남쪽. ○彭(팽): 주나라 서쪽에 있는 제후국. 지금의 호북성 방현(房縣)과 곡성(谷城) 사이 지역. ○濮(복): 주나라 서쪽에 있는 제후국. 지금의 호북성 운현(鄖縣)과 하남성 등현(鄧縣) 사이 지역. ○稱(칭): 들다. ○戈(과): 한 두 개의 가지가 있는 창. ○比(비): 나란히 정열하다. ○矛(모): 뾰족한 쇠를 긴 나무자루에 박아 적을 찌르는 창.

3

무왕이 말했다. "옛 사람은 '암탉은 새벽에 울지 않는다. 암탉이 새벽에 울면, 집안은 망한다.'라고 하였소. 지금 상나라 임금 수는 여인네의 말만 듣고, 조상의 제사를 아무렇게나 내팽개치고 묻지 아니하오. 또 살아있는 선왕의 부모와 형제들을 버려두고 기용하지 않소. 사방에서 죄를 짓고 도망을 온 사람들을 추종하고 존경하고 신임하고 기용했소. 또 그들에게 경사나 대부 같은 높은 관직을 내렸소. 이들은 백성들을 학대하고, 상나라의 도시를 마구 어지럽혔소. 지금 나 희발姬發(무왕의 이름)은 하늘이 내린 벌을 삼가 행하려고 하오. 오늘의 전쟁에서, 행군할 때는 여섯 일곱 걸음을 넘지 말고, 전열이 정비될 때까지 기다리시오. 장병들이여 힘써주시오! 공격할 때는 네 번·다섯 번·여섯 번·일곱 번을 넘지 말고, 전열이 정비될 때까지 기다리시오. 힘써주시오 장병들이여! 바라건대 상나라의 수도 조가의 교외에 가서, 호랑이·표범·곰·말곰처럼 용맹하게 싸워주시오. 상나라의 군사 중 투항하여 우리 주나라를 돕는 사람들은 죽이지 마시오, 힘쓰시오 장병들이여! 최선을 다해 전쟁을 수행하지 않는다면, 그대들은 죽음을 면치 못할 것이오!"

王曰: "古人有言曰: '牝鷄無晨. 牝鷄之晨, 惟家之索.' 今商王受惟婦言是用, 昏棄厥肆祀弗答, 昏棄厥遺王父母弟不迪, 乃惟四方之多罪逋逃, 是崇是長, 是信是使, 是以爲大夫卿士. 俾暴虐于百姓, 以姦宄于商邑.

今予發惟恭行天之罰. 今日之事, 不愆于六步、七步, 乃止齊焉. 夫子勗哉! 不愆于四伐、五伐、六伐、七伐, 乃止齊焉. 勗哉夫子! 尙桓桓, 如虎如貔, 如熊如羆, 于商郊. 弗迓克奔以役西土, 勗哉夫子! 爾所弗勗, 其于爾躬有戮!"

○牝鷄(빈계): 암탉. ○晨(신): 새벽. 새벽에 우는 의미. ○索(삭): 없어지다, 망하다. ○昏棄(혼기): 무시하고 버려둠. ○肆祀(사사): 조상에게 제사를 지내는 것. "사"는 조상에게 지내는 제사 이름. ○答(답): 묻다. ○迪(적): 등용하다. ○逋逃(포도): 죄를 짓고 도망친 사람들. "포"는 도망가다. ○崇(숭): 높이다, 추종하다. ○長(장): 존경하다. ○信(신): 신임하다. ○使(사): 사용하다. ○姦宄(간귀): 나라 안팎에서 법을 어기고 소란을 피우는 것. ○愆(건): 넘다. ○止(지): 기다리다. ○齊(제): 전열을 정비함. ○夫子(부자): 장병들. ○勗(욱): 힘쓰다. ○伐(벌): 치고 찌름. 한번 치고 찌르는 것을 일벌(一伐)이라 함. ○桓桓(환환): 굳세다, 용맹하다. ○貔(비): 표범. ○羆(비): 말곰. ○于(우): 가다. ○迓(아): 적을 맞이하다. ○奔(분): 투항하러 오는 사람. ○役(역): 돕다. 《광아 · 석고(釋詁)》는 "돕다(助也)."라고 했다. ○西土(서토): 주나라. ○所(소): 만약. 《경전석사》는 "'소'는 '만약'과 같은 의미이다(所, 猶若也)."라고 했다.

제31편 무성武成: 어진 정치의 시작

해제

무武는 주 무왕이 상나라를 멸하고 세운 무공武功을 말한다. 성成은 "이루다"는 의미. 본편은 주 무왕이 큰 무공을 세운 후의 정사를 다룬 것을 기록하고 있다. 《사기·주본기周本紀》에는 "소공에게 명해 감옥에 갇혀 있던 기자를 석방하게 했다. 또 필공에게 명해 감옥에 갇혀 있던 백성들을 석방하게 했으며, 상용이 살던 마을에 경의를 표했다. 낭궁괄에게 녹대의 재물과 거교의 곡식을 풀어 가난하고 힘없는 백성들에게 나누어주라고 명했다. 남궁괄과 사일에게 아홉 개의 솥과 보옥을 진열하도록 명하고, 굉요에게 비간의 묘에 봉분을 올리도록 명했으며, 종축에게 죽은 병사의 제사를 지내도록 명했다. 그러고는 군사를 물려 서쪽으로 돌아갔다. 무왕은 행차하며 순시하다가 정사를 기록하여 〈무성〉을 지었다.命召公釋箕子之囚. 命畢公釋百姓之囚, 表商容之閭. 命南宮括散鹿臺之財, 發鉅橋之粟, 以振貧弱萌隸. 命南宮括、史佚展九鼎保玉. 命閎夭封比干之墓. 命宗祝享祠于軍. 乃罷兵西歸. 行狩, 記政事, 作〈武成〉."라고 했다.

본편은 금문에는 없고, 고문에는 있다.

1

주 무왕이 은나라를 정벌했다. 무왕은 은나라를 정벌하고 돌아오는 길에 순시했다. 사관들이 그간의 대사를 기록해, 《무성》을 지었다.

武王伐殷. 往伐歸獸, 識其政事, 作《武成》.

○獸(수): 순시하다. 《상서공전참정》에서 "수"는 "수(狩)"의 가차자라고 했다.
○識(식): 기록하다, 기재하다.

새벽에 상나라를 치러 가는 그림 (朝步于征圖)

화산에 말을 풀어주는 그림 (歸馬華山圖)

2

1월의 임진일, 달빛이 거의 없었다. 다음날인 계사일에 무왕은 새벽에 수도 호경鎬京을 떠나 상나라를 정벌하러 갔다.

惟一月壬辰, 旁死魄. 越翼日, 癸巳, 王朝步自周, 于征伐商.

○방사백(旁死魄): 달빛이 거의 없음. "방"은 가까워지다. "근(近)"과 통함. "사"는 사라짐. "백"은 달빛. ○越(월): ~에 이르다. "급(及)"과 통함. ○翼日(익일): 다음날. ○步(보): 걷다. 출발의 의미. ○自(자): ~로부터. ○周(주): 주나라의 수도인 호경(鎬京)을 말함. 지금의 섬서성 서안시(西安市) 서남쪽의 풍수(灃水) 동쪽. ○于(우): 가다.

3

4월에 달빛이 나기 시작했다. 무왕은 상나라에서 돌아오는 길에 풍豊 땅에 들렀다. 그때부터 전쟁을 멈추고 어진 정치를 시작했다. 이에 말을 화산의 남쪽에 풀어주고, 소를 도림의 들에 놓아주었다. 이것으로 다시는 군사를 일으키지 않을 것임을 천하에 보여주었다.

厥四月, 哉生明, 王來自商, 至于豊. 乃偃武修文, 歸馬于華山之陽, 放牛于桃林之野, 示天下弗服.

○哉生明(재생명): 달빛이 밝아지기 시작함. “재”는 시작하다. “생”은 나타나다. 앞 문장의 “사(死)”와 반대개념. “명”은 달빛이 밝아지는 것. 앞 문장의 “백(魄)”과 통함. ○豊(풍): 문왕 때의 수도. 지금의 섬서성 서안시(西安市) 서남쪽의 풍수(灃水) 서쪽. ○偃武(언무): 전쟁을 멈추다. “언”은 멈추다. ○陽(양): 산의 남쪽. ○桃林(도림): 지명. 지금의 하남성 문향현(閿鄉縣) 서쪽에서 섬서성 동관현(潼關縣) 동쪽에 이르는 곳. ○服(복): 사용하다.

4

4월의 정미일, 무왕은 주나라 종묘에서 제사를 지내려고 했다. 각지의 제후들이 제사를 도우러 신속하게 달려와, 제기들을 놓아주었다. 삼일째 되던 경술일, 하늘과 산천에 제사를 올려, 상나라를 정벌해 무공이 이루어졌음을 크게 고했다.

丁未, 祀于周廟, 邦甸、侯、衛, 駿奔走, 執豆、籩. 越三日, 庚戌, 柴、望, 大告武成.

○邦甸侯衛(방전후위): 각지의 제후들. 주나라는 왕실 주위의 땅을 500리마다 육복(六服), 즉 후복(侯服)·전복(甸服)·남복(男服)·채복(采服)·위복(衛服)·만복(蠻服)으로 나누었음. 이곳의 “전·후·위”는 전복·후복·위복을 말함. 〈우공(禹貢)〉편 참조. ○駿(준): 빠르다. ○豆(두): 나무로 만든 굽이 달린 제기. ○籩(변): 대나무로 짠 굽 높은 과일 담는 제기. ○柴(시): 제사 이름. 섶을 태워 하늘에 지내는 제사. ○望(망): 제사 이름. 산천에 지내는 제사.

5

15일 후, 각국의 제후와 백관들이 왕명을 받으러 수도 호경에 왔다.

旣生魄, 庶邦冢君暨百工, 受命于周.

○기생백(旣生魄): 15일 후. 《서집전》은 “생백은 15일 후를 말한다(生魄, 望後也).”라고 했다. ○庶邦冢君(서방총군): 여러 나라의 제후. “총군”은 제후. ○百工(백공): 백관들.

6

임금이 이렇게 말했다. "아아, 제후들이여! 선왕께서 나라를 세우고 땅을 개척하시고, 공류公劉(주나라의 시조인 후직의 증손자)께서 선왕의 업적을 잘 다져주셨소. 그래서 태왕太王(즉, 고공단보) 때에 왕업의 기틀을 마련할 수 있었소. 그리고 왕계王季(고공단보의 작은 아들이자 문왕의 부친)께서는 왕가의 사업을 부지런히 실천해주셨소. 이분들 때문에 짐의 부친이신 문왕께서는 큰 업적을 이루시어 천명을 받고 천하를 평안하게 할 수 있었소. 큰 나라는 그의 힘을 두려워했고, 작은 나라는 그의 덕을 흠모했소. 그러나 문왕께서는 재위 9년 동안 천하통일의 과업을 이루지 못했소. 지금 이 보잘 것 없는 사람이 그 뜻을 이어받고자 하오. 예전에 상나라가 저지른 죄를 천지신령과 지나가는 명산대천에 고한 적이 있소. '주나라의 도의가 있는 증손자이자 주나라의 임금인 희발이 상나라를 정벌하려고 하나이다. 지금 상나라 임금 수는 무도하고, 하늘이 만든 물건들을 사납게 훼손하며, 백성들을 해치고 있나이다. 그는 또 천하에 죄를 짓고 도망 다니는 자들의 주인이 되었으며, 상나라의 도읍은 죄인들이 모이는 곳이 되었습니다. 이 보잘 것 없는 사람은 뜻이 있는 어진 사람들을 얻었습니다. 삼가 상제의 뜻을 받들어, 저 어지러운 짓을 하는 상나라 임금 수를 막고자 하나이다. 그리하면 중원지역과 사방의 이민족들이 모두 복종할 것입니다. 저는 하늘이 정하신 명을 삼가 받들어, 동쪽을 정벌해 그곳 백성들을 안정시키고자 하나이다. 그곳 백성들은 대나무 광주리에 검고 누런 비단을 담아 폭군을 없애준 우리 주왕에게 감사해 할 것입니다. 백성들은 하늘의 큰 덕에 감동하여, 우리 대 주나라를 따를 것입니다. 여러 신들께서는 제가 많은 백성들을 구제할 수 있도록 도와주시옵소서. 신으로서 부끄러운 일을 하지 않도록 하소서!'"

王若曰: "嗚呼, 群后! 惟先王建邦啓土, 公劉克篤前烈, 至于大王肇基王跡, 王季其勤王家. 我文考文王, 克成厥勳, 誕膺天命, 以撫方夏. 大邦畏其力, 小邦懷其德. 惟九年, 大統未集, 予小子其承厥志. 底商之罪, 告于皇天后土、所過名山大川, 曰: '惟有道曾孫周王發, 將有大正于商. 今商王受無道, 暴殄天物, 害虐烝民, 爲天下逋逃主, 萃淵藪. 予小子旣獲仁人, 敢祗承上帝, 以遏亂略. 華夏蠻貊, 罔不率俾. 恭天成命, 肆予東征, 綏厥士女. 惟其士女, 篚厥玄黃, 昭我周王. 天休震動, 用附我大邑周. 惟爾有神, 尙克相予以濟兆民, 無作神羞!'"

○群后(군후): 여러 제후들. ○先王(선왕): 주나라의 시조인 후직(后稷)을 말함. ○公劉(공류): 후직의 증손. ○前烈(전열): 앞 사람의 공업. ○大王(대왕): 고공단보(古公亶父)를 말함. 고공단보가 기산(岐山) 아래의 주원(周原)에 살며 덕을 행해 민심을 얻어 나라의 기틀을 세운 것을 말함. ○肇(조): 비로소, 처음으로. ○基(기): 기초를 다지다. ○王跡(왕적): 국가의 기틀. ○王季(왕계): 문왕의 부친. ○王家(왕가): 왕가의 사업. ○勳(훈): 공훈, 공적. ○膺(응): 받다. ○方夏(방하): 사방의 중화 땅. ○懷(회): 생각하다. ○九年(구년): 제위에 오른 지 9년. ○大統(대통): 천하통일의 대업. ○底(저): 초래하다, 야기하다. "치(致)"와 통함. ○皇天后土(황천후토): 천지신령. ○曾孫(증손): 제후가 자손으로서 조상에게 자기를 가리켜 하는 말. ○正(정): 정벌하다. "정(征)"과 통함. ○暴殄(폭진): 사납게 없애다, 사납게 해치다. ○天物(천물): 하늘이 만든 물건. 새·짐승·초목을 말함. ○烝民(증민): 백성들. "증"은 많다. ○逋逃(포도): 죄를 짓고 도망 다니는 사람. "포"는 도망가다. ○萃淵藪(췌연수): 연못과 덤불로 모이다. 상나라 도읍에 죄를 짓고 도망 다니는 사람들이 모이는 것을 말함. "췌"는 모이다. "수"는 덤불. ○遏(알): 막다. ○亂略(나략): 나라를 어지럽히는 계략. ○華夏(화하): 중원의 나라들. ○蠻貊(만맥): 사방의 이민족. "만"은 남방의 이민족. "맥"은 북쪽의 이민족. ○俾(비): 따르다, 복종하다. ○恭(공): 삼가 받들다. ○天成命(천성명): 하늘이 이미 정한 명. ○肆(사): 그래서 ○東征(동정): 동쪽으로 정벌하러 감. 상나라는 주나라의 동쪽에 있었기 때문에 주나라가 상나라를 치기 위해서는 동쪽으로 나아가야 했음. ○篚(비): 대나무 광주리. 이곳에서는 동사로 쓰여 대나무 광주리에 담는다는 의미. ○玄黃(현황): 검고 누런 비단. ○昭(소): 나타나다, 표명하다. 이곳에서는 폭군을 없애준 것에 대한 감사를 나타내는 의미. ○天休(천휴): 하늘의 큰 덕. ○震動(진동): 감동하다. ○用(용): 그래서, 때문에. ○附(부): 귀순하다. ○大邑(대읍): 대국. ○爾有神(이유신): 여러 신들. ○相(상): 돕다. ○濟(제): 구제하다. ○作神羞(작신수): 신으로서 부끄러운 일을 하는 것.

7

얼마 후 무오일이 되자, 군사들은 맹진을 건넜다. 계해일, 상나라의 교외에서 진을 치고 하늘의 큰 명을 기다렸다. 갑자일 동이 틀 무렵, 상나라 임금 수는 숲과 같은 대군을 이끌고, 목야에서 주왕의 군대와 싸웠다. 수의 군대는 우리 군사와 적이 되고 싶어 하지 않았다. 앞 열에 있던 군사들이 창을 뒤쪽으로 돌려 뒤쪽 열에 있던 군사들을 공격하자 상나라 군사들은 달아났다. 당시 피가 흘러 절구공이가 떠다닐 정도였다.

既戊午, 師逾孟津. 癸亥, 陳于商郊, 俟天休命. 甲子昧爽, 受率其旅若林, 會于牧野. 罔有敵于我師, 前徒倒戈, 攻于後以北, 血流漂杵.

○既(기): 얼마 후. ○陳(진): 진을 치다. ○旅(려): 군대. ○會(회): 만나 싸움. ○牧野(목야): 지명. 상나라의 수도 조가(朝歌)에서 남쪽으로 70리 떨어진 곳에 있음. 지금의 하남성 급현(汲縣) 북쪽. ○前徒(전도): 앞 열에 있던 군사들. ○倒戈(도과): 창을 반대로 돌려 자기편을 공격함. ○北(배): 달아나다. ○漂(표): 떠다니다. ○杵(저): 절굿공이.

8

군복을 입으시고 은나라를 정벌하시니, 천하가 크게 안정되었다. 이에 상나라의 폭정을 없애고, 옛날 은나라 선왕들의 어진 정치를 따랐다. 감옥에 수감되어 있던 기자를 풀어주고, 비간의 묘를 다시 세웠으며, 상용이 살았던 마을에 경의를 표했다. 녹대에 쌓여있던 재물과 거교에 저장되어 있던 곡식들을 백성들에게 나누어주었다. 또 천하에 큰 상을 내리니, 만백성들이 기뻐하고 따랐다.

一戎衣, 天下大定. 乃反商政, 政由舊. 釋箕子囚, 封比干墓, 式商容閭. 散鹿臺之財, 發鉅橋之粟, 大賚于四海, 而萬姓悅服.

○戎衣(융의): 군복. 군복을 입고 주왕을 없앤 것을 말함. ○反(반): 뒤집다. ○用(용): 따르다. ○封(봉): 흙을 더하는 것. 비간(比干)의 묘에 흙을 더하여

무덤을 다시 꾸미는 것을 말함. ○式(식): 수레의 앞 횡목(橫木)에 의지하고 머리를 숙여 경의를 표하는 것. "식(軾)"과 통함. ○商容(상용): 상나라의 어진 신하. 주왕에 의해 쫓겨나 숨어 살았다고 함. ○閭(려): 마을. ○鹿臺(녹대): 주왕이 재물을 쌓아둔 창고. 유향(劉向)의 《신서(新序)》에 의하면, 길이가 3리, 높이가 1,000척이나 되었다고 함. ○鉅橋(거교): 주왕이 곡식을 쌓아둔 창고. ○賚(뢰): 내려주다, 하사하다.

9

무왕은 작위를 다섯 등급으로 배열하고, 봉지를 세 등급으로 나누었다. 어진 사람에게만 관직을 내리고, 능력 있는 사람에게만 일을 맡겼다. 백성들에게 오륜의 가르침과 먹고 입는 것·장례지내는 것·제사지내는 일을 중시하도록 했다. 신용을 중시하고 의리를 밝혔으며, 덕이 있는 사람을 존중하고, 공이 있는 사람은 보답했다. 이렇게 하니 무왕이 옷을 늘어뜨리고 팔짱을 끼고 있어도 천하가 잘 다스려졌다.

列爵惟五, 分土惟三. 建官惟賢, 位事惟能. 重民五教, 惟食喪祭. 惇信明義, 崇德報功. 垂拱而天下治.

○列爵惟五(열작유오): 작위를 다섯 등급으로 매긴 것. 다섯 등급이란 공(公)·후(侯)·백(伯)·자(子)·남(男)을 말함. ○分土惟三(분토유삼): 봉지(封地)를 세 등급으로 나눈 것. 세 등급이란 공(公)과 후(侯)에게는 사방 100리, 백(伯)에게는 사방 70리, 자(子)와 남(男)에게는 사방 50리의 땅을 나누어 주는 것을 말함. ○位事(위사): 일을 안배함. ○五教(오교): 오륜(五倫). 아버지는 의로워야하고, 어머니는 인자해야 하고, 형은 우애로워야 하고, 동생은 공경해야 하고, 자식은 효도를 다해야 하는 것을 말함. ○食喪祭(식상제): 먹고 장례지내고 제사지내는 것. ○惇(돈): 도탑다. ○報功(보공): 공로에 보답함. ○垂拱(수공): 옷을 늘어뜨리고 두 손을 맞잡고 있는 것. 하는 일 없이 가만히 있어도 천하가 잘 다스려짐을 말함.

제32편 홍범洪範: 치국의 큰 법도

해제

"홍범洪範"은 큰 법도를 말한다. 대우大禹가 얻었다고 전해지는 《낙서洛書》[전설에 의하면 《낙서》의 본편은 "초일왈오행初一曰五行"에서 "위용육극威用六極"까지 총 65글자로 되어 있다고 함]는 역대로 중시를 받았다. 은상에 이르러 기자箕子에게 전래되었다. 주가 은을 멸한 후, 주 무왕이 기자에게 치국의 도리를 물었는데, 이때 기자는 《낙서》에 나온 대로 아홉 가지 큰 법도를 상세하게 설명해주었다고 한다. 사관들은 그의 말을 가록해 〈홍범〉이라고 명명했다.

〈홍범〉편은 《상서》의 핵심적인 부분이자 상고 시기의 정치·철학·문화를 연구하는 중요한 문헌이다. 〈서서〉는 본편이 주 무왕 때 지어진 것이라고 말하나, 역대로 학자들 사이에 의견이 분분하다. 전국시기에 지은 것이라고도 보는 이도 있다.

1

무왕은 은나라를 정벌하자, 수를 처형하고, 수의 아들인 무경을 제후로 봉했다. 그리고 기자를 데리고 수도 호경으로 돌아왔다. 사관들이 《홍범》을 지었다.

武王勝殷, 殺受, 立武庚, 以箕子歸. 作《洪範》.

○受(수): 은나라 주왕의 이름. ○武庚(무경): 은나라 주왕의 아들. 祿父(녹보)라고도 부른다. ○이(以): 이끌다. ○箕子(기자): 은나라 주왕의 숙부. 이름은 서여(敍余) 또는 수유(須臾). 기국(箕國)에 봉해졌기 때문에 "기자"라고 했음. 주왕이 폭정을 일삼자 기자가 올바른 말로 간언했다. 그러나 주왕은 그의 의견을 받아들이지 않고 도리어 그를 붙잡아 노비로 삼았다고 한다.

2

주 문왕 즉위 13년, 무왕이 기자를 방문했다. 무왕이 말했다. "아아! 기자여, 상제께서는 백성들을 지켜주시며 서로 조화롭게 살아가도록 하였소. 그러나 짐은 나라를 다스리는데 따라야 할 도리가 무엇인지 모르겠소."

惟十有三祀, 王訪于箕子. 王乃言曰: "嗚呼! 箕子, 惟天陰騭下民, 相協厥居, 我不知其彝倫攸敍."

임금이 기자를 찾는 그림(王訪箕子圖)

○十有三祀(십유삼사): 13년. 문왕이 나라를 세운 지 13년째 되던 해이자 무왕 즉위 4년째 되던 해. ○陰騭(음즐): 가려주고 안정시킴. 지켜준다는 의미. "음"은 가리다, 덮어주다. 《석명(釋名)》은 "햇빛을 가리는 뜻이다(蔭也)."라고 했다. "즐"은 안정하다. 《사기》에는 "정(定)"으로 되어있음. ○彝倫(이륜): 나라를 다스리는 일정한 도리. "이"는 일상적인. "륜"은 이치. ○攸(유): ~하는 바. "소(所)"와 같음. ○敍(서): 따르다. 나라를 다스리는데 따라야 할 것을 말함

3

기자가 대답했다. "제가 듣기로, 옛날 곤(우임금의 부친)이 홍수를 막아, 물·불·나무·쇠·흙의 질서를 어지럽혔습니다. 천제께서 크게 노하시어, 곤에게 나라를 다스리는 아홉 가지 큰 법도를 주지 않았습니다. 그리하여 나라를 다스리는 도리가 무너졌습니다. 후에 곤이 유배를 당해 죽자, 우가 부친의 뒤를 이어 홍수를 다스렸습니다. 하늘은 우에게 나라를 다스리는 아홉 가지 큰 법도를 내렸습니다. 이로 나라를 다스리

는데 따라야 할 도리가 마침내 정해지게 된 것입니다.

箕子乃言曰: "我聞在昔, 鯀陻洪水, 汨陳其五行. 帝乃震怒, 不畀洪範九疇, 彛倫攸斁. 鯀則殛死, 禹乃嗣興, 天乃錫禹洪範九疇, 彛倫攸敍.

○鯀(곤): 우임금의 부친. ○陻(인): 막다. ○汨(골): 어지럽히다. ○陳(진): 배열하다, 나열하다. ○五行(오행): 물·불·나무·쇠·흙을 말함. ○畀(비): 주다. ○洪範九疇(홍범구주): 아홉 가지의 큰 법도. "홍"은 크다. "범"은 법도. "주"는 종류. ○攸(유): 때문에. ○斁(두): 망치다, 무너지다. ○殛死(극사): 사형을 당해 죽음. 이곳에서는 유배를 가던 도중에 죽는 것을 말함. "극"은 사형에 처하다.

4

첫째는 오행입니다. 둘째는 다섯 가지 일을 신중하게 행하는 것입니다. 셋째는 여덟 가지 정무를 열심히 행하는 것입니다. 넷째는 다섯 가지 시간을 세는 방법을 합해 사용하는 것입니다. 다섯째는 군주의 법도를 세우는 것입니다. 여섯째는 세 가지 덕으로 백성들을 다스리는 것입니다. 일곱째는 의심이 가는 것을 명철하게 살피는 것입니다. 여덟째 여러 가지 징조들을 늘 생각하는 것입니다. 아홉째 다섯 가지 복과 여섯 가지 형벌로 신민들을 일깨워주는 것입니다.

初一曰五行, 次二曰敬用五事, 次三曰農用八政, 次四曰協用五紀, 次五曰建用皇極, 次六曰乂用三德, 次七曰明用稽疑, 次八曰念用庶徵, 次九曰嚮用五福, 威用六極.

○初一(초일): 첫 번째. ○次(차): 제(第). ○用(용): ~로써. "이(以)"와 통함. ○五事(오사): 다섯 가지 일. 아래 문장 참조. ○農(농): 힘쓰다. ○八政(팔정): 정무를 처리하는 여덟 명의 관원. 아래 문장 참조. ○協(협): 합하다. ○五紀(오기): 시간을 기록하는 다섯 가지 방법. 아래 문장 참조. ○皇極(황극): 임금의 법도. "극"은 법도, 법칙. 아래 문장 참조. ○三德(삼덕): 세 가지 덕. 아래 문장 참조. ○稽疑(계의): 의심나는 것을 살핌. 아래 문장 참조. ○庶徵(서징):

여러 가지 징조. 아래 문장 참조. ○嚮(향): 권하다, 인도하다. ○五福(오복): 다섯 가지 복. 아래 문장 참조. ○威(위): 벌하다. ○六極(육극): 여섯 가지 벌. 아래 문장 참조.

5

첫째. 오행이라 함은 첫째가 물, 둘째가 불, 셋째가 나무, 넷째가 쇠, 다섯째가 흙입니다. 물은 아래로 흘러 적셔주고, 불은 위로 타오르고, 나무는 굽을 수도 있고 곧을 수도 있으며, 쇠는 사람이 원하는 대로 모양을 바꿀 수 있고, 흙은 파종을 하면 곡식을 얻을 수 있습니다. 아래로 흘러 적시는 물은 짠맛이 나고, 위로 타오르는 불은 쓴 맛이 나고, 굽을 수도 있고 곧을 수도 있는 나무는 신맛이 나고, 원하는 대로 모양을 바꿀 수 있는 쇠는 매운맛이 나고, 파종하여 얻는 곡식은 단맛이 납니다.

땅에 곡식을 심고 수확하는 그림(土爰稼穡圖)

一、五行: 一曰水, 二曰火, 三曰木, 四曰金, 五曰土. 水曰潤下, 火曰炎上, 木曰曲直, 金曰從革, 土爰稼穡. 潤下作鹹, 炎上作苦, 曲直作酸, 從革作辛, 稼穡作甘.

○潤下(윤하): 아래로 흘러 적셔줌. ○從革(종혁): 원하는 대로 모양을 바꿈. "종"은 따르다. "혁"은 바꾸다. ○爰(원): 어조사. 의미가 없음. ○稼穡(가색): 파종하고 수확함. ○作(작): 맛이 나다, 만들다. ○鹹(함): 짜다

6

둘째. 다섯 가지 일이라 함은 첫째가 용모이고, 둘째가 말이고, 셋째가 보는 것이고, 넷째가 듣는 것이고, 다섯째가 생각하는 것입니다. 용모는 공손해야 하고, 말은 이치에 맞아야 하고, 보는 것은 분명해야 하고, 듣는 것은 밝아야 하고, 생각하는 것은 치밀해야 합니다. 용모가 공손하면 엄숙해지고, 말이 이치에 맞으면 다스려지고, 분명하게 보면 지혜로워지고, 밝게 들으면 계획이 어긋남이 없고, 생각이 치밀하면 성인이 됩니다.

二、五事: 一曰貌, 二曰言, 三曰視, 四曰聽, 五曰思. 貌曰恭, 言曰從, 視曰明, 聽曰聰, 思曰睿. 恭作肅, 從作乂, 明作哲, 聰作謀, 睿作聖.

○從(종): 이치에 맞음. ○聰(총): 귀가 밝음. ○睿(예): 두루 넓게 봄. 생각이 치밀하다는 의미. ○乂(예): 다스리다. ○哲(철): 지혜로움.

7

셋째. 여덟 관원이라 함은 첫째가 먹는 것을 책임지는 관리이고, 둘째가 재정을 책임지는 관리이고, 셋째가 제사를 책임지는 관리이고, 넷째가 공사를 책임지는 관리이고, 다섯째가 교육을 책임지는 관리이고, 여섯째가 법을 책임지는 관리이고, 일곱째가 조정에 알현하러 온 손님들을 책임지는 관리이고, 여덟째가 국방을 책임지는 관리입니다.

三、八政: 一曰食, 二曰貨, 三曰祀, 四曰司空, 五曰司徒, 六曰司寇, 七曰賓, 八曰師.

○八政(팔정): 정무를 처리하는 여덟 명의 관원. ○貨(화): 국가재정을 담당하는 관리. ○司空(사공): 백성들의 주거를 담당하는 관리. ○司徒(사도): 백성들의 교육을 담당하는 관리. ○司寇(사구): 치안을 다스리는 관리. ○賓(빈): 임금을 알현하러 오는 제후들의 접대를 맡은 관리. ○師(사): 군사를 다스리는 관리.

8

넷째. 다섯 가지 시간을 기록하는 방법이라 함은 첫째가 해이고, 둘째가 달이고, 셋째가 날이고, 넷째가 별이고, 다섯째가 역법입니다.

四、五紀: 一曰歲, 二曰月, 三曰日, 四曰星辰, 五曰曆數.

○五紀(오기): 시간을 기록하는 다섯 가지 방법. ○曆數(역수): 역법.

9

다섯째. 군주의 법도라 함은 군주로서의 법도를 세우는 것입니다. 이 다섯 가지 복을 거두어, 백성들에게 널리 베풀어야 합니다. 그러면 백성들은 폐하의 법도를 존중할 것입니다. 폐하께서도 백성들에게 지켜야 할 원칙을 올릴 수 있습니다. 백성들은 그릇된 도당을 만들어 나쁜 짓을 하지 않아야 합니다. 사람들이 도당을 만들지 않으면, 군주가 세운 법도를 최고의 가치로 삼을 것입니다. 백성들은 군주를 생각하고 군주를 위해 일하여 군주가 세운 법도를 지켜야 합니다. 폐하께서는 이점을 늘 명심하십시오. 법도를 어겼지만 범죄에 빠지지 않은 사람들은 용서해 주십시오. 만일 누군가가 온화한 표정으로 '나는 덕을 따르고 행하겠다.'라고 말하면, 폐하께서는 그에게 복을 내려주십시오. 이렇게 하시면 사람들은 군왕의 법도를 최고의 가치로 여기고 따를 것입니다. 외롭고 의지할 곳 없는 사람을 학

백성들이 임금의 은혜에 가까워지는 그림
(庶民近光圖)

대하지 마시며, 공업을 쌓은 귀족들을 존경하십시오. 능력 있고 공을 이루고자 하는 사람이 재능을 마음껏 펼칠 수 있게 하시면, 국가는 번영할 것입니다. 관리들에게 늘 풍족한 봉록을 주시더라도, 그들이 국가에 공헌하지 못하게 하신다면, 이들은 폐하를 비판할 것입니다. 덕행이 바르지 않는 자에게 복을 내리신다 해도, 그들은 폐하에게 많은 해를 가져다 줄 것입니다. 한쪽으로 치우지 마시고 군주의 의리를 지키십시오. 좋아하는 것만 하지 마시고 군주로서의 도리를 지키십시오. 나쁜 짓을 하지 마시고, 군주의 길을 따르십시오. 편애하지 않고 도당을 만들지 않으면, 군주의 길은 넓어질 것입니다. 도당을 만들지 않고 편애하지 않으면, 군주의 길은 막힘이 없을 것입니다. 왕도를 어기지 않고 법도를 위반하지 않는다면, 군주의 길은 곧고 바를 것입니다. 왕도를 따라 일을 하는 사람을 관리로 기용해야, 모든 신민들이 왕도를 최고의 가치로 삼고 따를 것입니다. 군주가 위에서 선포한 임금의 법도를 널리 알리고 가르쳐야, 천제를 따르는 것입니다. 백성들은 위에서 선포한 법도를 따르고 실행해야, 천자의 은택에 가까워지는 것입니다. 천자는 만백성의 부모이기 때문에 천하의 군주가 되는 것입니다.

五、皇極: 皇建其有極. 斂時五福, 用敷錫厥庶民. 惟時厥庶民于汝極, 錫汝保極. 凡厥庶民, 無有淫朋, 人無有比德, 惟皇作極. 凡厥庶民, 有猷有爲有守, 汝則念之. 不協于極, 不罹于咎, 皇則受之. 而康而色, 曰: '予攸好德.' 汝則錫之福. 時人斯其惟皇之極. 無虐煢獨而畏高明, 人之有能有爲, 使羞其行, 而邦其昌. 凡厥正人, 旣富方穀, 汝弗能使有好于而家, 時人斯其辜. 于其無好德, 汝雖錫之福, 其作汝用咎. 無偏無陂, 遵王之義; 無有作好, 遵王之道; 無有作惡, 遵王之路. 無偏無黨, 王道蕩蕩; 無黨無偏, 王道平平; 無反無側, 王道正直. 會其有極, 歸其有極. 曰: 皇, 極之敷言, 是彝是訓, 于帝其訓. 凡厥庶民, 極之敷言, 是訓是行, 以近天子之光. 曰: 天子作民父母, 以爲天下王.

○皇極(황극): 임금의 법도. "극"은 법도, 법칙. ○斂(렴): 거두다. ○時(시):

이. ○五福(오복): 다섯 가지 복. 장수하는 것·부유한 것·편안한 것·덕을 행하는 것·천수를 누리고 편안히 죽는 것을 말함. ○用(용): ~로써. ○時(시): 이렇게. 덕을 널리 베푸는 것을 가리킴. ○于(우): 중시하다. 존중하다. 《상서이해》는 "《방언》에는 '크다'는 의미라고 했다. '중시하다'는 말과 같다(《方言》, 大也. 猶言重視)."라고 했다. ○錫(석): 올리다, 바치다. ○保(보): 지키다, 따르다. ○淫朋(음붕): 사당(私黨)을 만드는 것. ○比德(비덕): 일을 하는데 서로 결탁하는 것. 도당을 만드는 것을 의미. "비"는 결탁하다. "덕"은 일, 행위. ○皇作極(황작극): 임금이 만든 법도. ○猷(유): 꾀하다, 생각하다. ○爲(위): 일을 하다. ○有(유): 또. 부사로 쓰임. "우(又)"와 통함. ○守(수): 천자의 법도를 지키는 것. ○念(염): 늘 생각함. 《설문해자》는 "늘 생각하다는 의미이다(常思也)."라고 했다. ○協(협): 합치되다, 일치하다. ○罹(리): 빠지다, 걸리다. ○咎(구): 범죄. ○受(수): 용서하다, 용납하다. ○而康而色(이강이색): 표정을 온화하게 함. 앞의 "이"는 만약~한다면. 뒤의 "이"는 너, 그대. "강"은 온화하다, 상냥하다. "화(和)"와 통함. "색"은 얼굴빛. 표정의 의미. ○攸(유): 따르고 행함. 《상서이해》는 "'유'는 따를 '유(由)'와 통한다. '따르고 행한다.'는 의미이다(攸, 與由通, 遵行之意)."라고 했다. ○斯(사): 바로. 《경전석사》는 "'곧(바로)'의 의미이다(猶乃也)."라고 했다. ○惟(유): 생각하다. ○煢獨(경독): 형제가 없고 자식이 없음. 의지할 곳이 없다는 의미. ○畏(외): 경외함. ○高明(고명): 신분이 높고 공을 많이 쌓은 귀족. ○有能有爲(유능유위): 능력도 있고 뜻도 이루려는 바가 있음. ○羞其行(수기행): 그 행한 것을 올리도록 함. 자신의 재능을 마음껏 펼칠 수 있도록 하는 의미. "수"는 올리다, 바치다. ○其(기): 장차~할 것이다. ○正人(정인): 관리. ○方(방): 늘. ○旣(기): 설사~해도. ○穀(곡): 봉록. ○好(호): 좋게 하다, 공헌하다. ○而家(이가): 그대의 국가. 임금의 나라를 말함. "이"는 너, 그대. ○期(기): 바로. ○辜(고): 비난하다, 비판하다. ○于(우): ~에 대해. ○無好德(무호덕): 덕행이 좋지 않는 사람. ○作(작): ~로 하여금. ○用(용): 하다. ○咎(구): 해로움. ○偏(편): 비뚤어짐. ○陂(피): 기울어짐. ○黨(당): 도당을 만들다. ○蕩蕩(탕탕): 넓다. ○平平(평평): 평평하다, 막힘이 없음. ○反(반): 반하다, 어긋나다. 왕도에 어긋남을 의미. ○側(측): 기울어지다. 법도를 어기는 것을 말함. ○會其有極(회기유극): 법도가 있는 사람을 모음. 법도에 따라 일할 사람을 기용함을 의미. ○歸其有極(귀기유극): 신민들이 임금의 법도를 따름. "귀"는 따르다, 귀순하다. ○曰(왈): 단락을 바꿀 때 상용되는 말. 의미는 없음. 《상서정독》에는 "단락을 바꾸는 말이다(更端之詞)."라고 하였다. ○敷言(부언): 선포한 말. "부"는 선포하다. ○彝(이): 선양하다. ○于帝其訓(우제기훈): 상제를 따르는 것. "훈"은 따르다. "순(順)"과 통함. ○光(광): 빛, 은택. ○以(이): 때문에, 그래서.

10

여섯째. 세 가지 덕이라 함은 첫째가 바르고 곧은 것이고, 둘째가 강함으로 승리를 거두는 것이고, 셋째가 부드러움으로 승리를 거두는 것입니다. 나라를 태평하게 하려면 바르고 곧아야 합니다. 강경하고 가까이 할 수 없는 없는 사람은 강함으로 진압해야 하고, 온화하여 가까이 할 수 있는 사람은 부드러움으로 대해야 합니다. 아래의 소인들은 반드시 진압하시고, 고명한 사람들은 부드럽게 대해야 합니다. 군주만이 복을 내릴 수 있으며, 군주만이 위엄을 나타낼 수 있으며, 군주만이 귀한 음식을 먹을 수 있습니다. 신하가 복을 내리고 위엄을 부리고 귀한 음식을 먹어서는 안 됩니다. 신하가 복을 내리고 위엄을 나타내고 귀한 음식을 먹는다면, 폐하의 왕실에 화가 미치고, 폐하의 국가를 위태롭게 할 수 있습니다. 이렇게 되면 관리들은 왕도에서 벗어나고, 백성들은 저항할 수 있습니다.

六、三德: 一曰正直, 二曰剛克, 三曰柔克. 平康正直, 强弗友剛克, 燮友柔克. 沈潛剛克, 高明柔克. 惟辟作福, 惟辟作威, 惟辟玉食. 臣無有作福作威玉食. 臣之有作福作威玉食, 其害于而家, 凶于而國. 人用側頗僻, 民用僭忒.

○强克(강극): 강함으로 승리함. ○柔克(유극): 부드러움으로 승리함. ○平康(평강): 나라를 태평하게 함. ○强弗友(강불우): 강경하여 가까이 할 수 없는 사람. "우"는 가까이하다. ○燮(섭): 온화하여 가까이할 수 있는 사람. ○沈潛(침잠): 침몰하고 잠김. "침"과 "잠"은 모두 아래로 내려간다는 의미이기 때문에 이곳에서는 아래의 백성들을 말함. 뒤 문장에 나오는 "고명(高明)"과 상대되는 개념. ○高明(고명): 고명한 사람. ○惟(유): 오로지. ○辟(벽): 임금. ○玉食(옥식): 좋은 음식, 진귀한 음식. ○其(기): 장차~할 것이다. ○而(이): 너, 그대. 이곳에서는 무왕을 가리킴. ○用(용): 때문에, 그래서. ○側頗僻(측파

벽): 기울고 치우치고 편벽됨. 법도에 벗어난다는 의미. ○僭忒(참특): 본분에서 벗어나 나쁜 짓을 함. 군주에게 저항하는 의미. "참"은 본분을 뛰어넘는 것. "특"은 잘못되다, 틀리다.

11

일곱째. 의심이 가는 것을 살핀다 함은 거북점을 치는 사람과 시초로 점을 치는 사람을 골라 세워 그들에게 거북과 시초로 길흉을 보게 하는 것입니다. 길흉의 판단에는 총 7가지가 있습니다. 비가 옴·비가 개임·안개가 낌·날이 맑음·날이 흐렸다 맑아짐·정괘貞卦·회괘悔卦가 이것입니다. 앞의 다섯 가지는 거북으로 점을 보는 것이고, 뒤의 두 가지는 시초로 점을 보는 것입니다. 이 두 가지의 변화로 길흉을 판단합니다. 이 사람들을 임명해 점을 치도록 하십시오. 세 사람이 점을 쳤다면, 두 사람의 말을 따르십시오. 폐하께서 의심이 가는 부분이 있다면, 먼저 폐하 자신에게 물어보십시오. 그래도 풀리지 않는다면 경사들과 상의하시고, 그런 다음 백성들과 상의하시며, 마지막에 점을 쳐 물어보십시오. 그 결과가 폐하께서도 따르고, 거북점도 따르고, 시초점도 따르고, 경사들도 따르고, 백성들도 따른다면, 이것이 바로 '완전한 일치(大同)'인 것입니다. 이렇게 되면 폐하께서는 편안해지고 강해지시며, 자손들은 번영을 구가할 것입니다. 이것은 길한 것입니다. 그 결과가 경사들과 백성들은 반대해도

거북점을 치는 사람과 시초로 점을 치는 사람을 세우는 그림(建立卜筮圖)

폐하께서 찬성하고, 거북점도 찬성하고, 시초점도 찬성한다면, 이것은 길한 것입니다. 그 결과가 폐하와 백성들이 반대하고 경사들이 찬성하고, 거북점과 시초점이 찬성한다면, 이 역시 길한 것입니다. 폐하와 경사들이 반대하고, 백성들이 찬성하고 거북점과 시초점이 찬성한다면, 이 역시 길한 것입니다. 폐하와 거북점이 찬성하고, 시초의 점괘가 반대하고 경사들과 백성들이 반대한다면, 안으로 하는 일은 길하고, 밖으로 하는 일은 흉할 것입니다. 거북점과 시초점이 모두 사람들의 뜻에 맞지 않으면, 가만히 기다리는 것이 길하고, 움직이는 것은 흉합니다.

七、稽疑: 擇建立卜筮人, 乃命卜筮. 曰雨, 曰霽, 曰蒙, 曰驛, 曰克, 曰貞, 曰悔, 凡七. 卜五, 占用二, 衍忒. 立時人作卜筮. 三人占, 則從二人之言. 汝則有大疑, 謀及乃心, 謀及卿士, 謀及庶人, 謀及卜筮. 汝則從, 龜從, 筮從, 卿士從, 庶民從, 是之謂大同. 身其康强, 子孫其逢. 吉. 汝則從, 龜從, 筮從, 卿士逆, 庶民逆, 吉. 卿士從, 龜從, 筮從, 汝則逆, 庶民逆, 吉. 庶民從, 龜從, 筮從, 汝則逆, 卿士逆, 吉. 汝則從, 龜從, 筮逆, 卿士逆, 庶民逆, 作內吉, 作外凶. 龜筮共違于人, 用靜吉, 用作凶.

○稽疑(계의): 의심이 가는 것을 살핌. ○卜(복): 거북으로 점을 치는 것. ○筮(서): 시초(蓍草)로 점을 치는 것. ○霽(제): 비가 개임. ○蒙(몽): 안개가 끼임. ○驛(역): 날이 밝음. 고문《상서》에는 "역(圛)"으로 되어 있음. "역(圛)"는 구름이 드문 날씨, 즉 맑은 날씨를 말함.《설문해자 · 위부(囗部)》는 "역(圛)은 뜬 구름이 반쯤은 있고 반쯤은 없는 것이다. 역(驛)으로 읽는다(圛, 升雲半有半無. 讀若驛)."라고 했다. ○克(극): 날이 흐렸다 맑아짐.《서집전》은 "서로 교차하며 이기려고 하는 의미이다(交錯有相勝之意)"라고 했다. ○貞悔(정회): 시초로 점을 치는 점괘에는 아래쪽과 위쪽의 두 가지 괘가 붙어있는데 위의 점괘를 외괘(外卦)라 하고, 회(悔)라고 한다. 아래쪽의 점괘를 내괘(內卦)라 하고, 정(貞)이라고 한다. 이 "회"와 "정"의 변화로 미래를 점침. ○衍忒(연특): 변화를 보고 미래를 추측함. "연"은 추론하다. "특"은 변하다. ○時人(시인): 이 사람. 거북점을 치는 사람과 시초로 점을 치는 사람을 말함. ○謀(모): 물어보다. ○從(종): 따르다, 찬성하다. ○康强(강강): 편안하고 강건함. ○逢(봉): 크게 되다, 번창하다. ○逆(역): 거스르다, 찬성하지 않다. ○作內(작내): 국내에서 하는 일. ○共(공): 모두.

12

여덟째. 여러 가지 징조라 함은 비오는 날·맑은 날·더운 날·추운 날·바람 부는 날을 말합니다. 이 다섯 가지 현상이 정상적인 순서로 일어난다면, 나무와 풀들이 무성해질 것이다. 한 가지라도 너무 심하게 나타나거나 너무 나타나지 않으면 흉년이 들 것입니다. 좋은 징조라 함은 제때 내리는 비처럼 군주가 공경할 줄 알며, 제때 해가 나오는 것처럼 군주가 정치를 잘하며, 제때 더워지는 것처럼 군주가 지혜로우며, 제때 추워지는 것처럼 군주가 계획을 잘 세우며, 제때에 바람이 불듯 군주가 사리에 밝습니다. 나쁜 징조라 함은 오랫동안 내리는 비처럼 군주가 난폭하며, 오랫동안 맑은 것처럼 군주가 일처리를 잘못하며, 오랫동안 더운 것처럼 군주가 향락을 추구하며, 오랫동안 추운 것처럼 군주가 조급하며, 오랫동안 바람이 부는 것처럼 군주가 어리석은 것입니다. 군주가 잘못하면 한 해 동안 영향이 있고, 경사가 잘못하면 한 달 동안 영향이 있으며, 관리들이 잘못하면 하루 동안 영향이 있습니다. 연·월·일이 정상대로 움직인다면, 곡식은 잘 자랄 것이고, 정치가 잘 되어 어진 이들이 임용될 것입니다. 그러면 국가는 번영을 구가할 것입니다. 연·월·일이 바뀐다면, 곡식들은 잘 자라지 않고, 정치는 혼란해져, 어진 이들은 임용되지 못할 것입니다. 그러면 국가는 위태로워질 것입니다. 백성들은 하늘의 별과 같아서, 바람을 좋아하는 별도 있고, 비를 좋아하는 별도 있습니다. 해와 달의 운행으로, 겨울과 여름이 생겨났습니다. 달이 태양을 떠나 별을 따른

제때 해가 나오고 제때 비가 내리는 그림
(雨暘時若圖)

다면, 바람이 많이 불고 비가 많이 내리는 것입니다.

八、庶徵: 曰雨, 曰暘, 曰燠, 曰寒, 曰風, 曰時五者來備, 各以其敍, 庶草蕃廡. 一極備, 凶; 一極無, 凶. 曰休徵: 曰肅, 時雨若; 曰乂, 時暘若; 曰哲, 時燠若; 曰謀, 時寒若; 曰聖, 時風若. 曰咎徵: 曰狂, 恒雨若; 曰僭, 恒暘若; 曰豫, 恒燠若; 曰急, 恒寒若; 曰蒙, 恒風若. 曰王省惟歲, 卿士惟月, 師尹惟日. 歲月日時無易, 百穀用成, 乂用民, 俊民用章, 家用平康. 日月歲時旣易, 百穀用不成, 乂用昏不明, 俊民用微, 家用不寧. 庶民惟星, 星有好風, 星有好雨. 日月之行, 則有冬有夏. 月之從星, 則以風雨.

○庶徵(서징): 여러 가지 징조. ○暘(양): 해가 나오는 것. 날이 맑다는 의미. ○燠(욱): 더운 날씨. 뒤의 문장에 나오는 "한(寒)"과 상대되는 개념. ○來備(내비): 모두 갖추어져 오는 것. ○敍(서): 순서, 차례. ○蕃廡(번무): 무성하게 우거짐. "번"은 우거지다. "무"는 우거지다. "무(蕪)"와 통함. ○一極備(일극비): 한 가지만 지나치게 많이 나타남. ○休徵(휴징): 좋은 징조. ○肅(숙): 공경하다. ○時雨(시우): 제때 내리는 비. ○時暘(시양): 제때 해가 나옴. ○哲(철): 지혜롭다, 총명하다. ○謀(모): 일을 잘 도모함. ○聖(성): 사리에 밝음. ○咎徵(구징): 나쁜 징조. ○狂(광): 난폭하다. ○恒雨(항우): 오랫동안 내리는 비. "항"은 오래되다. ○僭(참): 일처리를 잘못 함. ○豫(예): 즐기다. ○急(급): 조급함. ○蒙(몽): 어리석음. ○省(성): 잘못, 과실. "생(眚)"과 통함. ○師尹(사윤): 경사(卿士) 아래의 관리. ○無易(무역): 변화가 없음. 오행이 정상적으로 운행됨을 의미. ○俊民(준민): 재능 있는 사람. ○章(장): 드러내다. 등용된다는 의미. ○家(가): 국가. ○微(미): 숨다. 앞의 "장(章)"과 상대되는 개념. ○好(호): 좋아하다. ○風雨(풍우): 바람이 불고 비가 내림.

13

아홉 번째. 다섯 가지 복이라 함은 첫째가 장수하는 것이고, 둘째가 부유하게 되는 것이고, 셋째가 편안하게 되는 것이고, 넷째가 훌륭한 덕을 행하는 것이고, 다섯 번째가 천수를 누리고 세상을 떠나는 것입니다. 여섯 가지 고통이라 함은 첫째가 일찍 죽는 것이고, 둘째가 병에 걸리는 것이고, 셋째가 근심하는 것이고, 넷째가 가난해지는 것이고, 다섯째가 사악해지는 것이고, 여섯째가 나약해지는 것입니다."

九、五福: 一曰壽, 二曰富, 三曰康寧, 四曰攸好德, 五曰考終命. 六極: 凶、短、折, 二曰疾, 三曰憂, 四曰貧, 五曰惡, 六曰弱."

○好德(호덕): 덕을 잘 행하는 사람. ○考終命(고종명): 천수를 누리고 편안하게 세상을 떠나는 것. "고"는 늙다. ○六極(육극): 여섯 가지 벌이나 고통. ○凶短折(흉단절): 일찍 죽는 의미. "흉"은 성인이 되기 전에 죽는 것. "단"은 20살이 되기 전에 죽는 것. "절"은 결혼하기 전에 죽는 것.

제33편 여오旅獒: 여나라에서 올린 큰 개

해제

주 무왕이 상을 멸한 후 서쪽의 여국旅國이 무왕에게 큰 개를 바쳤다. 태보太保 소공召公은 무왕이 놀이에 빠져 뜻을 잃을 것을 걱정하여 무왕에게 왕업을 세우기 위해서는 진귀한 물건을 아끼는 것이 아닌 부지런히 덕을 닦고 어진 이를 등용하여 나라와 백성들을 안정시켜야 함을 권고했다. 사관들이 소공의 말을 기록해 〈여오旅獒〉로 삼았다. 본편은 금문에는 없고, 고문에는 있다. 송나라의 채침蔡沈은 본문의 형식이 고체誥體에 속한다고 했다.

1

서쪽의 여국旅國이 무왕에게 큰 개를 바치자, 태보 소공召公이 《여오》를 지었다.

西旅獻獒, 太保作《旅獒》.

○旅(려): 나라 이름. 주나라의 서쪽에 있던 이민족. ○獒(오): 몸집이 크고 사나운 개(犬). 《이아·석축(釋畜)》에는 "4척이나 되는 개를 오(獒)라고 한다(狗四尺爲獒)."라고 했다. ○太保(태보): 관직 이름. 이곳에서는 소공(召公) 석(奭)을 말함.

2

무왕이 상나라를 정벌하자, 사방의 여러 이민족과 통하는 길이 열렸다. 서쪽의 여국에서 큰 개를 공물로 바치러 왔다. 이에 태보 소공이 《여오》를 지어, 무왕을 일깨워주었다.

惟克商, 遂通道于九夷八蠻. 西旅底貢厥獒, 太保乃作《旅獒》, 用訓于王.

○九夷八蠻(구이팔만): 사방의 이민족. "구이"는 동쪽의 여러 이민족을 말함. 《후한서(後漢書)·동이전(東夷傳)》에는 "동쪽에는 아홉 개의 이민족이 있는데, 견이·우이·방이·황이·백이·적이·현이·풍이·양이이다(夷有九種, 曰: 畎夷·于夷·方夷·黃夷·白夷·赤夷·玄夷·風夷·陽夷)."라고 했다. "팔만"은 남쪽의 여러 이민족. ○底(저): 오다, 이르다. ○訓(훈): 일깨우다, 훈계하다.

서쪽의 여나라에서 큰 개를 올리는 그림
(西旅貢獒圖)

3

소공이 말했다. "아아! 지혜로우신 군주께서 삼가 덕을 행하시니, 사방의 이민족들이 귀순하였습니다. 먼 곳 가까운 곳 할 것 없이 그들의 특산물을 바쳤습니다. 모두가 입고 먹고 쓰는 것들이었습니다. 지혜로운 임금께서는 성이 다른 제후국들에게 이 공물들을 내려주시어, 그들이 직무에 소홀함이 없도록 하셨습니다. 또 보옥을 친척이 되는 나라에 나누어 주어, 친지의 정을 보여주었습니다. 사람들은 그 물건을 가벼이 보지 않을 것입니다. 그들은 그 물건을 폐하의 덕으로 간주할 것입니다!

曰: "嗚呼! 明王愼德, 四夷咸賓. 無有遠邇, 畢獻方物, 惟服食器用. 王乃昭德之致于異姓之邦, 無替厥服; 分寶玉于伯叔之國, 時庸展親. 人不易物, 惟德其物!

○賓(빈): 복종하다, 귀순하다. ○無有(무유): ~할 것 없이. ○畢(필): 모두. ○方物(방물): 지방의 특산물. ○器用(기용): 사용하는 물건. ○昭(소): 밝히

다. 이곳에서는 내려주는 의미. ○德之致(덕지치): 덕으로 인해 이른 것. 위 문장의 "방물(方物)"을 말함. 《상서공씨전》은 "덕으로 인해 이른 것은 먼 곳에 있는 이민족들의 공물을 말한다(德之所致, 謂遠夷之貢)."라고 했다. ○替(체): 소홀히 하다. ○服(복): 직무. ○時庸(시용): 이것으로 ~하는데 사용하다. "시"는 이. "용"은 사용하다. "용(用)"과 통함. ○展親(전친): 친지의 정을 나타내다. ○易(역): 가벼이 보다, 무시하다.

4

덕이 높은 이는 사람을 놀리거나 경시하지 않습니다. 군주가 관리를 놀리고 경시하면, 그들은 군주를 위해 마음을 다하지 않을 것입니다. 군주가 백성들을 놀리고 경시하면, 그들은 군주를 위해 힘을 다하지 않을 것입니다. 군주가 음악과 여인을 탐하지 않으면, 모든 일이 올바르게 처리될 것입니다. 사람을 가지고 노는데 몰두하면 덕을 잃고, 물건을 가지고 노는데 몰두하면 뜻을 잃습니다. 자신의 뜻은 도에 근거해야 확고해지고, 다른 사람의 말은 도를 기준으로 받아들여야 합니다. 무익한 일로 유익한 일이 다치지 않도록 해야, 공이 이루어집니다. 기이한 물건을 귀히 여기고 자주 사용하는 물건을 천시하지 말아야, 백성들이 풍족해집니다. 본토에서 나고 기른 개와 말이 아니면 기르지 말아야 하고, 진귀한 새나 기이한 짐승들은 나라 안에서 기르지 말아야 합니다. 먼 곳의 물건을 중시하지 않아야, 멀리 있는 사람들이 귀순하러올 것입니다. 어진 이를 귀히 여기셔야, 가까이 있는 사람들이 편안해집니다.

德盛不狎侮. 狎侮君子, 罔以盡人心; 狎侮小人, 罔以盡其力. 不役耳目, 百度惟貞. 玩人喪德, 玩物喪志. 志以道寧, 言以道接. 不作無益害有益, 功乃成; 不貴異物賤用物, 民乃足. 犬馬非其土性不畜, 珍禽奇獸不育于國. 不寶遠物, 則遠人格; 所寶惟賢, 則邇人安.

○德盛(덕성): 덕이 높은 사람. ○狎侮(압모): 사람을 놀리거나 업신여김. ○君子(군자): 신하. 《상서정의》는 "군자는 신하를 말한다(君子謂臣)."라고 했다.

○小人(소인): 백성. 《상서정의》는 "소인은 백성을 말한다(小人謂民)."라고 했다. ○不役耳目(불역이목): 듣는 것과 보는 것에 미혹되지 않음. 음악과 여색에 빠지지 않는다는 의미. "역"은 부리다. ○百度(백도): 모든 일. ○貞(정): 올바르다. ○寧(녕): 편안하다. 이곳에서는 분명함 내지 확고함을 의미. ○接(접): 받아들임. ○土性(토성): 본토에서 자란 것. "성"은 나다, 자라다. "생(生)"과 통함. ○寶(보): 귀히 여기다. ○格(격): 오다, 이르다. 귀순하러 옴을 의미. ○邇人(이인): 가까이 있는 사람. 앞 문장의 "원인(遠人)"과 상대되는 개념.

5

아아! 아침부터 저녁까지 부지런히 덕을 닦으소서. 사소한 덕이라도 신중하게 행하지 않는다면, 결국에는 큰 덕을 쌓는데 누가 될 것입니다. 아홉 길(1길은 8척에 해당) 높이의 토산을 만드는데, 삼태기 한 광주리의 흙이 모자라도 공은 이루어지지 않습니다. 폐하께서 이 말을 잘 실행하시어, 백성들의 삶을 편안하게 해주신다면, 대대로 성군으로 칭송받을 것입니다."

嗚呼! 夙夜罔或不勤, 不矜細行, 終累大德. 爲山九仞, 功虧一簣. 允迪玆, 生民保厥居, 惟乃世王."

○矜(긍): 신중하다. ○世行(세행): 사소한 덕. ○累(루): 누를 끼치다. ○九仞(구인): 아홉 길. 대략 63척 혹은 72척의 높이. 1길은 7척 혹은 8척에 해당. "인"은 길(길이의 단위). ○功虧一簣(공휴일궤): 삼태기 한 광주리의 흙이 모자라 산을 완성하지 못함. "휴"는 모자라다. "궤"는 삼태기. ○迪(적): 실행하다. ○生民(생민): 백성들. ○王(왕): 임금이 되다.

제34편 금등金縢: 쇠줄로 묶은 궤짝 속의 책서

해제

"금등金縢"은 쇠줄로 묶은 궤짝을 말한다. 등縢은 "묶다"·"봉하다"의 의미.

주나라가 상나라를 멸한 지 2년 후, 무왕은 큰 병에 걸렸다. 주공이 책서冊書를 만들어 선왕에게 무왕을 대신해 자신을 죽여 줄 것을 청했다. 이 일이 있은 후, 사관들은 책서를 쇠줄로 묶은 궤짝 안에 넣어두었다. 무왕이 죽고 나이 어린 성왕成王(재위 기원전 1115~기원전 1079)이 뒤를 이어 즉위하자 주공이 섭정했다. 삼감三監이 유언비어를 퍼뜨리고 주공을 비난하며 은상의 유민들을 모아 주 왕조에 반기를 들었다. 주공이 직접 동쪽으로 토벌에 나서 반란을 진압했다. 성왕은 여전히 주공을 의심하였다. 후에 쇠줄로 묶은 궤짝 안의 책을 보고는 깨달은 바가 있어 교외에 나가 주공을 영접하였다. 사관들은 이 일을 기록해 〈금등〉이라고 했다. 〈금등〉편은 서주 초기에 지어져서 사료적 가치가 높다. 주나라 초기의 복잡한 정치적 상황과 사회적 면모를 연구하는데 중요한 가치가 있다.

주공의 모습(周公畵像)

1

무왕이 큰 병에 걸리자, 주공이 《금등》을 지었다.

武王有疾, 周公作《金縢》.

2

태공과 소공이 공경하게 점을 치는 그림
(二公穆卜圖)

주나라가 상나라에 승리를 거둔지 2년째 되던 해, 무왕은 중병에 걸려, 몸이 불편했다. 태공太公과 소공召公이 말했다. "우리가 선왕 폐하를 위해 정성스럽게 점을 쳐봅시다." 주공이 말했다. "우리 선왕 폐하께 염려를 끼치지 마십시다." 이에 주공은 자신을 인질로 삼고, 땅을 깨끗하게 치워 똑같은 세 개의 제단을 만들었다. 제단은 남쪽에 쌓고 북쪽을 향하게 했다. 주공이 제단 위에 섰다. 주공은 제단에 옥을 놓은 후 규珪를 들고 태왕(무왕의 증조인 고공단보)·왕계(무왕의 조부)·문왕(무왕의 부친)에게 고했다.

旣克商二年, 王有疾, 弗豫. 二公曰: "我其爲王穆卜." 周公曰: "未可以戚我先王." 公乃自以爲功, 爲三壇同墠. 爲壇于南方北面, 周公立焉. 植璧秉珪, 乃告太王、王季、文王.

○弗豫(불예): 병이 생겨 몸이 좋지 않음. "예"는 기쁘다. 《이아·석고(釋詁)》는 "기쁘다(樂)."라고 했다. ○二公(이공): 태공(太公)과 소공(召公)을 말함. 태공은 문왕 때부터 재상을 지낸 태공망(太公望) 여상(呂尙)을 말함. 소공은 문왕의 서자로, 이름이 석(奭)임. ○穆卜(목복): 정성스럽게 점을 침. ○戚(척): 심려를 끼치다, 걱정을 끼치다. ○自以爲功(자이위공): 자신을 인질로 삼음. "공"은 인질. "질(質)"과 통함. 《사기》에는 "질"로 되어 있음. ○三壇(삼단): 세 개의 제단. 태왕(太王)·왕계(王季)·문왕의 제단을 말함. ○同墠(동선): 땅을 치워 세 개의 제단을 똑같이 만들었다는 의미. "선"은 땅을 깨끗하게 치워 제사지낼 곳을 만드는 것. ○面(면): 향하다. ○植(식): 두다, 놓다.

“치(置)”와 통함. ○璧(벽): 둥근 옥. ○秉(병): 들다, 잡다. ○珪(규): 위는 둥글고 아래는 네모난 형태의 옥. ○太王(태왕): 무왕의 증조부인 고공단보(古公亶父). ○왕계(王季): 무왕의 조부. 이름은 계력(季歷). ○文王(문왕): 무왕의 부친. 이름은 창(昌).

3

사관이 주공이 고할 때의 축문을 전책典冊에 썼다. 축문에서 말했다. “당신들의 장손이 중병에 걸려 목숨이 위태롭나이다. 지금 세 분 임금께서 하늘에서 제사를 도와줄 책무가 있다면, 이 희단姬旦(주공의 이름)이 희발姬發(무왕의 이름)의 몸을 대신할 수 있도록 해주십시오! 저는 어질고 영리하며 재주도 많아, 신령들을 잘 섬길 수 있습니다. 그대들의 장손은 저 단보다 재주가 많지 않아, 신령들을 잘 섬기지 못할 것입니다. 그는 이제 막 상제에 의해 천자로 임명되어, 천하를 널리 보우하셨습니다. 그래서 그대들의 자손들을 이 땅에서 편안하게 하였습니다. 사방의 백성들 중 누구하나 존경하고 두려워하지 않는 이가 없습니다. 아아! 하늘이 우리 주나라에 내리신 귀한 사명이 없어지지 않게 해주십시오. 그래야 우리 선왕들께서도 영원히 의지할 곳이 있게 될 것입니다. 이제 저는 큰 거북이의 명을 들어보고자 합니다. 당신들께서 저의 말을 받아주신다면, 저는 옥과 규를 가지고 돌아가서 당신들의 명을 기다릴 것입니다. 당신들께서 저의 말을 받아주시지 않는다면, 저는 옥과 규를 버릴 것입니다.”

史乃冊祝曰: “惟爾元孫某, 遘厲虐疾. 若爾三王是有丕子之責于天, 以旦代某之身. 予仁若考, 能多材多藝, 能事鬼神. 乃元孫不若旦多材多藝, 不能事鬼神. 乃命于帝庭, 敷佑四方, 用能定爾子孫于下地. 四方之民罔不祗畏. 嗚呼! 無墜天之降寶命, 我先王亦永有依歸. 今我卽命于元龜, 爾之許我, 我其以璧與珪歸俟爾命; 爾不許我, 我乃屛璧與珪.”

○史(사): 사관. 《사기》에는 “내사(內史)”로 되어 있다. “내사”는 사관을 말함. ○冊祝(책축): 축문을 전책에 씀. “책”은 전책. 이곳에서는 동사로 쓰여 전책에 쓰는 것을 말함. ○元孫(원손): 장손. ○某(모): 제사 때 자신을 말할 때 상용되는 말. 이곳에서는 주 무왕 희발(姬發)을 가리킴. ○遘(구): 만나다, 당하다. ○厲虐疾(여학질): 위태롭고 심각한 병. 중병에 걸렸음을 의미. “여”는 위태롭다. ○是(시): 지금. ○丕子之責(비자지책): 제사를 도울 책무. “비자”는 자리를 깔고 제사를 지내는 것. 《상서정독》은 “‘비자’는 ‘포자’로 읽어야 한다. ‘비’와 ‘비’, ‘자’와 ‘자’는 모두 소리가 달라진 것이다. 《사기·주본기》는 ‘무왕이 사당 남쪽에 서자, 모숙이 맑은 물을 받쳐 들었고, 위나라에 봉해진 강숙이 자리를 깔고, 소공 석은 비단을 들고, 사상보는 제물을 끌었다.’라고 했다. 《집해》는 ‘자는 까는 자리 이름이다.’고 했다(丕子當讀爲布玆. 布與丕, 子與玆, 幷聲之轉. 《史記·周本紀》武王立于社南, 毛叔奉明水, 衛康叔封布玆, 召公奭贊采, 師尙父牽牲. 《集解》云: 玆, 藉席之名).”라고 했다. ○若(약): ~하고(순접관계를 나타냄). “이(而)”와 통함. ○考(고): 영리하다. ○多材多藝(다재다예): 재능이 많음. “재”와 “예”는 모두 재능의 의미. ○事(사): 섬기다. ○不若(불약): ~만큼 …하지 않다. ○旦(단): 주공의 이름. ○乃(내): 이제 막. 《사전(詞詮)》은 “‘내’는 ‘비로소’ 내지 ‘처음으로’의 의미이다(乃, 始也, 初也).”라고 했다. ○帝庭(제정): 상제의 마당. 하늘을 의미. ○下地(하지): 하늘 밑의 땅. 백성들이 사는 곳을 말함. ○墜(추): 잃다, 없어지다. ○依歸(의귀): 의지하다. ○卽命(즉명): 나아가 명을 들음. “즉”은 나아가다. ○之(지): 만약~한다면. ○以(이): 가지다. ○屛(병): 버리다.

4

이에 태왕·왕계·문왕의 위패 앞에 거북이 세 마리씩을 놓고 점을 쳤다. 점을 여러 번 친 결과 모두가 길한 것으로 나왔다. 점을 친 후 죽간을 열어 보니, 역시 모두가 길한 말이었다. 주공이 말했다. “거북점의 모양을 보니, 임금께서는 위태롭지 않을 것이다. 이 보잘 것 없는 사람이 방금 세 분의 선왕께 명을 받았소. 나에게 어떻게 나라를 오래 동안 이끌어나갈지를 생각하라고 하셨소. 또 선왕들께서도 이를 중히 여겨 우리 임금을 늘 생각하고 있다고 하셨소.” 주공이 돌아오자, 사관들은 주공이 고했던 전책을 쇠줄로 봉한 궤짝 안에 넣어두었다. 다음날 무왕의 병이 다 나았다.

乃卜三龜, 一習吉. 啓籥見書, 乃幷是吉. 公曰: "體, 王其罔害. 予小子新命于三王, 惟永終是圖. 玆攸俟, 能念予一人." 公歸, 乃納冊于金縢之匱中. 王翼日乃瘳.

○一習吉(일습길): 모두 길한 점이 거듭됨. "습"은 거듭되다, 중복되다. ○啓籥(계약): 죽간을 열다. "약"은 죽간. ○幷(병): 모두. ○體(체): 거북등에 나타난 점괘의 모양. ○惟(유): 생각하다. ○玆(자): 이. 무왕의 병이 위중한 것을 말함. ○俟(사): 크다. 크게 생각함을 의미. ○予一人(여일인): 무왕. ○冊(책): 주공의 축문을 적은 전책. ○金縢(금등): 쇠줄로 봉함. "등"은 봉하다. ○匱(궤): 궤짝. ○瘳(추): 낫다.

5

무왕이 사망하자, 관숙과 그의 여러 동생들이 나라에 근거 없는 소문을 퍼뜨렸다. "주공은 어린 성왕에게 좋지 않은 일을 할 것이다." 이에 주공은 태공과 소공에게 말했다. "내가 섭정을 하지 않는다면, 우리 선왕께 아뢸 말이 없을 것이오." 주공은 동쪽으로 정벌을 떠난 지 2년 만에 반란을 일으킨 죄인들을 모두 잡았다. 후에 주공은 《올빼미》라는 시를 지어 성왕에게 올렸다. 성왕도 주공을 함부로 비판하지 못했다.

武王旣喪, 管叔及其群弟乃流言於國, 曰: "公將不利于孺子." 周公乃告二公曰: "我之弗辟, 我無以告我先王." 周公居東二年, 則罪人斯得. 于後, 公乃爲詩以貽王, 名之曰《鴟鴞》. 王亦未敢誚公.

○喪(상): 죽다. 무왕은 기원전 1105년에 사망하고, 기원전 1104년에 13살이 된 무왕의 아들 성왕(成王)이 즉위함. ○管叔(관숙): 문왕의 셋째 아들로, 이름은 선(鮮). 무왕의 동생이자 주공의 형이 됨. ○群弟(군제): 여러 동생들. 채숙(蔡叔)과 곽숙(霍叔)을 말함. 무왕이 사망하고 주공이 섭정하자 무왕의 동생인 채숙과 곽숙 등이 주왕의 아들 무경과 결탁해 반란을 일으켰다. 이때

주공이 직접 군사를 이끌고 이들을 진압하였다. ○孺子(유자): 어린 아이. 13살의 나이로 제위에 오른 성왕을 말함. ○辟(벽): 섭정함. 《상서정독》은 "'벽'은 섭정하는 것이다(辟卽攝政也)."라고 했다. ○居東(거동): 동쪽에 머물다. 동쪽으로 반란세력을 진압하러 간 것을 말함. ○斯(사): 모두, 모조리. ○鴟鴞(치효): 올빼미. 이 시는 《시경(詩經)·빈풍(豳風)》에 실려 있다. 《시서(詩序)》에는 "《치효》는 주공이 나라를 혼란에서 구한 것이다. 성왕이 주공의 뜻을 모르자, 주공이 《치효》라는 시를 지어 임금에게 주었다(《鴟鴞》, 周公救亂也. 成王未知周公之志, 公乃爲詩以遺王, 名之曰《鴟鴞》焉)."라고 했다. ○誚(초): 꾸짖다.

6

가을에 곡식이 잘 여물었으나 수확을 하지 않았다. 그때 하늘에서 번개가 치고 큰 바람이 불어, 곡식들이 모두 넘어지고, 큰 나무들이 뽑혔다. 백성들이 크게 두려워했다. 성왕과 대부들은 조복을 입고 쇠줄로 봉해진 궤짝을 열어 본 후, 주공이 자신을 희생양으로 삼아 무왕의 안녕을 빌었다는 사실을 알았다. 태공·소공과 성왕은 여러 사관들과 일을 담당한 관리들에게 물었다. 그들이 대답했다. "사실이옵니다. 아! 주공께서 저희에게 함부로 말하지 말하고 하셨습니다."

秋, 大熟未獲, 天大雷電以風, 禾盡偃, 大木斯拔, 邦人大恐. 王與大夫盡弁以啓金縢之書, 乃得周公所自以爲功代武王之說. 二公及王乃問諸史與百執事. 對曰: "信. 噫! 公命我勿敢言."

○以(이): ~와. 《광아》는 "'~와'의 의미이다(與也)."라고 했다. ○禾(화): 벼, 곡식. ○偃(언): 넘어지다, 쓰러지다. ○斯(사): 모두. ○弁(변): 예복. ○功(공): 인질. 앞의 주석 참고. ○代武王之說(대무왕지설): 무왕을 대신해 자신을 죽여 달라는 말. ○百執事(백집사): 일을 담당하는 관리. ○信(신): 실로, 참으로. ○噫(희): 감탄사.

7

성왕은 책을 들고 울며 말했다. "더 이상 정중하게 점을 치지 말라! 옛날 공은 왕실을 위해 부지런히 수고를 해주었건만 나 이 어린 사람만 몰랐구나. 지금 하늘은 위엄을 나타내 주공의 덕을 표창하시려 하니, 나 어린 사람이 친히 영접하러 가야겠소. 우리나라의 예법도 이렇게 해야 할 것이오." 성왕이 교외로 나가자, 그때서야 하늘에서는 비가 내리고, 바람의 방향도 바뀌어, 곡식들이 모두 다시 일어났다. 태공과 소공은 나라 사람들에게 바람에 의해 넘어간 큰 나무들을 모두 일으켜 세우고 흙으로 뿌리를 잘 다지도록 명했다. 그러자 그해에 풍년이 들었다.

王執書以泣, 曰: "其勿穆卜! 昔公勤勞王家, 惟予沖人弗及知. 今天動威以彰周公之德, 惟朕小子其新逆, 我國家禮亦宜之." 王出郊, 天乃雨, 反風, 禾則盡起. 二公命邦人凡大木所偃, 盡起而築之. 歲則大熟.

○新(신): 친히, 직접. "친(親)"과 통함. ○逆(역): 맞이하다, 영접하다. ○築(축): 흙으로 뿌리를 잘 다져줌.

제35편 대고大誥: 크게 알림

해제

대고大誥는 널리 알리는 것이다. 〈서서書序〉와 《사기》의 〈주본기周本紀〉·〈노세가魯世家〉에 따르면, 주 무왕 사후 관숙管叔·채숙蔡叔·무경武庚이 회이淮夷 등과 연합하여 반란을 일으켰다. 이때 주공이 병사를 이끌고 동쪽으로 이들을 정벌하러 갔다. 출정하기 전, 주공은 제후들과 그들의 관리들을 소집하여 성왕의 권위로 그들을 쳐야 하는 이유를 언급하며 동쪽 정벌의 당위성을 설명했다. 그는 이곳에서 하늘의 뜻을 따르고 한 마음 한 뜻으로 반란을 평정할 것을 주장했다. 본편은 서주 초기에 지어졌다. 본편에 나오는 동쪽 정벌은 주나라 초기에 일어난 국가적 대사이기 때문에 사료적 가치가 높다.

1

무왕이 사망하자, 관숙·채숙·무경(상나라 주왕의 아들)이 회이와 반란을 일으켰다. 주공이 성왕을 도와 은나라를 정벌하고자, 《대고》를 지었다.

武王崩, 三監及淮夷叛, 周公相成王, 將黜殷, 作《大誥》.

○三監(삼감): 주나라는 은나라를 멸한 후 세 개의 나라로 나누었다. 이 세 나라가 바로 용(鄘)나라·위(衛)나라·패(邶)나라이다. 그리고 관숙(管叔)에게 용나라를, 채숙(蔡叔)에게는 위나라를,

주나라 성왕의 모습(周成王畵像)

주왕(紂王)의 아들인 무경(武庚)에게 패나라를 각각 감독하고 다스리게 했다. 이 때문에 "삼감"이라고 하면 이들 옛 은나라 땅을 다스린 사람들인 관숙·채숙·무경을 말한다. 이들은 나이가 어린 성왕이 즉위하자 왕권을 찬탈하기 위해 성왕을 돕던 주공을 비판하며 반란을 일으켰다. 관숙과 채숙은 주 문왕의 아들이자 무왕의 동생이다. 무왕이 둘째, 관숙이 셋째, 채숙이 다섯째 아들이다. 넷째 아들이 주공 단(旦)이다. ○相(상): 돕다. ○黜(출): 없애다, 물리치다.

2

성왕께서 이렇게 말했다. "아! 각 국의 제후와 제후를 도와 국정을 운영하는 관리들에게 알리는 바이오. 상황이 좋지 않소! 하늘은 우리에게 잠시도 늦추지 않고 재앙을 내리고 있소. 이 어린 사람은 선대부터 이어져온 막중한 과업을 이어받았소. 지혜로운 이를 만나 백성들을 편안하게 해주지 못했으니, 어찌 천명을 헤아린다고 말할 수 있겠소. 아! 이 보잘 것 없는 사람은 지금 깊은 연못을 건너는 심정이오. 짐은 상제에게 이 난관을 넘어갈 방법만 찾고 있소. 선왕께서는 큰 거북이의 도움으로 천명을 받았소. 짐은 지금까지도 그 거북이의 큰 공을 잊지 않고 있소. 짐은 하늘이 내리는 위엄을 감히 외면하지 못하오. 문왕께서 물려주신 큰 거북이로, 하늘의 뜻을 물어보려하오. 짐이 큰 거북이에게 다가가 빌었소. '서쪽이 큰 어려움에 빠져 있나이다. 서쪽의 민심도 지금 들썩이며 동요하고 있습

여러 제후들에게 크게 알리는 그림 (大誥多邦圖)

니다. 은나라 주왕의 아들 무경이 지금 그 잔당을 결집하고 있습니다. 하늘이 재앙을 내리시니, 저들은 우리에게 어려움이 있어 백성들이 불안해한다는 것을 알았습니다. 자신들의 나라를 찾고자, 우리 주나라를 도모하려고 합니다. 지금 저들은 반란을 일으켰습니다. 근래, 열 명의 어진 이들이 저를 보좌하러 왔습니다. 저는 그들과 함께 문왕·무왕께서 계획하신 공을 완성하러 갈 것입니다. 저는 큰일을 치르려고 합니다, 길하나이까?' 짐이 점을 친 결과 모두 길했소."

王若曰: "猷! 大誥爾多邦越爾御事. 弗弔! 天降割于我家, 不少延. 洪惟我幼沖人, 嗣無疆大歷服. 弗造哲, 迪民康, 矧曰其有能格知天命? 已! 予惟小子, 若涉淵水, 予惟往求朕攸濟. 敷賁敷前人受命, 茲不忘大功. 予不敢閉于天降威, 用寧王遺我大寶龜, 紹天明. 卽命曰: '有大艱于西土, 西土人亦不靜, 越茲蠢. 殷小腆誕敢紀其敍. 天降威, 知我國有疵, 民不康, 曰: 予復, 反鄙我周邦, 今蠢今翼. 日, 民獻有十夫予翼, 以于敉寧、武圖功. 我有大事, 休?' 朕卜幷吉."

○猷(유): 감탄사. ○多邦(다방): 여러 제후국. ○越(월): ~와. ○御事(어사): 정무를 처리하는 신하들. ○弗弔(불조): 좋지 않음. 이곳에서는 정세가 좋지 않음을 의미. "조"는 좋다는 의미. ○割(할): 해, 재앙. 《광아·석고(釋詁)》는 "해롭다는 의미이다(害也)."라고 했다. ○少(소): 잠시도, 조금도. ○延(연): 지체하다. ○洪(홍): 대신하다. "홍(鴻)"과 통함. 《이아·석고(釋詁)》는 "'홍'은 '대신하다'는 의미이다(鴻, 代也)."라고 했다. ○惟(유): 어기사. 의미가 없음. ○無疆(무강): 끝이 없다, 영원하다. ○大歷服(대력복): 위대하고 영원한 직위. 천자의 자리를 말함. "력"은 오래되다. "복"은 직위. ○造(조): 만나다. "조(遭)"와 통함. ○哲(철): 지혜로운 사람. ○迪(적): 이끌다, 인도하다. ○格知(격지): 헤아려 아는 것. "격"은 헤아리다, 궁구하다. ○已(이): 감탄사. ○惟(유): 오로지. ○敷賁(부분): 큰 거북. "부"는 크다. "분"은 은나라와 주나라 때 점을 칠 때 사용한 큰 거북 이름. ○敷前人(부전인): 선왕을 돕다. "부"는 돕다. "보(輔)"와 통함. ○閉(폐): 눈을 감고 외면함. ○寧王(녕왕): 문왕을 말함. "녕"과 "문(文)"의 형태가 비슷해서 생긴 오류. ○紹(소): 점을 쳐 묻다. 《상서고》는 "'소'는 '소(卲)'의 가차자이다. 《설문해자》는 '소는 점을 쳐서 묻는 것이다.'고 했다(紹爲卲之借字. 《說文》: "卲, 卜問也")"라고 했다. ○天

明(천명): 천명. 양수달(楊樹達)은 "명은 명(命)의 가차자이다(明是命之假借字)."라고 했다. ○卽命(즉명): 거북에게 다가가 비는 것. ○越玆蠢(월자준): 지금 동요하고 있음을 의미. "월"은 ~하고 있다. "자"는 지금. "준"은 동요하다. ○小腆(소전): 어린 군주. 은나라 주왕(紂王)의 아들 무경(武庚)을 말함. "전"은 주재하다. 이곳에서는 군주를 의미. ○紀(기): 조직하다, 구성하다. ○敍(서): 잔당, 잔여세력. ○疪(비): 병, 어려움. ○復(복): 주나라에 망한 나라를 되찾겠다는 의미. ○鄙(비): 도모하다, 꾀하다. 《상서공전참정》은 "고문에는 '비(啚)'가 '비(鄙)'가 된다. '도(圖)'와 형태가 비슷하니, 의미는 '도모하다'의 '도(圖)'가 되어야 한다(古文啚爲鄙, 與圖字形近, 其義當爲圖)."라고 했다. ○蠢(준): 움직이다, 꿈틀거리다. ○翼(익): 활개 치다. 이곳에서는 반란이 일어났음을 의미. ○日(일): 근일(近日). ○獻(헌): 어진 사람. "현(賢)"과 통함. ○翼(익): 돕다, 보좌하다. ○于(우): 가다. ○敉(미): 끝내다, 완성하다. 《상서계몽》은 "'미(敉)'는 '미(彌)'와 통한다. '끝나다'의 의미이다(敉彌通, 終也)."라고 했다. ○圖功(도공): 이루고자 한 일. 전국을 통일하고자 한 것을 말함. ○大事(대사): 국가적 대사. 전쟁을 의미. ○休(휴): 길하다.

3

그래서 짐은 우방국의 제후들과 사관을 비롯한 여러 관리들에게 알리는 바이오. '짐은 길한 점을 얻었소, 짐은 그대들 제후들을 이끌고 저 반란을 일으킨 은나라의 도당들을 정벌하러 갈 것이오.' 그런데 그대들 우방국의 제후와 그대들의 관리들은 나의 생각에 강력하게 반대하며 '이는 어렵고 큰일입니다. 민심이 동요하고 있습니다. 또 반란을 일으킨 사람 중에는 왕실과 제후들의 가족이 있습니다. 하찮은 저희들의 생각에, 정벌하는 것은 바람직하지 않사옵니다. 폐하께서는 어찌하여 점을 어기지 않으시옵니까?'라고 말했소.

肆予告我友邦君越尹氏、庶士、御事, 曰: '予得吉卜, 予惟以爾庶邦于伐殷逋播臣.' 爾庶邦君越庶士、御事罔不反曰: '艱大, 民不靜, 亦惟在王宮邦君室. 越予小子考, 翼不可征, 王害不違卜?'

○尹氏(윤씨): 사관(史官). ○庶士(서사): 많은 관리. "서"는 많다. ○惟(유): 생각하다. ○以(이): 이끌다. ○于(우): 가다. ○逋播(포파): 도망가다. 반란을 일으킨 것을 말함. ○王宮邦君室(왕궁방군실): 왕실과 제후의 집안. "방군"은 제후. 관숙과 채숙은 왕실 출신이고, 무경은 제후 출신이었음. ○予小子(여소자): 제후들이 자신들을 낮춰 부른 말. ○考(고): 생각하다. ○翼(익): 아마도. 《상서이해》는 "'의(意)'라고 읽어야 한다. '아마도'의 의미이다(當讀爲意, 猶或也)."라고 했다. ○害(해): 어찌.

4

지금 짐은 이 어려운 일을 오랫동안 생각했소. 아! 정말로 전쟁을 일으켜 부인이나 남편이 없는 사람들이 고통을 받는다면, 이 얼마나 슬픈 일이오! 우리는 재앙을 받았소. 하늘은 나와 어린 임금에게 큰 어려움을 내렸소. 나는 내 자신의 안위를 생각할 겨를이 없소. 그대들 우방국의 제후와 여러 관리들은 나에게 '안위 문제로 두려하지 마십시오, 문왕께서 이루고자 했던 공업을 이루소서!'라고 위로해야 할 것이오.

肆予沖人永思艱, 曰: 嗚呼! 允蠢鰥寡, 哀哉! 予造天役, 遺大投艱于朕身, 越予沖人, 不卬自恤. 義爾邦君越爾多士、尹氏、御事綏予曰: '無毖于恤, 不可不成乃寧考圖功!'

○肆(사): 지금. 《이아·석고(釋詁)》는 "'지금'의 의미이다(今也)."라고 했다. ○沖人(충인): 어린 사람. 성왕을 말함. ○蠢(준): 소요를 일으킴. 전쟁이 일어남의 의미. ○鰥寡(환과): 의지할 곳 없는 사람들. "환"은 부인을 잃은 사람. "과"는 남편을 잃은 사람. ○造(조): 받다, 당하다. ○天役(천역): 하늘의 재앙. "역"은 "역(疫)"과 통함. "역(疫)"은 재앙. ○遺大投艱(유대투간): 큰 어려움을 내림. "유"와 "역"은 모두 내리다의 의미. ○卬(앙): 나. ○恤(휼): 걱정, 근심. ○義(의): 마땅히~해야 한다. ○綏(수): 위로하다. ○毖(비): 두려워하다. ○乃(내): 그대, 당신. ○寧考(녕고): 문왕을 말함. "고"는 돌아가신 부친을 이르는 말.

5

아! 이 젊은 사람은 상제의 명을 감히 저버리지 못하겠소. 하늘은 문왕을 귀히 여겨, 우리 주나라를 일으켜주었소. 당시 문왕께서는 거북점을 쳐서, 하늘의 명을 받을 수 있었소. 지금 하늘은 백성을 돕고 있소. 하물며 우리도 점을 쳐서 하늘의 뜻을 헤아릴 수 있지 않겠소. 아아! 하늘의 명은 무서운 것이니, 짐의 크고 큰 뜻을 도와주시오!"

已! 予惟小子, 不敢替上帝命. 天休于寧王, 興我小邦周, 寧王惟卜用, 克綏受玆命. 今天其相民, 矧亦惟卜用. 嗚呼! 天明畏, 弼我丕丕基!"

○已(이): 감탄사. ○替(체): 저버리다. ○休(휴): 가상하게 여기다, 훌륭하게 여기다. ○寧王(녕왕): 문왕을 말함. ○綏(수): 계승하다. 《상서핵고》는 "유(緌)"와 통한다고 했다. 《이아·석고(釋詁)》는 "'유'는 '잇다'의 의미이다(緌, 繼也)."라고 했다. ○矧(신): 하물며. ○天明(천명): 천명. ○丕丕(비비): 크고 큰. ○基(기): 사업, 뜻.

6

임금께서 말했다. "그대들은 문왕을 보좌했던 원로들이오. 그대들은 지난 일들을 잘 알고 계실 것이오. 문왕께서 어떻게 근면하셨는지 말이오! 하늘은 우리에게 공업을 이룰 수 있는 방법을 비밀스럽게 알려주었소, 짐은 문왕이 도모하신 대업을 하루빨리 완성하고자 하오. 그래서 짐은 우리의 우방국 제후들을 가르치고 인도하려는 것이오. 하늘이 진실된 말로 우리를 돕고 백성들을 보살피려하는데, 우리가 왜 문왕께서 도모한 공업을 완성하지 않으려 한단 말이오? 하늘도 우리 백성들을 병에 걸린 듯 수고롭게 하는데, 우리가 어찌 감히 문왕이 걸린 병을 낫게 하지 않는다 말이오?"

王曰: "爾惟舊人, 爾丕克遠省, 爾知寧王若勤哉! 天閟毖我成功所, 予不敢不極卒寧王圖事. 肆予大化誘我友邦君, 天棐忱辭, 其考我民, 予曷其不于前寧人圖功攸終? 天亦惟用勤毖我民, 若有疾, 予曷敢不于前寧人攸受休畢?"

○惟(유): ~이다. ○舊人(구인): 옛날 문왕을 보좌했던 신하들. ○丕(비): 크다, 많다. 이곳에서는 대부분의 의미. ○遠省(원성): 먼 일을 잘 살핌. ○若(약): 어떻게. 《상서정독》은 "'약'은 '어떻게'의 의미이다. (若, 如何也)."라고 했다. ○閟(비): 슬며시, 비밀스럽게. ○毖(비): 알려주다. ○成功所(성공소): 공을 이루려는 뜻. "소"는 뜻. ○極(극): 신속하데, 재빨리. "극(亟)"과 통함. ○卒(졸): 다하다, 완성하다. ○化誘(화유): 가르치고 인도함. ○棐(비): 돕다. ○忱辭(침사): 정성 어린 말, 진실한 말. "침"은 정성어리다, 진실 되다. ○考(고): 이루다. ○毖(비): 수고롭다. ○受(수): 받다. 이곳에서는 병에 걸린 것을 의미. ○休(휴): 잘하다. ○畢(필): 병을 낫게 하다.

7

임금이 말했다. "옛날 나는 무왕을 따라 주紂를 치러 동쪽으로 간적이 있소. 그래서 나는 매일 군대를 일으켜 정벌하는 어려움을 생각하고 있소. 아버지가 집을 지음에 이미 그 구상을 다했는데, 아들이 집터를 닦으려 하지 않는다면, 어떻게 집을 지을 수 있겠소? 아버지가 땅을 개간했는데, 아들이 파종하지 않는다면, 어떻게 수확을 할 수 있겠소? 그 아버지는 '나에게 후손이 있으니, 가업을 버리지 않을 것이다.'라고 말할 것이오. 그래서 짐이 어찌 감히 짐의 세대에서 문왕의 큰 명을 완성하지 않을 수 있겠소? 또 형이 죽었는데, 사람들이 그의

군사를 이끌고 동쪽으로 정벌하러 가는 그림 (率衆東征圖)

아들을 공격한다면, 백성을 돌보는 관리로서 어찌 이를 말리고 도와주지 않을 수 있겠소?"

王曰: "若昔朕其逝, 朕言艱日思. 若考作室, 旣底法, 厥子乃弗肯堂, 矧肯構? 厥父菑, 厥子乃弗肯播, 矧肯穫? 厥考翼其肯曰: '予有後, 弗棄基.' 肆予曷敢不越卬敉寧王大命? 若兄考, 乃有友伐厥子, 民養其勸弗救?"

○若(약): 어조사. 의미가 없음. ○逝(서): 가다. 주공이 옛날 무왕을 따라 은나라를 정벌하러 간 것을 말함. ○考(고): 돌아가신 부친. ○底法(저법): 집 지을 구상을 다함. "저"는 정하다. ○肯(긍): ~하려고 하다. ○堂(당): 집터를 닦는 것. ○構(구): 집을 짓는 것. ○菑(치): 막 개간한 땅. ○穫(확): 거두다, 수확하다. ○翼(익): 아마도. ○肆(사): 그래서. ○越卬(월앙): 자신의 집정기간. "월"은 ~에서. "앙"은 나. 이곳에서는 자신이 집정하는 기간을 말함. ○敉(미): 완성하다, 이루다. ○考(고): 다하다, 죽다. ○友(우): 무리들. 이곳에서는 사람들을 의미. 《상서이해》는 "'무리'와 같은 의미이다(猶群也)."라고 했다. ○民養(민양): 백성들을 돌보는 관리. "양"은 우두머리. ○勸(권): 권하다, 말리다.

8

임금이 말했다. "아아! 최선을 다해주시오, 우방국의 제후들과 제후들을 도와 국정을 운영하는 관리들이여. 국가를 잘 다스리려면 어질고 지혜로운 이들을 기용하오. 그 열 명의 어진 이들만이 하늘의 명을 알고 있소. 하늘은 성심으로 우리 주나라를 돕고 있소. 그대들은 하늘의 결정을 가볍게 보지 마시오. 더군다나 지금 하늘은 우리 주나라에 명을 내렸지 않소? 반란을 일으킨 대역 죄인들이 은나라 사람과 결탁하여 서로의 집안을 치고 있소. 그대들은 천명은 바꿀 수 없음을 모른단 말이오? 나는 오랫동안 생각했소. 하늘이 은을 멸망시킨 것은 농부가 밭을 일구는 것과 같은 것이오. 짐이 어찌 감히 밭에서 할 일을 다 하지 않을 수 있겠소? 하늘도 우리 선조대왕이신 문왕을 축복하고 있소. 짐이 어찌 점치는 일을 외면하고 하늘의 뜻을 따르지 않겠소? 또 어찌 감히 문왕의 생각을 따라 우리의 아름다운 강산을 지키지 않는단 말이오? 더군다나 오늘 점괘가 모두 길하지 않았소. 그래서 짐은 그대들을 대대적으로 이끌고 동쪽을 정벌하고자 하는 것이오. 천명은 틀리지 않소. 점도 이를 분명하게 말했소."

王曰: "嗚呼! 肆哉, 爾庶邦君越爾御事. 爽邦由哲, 亦惟十人迪知上帝命. 越天棐忱, 爾時罔敢易法, 矧今天降戾于周邦? 惟大艱人誕鄰胥伐于厥室, 爾亦不知天命不易? 予永念曰: 天惟喪殷, 若穡夫, 予曷敢不終朕畝? 天亦惟休于前寧人, 予曷其極卜敢弗于從? 率寧人有指疆土? 矧今卜幷吉? 肆朕誕以爾東征. 天命不僭, 卜陳惟若玆!"

○肆(사): 힘을 다하다, 최선을 다하다. 《이아·석고(釋詁)》는 "'사'는 '힘을 다하다'는 의미이다(肆, 力也)"라고 했다. ○爽邦(상방): 나라를 잘 다스림. "상"은 밝다. 《설문해자》는 "밝다는 의미이다(明也)."라고 했다. ○由哲(유철): 어진 사람을 기용하다. "유"는 따르다. ○十人(십인): 열 명의 사람. 앞 문장에 나온 "십부(十夫)"를 말함. 앞의 주석 참고. ○迪(적): 이끌다. ○棐忱(비침): 성심으로 돕다. "비"는 돕다. "침"은 성심으로, 진심으로. ○時(시): 이. ○易(역): 업신여기다, 가볍게 여기다. ○法(법): 하늘의 결정, 하늘의 법도. ○戾(려): 정하다. 정해진 명을 내림. ○大艱人(대간인): 대죄인. 관숙과 채숙을 말함. ○誕(탄): 끌어들임. 《상서핵고》는 "'연(延)'으로 읽으며, 이웃의 적을 끌어들여 서로 치는 것을 말한다(讀爲延, 謂延鄰敵相伐也)."라고 했다. ○鄰(린): 이웃나라. 무경을 말함. ○胥(서): 서로. ○永(영): 오랫동안. ○穡夫(색부): 농부. ○終朕畝(종짐무): 자신의 밭일을 끝냄. "무"는 밭이랑. ○惟(유): 생각하다. ○寧人(녕인): 무왕. ○極(극): 버리다, 외면하다. ○敢弗于從(감불우종): 이 문장은 도치가 되었음. "감불종우(敢弗從于)"가 되어야 함. "종"은 하늘의 뜻을 따름. "우"는 어조사. "호(乎)"와 통함. ○指(지): 아름답다. "지(旨)"와 통함. ○以(이): 이끌다. ○僭(참): 잘못되다, 그릇되다. ○卜陳(복진): 점이 나온 것. "진"은 보여주다, 나타내주다.

제36편 미자지명微子之命: 미자에게 명함

해제

미자微子는 이름이 계啓로, 상나라 주왕紂王의 서형庶兄이다. "명命"은 제후로 봉하는 것을 명하는 것이다. 본문은 주 성왕이 미자를 분봉分封하는 명령이다.

상서商書의 〈미자微子〉편과 《사기》의 〈은본기殷本紀〉·〈송세가宋世家〉에 따르면, 미자 계는 상나라 주왕이 술에 빠져 정사를 소홀히 하고 신하들의 간언을 듣지 않는 것을 보고 초야로 은둔하였다. 주 무왕이 상나라를 멸한 후, 그는 자진해서 주나라에 귀순했다. 주공이 친히 동쪽으로 정벌을 나가 무경武庚을 없애자, 주 성왕은 미자를 송나라의 국군國君으로 봉했다. 성왕은 미자에게 무경이 반란을 일으킨 것을 교훈으로 삼아 국법을 따르고 신하들을 잘 관리해서 주나라를 잘 보위할 것을 말했다.

본편은 금문에는 없고, 고문에는 있다.

1

성왕은 은나라의 국운을 끊고, 무경을 처형한 후, 미자 계를 은나라의 후손으로 삼는다고 명했다. 이에 사관들이 《미자지명》을 지었다.

成王旣黜殷命, 殺武庚, 命微子啓代殷後, 作《微子之命》.

○微子(미자): 상나라 주왕(紂王)의 서형(庶兄). ○啓(계): 미자(微子)의 이름. ○殷後(은후): 은나라의 후손.

2

성왕께서 이렇게 말했다. "아! 은나라의 임금 제을帝乙의 장자여! 옛날에는 덕을 숭상하고 어진 이를 받드는 전통이 있었다. 그대는 선왕의 혈통을 잇고, 선왕의 예절과 제도를 닦아, 우리 주 왕실의 귀한 손님이 되었다. 우리 왕실과 함께 존귀해졌으니, 자손대대로 번창할 것이오. 아아! 그대의 선조이신 성탕대왕께서는 사람을 공경하시고 사물의 이치에 통달하셨으며 학식이 넓고 깊으셨소. 위대하신 하늘께서 그를 보우하시어, 그에게 천명을 받도록 하였소. 성탕대왕께서는 관용으로 백성들을 돌봐주셨으며, 사악하고 해로운 무리들을 제거하셨소. 그 공덕은 세상에 널리 펴졌고, 은택은 후세에 전해졌소. 그대는 성탕대왕의 가르침을 잘 행하여, 오래전부터 백성들로부터 칭송이 자자했소. 정중하게 효도했고, 신령과 사람들을 공경하게 대할 줄 알았소. 짐은 그대의 덕을 가상히 여겨, 가슴 깊이 새겨두며 잊지 않았소. 상제는 늘 그대의 제사를 받았고, 백성들은 그대를 존경하고 그대와 화목하게 지냈소. 이런 까닭으로 짐은 그대를 상공으로 삼아, 저 동쪽의 땅을 다스리게 할 것이오.

미자에게 어진 이를 숭상하는 전통을 설명하는 그림 (元子象賢圖)

王若曰: "猷! 殷王元子. 惟稽古, 崇德象賢. 統承先王, 修其禮物, 作賓于王家, 與國咸休, 永世無窮. 嗚呼! 乃祖成湯, 克齊聖廣淵, 皇天眷佑, 誕受厥命. 撫民以寬, 除其邪虐, 功加于時, 德垂后裔. 爾惟踐修厥猷, 舊有令聞, 恪愼克孝, 肅恭神人. 予嘉乃德, 曰篤不忘. 上帝時歆, 下民祇協, 庸建爾于上公, 尹茲東夏.

○元子(원자): 장자. 미자는 제을(帝乙)의 장자이다. 주왕의 모친이 첩으로 있을 때 낳음. ○象(상): 본받다. ○統承先王(통승선왕): 선왕의 혈통을 이어받음. ○禮物(예물): 예절과 제도. ○作賓(작빈): 귀한 손님이 되다. ○齊聖廣

淵(제성광연): 《서집전》은 "'제'는 공경하는 것이고, '성'은 통달한 것이다. '광'은 큼을 말하고, '연'은 깊음을 말한다(齊則無不敬, 聖則無不通. 廣言其大, 淵言其深也)."라고 했다. ○邪虐(사학): 사악하고 해로운 무리. ○加(가): 베풀어지다, 퍼지다. ○時(시): 당시. ○垂(수): 전해지다. ○爾(이): 그대. 미자를 말함. ○踐修(천수): 이행하고 닦음. ○猷(유): 도리. ○令聞(영문): 큰 명성. "영"은 아름답다. ○恪(각): 삼가다. ○肅(숙): 공경하다. ○篤(독): 도탑다. ○歆(흠): 제사를 받음. ○庸(용): 이 때문에. ○尹(윤): 다스리다. ○東夏(동하): 미자가 봉해진 송(宋)나라를 말함. 미자의 봉지(封地)가 은나라의 옛 땅인 박(亳) 땅에 있었는데, 이곳은 주나라의 동쪽에 해당함.

3

정중하시오! 가서 그대의 정령을 선포하시오. 그대의 직무와 사명에 신중하고, 법도를 잘 따라서, 우리 주 왕실을 지켜주시오. 그대의 위대하신 선조이신 성탕대왕의 가르침을 널리 알리고, 백성들을 법에 따라 잘 다스려주시오. 상공의 자리에 오래오래 있으면서 짐 한 사람만 보필해주시오. 이렇게 해야만 그대의 후손들은 대대로 그대의 은택을 누릴 것이며, 모든 나라의 제후들도 그대를 모범으로 삼아, 우리 주나라에 섬김에 한 치의 소홀함이 없을 것이오.

아아! 가서 어진 정치를 해주시오, 짐의 명을 어기지 마시오."

欽哉, 往敷乃訓, 愼乃服命, 率由典常, 以蕃王室. 弘乃烈祖, 律乃有民, 永綏厥位, 毗予一人. 世世享德, 萬邦作式, 俾我有周無斁.

嗚呼! 往哉惟休, 無替朕命."

○服命(복명): 직무와 사명. ○典常(전상): 일정한 법도. ○蕃(번): 울타리. "번(藩)"과 통함. ○弘(홍): 드날리다. ○律(율): 법으로 백성들을 다스림. ○毗(비): 돕다. ○式(식): 모범. ○俾(비): 따르다, 섬기다. ○斁(역): 싫어하다, 싫증나다. ○休(휴): 훌륭하다. 어진 정치를 하는 것을 의미. 《서집전》은 "그대가 송나라로 가면, 그 정치를 잘해야 한다는 것을 말한다(言汝往之國, 當休美其政)."라고 했다. ○替(체): 어기다, 저버리다.

제37편 강고康誥: 강숙에게 알림

해제

《사기·위세가衛世家》는 "위나라 강숙의 이름은 봉으로, 주 무왕과 같은 어머니에게서 태어난 동생이다…… 주공 단이 성왕의 명으로 군사를 일으켜 은나라를 정벌하고, 무경 녹보와 관숙을 죽이고, 채숙을 추방했다. 무경의 은나라 유민들은 강숙을 위나라 군주로 추대하고, 황하와 기수 사이의 옛 은나라 땅에 자리를 잡았다.衛康叔名封, 周武王同母少弟也 …… 周公旦以成王命興師伐殷, 殺武庚祿父、管叔, 放蔡叔. 以武庚殷餘民封康叔爲衛君, 居河、淇間故商墟."라고 했다.
본편은 주공이 강숙에게 위나라를 다스리도록 알리는 글로, 덕을 숭상하고 형벌을 줄 때는 신중할 것이며 하늘을 존중하고 백성을 사랑하라는 내용이다. 그중 형벌을 내리는 규정과 종류가 구체적으로 설명되어 있어, 주나라 초기의 정치제도와 사법제도를 연구하는데 중요한 자료가 된다.

1

성왕이 관숙과 채숙을 정벌한 후, 강숙을 위衛나라 군주로 봉해 은나라의 유민들을 다스리도록 했다. 사관들이 이를 근거로 《강고》·《주고》·《재재》를 지었다.

成王旣伐管叔、蔡叔, 以殷餘民封康叔, 作《康誥》、《酒誥》、《梓材》.

○殷餘民(은여민): 은나라의 유민. ○康叔(강숙): 이름은 봉(封). 주 문왕의 아홉 번째 아들이자 무왕의 동생임.

주공의 모습(周公畵像)

2

3월 초, 주공은 동쪽에 있는 낙수 일대에 새로운 도읍지를 건설하려고 했다. 사방의 백성들 모두가 이곳에 모였다. 제후·백관·은나라의 유민들이 모두 힘을 다해, 주나라를 섬겼다. 주공은 그들을 크게 위로하고, 성왕을 대신해 그들에게 나라를 다스리는 이치를 말했다.

惟三月哉生魄, 周公初基作新大邑于東國洛, 四方民大和會. 侯甸男邦、采衛百工、播民和見, 士于周. 周公咸勤, 乃洪大誥治.

○惟(유): 어기사. 의미가 없음. ○三月(삼월): 주공이 섭정한 지 4년째 되던 해의 3월을 말함. ○哉生魄(재생백): 달빛이 나오기 시작함. 매월의 2일 혹은 3일을 말함. 이곳에서는 "월초(月初)"로 해석함. "재"는 시작하다. 《이아·석고(釋詁)》는 "'시작하다'의 의미이다(始也)."라고 했다. "백"은 달빛. ○基(기): 계획하다, 꾀하다. ○新大邑(신대읍): 새로운 큰 도시. 낙양(洛陽)을 말함. ○東國(동국): 동쪽 땅. ○洛(낙): 낙수(洛水). ○和(화): 모두. ○侯甸南邦(후전남방): 각지의 제후들. 《우공》편 주석 참조. ○采衛(채위): 각지의 제후들. ○百工(백공): 백관들. ○播民(파민): 떠돌아다니는 백성. 은나라 유민을 말함. "파"는 떠돌다. ○見(견): 힘을 다하다. 《상서석의》는 "'견'은 바칠 '효(效)'와 같다. '힘을 다하다'는 의미이다(見, 猶效也, 致力也)."라고 했다. ○士(사): 섬기다. 《설문해자》는 "'사'는 '섬기다'는 의미이다(士, 事也)."라고 했다. ○勤(근): 위로하다. ○洪(홍): 대신하다. 주공이 성왕을 대신해 알린 것을 말함.

3

임금께서 이렇게 말했다. "제후들의 우두머리이자 짐의 동생인 봉封(강숙의 이름)이여. 그대의 위대하고 지혜로우신 선친이신 문왕께서는 덕을 밝히시고 벌을 신중히 내렸소. 의지할 곳 없는 사람들을 업신여기지 않았으며, 임용해야 할 사람은 임용하고, 공경 받아야 할 사람은 존경하고, 벌을 주어야 할 사람은 벌을 주었소. 그리고 문왕께서는 이 모든 도리를 백성들에게 이해시켜주었소. 이렇게 하시어 우리의 작은 주나라를 만드시고, 우방국들과 서쪽 땅을 함께 경영하게 된 것이오. 문왕의 이런 큰 노고가 하늘에까지 알려졌소. 하늘은 기뻐하며, 문왕에게 큰 명을 내렸소. 그것은 대국인 은나라를 멸망시키고, 그들을 대신해 하늘이 내린 명을 받아 그 신민들을 다스리라는 것이었소. 그대의 큰 형님이신 무왕께서는 문왕의 과업을 이으시고 더욱 힘썼소. 이 때문에 봉 그대가 동쪽의 옛 은나라 땅을 다스리게 된 것이오.”

동쪽의 옛 은나라 땅을 다스리라고 하는 그림
(尹玆東夏圖)

王若曰: “孟侯, 朕其弟, 小子封. 惟乃丕顯考文王, 克明德愼罰; 不敢侮鰥寡, 庸庸, 祗祗, 威威, 顯民. 用肇造我區夏, 越我一、二邦以修我西土. 惟時怙冒, 聞于上帝, 帝休, 天乃大命文王. 殪戎殷, 誕受厥命越厥邦厥民, 惟時敍. 乃寡兄勖. 肆汝小子封在玆東土.”

○孟侯(맹후): 제후의 우두머리. “맹”은 우두머리. ○其(기): ∼의. 《경전석문》은 “‘기’는 ‘∼의’ 의미이다(其, 猶之也).”라고 했다. ○封(봉): 강숙의 이름. ○乃(내): 그대. ○丕顯(비현): 위대하고 명철함. ○考(고): 돌아가신 부친. ○庸庸(용용): 임용할만한 사람을 임용함. 앞의 “용”은 동사로, 임용하다는 의미. 뒤의 “용”은 명사로, 임용할 수 있는 사람의 의미. ○祗祗(지지): 존경할 만한 사람을 존경함. “지”는 공경하다, 존경하다. ○威威(위위): 벌을 주어야 할 사람은 벌을 줌. “위”는 위엄, 벌. ○顯民(현민): 백성들에게 (도리를) 분명하게 보여줌. ○區夏(구하): 작은 중화. 주나라를 말함. 지금의 산서성 남부

·섬서성 동부·하남성의 서부 일대에 해당. "구"는 작다. ○越(월): ~와. ○修(수): 다스리다. ○時(시): 이. ○怙(호): 크다. ○冒(모): 노력하다, 힘쓰다. "훈(勳)"과 통함. ○休(휴): 기뻐하다. ○殪(에): 죽다. 이곳에서는 멸망하는 의미. ○戎殷(융은): 대국인 은나라. "융"은 크다. ○時敍(시서): 하늘의 뜻을 계승하고 따름. "시"는 계승하다. "서"는 따르다. ○寡兄(과형): 큰 형님. ○玆(자): 이. ○東土(동토): 은나라의 옛 땅을 말함.

4

임금이 말했다. "아아! 봉이여, 짐의 말을 잘 생각하시오! 지금 은나라 백성들은 그대가 그대의 부친이신 문왕을 공경하게 따라 유민들의 좋은 의견을 잘 수렴하는지를 볼 것이오. 옛 은나라의 땅으로 가서 은나라의 지혜로우신 선왕들이 백성들을 돌보는데 사용한 방법들을 널리 구해, 신민들을 다스리시오. 그대는 은나라의 명망 높은 어른들의 지혜를 잘 생각하여, 그들의 마음을 헤아리고 무엇을 가르쳐야 할지 알아야 할 것이오. 또 그대는 옛날 선대의 지혜로운 임금들의 가르침을 구해야, 은나라의 유민들을 평안하게 다스릴 수 있을 것이오. 하늘보다 더 커지려 한다면, 큰 덕으로 자신을 이끌고, 끝까지 왕명을 완수해야 하오."

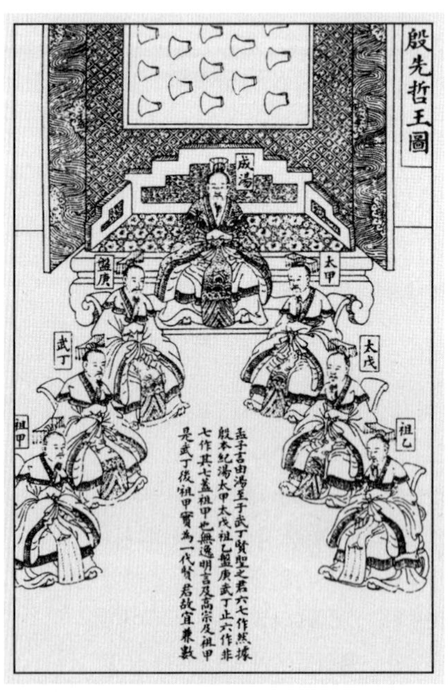

은나라 선대의 어진 임금들 (殷先哲王圖)

王曰: "嗚呼! 封, 汝念哉! 今民將在祗遹乃文考, 紹聞衣德言. 往敷求于殷先哲王, 用保乂民. 汝丕遠惟商耇成人, 宅心知訓. 別求聞由古先哲王, 用康保民. 宏于天, 若德裕乃身, 不廢在王命!"

○在(재): 살피다. ○遹(휼): 따르다. ○文考(문고): 돌아가신 부친이신 문왕. ○紹(소): 힘을 다하다. ○衣(의): 은나라의 유민. 《중용(中庸)》(제18장)에 나오는 "일융의(壹戎衣)"의 주석은 "'의'는 '은'으로 읽어야 하는데, 잘못 읽은 것이다. 제나라 사람들은 '은'은 '의'와 소리가 같다고 말한다(衣讀爲殷, 聲之誤也. 齊人言殷聲如衣)."라고 했다. ○德言(덕언): 좋은 말. ○敷(부): 널리. ○惟(유): 생각하다. ○耈成人(구성인): 은나라의 명망 높은 어른. "구"는 나이 들다, 늙다. ○宅心(택심): 마음을 헤아림. ○知訓(지훈): 가르쳐야 할 것을 앎. ○宏(굉): 크다. ○若(약): 따르다. ○裕(유): 이끌다, 인도하다. ○不廢(불폐): 끝까지, 멈추지 않고. "폐"는 그치다, 멈추다. ○在(재): 끝나다, 완성하다. 《이아·석고(釋詁)》는 "'재'는 '끝나다'의 의미이다(在, 終也)."라고 했다.

5

임금이 말했다. "아! 봉이여, 국가를 경영한다는 것은 몸에 병을 치료하는 것과 같으니, 신중하시오! 하늘이 성실한 사람을 도울 때는 민심을 통해서 드러나오. 소인들은 다스리기 어려우니, 그곳에 가면 그대의 모든 역량을 다할 것이며, 안일해지거나 향락을 추구하지 마시오. 그래야 백성들을 잘 다스릴 수 있소. 짐이 듣기에 '백성의 원성은 큰 곳에 있는 것도 아니고, 작은 곳에 있는 것도 아니다.'라고 했소. 따르지 않는 이를 따르게 하고, 노력하지 않는 이를 노력하게 해야 하오. 오! 젊은 봉이여, 그대의 직무는 왕실의 보호를 받는 은나라의 유민들을 관대하게 대하고, 왕실을 도와 천명을 헤아려, 백성들을 새롭게 하는 것이오."

王曰: "嗚呼! 小子封, 恫瘝乃身, 敬哉! 天畏棐忱, 民情大可見. 小人難保, 往盡乃心, 無康好逸豫, 乃其乂民. 我聞曰: '怨不在大, 亦不在小.' 惠不惠, 懋不懋. 已! 汝惟小子, 乃服惟弘王應保殷民, 亦惟助王宅天命, 作新民."

○恫瘝(통관): 아프고 병듦. ○天畏(천외): 하늘의 덕. "외"는 "위(威)"와 통함. 《광아·석언(釋言)》은 "'위'는 '덕'의 의미이다(威, 德也)."라고 했다. ○大(대): 대체로, 대략. ○逸豫(일예): 안일해지고 향락을 즐기는 것. ○惠不惠

(혜불혜): 따르지 않는 사람을 따르게 함. 앞의 "혜"는 동사로 쓰여, "따르다"는 의미. 뒤의 "불혜"는 목적어로 쓰여, "따르지 않는 사람"을 의미. ○懋不懋(무불무): 열심히 하지 않는 사람을 열심히 하게 함. 앞의 "무"는 "힘쓰다"는 의미. 뒤의 "불무"는 목적어로 쓰여, "힘쓰지 않는 사람"을 의미. ○服(복): 직책, 직무. ○弘(홍): 관대하다. 《상서이해》는 "이곳에서는 동사로 쓰였다. '관대하다'는 것을 말한다(此作動詞, 謂寬大之也)."라고 했다. ○應保(응보): 보호를 받음. 《경의술문》은 "'응보'는 '보호를 받는 것'과 같은 의미이다(應保猶受保也)."라고 했다. ○宅(택): 헤아리다. ○新民(신민): 백성들을 새롭게 함.

6

임금이 말했다. "아아! 봉이여, 형을 집행할 때는 신중하고 엄격하시오. 죄는 가볍지만 뜻하지 않게 죄를 저지른 것이 아닌 상습적으로 죄를 저지른 것이라면, 그 죄가 아무리 가벼워도 처형하시오. 죄는 중하지만 뉘우치지 않고 계속 나쁜 짓을 하는 것이 아닌 과실로 인해 해를 끼치는 경우에 자신의 죄를 모두 인정한다면 처형해서는 안 되오."

王曰: "嗚呼! 封, 敬明乃罰. 人有小罪, 非眚, 乃惟終自作不典; 式爾, 有厥罪小, 乃不可不殺. 乃有大罪, 非終, 乃惟眚災; 適爾, 既道極厥辜, 時乃不可殺."

○眚(생): 과실, 잘못. ○終(종): 늘, 상습적으로. ○不典(부전): 불법(不法). "전"은 법. ○式(식): 어기사. 의미가 없음. ○爾(이): 이와 같다면. ○終(종): 끝까지. 끝까지 나쁜 행위를 하는 것을 말함. ○眚災(생재): 과실로 인해 피해를 끼침. ○適(적): 만약~한다면. ○道(도): 말하다. ○極(극): 모두, 다하다. ○辜(고): 죄.

7

임금이 말했다. "아아! 봉이여, 이를 잘 따른다면, 신민들은 순순히 따를 것이오. 그리하면 백성들은 열심히 생업에 종사하며 서로 혼란을 야기하지 않도록 권면할 것이오. 백성들을 자신의 병을 돌보듯 대한다면, 그들은 잘못을 완전히 버릴 것이오. 백성들을 아기를 돌보듯 조심스럽게 대한다면, 백성들은 안정되게 다스려질 것이오. 그대 봉이 사람을 벌하고 처형하지 않으면, 누구도 함부로 사람을 벌하고 처형할 수 없소. 그대 봉이 사람의 코를 베고 귀를 베지 않으면, 누구도 함부로 사람의 코를 베고 귀를 벨 수 없소."

백성들을 아기 돌보 듯 조심스럽게 대하는 그림
(若保赤子圖)

王曰: "嗚呼! 封, 有敍時, 乃大明服, 惟民其敕懋和. 若有疾, 惟民其畢棄咎. 若保赤子, 惟民其康乂. 非汝封刑人殺人, 無或刑人殺人. 非汝封又曰劓刵人, 無或劓刵人."

○敍時(서시): 이를 잘 따름. "서"는 따르다. "시"는 이. ○服(복): 따르다, 복종하다. ○敕(칙): 권면하다. 《설문해자》는 "'칙'은 '권고하다'의 의미이다(敕, 誡也)."라고 했다. ○和(화): 혼란을 야기하지 않고 잘 따름. ○畢(필): 모두, 완전히. ○赤子(적자): 어린 아이. ○無或(무혹): 누구도~하지 못함. ○劓刵(의이): 코를 베고 귀를 자름.

8

임금이 말했다. "사건을 심리할 때, 그대는 이것이 형을 집행하는 규칙임을 선포하여, 법관들을 다스려야 할 것이오. 이렇게 해야 은나라 사람들을 다스리는 형벌이 체계가 설 것이오." 또 말했다. "죄수를 수감할지는 5·6일에서 10일 정도의 시간을 두고 생각한 후에 판단하시오."

王曰: "外事, 汝陳時臬, 司師, 茲殷罰有倫." 又曰: "要囚, 服念五、六日至于旬時, 丕蔽要囚."

○外事(외사): 사건을 심리함. 《상서집주음소》는 "'외사'는 재판하는 일이다. 사건을 심리하는 일은 조정 밖에서 하기 때문에 '외사'라고 한다(外事, 聽獄之事. 聽獄在外朝, 故云外事)."라고 했다. ○陳(진): 선포하다. ○臬(얼): 법도, 규칙. ○司師(사사): 옥리(獄吏)를 다스림. ○要囚(요수): 범인을 수감함. 고대 중국어에서 "요"는 "유(幽)"와 발음이 같았음. 따라서 "요수"는 "유수"와 같은 의미. "유(幽)"는 가두다, 감금하다. ○服(복): 생각하다, 고려하다. ○丕(비): 비로소. 《경전석사》는 "'비로소'의 의미이다(猷乃也)."라고 했다. ○蔽(폐): 판단하다.

9

임금이 말했다. "그대는 이 규칙을 공표해서 형벌을 집행해야 할 것이오. 안건을 심리할 때 은나라의 법도로 판단하여, 이치에 맞게 벌을 내리고 처형해야지, 그대의 사사로운 마음을 따라서는 안 되오. 만일 그대의 의지대로 사건을 처리해놓고 순리를 따랐다고 말한다면, 그 사건을 완전하게 처리하지 못했다고 말해야 할 것이오. 오! 젊은 봉이여, 그대 봉만큼 심지가 곧은 사람은 없소. 그대만이 짐의 바람과 짐의 덕을 알 것이오.

王曰: "汝陳時臬事罰. 蔽殷彝, 用其義刑義殺, 勿庸以次汝封. 乃汝盡遜曰時敍, 惟曰未有遜事. 已! 汝惟小子, 未其有若汝封之心. 朕心朕德, 惟乃知.

○事罰(사벌): 형벌을 집행함. "사"는 행하다. ○彝(이): 법도. ○勿庸(물용): ~할 필요가 없다, ~하지 마라. "불용(不用)"과 통함. ○次(차): 따르다. 자신의 뜻을 따르는 것. ○乃(내): 만일~한다면. ○遜(손): 따르다. 자신의 뜻대로 재판하는 것을 의미. ○時敍(시서): 이를 따름. 법에 의거해 재판하는 것을

의미. ○惟(유): 마땅히~해야 한다. ○遜事(손사): 일을 순리대로 처리하는 것을 의미. "손"은 따르다.

10

백성들이 저지르는 범죄로는 물건을 훔치고 빼앗거나 안팎에서 소란을 피우는 것, 살인을 하거나 남의 재산을 강제로 취하는 것, 죽음을 두려워하지 않고 횡포를 부리는 것이 있소. 이런 범죄를 미워하지 않는 사람은 없소."

凡民自得罪, 寇攘姦宄, 殺越人于貨, 暋不畏死, 罔弗憝."

○得罪(득죄): 죄를 저지름. ○寇(구): 남의 물건을 훔침. ○攘(양): 남의 물건을 빼앗음. ○姦宄(간귀): 나라 안팎에서 소란을 피움. ○越(월): 강제로 취함. "탈(敚)"과 통함. 《설문해자·찬부(餐部)》는 "'탈'은 '강제로 취하다'의미이다(敚, 强取也)."라고 했다. ○于(우): ~와. ○暋(민): 횡포를 부림. ○憝(대): 미워함.

11

임금이 말했다. "봉이여! 지은 죄가 큰 사람들은 부모와 형제에게도 정성을 다하지 않는 법이오. 자식이 아버지를 모심에 정성을 다하지 않는다면, 아버지의 마음은 무척 아플 것이오. 또 아버지는 자식을 사랑하지 않고 미워할 것이오. 동생이 천륜을 생각지 않고, 자신의 형을 존경하지 않는다면, 형 역시 동생의 아픔을 생각지 않고, 동생과 우애롭게 지내지 않을 것이오. 지금 백성들의 도덕의식이 이 지경인데, 정치를 한다는 사람들은 자신들의 과오를 인정하지 않소. 이렇게 되면 하늘이 우리 백성들에게 내린 법도가 크게 혼란해질 것이오. 그대는 신속히 문왕께서 정하신 벌로, 이들을 벌할 것이며 용서해서는 안 될 것이오.

王曰: "封, 元惡大憝, 矧惟不孝不友. 子弗祇服厥父事, 大傷厥考心; 于父不能字厥子, 乃疾厥子; 于弟弗念天顯, 乃弗克恭厥兄; 兄亦不念鞠子哀, 大不友于弟. 惟弔玆, 不于我政人得罪, 天惟與我民彝大泯亂. 曰: 乃其速由文王作罰, 刑玆無赦.

○元惡大憝(원악대대): 큰 죄를 짓거나 크게 미움을 받음. "원"은 크다. ○矧(신): ~도. 《경전석사》는 "'신'은 '~도'의 의미이다(矧, 猶亦也)."라고 했다. ○考心(고심): 부친의 마음. ○于父(우부): 부친이 되는 사람. "우"는 되다. ○字(자): 사랑하다. ○疾(질): 미워하다. ○天顯(천현): 천륜. ○鞠子(국자): 어린 아이. 동생을 의미. ○弔(조): 이르다. 《이아·석고》는 "'이르다'는 의미이다(至也)"라고 했다. ○政人(정인): 정치를 하는 사람들. ○得罪(득죄): 죄를 인정함. ○泯亂(민란): 혼란해짐. "민"은 없어지다. ○由(유): ~로써. "용(用)"과 통함. ○玆(자): 저. 부모에 효도하지 않고 형제간에 우애롭게 지내지 않는 사람을 말함.

12

국가의 법도를 따르지 않게 된 것도 우리 관리들 때문이오. 저 정치를 한다는 사람과 그들로부터 권한을 받은 관리들은 따로 명령을 내리고, 백성들을 속여 명예를 구하오. 그러면서도 국가의 법은 마음에 두지 않고 시행하지 않으려 하고, 백성들이 군주를 미워하도록 선동하고 있소. 이는 악한 사람을 키우는 것이니, 짐은 이런 사람들을 몹시 싫어하오. 오! 그대는 속히 이들을 국법으로 체포해 처형하시오.

不率大戛, 矧惟外庶子、訓人. 惟厥正人越小臣、諸節, 乃別播敷, 造民大譽, 弗念弗庸, 瘝厥君. 時乃引惡, 惟朕憝. 已! 汝乃其速由玆義率殺.

○大戛(대알): 큰 법도. 국법을 말함. ○惟(유): ~이다. ○外庶子(외서자): 관직 이름. 교육을 책임지는 관리. ○訓人(훈인): 관직 이름. 교육을 책임지는 관리. ○正人(정인): 정치하는 사람들. 앞 문장의 "정인(政人)"과 같은 의미. ○小臣諸節(소신제절): 권한을 위임받은 관리. "절"은 부절(符節). ○別(별): 별도로, 따로. ○播敷(파부): 선포하다, 발표하다. 이곳에서는 다른 조치를 발표하는 것을 의미. ○造(조): 속이다. ○譽(예): 명성. 명성을 구하는 것을

말함. ○弗念弗庸(불염불용): 생각지도 않고 행하지도 않음. ○瘝(관): 미워하다. 백성들로 하여금 군주를 미워하게 만드는 의미. ○引惡(인악): 악한 사람을 불러들임. ○由(유): ～에 따라서, ～에 근거해서. ○義(의): 마땅히～해야 한다. ○率(솔): 붙잡다, 체포하다. 《설문해자》는 "'솔'은 새를 잡는 작은 그물이다(率, 捕鳥畢也)."라고 했다.

13

또 제후와 그들의 부서장이 자신들의 가족과 관리들을 다스리지 못하는 경우도 있소. 이들은 위세를 부리고 마음대로 행동하며 크게 왕명을 어기기도 하오. 이런 것은 자비로 다스려서는 안 될 것이오.

亦惟君惟長, 不能厥家人越厥小臣、外正. 惟威惟虐, 大放王命, 乃非德用乂.

○君(군): 제후. ○長(장): 제후의 지휘를 받는 부서장들. ○小臣、外正(소신、외정): 제후들의 일을 처리하는 관리들. ○放(방): 어기다, 거슬리다. ○乃(내): 이.

14

그대도 법을 공경할 줄 알아야 할 것이오. 가서 백성들을 인도함에, 덕을 숭상하고 악을 멀리했던 문왕을 생각하시오. 가서 백성들을 인도하며 '나는 오로지 문왕의 가르침만을 열심히 따르겠노라.'라고 말하시오. 그러면 짐은 매우 기뻐할 것이오."

汝亦罔不克敬典, 乃由裕民, 惟文王之敬忌; 乃裕民曰: '我惟有及.' 則予一人以懌."

○典(전): 법. ○乃(내): 가다. ○由裕(유유): "유(由)"는 "유(猷)와 같음" 유유(猷裕)는 모두 '도(道)'의 의미. 이곳에서 도리로 백성을 인도하는 것을 의미.

○惟(유): 생각하다. ○敬忌(경기): 숭상하는 것과 싫어하는 것. ○及(급): 열심히 하다. 문왕의 가르침을 열심히 잇겠다는 의미. ○懌(역): 기쁘다.

15

임금이 말했다. "봉이여, 백성들을 잘 인도해야 선량해지고 평안해질 것이오. 우리는 은나라의 지혜로우신 선왕들의 어진 정치를 생각해야 하오. 백성들을 잘 다스려 국가를 평안하게 하는 것이 최종목적이 되어야 할 것이오. 더군다나 지금 그 백성들을 인도하지 않는다면, 그들은 선량해지지 않을 것이오. 인도하지 않는다면, 그 나라는 어진 정치가 행해지지 않을 것이오."

王曰: "封, 爽惟民迪吉康, 我時其惟殷先哲王德, 用康乂民作求. 矧今民罔迪, 不適; 不迪, 則罔政在厥邦."

○爽惟(상유): 발어사. 의미가 없음. ○迪(적): 인도하다. ○作求(작구): 최종목표에 이르다. "작"은 이르다, 미치다. "구"는 끝, 마지막. ○適(적): 착하다, 선하다. ○罔政(망정): 어진 정치가 행해지지 않음.

16

임금이 말했다. "봉이여, 민심을 살피시오. 나는 그대에게 자비와 형벌을 어떻게 행해야 할지를 일러주었소. 지금 백성들은 불안해하며, 동요하고 있소. 몇 번이나 인도했는데 따르지 않는다면, 하늘은 우리를 벌할 것이오. 그때 우리는 누구를 원망할 수 없소. 죄는 큰데 있는 것도 아니고, 많은데 있는 것도 아니오. 더군다나 그들이 동요하고 있음은 하늘도 분명하게 알고 있지 않겠소."

王曰: "封, 予惟不可不監, 告汝德之說于罰之行. 今惟民不靜, 未戾厥心, 迪屢未同, 爽惟天其罰殛我, 我其不怨. 惟厥罪無在大, 亦無在多, 矧曰其尙顯聞于天."

○監(감): 보다, 살피다. 민심을 살피는 의미. ○于(우): ~와. 《경전석사》는 "'월(越)'과 같은 의미이다. '~와'의 의미이다(猶越也, 與也)."라고 했다. ○不靜(부정): 불안해함. ○戾(려): 안정되다, 편안하다. ○屢(루): 여러 번. ○同(동): 따르다, 복종하다. ○상유(爽惟): 발어사. 의미가 없음. ○其(기): 장차~할 것이다. ○殛(극): 죽이다. ○矧(신): 하물며, 더군다나. ○曰(왈): 어기사. 의미가 없음. ○其(기): 그. 은나라의 유민들이 동요하고 있음을 가리킴. ○尙(상): ~도, 또한. ○顯聞于天(현문우천): 하늘에 잘 잘 알려짐.

17

임금이 말했다. "아아! 봉이여, 정중하게 처신하시오! 원망 받을 일을 하지 말고, 현실에 맞지 않는 계획과 법에 어긋난 조치들을 시행하지 말고, 그대의 간절한 마음은 묻어두시오. 그리고 덕을 열심히 행하여, 그대의 마음을 안정시키고, 그대의 덕을 돌아보시오. 백성들을 다스리는 이치를 깊이 생각한다면, 백성들은 평안해질 것이오. 그대를 비판하고 전복하려는 사람은 없을 것이오."

王曰: "嗚呼! 封, 敬哉! 無作怨, 勿用非謀非彝, 蔽時忱. 丕則敏德, 用康乃心, 顧乃德. 遠乃猷裕, 乃以民寧, 不汝瑕殄."

○非謀(비모): 그릇된 생각. ○非彝(비이): 잘못된 법. ○蔽(폐): 묻다, 닫다. ○時忱(시침): 그대의 정성 어린 마음. "침"은 정성을 다함. ○丕則(비즉): 그래서, 그리고. ○敏(민): 힘쓰다. ○遠(원): 멀리까지 생각함. ○猷裕(유유): 백성을 인도하는 도리. 앞의 주석 참고. ○瑕殄(하진): 잘못을 찾아 멸망시킴. "하"는 흠집, 잘못. "진"은 멸망시키다.

18

임금이 말했다. "아아! 분발하시오 젊은 봉이여. 천명은 끊임없이 변

대대로 은나라 유민들의 제사를 받는 그림
(世享殷民圖)

한다는 것을 늘 염두에 두시오! 그대의 잘못으로 선조들의 제사가 끊어지지 않게 하시오. 성실히 직무를 수행하고, 보고 들은 것은 신중하게 판단하시오. 백성들을 잘 다스려야 나라가 평안해지는 것이오."

王曰: "嗚呼! 肆汝小子封. 惟命不于常, 汝念哉! 無我殄享, 明乃服命, 高乃聽, 用康乂民."

○肆(사): 지금. ○命(명): 천명. ○不于常(불우상): 일정하지 않음. ○殄享(진향): 제사가 끊어짐. 나라가 멸망하는 것을 의미. "향"은 제사. ○明(명): 열심히 하다, 부지런히 노력하다. ○服命(복명): 직책, 직무. ○高(고): 신중하다. 《광아·석고》는 "'신중하다'의 의미이다(敬也)."라고 했다.

19

임금이 이렇게 말했다. "가시오! 봉이여, 경계를 풀지 말고, 늘 짐의 말을 새긴다면, 그대는 대대로 은나라의 유민들은 다스리게 될 것이오."

王若曰: "往哉! 封, 勿替敬, 典聽朕告, 汝乃以殷民世享."

○替(체): 버리다, 포기하다. ○典(전): 늘, 항상. ○以(이): ~와. ○世享(세향): 대대로 제사를 지냄.

제38편 주고酒誥: 금주할 것을 알림

해제

본편은 주공이 강숙康叔에게 위衛나라에 금주령을 내릴 것을 명령하는 글이기 때문에 〈주고酒誥〉라고 했다. 은나라 말기 사회적 분위기는 호화로운 것을 좋아하고 술을 즐겨 마시는 등 도덕이 무너져 내리고 있었다. 주왕紂王은 "주지육림酒池肉林"을 만들고 각종 방탕한 짓을 일삼았다. 위나라는 원래 상商나라의 옛 땅인데, 주공은 이런 악습을 끊고자 강숙에게 위나라로 가면 금주령을 내릴 것을 권고했다.
《한비자韓非子·설림상說林上》은 〈주고〉를 〈강고康誥〉로 인용하고 있고, 〈서서〉는 〈강고〉·〈주고〉·〈재재梓材〉 3편에 하나의 서序가 있다. 이 때문에 어떤 학자는 주周·진秦 시기에는 〈강고〉만 있고, 서한西漢의 복생伏生이 이를 3편으로 나누었을 것이라고 추정한다.

1

임금께서 이렇게 말했다. "은나라의 옛 땅(위나라)으로 가서 큰 명을 선포하시오. 그대들이 존경하는 짐의 선친이신 문왕께서는 서쪽 땅에 나라를 세우셨소. 문왕께서는 조석으로 여러 제후와 관리들에게 '제사 때만 술을 마셔야 한다.'고 일깨워주셨소. 하늘이 내린 명을 잘 생각하시오. 우리 백성들이 처음에 술을 만든 것은 큰 제사를 지내기 위해서였소. 하늘이 벌을 내려, 우리 백성들을 크게 어지럽히고 덕을 잃게 만든 것은 술 때문이었소. 큰 나라와 작은 나라 할 것 없이 멸망한 것은, 술로 죄를 지었기 때문이오.

王若曰: "明大命于妹邦. 乃穆考文王, 肇國在西土. 厥誥毖庶邦庶士越少正御事朝夕曰: '祀茲酒.' 惟天降命, 肇我民, 惟元祀. 天降威, 我民用大亂喪德, 亦罔非酒惟行; 越小大邦用喪, 亦罔非酒惟辜.

○明(명): 선포하다. ○妹邦(매방): 옛 은나라의 땅이었던 위(衛)나라를 말함. "매"는 "매(沬)"의 옛 글자.《시경(詩經)·용풍(鄘風)·상중(桑中)》은 "새삼을 캐러 매 지방으로 갔었네(爰采唐矣, 沬之鄕矣)."라고 했다. 이에 대해《모전(毛傳)》은 "매는 위나라를 말한다(沬, 衛邑)."라고 했다. 지금의 하남성 기현(淇縣) 북쪽. ○穆(목): 존경하다. ○肇(조): 세우다. ○西土(서토): 서쪽 땅. 주나라는 시조 후직(后稷)이 태(邰) 땅에 봉해진 후로, 공류(公劉)가 빈(邠) 땅으로, 대왕(大王)이 기(岐) 땅으로 옮겼다. 이곳들은 모두 서쪽에 있는 땅이다. 후에 문왕이 기 땅을 다스리다 풍(豊) 땅으로 천도했다. 풍 땅은 지금의 섬서성 함녕현(咸寧縣)인데, 이곳 역시 서쪽에 있다. ○厥(궐): 그. 문왕을 말함. ○毖(비): 경계하다.《상서금고문주소》는 "'비'는 '필(必)'과 같다(毖同必)."라고 했다.《광아·석고(釋詁)》는 "'필'은 '경계하다'는 의미이다(必, 敕也)."라고 했다. ○庶邦(서방): 여러 제후국. ○庶士(서사): 여러 경사들. ○少正(소정): 부서장의 부관(副官). ○御事(어사): 일반 관리들. ○惟(유): 생각하다. ○元祀(원사): 제사를 성대하게 지냄. "원"은 크다. ○罔非(망비): ~하지 않음이 없다.

2

문왕께서는 자신의 후손과 조정의 대·소신들에게 '술을 자주 마시지 말라.'고 일러주었소. 제후에게는 '제사 때만 술을 마시며, 술로 자신의 덕을 높여야지 취하도록 마시면 안 된다'고 일러주었소. 또 문왕께서는 우리의 신민과 자손들에게 땅에서 나는 물건들을 아껴야 마음이 착해진다고 하셨소. 우리는 선조들이 남긴 훌륭한 가르침을 잘 받들어, 크고 작은 덕을 발양해야 할 것이오.

文王誥教小子有正有事: 無彝酒. 越庶國: 飮惟祀, 德將無醉. 惟曰我民迪小子, 惟土物愛, 厥心臧. 聰聽祖考之彝訓, 越小大德.

○小子(소자): 문왕의 자손. ○有正(유정): 대신들. "정"은 "정(政)"과 통함. ○有事(유사): 소신(小臣)들. ○彝(이): 늘, 자주. ○越(월): ~에게. ○庶國(서

국): 여러 제후국. ○德將(덕장): 덕이 높아지도록 도움. "장"은 돕다. ○惟(유): 발어사. 의미가 없음. ○迪(적): 인도하다, 가르치다. ○土物(토물): 땅에서 나는 농작물. ○臧(장): 착해지다, 선해지다. ○聰聽(총청): 잘 들음. "총"은 귀가 밝음. ○祖考(조고): 문왕을 말함. ○彝訓(이훈): 늘 지켜야 하는 가르침. "이"는 지켜야 할 법도. ○越(월): 발양하다, 드날리다. 《이아·석고》는 "'월'은 '발양하다'는 의미이다(越, 揚也)."라고 했다.

3

은나라의 유민들이여, 지금부터 위나라에서 힘을 다해 정착하시오. 그대들의 힘으로 곡식을 심는데 힘쓰시오. 그리고 그대들의 부친과 연장자들을 힘써 섬기시오. 농사일이 끝나면 수레와 소를 열심히 끌고, 외지로 나가 장사를 하여, 그대들의 부모들을 정성스럽게 봉양하시오. 그대들의 부모가 기뻐하면, 직접 풍성하게 음식을 마련해서, 술을 마시시오.

小子惟一妹土, 嗣爾股肱, 純其藝黍稷, 奔走事厥考厥長. 肇牽車牛, 遠服賈, 用孝養厥父母; 厥父母慶, 自洗腆, 致用酒.

수레를 끌고 장사를 하는 그림(牽車服賈圖)

○小子(소자): 위나라의 백성들. ○妹土(매토): 옛 은나라의 땅이었던 위나라를 말함. 앞 문장의 "매방(妹邦)"과 같은 의미. ○嗣(사): 지금부터. ○股肱(고굉): 팔과 다리. ○純(순): 전념하다, 몰두하다. ○藝(예): 심다. ○奔走(분주): 바쁘게 뛰어다님. ○肇(조): 열심히 하다. ○服(복): 종사하다. ○賈(가): 장사하다. ○慶(경): 기뻐하다. ○洗腆(세전): 음식을 깔끔하고 풍성하게 차림. "전"은 음식을 많이 차리는 것. ○致(치): 도달하다, 실현되다. ○用(용): ~로써.

4

관리들이여, 짐의 가르침을 늘 잘 새기기를 바라오! 그대들은 연장자와 군주에게 술과 음식을 올리고 난 후에 음식을 배불리 먹고 술을 취하도록 마실 수 있소. 이렇게 해야 그대들은 자신의 행동을 오래 동안 보고 반성하여, 덕의 기준에 맞았는지를 헤아릴 수 있을 것이오. 그렇게 된다면 그대들은 군주가 주재하는 제사에 참여할 수 있고, 하늘에 평안을 기원할 수 있을 것이오. 이것이 바로 오랫동안 임금을 위해 정무를 처리하는 신하이자, 하늘이 찬미하는 큰 덕이기도 하오. 왕실은 그대들을 영원히 잊지 않을 것이오."

"庶士有正越庶伯君子, 其爾典聽朕教! 爾大克羞耇惟君, 爾乃飮食醉飽. 丕惟曰爾克永觀省, 作稽中德. 爾尙克羞饋祀. 爾乃自介用逸. 玆乃允惟王正事之臣, 玆亦惟天若元德, 永不忘在王家."

○庶士(서사): 위나라의 관직 이름. ○有正(유정): 위나라의 관직 이름. ○越(월): ~와. ○庶伯(서백): 위나라의 관직 이름. ○君子(군자): 위나라의 관직 이름. ○其(기): 바라다, 희망하다. ○典(전): 늘, 항상. "상(常)"과 통함. ○羞(수): 바치다, 올리다. ○耇(구): 나이가 많은 사람, 연장자. ○惟(유): ~와. ○丕(비): 어기사. 의미가 없음. ○惟(유): 생각하다. ○觀省(관성): 자신을 돌아보고 살핌. ○作(작): 행동거지. ○稽(계): 부합되다, 합치되다. ○尙(상) :대체로. ○饋사(궤사): 임금이 제사를 지낼 때 어진 이를 뽑아 제사를 돕게 하는 것. 이곳에서는 임금이 지내는 제사에 참여함을 의미. ○乃(내): 바로, 곧. ○介(개): 빌다, 구하다. 《상서신증》(권2)은 "'개(介)'는 '개(匃)'로 읽어야 한다. '개(匃)'는 '빌다'의 의미이다……'개(介)'와 '개(匃)'는 발음이 같아서 서로 빌려 쓰인다(介應讀匃. 匃, 乞也……介、匃同聲相假)."라고 했다. ○逸(일): 평안함. ○允(윤): 오랫동안. 《상서설》은 "'윤'은 '준(駿)'으로 읽어야 한다. '오래되다'는 의미이다(允, 當讀爲駿, 長也)."라고 했다. ○惟(유): ~이다. ○正事(정사): 부서장과 그 아래 정무를 처리를 처리하는 부하 관리들. 이곳에서는 신하들이 임금을 위해 국정을 돌보는 것을 의미. ○若(약): 좋다, 찬미하다. ○元德(원덕): 큰 덕.

5

임금이 말했다. "봉아, 옛날 우리 서쪽 땅의 제후와 그 관리들은 문왕의 가르침을 따라 술을 좋아하지 않았느니라. 그래서 지금 우리는 은나라를 대신해 하늘이 내린 큰 명을 받을 수 있었다."

王曰: "封, 我西土棐徂, 邦君御事小子, 尙克用文王敎, 不腆于酒, 故我至于今, 克受殷之命."

○棐徂(비조): 옛날. 《상서핵고》는 "옛날(往昔)"과 같은 말이라고 했다. ○腼(면): 아름답다. 좋아하는 의미.

6

임금이 말했다. "봉이여, 내가 듣건대, '옛날 은나라의 지혜로운 선왕께서는 백성들을 인도하고 하늘을 경외하였다. 백성들도 덕을 따르고 임금에게 존경을 나타냈다. 성탕에서 제을까지, 훌륭한 임금과 재능 있는 재상들이 국사를 주재했다. 재상들은 늘 공경하게 군주를 보좌했으며, 함부로 여유를 부리거나 편안함을 추구하지 않았다. 더군다나 모여서 술을 마신다는 것은 상상도 할 수 없는 일이었다. 도성 밖의 제후·조정의 각급 관리·종실 귀족·관직에서 물러나 집에 있는 사람들 중에 술에 빠진 사람은 없었다. 그렇게 하지 않았을 뿐만 아니라 술을 마실 여가도 없었다. 그들은 오로지 임금이 덕을 널리 드러내고 사람들이 법을 중시할 수 있도록 도왔다.'

王曰: "封, 我聞惟曰: '在昔殷先哲王迪畏天顯, 小民經德秉哲. 自成湯咸至于帝乙, 成王畏相惟御事, 厥棐有恭, 不敢自暇自逸, 矧曰其敢崇飮? 越在外服, 侯甸男衛邦伯, 越在內服, 百僚庶尹惟亞惟服宗工越百姓里居, 罔敢湎于酒. 不惟不敢, 亦不暇, 惟助成王德顯越, 尹人祗辟.'

○惟(유): 누군가. "유(有)"와 통함. ○迪(적): 인도하다. ○畏天顯(외천현): 천명을 경외함. ○經德(경덕): 덕을 행함. "경"은 행하다. ○秉哲(병철): 존경을

나타냄. "병"은 지키다, 유지하다. "지(持)"와 통함. "철"은 공경하다. "철(悊)"과 통함. 《설문해자》는 "'철'은 '공경하다'의 의미이다(悊, 敬也)."라고 했다. ○成湯(성탕): 상나라의 개국임금. ○咸(함): 미치다, 이르다. 《상서정독》은 "담(覃)"과 통한다고 했음. ○帝乙(제을): 상나라 주왕의 부친. ○成王(성왕): 업적을 세운 임금. ○畏相(외상): 경외할만한 재상. ○御事(어사): 국정을 돌봄. ○棐(비): 보좌하다. ○暇(가): 여유를 부림. ○崇(숭): 모이다. ○越(월): 발어사. 의미가 없음. ○外服(외복): 도성 밖에서 일함. "복"은 일하다. ○侯甸男衛(후전남위): 각 지역의 제후. 제후들이 사는 곳을 원근에 따라 나눈 명칭. 《우공》편 참조. ○邦伯(방백): 제후의 우두머리. ○內服(내복): 도성 안에서 일함. ○百僚庶尹惟亞(백료서윤유아): 여러 장관과 그 차관. "윤"은 장관. "아"는 차관. "유"는 ~와. ○服宗工(복종공): 관리로 있는 종실의 구성원. ○越(월): ~와. ○百姓里居(백성리거): 관직에서 물러나 집에 있는 사람들. ○不惟(불유): ~할 뿐만 아니라. ○顯越(현월): 세상에 널리 드러내다. 《상서이해》는 "'현월'은 연속으로 읽어야 한다. 《석언》은 '월은 널리 알리는 의미이다'고 했다. '현월'은 널리 드러내는 의미이다(顯越, 當連讀. 《釋言》: '越, 揚也.' 顯越, 卽顯揚)."라고 했다. ○尹(윤): 다스리다, 인도하다. ○辟(벽): 법.

7

내가 또 듣건대, '그 뒤를 이은 주왕은 술과 음악에 빠지고, 명은 하늘에 있다고 여기며, 신민들이 중시하는 일을 알지 못하고, 백성들의 원망에 안주하며 뉘우치지 않았다. 그는 음란한 짓을 일삼았으며, 향락을 탐하고 법을 지키지 않았다. 또 과도한 연회로 군주의 위엄까지 잃어버렸으니, 신민들은 하나같이 비통해하고 마음 아파해했다. 그는 술과 음악만 즐길 줄 알았지, 자신의 잘못을 고칠 줄을 몰랐다. 그의 마음은 악독해져, 죽음조차 두려워하지 않았다. 그는 상나라 도읍에서 폭정을 일삼고도, 은나라가 망하는 것을 두려워하지 않았다. 어진 덕의 소리와 제사에서 태우는 향내가 하늘에까지 들리지 않았다. 백성들이 원망하는 소리와 군신들이 마음대로 술을 마시는 비린내만이 하늘에 들렸다. 그래서 하늘은 은나라에 재앙을 내렸고, 은나라를 아끼지 않게 되었다. 이 모두가 주왕이 지나치게 향락을 추구했기 때문이다. 이는 하늘이 박해한 것이 아니라, 은나라의 신민들이 죄를 자초한 것이다.'"

我聞亦惟曰: '在今後嗣王, 酣, 身厥命, 罔顯于民祇, 保越怨不易. 誕惟厥縱, 淫泆于非彝, 用燕喪威儀, 民罔不衋傷心. 惟荒腆于酒, 不惟自息乃逸. 厥心疾很, 不克畏死. 辜在商邑, 越殷國滅, 無罹. 弗惟德馨香祀, 登聞于天; 誕惟民怨, 庶群自酒, 腥聞在上. 故天降喪于殷, 罔愛于殷, 惟逸. 天非虐, 惟民自速辜.'"

주왕이 술에 빠져 있는 그림 (酣身荒腆圖)

○今後嗣王(금후사왕): 그 뒤를 이은 임금. 주왕(紂王)을 말함. ○身厥命(신궐명): 천명은 신(神)에게 있음. 천명은 하늘에 있다는 의미. "신"은 "신(㐆)"과 통함. 《설문해자》는 "'신'은 '신(神)'을 말한다. (㐆, 神也)."라고 했다. ○顯(현): 밝다. ○保(보): 안주하다. ○越(월): ~에. "우(于)"와 통함. ○不易(불역): 고치지 않음. 자신의 잘못을 뉘우치지 않는다는 의미. ○誕(탄): 크다. ○惟(유): 하다. 《옥편(玉篇)》은 "'하다'의 의미이다(爲也)."라고 했다. ○縱(종): 문란함. 《이아·석고(釋詁)》는 "'문란하다'의 의미이다(亂也)."라고 했다. ○淫泆(음일): 지나치게 향락을 추구함. "일"은 "일(佚)"과 통함. "일(佚)"은 편안하다. ○非彝(비이): 법도에 맞지 않는 일을 함. ○燕(연): 연회. ○威儀(위의): 군주로서의 위엄과 태도. ○衋(혁): 마음 아파해하다. 《설문해자》는 "'다쳐서 아프다'의 의미이다(傷痛也)."라고 했다. ○荒(황): 지나치게, 과도하게. ○腆(전): 좋아하다. 술에 빠심을 의미. ○惟(유): 생각하다. ○息(식): 그치다. ○乃(내): 그 자신. 《경전석사》에는 "'내'는 '그'의 의미이다(乃, 猶其也)."라고 했다. ○逸(일): 잘못, 과오. 《이아·석언(釋言)》은 "'잘못하다'의 의미이다(過也)."라고 했다. ○疾很(질흔): 악독하다. "흔"은 패려궂다. ○克(극): 기꺼이~하려하다. 《상서핵고》는 "'기꺼이~하려하다'의 의미이다(猶肯

也).”라고 했다. ○辜(고): 죄를 짓다, 나쁜 짓을 하다. ○越(월): 이르다, 미치다. ○罹(리): 두려워하다, 걱정하다. ○不惟(불유): 있지 않음. “유”는 있다. ○德馨(덕형): 덕의 향내. 정치가 잘 되고 있음을 의미. ○香祀(향사): 제사에서 태우는 향내. 조상을 잘 모시고 있다는 의미. ○誕(탄): 어기사. 의미가 없음. ○庶群(서군): 주왕의 신하들. ○虐(학): 해치다, 박해하다. ○惟(유): ~이다. ○速(속): 초래하다, 야기하다. ○辜(고): 죄.

8

임금이 말했다. “봉이여, 나만 이렇게 알리는 것이 아니오. 옛 사람들도 ‘사람은 물을 거울로 삼아서는 안 되고, 백성들을 거울로 삼아야 한다.’라고 했소. 지금 은나라는 그 천명을 잃었으니, 우리가 어찌 이를 거울로 삼아 잘 살피지 않을 수 있겠소! 나는 네가 은나라의 유신·각 지역의 제후와 사건과 말을 기록하는 사관들·어진 신하들과 많은 존귀한 관리들·그대의 일을 처리하는 관리·임금의 연회와 휴식을 비롯한 제사를 책임지는 관리·그대의 삼경三卿이자 반란을 진압하는 기보圻父·백성들의 농사를 책임지는 농보農父·법을 다스리는 굉보宏父에게 ‘그대들은 술을 엄격하게 제한하라.’고 정중하게 알렸으면 한다.

王曰: “封, 予不惟若茲多誥. 古人有言曰: ‘人無于水監, 當于民監.’ 今惟殷墜厥命, 我其可不大監撫于時! 予惟曰汝劼毖殷獻臣, 侯甸男衛, 矧太史友、內史友、越獻臣百宗工, 矧惟爾事、服休服采, 矧惟若疇, 圻父薄違、農父若保、宏父定辟: ‘矧汝剛制于酒.’

○약자(若茲): 이와 같이. ○監(감): 거울, 본보기. “감(鑑)”과 통함. ○其(기): 어찌. ○監撫(감무): 거울로 삼아 살핌. “무”는 살피다. ○惟(유): 생각하다. ○劼(할): 삼가다, 정중하다. ○毖(비): 알리다. 《광운(廣韻)》은 “‘알리다’의 의미이다(告也).”라고 했다. ○獻臣(헌신): 유신들. ○侯甸男衛(후전남위): 각 지역의 제후들. ○矧(신): ~와. ○太史友內史友(태사우내사우): “태사”와 “내사”는 사관 이름. 두 개의 “우”자는 “좌우(左右)”가 되어야 함. 고대 중국어

에서 "우"는 "좌우"와 글자모양이 비슷해서 "우"로 잘못 쓰인 것임. 당시 태사는 임금의 왼쪽에서 일을 기록했고, 내사는 임금의 오른쪽에서 말을 기록했다. ○越(월): ~와. ○百宗工(백종공): 많은 지체 높은 관리들. "종"은 귀하다, 지체 높다. "공"은 관리. ○爾事(이사): 그대의 일을 처리하는 관리. ○服休(복휴): 임금의 연회와 후식을 책임지는 관리. ○服采(복채): 임금의 제사를 책임지는 관리. ○若疇(약주): 그대의 삼경(三卿). "수"는 "수(壽)"와 통함. "삼수(三壽)"는 "삼경(三卿)"을 말함. "삼경"은 아래 문장에 나오는 기보(圻父)·농보(農父)·굉보(宏父)를 가리킴. ○圻父(기보): 사마(司馬)에 해당하는 벼슬. 군대를 책임짐. ○薄違(박위): 모반을 일으킨 사람을 진압함. "박"은 억누르다. "위"는 모반을 일으키다. ○農父(농보): 사도(司徒)에 해당. 농사를 책임지는 관리. ○若保(약보): 백성들을 잘 따르게 하고 지킴. ○宏父(굉보): 사구(司寇)에 해당. 법을 다스리는 관리. ○辟(벽): 법. ○矧(신): 어기사. 의미가 없음. ○剛(강): 강력하게, 엄격하게. ○制(제): 끊다, 금한다.

9

누군가가 '사람들이 모여 술을 마시고 있습니다.'라고 알린다면, 너는 그들을 놓아주지 마라. 그들을 모두 잡아 주나라로 압송하라. 내가 그들을 죽일 것이다. 또 은나라에서 관리를 지냈던 사람들이 술에 빠진다면, 그들을 죽이지 말고, 먼저 교육을 시켜라. 이런 분명한 훈령이 있음에도, 나의 지시를 따르지 않는 사람이 있다면, 나는 그들을 동정하거나 풀어주지 않을 것이다. 함께 술을 마신 사람과 똑같이 죽음으로 다스릴 것이다."

厥或誥曰: '群飮.' 汝勿佚. 盡執拘以歸于周, 予其殺. 又惟殷之迪諸臣惟工, 乃湎

모여서 술을 마신 사람들을 붙잡는 그림
(執拘羣飮圖)

又酒, 勿庸殺之, 姑惟教之. 有斯明享, 乃不用我教辭, 惟我一人弗恤弗蠲, 乃事時同于殺."

> ○或(혹): 누군가. ○佚(일): 내버려두다. ○執拘(집구): 체포하다, 붙잡다. ○其(기): 장차~할 것이다. ○迪(적): 어조사. 의미가 없음. 《경전석사》는 "문장 속의 어조사이다(句中語助也)."라고 했다. ○惟(유): ~와. ○無庸(무용): ~할 필요가 없다. ○斯(사): 이. ○享(향): 권하다, 인도하다. "향(嚮)"과 통함. ○乃(내): 여전히. ○我一人(아일인): 임금이 자신을 부르던 말. ○恤(휼): 동정하다, 가련히 여기다. ○蠲(견): 죄를 면해주다, 사면하다. ○事(사): 다스리다.

10

임금이 말했다. "봉은 짐의 가르침을 늘 잘 새겨두어라. 그대의 관리들이 술에 빠지는 일이 없도록 하라."

王曰: "封, 汝典聽朕毖, 勿辯乃司民湎于酒."

> ○典(전): 늘, 항상. ○毖(비): 알리다. ○辯(변): ~로 하여금…하게하다. ○司民(사민): 백성을 다스리는 관리. "사"는 다스리다.

제39편 재재梓材: 가래나무로 치국의 도리를 말함

해제

"재梓"는 "가래나무". 본편 역시 주공이 강숙에게 한 말이다. 본편에서는 주공이 은상의 옛 지역을 다스리는 구체적인 정책과 이런 정책을 제정하게 된 이유를 설명하고, 강숙에게 이를 잘 실행하여 선왕이 이루지 못한 사업을 완성할 것을 당부하고 있다. 본문 중의 "가래나무로 가구를 만드는 것과 같다.若作梓材."는 나라를 다스리는 도리를 비유하고 있기 때문에 사관들은 "재재梓材" 두 글자를 편명으로 삼았다. 〈재재〉편의 형식은 《상서》연구에서 학자들 사이에 의견이 가장 분분한 문제이다. 많은 학자들이 본편의 내용이 앞뒤가 맞지 않는 것으로 보고 있다. 특히 뒤 부분은 대신들이 군주를 일깨워 주는 말이어서, 《상서》의 다른 편목이 잘못 끼어든 것으로 판단하고 있다.

1

임금이 말했다. "봉이여, 나의 명령은 공경대부에서 그들이 다스리는 신민들에게 전달되어야 하고, 군주와 제후에서 그들의 관리에게도 전달되어야 한다. 그대는 늘 이렇게 해야 한다. 또 '나에게는 사도·사마·사공·대부를 비롯한 많은 신하들이 있다'고 말해야 한다. 또 그들에게 '나는 무고한 사람들을 함부로 죽이지 않겠다.'라고 말해야 한다. 그대는 군주보다 먼저 그들을 위로하고 존경해야 한다. 그러니 빨리 가서 그들을 위로하고 존경하라. 지난날, 법을 어기고 나쁜 짓을 한 자와 노예를 죽인 자들은 용서하라. 지난날, 군주의 일을 누설한 자와 사람을 박해한 자들도 용서하라."

王曰: "封, 以厥庶民暨厥臣達大家, 以厥臣達王惟邦君. 汝若恒, 越曰: '我有師師, 司徒、司馬、司空、尹旅.' 曰: '予罔厲殺人.' 亦厥君先敬勞, 肆徂厥敬勞. 肆往姦宄殺人歷人宥, 肆亦見厥君事戕敗人宥."

○以(이): ～에서. ○暨(기): ～와. ○逹(달): ～까지. ○大家(대가): 공경대부. ○惟(유): ～와. ○邦君(방군): 제후. ○若恒(약항): 늘 이렇게 따름. "약"은 따르다. "항"은 늘, 항상. ○越(월): 어기사. 의미가 없음. ○師師(사사): 많은 관리. 앞의 "사"는 많다. 뒤의 "사"는 우두머리. 각 부서의 장을 말함. ○司徒(사도): 관직 이름. 농사를 책임지는 관리. ○司馬(사마): 관직 이름. 국방을 책임지는 관리. ○司空(사공): 관직 이름. 토지를 책임지는 관리. ○尹旅(윤려): 많은 공경대부들. "윤"은 대부. "려"는 많다. ○厲(려): 무고한 사람을 죽임. ○敬勞(경로): 공경하고 위로함. ○肆徂(사조): 빨리 감. "사"는 빨리. "조"는 가다. ○肆往(사왕): 옛날. "사"를 《이아·석고(釋詁)》는 "옛날(故也)"이라고 했다. ○姦宄(간구): 법을 어기고 나쁜 짓을 한 사람. ○人歷(인력): 노예. ○宥(유): 용서하다. ○見(견): 누설하다. "현(俔)"과 통함. ○戕敗(장패): 사람의 몸에 상처를 입히고 해를 끼친 사람. "장"은 상처를 입히다.

2

임금이 제후를 세우는 것은 백성들을 다스리기 위함이다. 임금이 말했다. "서로 해치지 말라, 서로 학대하지 말라. 처가 없거나 남편이 없는 노인이나 임신한 부인들이 죄를 저질렀다면 관용으로 인도해야 한다." 군주는 제후와 그들의 관리들을 이렇게 가르쳐야 한다. "나의 명이 무엇인가? 백성들을 잘 살고 편안하게 해주는 것이다. 예로부터 군주들은 이렇게 백성들을 다스렸기 때문에 큰 저항이 일어나지 않았다."

王啓監, 厥亂爲民. 曰: "無胥戕, 無胥虐, 至于敬寡, 至于屬婦, 合由以容." 王其效邦君越御事: "厥命曷以? 引養引恬. 自古王若玆監, 罔攸辟!"

○啓(계): 두다, 세우다. 《광아》는 "열다(開也)."라고 했다. ○監(감): 제후. 《상서이해》는 "공·후·백·자·남이 각각 한 나라를 살폈기 때문에 제후를 감이라고 부른다(公侯伯子男各監一國, 所以諸侯稱爲監)."라고 했다. ○亂(난): 대저, 대체로. ○爲(위): 교화하다. ○敬(경): 늙어서 처가 없는 사람. "환(鰥)"과 통함. ○屬婦(속부): 임신한 여인. "속"은 "추(媰)"와 통함. 《설문해

자》는 "'추'는 여인이 임신한 것이다(嫋, 婦人妊身也)."라고 했다. ○合(합): 마찬가지, 다함께. ○由(유): 인도하다. ○效(효): 가르치다. ○厥命(궐명): 임금의 명령. ○曷以(갈이): 무엇. ○引(인): 오랫동안. ○養(양): 잘 살게 함. ○恬(념): 평안하다. ○辟(벽): 잘못됨. 반란이 일어남을 의미. "벽(僻)"과 통함.

3

임금이 또 말했다. "국가를 다스리는 것은 밭을 가는 것과 같다. 열심히 땅을 개간하고 씨를 뿌렸다면, 땅을 다스리고 밭의 경계를 세우고 도랑을 팔 일을 생각해야 한다. 집을 짓는 것과도 같다. 열심히 담을 쌓았다면, 진흙을 바르고 풀로 지붕을 엮어 집을 완성해야 할 일을 생각해야 한다. 또 가래나무로 가구를 만드는 것과 같다. 열심히 다듬고 깎았다면, 붉은 칠을 해 아름답게 장식할 일을 생각해야 한다."

惟曰: "若稽田, 旣勤敷菑, 惟其陳修, 爲厥疆畎. 若作室家, 旣勤垣墉, 惟其塗墍茨. 若作梓材, 旣勤樸斲, 惟其塗丹雘."

진흙을 바르고 풀을 엮어 집을 짓는 그림
(室家墍茨圖)

○惟(유): 발어사. 의미가 없음. ○稽田(계전): 밭을 갈다. "계"는 다스리다. ○敷(부): 파종하다, 씨앗을 뿌리다. ○菑(치): 새로 개간한 땅. ○惟(유): 생각하다. ○陳修(진수): 다스리다. 《경의술문》은 "모두 '다스리다'의 의미이다(皆治也)."라고 했다. ○疆(강): 경계를 지음. ○畎(견): 논둑 사이의 도랑을 팜. ○垣(원): 낮은 담. ○墉(용): 높은 담. ○塗(도): 마치다, 끝내다. 《상서정의》와 《군경음변(群經音辨)》에는 "역(斁)"으로 되어 있음. 《설문해자》는 "'역'은 '끝내다'의 의미이다(斁, 一曰終也)."라고 했다. ○墍(기): 진흙을 바름. ○茨(자): 띠풀로 지붕을 이음. ○梓材(재재):

가래나무로 기물을 만듦. ○樸斲(박착): 다듬고 깎음. ○丹雘(단확): 붉은 색의 안료. 기물을 보기 좋게 가꾼다는 의미.

형제들의 나라들이 귀순하러 오는 그림
(兄弟方來圖)

4

지금 임금이 말했다. "옛날 우리의 선왕께서 부지런히 어진 정치를 펴시니, 어진 신하들이 자진하여 군주를 도와 어진 정치를 했다. 많은 제후들도 공물을 바치고 신하로 칭했다. 심지어 형제의 나라도 귀순하러 왔다. 이 모두가 열심히 어진 정치를 펼쳤기 때문이다. 제후들이 늘 함께 모여 공물을 바치러 오자, 더 많은 제후들이 공물을 바치고 신하로 칭했다. 하늘은 중국의 신민들과 영토를 선왕에게 맡기셨다. 지금 임금이 어진 정치를 해야, 아직 주나라에 귀순하지 않은 은나라의 유민들이 계속해서 우리의 통치를 기꺼이 따를 것이다. 선왕께서 하늘로부터 받은 큰 명을 오래 동안 유지시켜 나가야 한다. 아! 이 가르침을 잘 생각해보아야 한다." 또 말했다. "우리의 통치를 천년만년 이어나가려면, 왕의 자손들이 백성들을 영원히 잘 다스려야 한다."

今王惟曰: "先王既勤用明德, 懷爲夾, 庶邦享作, 兄弟方來, 亦既用明德. 后式典集, 庶邦丕享. 皇天既付中國民越厥疆土于先王, 肆王惟德用, 和懌先後迷民. 用懌先王受命. 已! 若玆監." 惟曰: "欲至于萬年, 惟王子子孫孫永保民."

○用(용): 행하다. 《방언》은 "'용'은 '행하다'의 의미이다(用, 行也)."라고 했다. ○懷(회): 오다. ○夾(협): 돕다. ○享(향): 공물을 바침. ○兄弟方(형제방): 형제의 나라. "방"은 나라. ○后(후): 제후. ○式(식): 때문에. ○典(전): 늘, 항상. ○付(부): 주다, 내리다. ○肆(사): 지금. ○和懌(화역): 즐거운 마음으로 따름. ○先後(선후): 계속해서, 잇따라. ○迷民(미민): 주나라에 아직 귀순하지 않는 은나라 유민들. ○懌(역): 마치다, 완성하다. 《상서이해》에는 "'역'으로 읽어야 한다. '끝내다'는 의미이다(當讀斁, 終也)."라고 했다. ○監(감): 돌보다. ○欲(욕): 장차~할 것이다. ○保(보): 편안하다, 다스리다.

제40편 소고召誥: 소공에게 알림

해제

《사기·주본기周本紀》에는 주공이 집정한 지 7년째, 성왕이 성장하자 주공은 성왕에게 정권을 넘겨주었다고 한다. 성왕은 낙읍洛邑을 다시 건설하기로 결정하고, 소공召公을 보내 공사를 감독하게 했다.

소공의 모습(召公畵像圖)

본편은 낙읍의 건설과정 중에 주공이 일찍이 이곳을 방문해 천지신령들께 제사를 지낸 것을 기록하고 있다. 후에 성왕도 낙읍에 왔다. 소공이 각 제후들을 데리고 주공과 성왕을 알현했다. 소공은 성왕에게 당시의 형세와 하나라와 은나라가 멸망하게 된 원인을 분석하여 덕정을 펼 것을 일깨워주었다. 소공의 말은 본편에서 가장 핵심적인 내용이기 때문에 〈소고召誥〉로 편명을 삼았다.

1

성왕은 풍 땅에 있을 때, 낙읍에 살려고 했다. 이에 먼저 소공을 보내 건물이 들어 설 곳을 알아보게 했다. 사관들이 《소고》를 지었다.

成王在豊, 欲宅洛邑, 使召公先相宅, 作《召誥》.

○豊(풍): 문왕 때의 수도임. 지금의 섬서성(陝西省) 호현(戶縣) 일대. 후에 무왕은 호경(鎬京)으로 천도하지만 문왕을 모신 사당은 계속 풍 땅에 두었다. ○宅(택): 거주하다. ○相宅(상택): 거주할 곳을 살펴봄. "상"은 살피다.

2

2월 16일에서 엿새가 지난 을미일, 성왕은 이른 아침에 주나라의 수도 호경鎬京에서 걸어서 풍 땅에 왔다.

惟二月旣望, 越六日乙未, 王朝步自周, 則至于豊.

○二月(이월): 성왕 7년(기원전 1097년)의 2월. ○旣望(기망): 16일. ○越(월): 이르다, 미치다. 《경전석사》는 "'월'은 '이르다'의 의미이다(越, 猶及也)."라고 했다. ○周(주): 주 무왕 때 수도였던 호경(鎬京)을 말함. 지금의 섬서성 서안(西安) 서남쪽.

3

태보 소공召公이 주공보다 먼저 낙읍에 와서 건물이 들어 설 곳을 살폈다. 3월 초사흘 병오일에 초승달이 빛났다. 삼일이 지난 무신일, 태보가 아침에 낙읍에 와서, 건물이 들어설 자리가 좋은지를 알아보려고 점을 쳤다. 태보는 건물이 들어서도 좋다는 점을 얻고, 공사를 시작했다. 삼일이 지난 경술일, 태보는 은의 유민들을 데리고 낙수와 황하가 만나는 곳에서 건물이 들어설 자리를 측량했다. 닷새가 지난 갑인일, 건물이 들어설 위치가 확정되었다.

惟太保先周公相宅. 越若來三月, 惟丙午朏. 越三日戊申, 太保朝至于洛, 卜宅. 厥旣得卜, 則經營. 越三日庚戌, 太保乃以庶殷攻位于洛汭. 越五日甲寅, 位成.

태보가 건물이 들어설 곳을 살피는 그림
(太保相宅圖)

○太保(태보): 관직 이름. 주 성왕 때의 소공(召公) 석(奭)이 태보로 있었음. ○先(선): 앞서, 먼저. ○越若(월약): 발어사. 의미가 없음. ○來三月(내삼월): 오는 3월. ○朏(비): 달이 처음으로 나타남. ○卜宅(복택): 거주할 곳이 좋은지를 점침. ○厥(궐): 어기사. 의미가 없음. ○得卜(득복): 길한 점괘를 얻음. ○經營(경영): 공사하다. "경"은 측량하다. "營"은 짓다. ○庚戌(경술): 3월 7일을 말함. ○以(이): 이끌다. ○庶殷(서은): 많은 은나라의 백성. ○攻位(공위): 건물이 들어설 위치를 측량함. "공"은 다스리다. ○洛汭(낙예): 낙수와 황하가 만나는 곳. "예"는 강물이 합류하는 곳. ○甲寅(갑인): 3월 11일을 말함. ○位成(위성): 건물이 들어설 위치가 확정됨.

4

다음날 을묘일, 주공이 아침에 낙읍에 와서, 공사가 진행되는 새 도읍지를 두루 시찰했다. 삼일이 지난 정사일, 남쪽 교외에서 하늘에 제물을 바쳐 제사를 지냈다. 제물로 소 두 마리를 썼다. 다음날 무오일, 새 도읍지에서 지신에게 제사를 올렸다. 제물로 소 한 마리·양 한 마리·돼지 한 마리를 썼다. 이레가 지난 갑자일, 주공이 아침에 은나라의 유민과 제후들에게 낙읍의 건설을 명하는 글을 선포했다. 명령이 내려지자, 은나라의 유민들은 대대적으로 공사를 시작했다.

若翼日乙卯, 周公朝至于洛, 則達觀于新邑營. 越三日丁巳, 用牲于郊, 牛二, 越翼日戊午, 乃社于新邑, 牛一, 羊一, 豖一. 越七日甲子, 周公乃朝用書命庶殷侯甸男邦伯. 厥旣命殷庶, 庶殷丕作.

○若(약): 이르다, 도착하다. 《경전석사》는 "'이르다'의 의미이다(及也)."라고 했다. ○翼日(익일): 다음날. "익(翼)"은 "익(翌)"과 통함. ○乙卯(을묘): 3월 12일을 말함. ○達觀(달관): 두루 들러봄. ○丁巳(정사): 3월 14일을 말함. ○郊(교): 남쪽 교외. 주나라 때는 수도의 남쪽 교외에서 하늘에 제사를 지냈음. ○戊午(무오): 3월 15일을 말함. ○社(사): 토지 신에게 제사를 지냄. ○豖(시): 돼지. ○甲子(갑자): 3월 21일을 말함. ○用書命(용서명): 문서의 형식으로 명함. 이곳에서는 문서의 형식으로 낙읍을 건설할 것을 명하는 의미. ○丕(비): 크다. ○作(작): 공사를 시작함.

5

태보와 각국의 제후들은 나와서 예물을 받고, 다시 안으로 들어가 주공에게 바쳤다. 태보가 말했다. "무릎을 꿇고 머리를 숙이며, 저희가 폐하의 말씀을 공께 아뢰나이다." 그런 후 이 의견을 은나라의 유민들과 그들을 돌보는 관리들에게 알렸다. "아아! 하늘의 상제께서는 자신의 장자를 바꾸어, 대 은나라의 천명을 멈추게 했습니다. 폐하께서는 천하를 다스리라는 큰 명을 받으셨습니다. 이는 한없는 복이기도 하나 한없는 걱정이기도 합니다. 아아! 그러니 어찌 정중하지 않을 수 있겠습니까?

太保乃以庶邦冢君出取幣, 乃復入錫周公. 曰: "拜手稽首, 旅王若公." 誥告庶殷越自乃御事: "嗚呼! 皇天上帝改厥元子, 玆大國殷之命. 惟王受命, 無疆惟休, 亦無疆惟恤. 嗚呼! 曷其奈何弗敬?

○以(이): ~와. ○冢君(총군): 제후. ○取幣(취폐): 예물을 받음. ○錫(석): 바치다, 올리다. ○旅王若公(여왕약공): 임금의 말씀을 공에게 알림. "려"는 알리다, 진술하다. "약"은 ~에게. 《상서정독》은 "'약'은 '나(那)'로 읽어야 한다(若, 讀如那)."라고 했다. 《이아·석고(釋詁)》는 "'나'는 '~에서'의 의미이다(那, 於也.)."라고 했다. ○自(자): 어조사. 의미가 없음. ○元子(원자): 장자. ○玆(자): 멈추다, 그치다. 《상서이해》는 "'자'는 '이(已)'로 읽어야 한다. '멈추다'는 의미이다(玆, 當讀爲已, 止也)."라고 했다. ○休(휴): 경사, 축복. ○曷其奈何(갈기내하): 어찌. "갈기"와 "내하"는 모두 "어찌"의 의미. 문장의 어기를 강화하기 위해 같은 표현을 중복함.

6

하늘은 이미 오래 전에 큰 나라 은의 명을 끊으려고 했습니다. 저 은나라의 많은 명철하신 선왕들은 모두 하늘에 있습니다. 후의 주왕과 그의 백성들은 처음에 선왕의 가르침을 잘 따랐습니다. 그러나 주왕의 말년에 어진 이들은 숨고 백성을 박해하는 자들이 득세했습니다. 가정이 있는 남자들은 처와 자식을 업고 안고 끌고 부축하면서, 하늘에 통곡하며 호소했습니다. 그들은 주왕이 망하기를 저주하며 어려움에서 벗어나게 해달라고 했습니다. 아아! 하늘도 사방의 백성들을 가련히 여기시어, 그들을 돌보고자 천명을 바꾸게 된 것입니다. 폐하께서는 하루빨리 덕이 있는 이를 존중하십시오!

天旣遐終大邦殷之命, 玆殷多先哲王在天. 越厥後王後民, 玆服厥命. 厥終, 智藏瘝在. 夫知保抱攜持厥婦子, 以哀籲天, 徂厥亡, 出執. 嗚呼! 天亦哀于四方民, 其眷命用懋. 王其疾敬德!

○遐(하): 멀다. 오래되었음을 의미. ○越(월): 어기사. 의미가 없음. ○後王後民(후왕후민): 그 후의 임금과 백성. 주왕과 그의 백성들을 말함. ○玆(자): 힘쓰다. 《상서정독》에는 "'자'는 '자(孜)'로 읽어야 한다. '힘쓰다'는 의미이다(玆, 讀爲孜, 勉也)."라고 했다. ○服(복): 복종하다, 따르다. ○厥命(궐명): 선대 임금의 가르침. ○厥終(궐종): 주왕의 말년. 《상서이해》는 "후대 임금의 끝, 다시 말해 주왕의 말년을 말한다(謂後王之終, 卽紂之末年)."라고 했다. ○瘝(관): 병들다. 이곳에서는 사악한 사람을 의미. 앞의 "어진 사람(智)"과 상대되는 개념. ○夫(부): 남자. ○知(지): 짝, 배필. 《이아·석고》는 "'지'는 '배필'의 의미이다(知, 匹也)."라고 했다. ○保(보): 짊어지다. ○籲(유): 호소하다. ○徂(조): 저주하다. "저(詛)"와 통함. ○出執(출집): 어려움에서 벗어남. "집"은 빠지다. 어려움이나 함정에 빠짐을 의미. 《상서정독》은 "'점'으로 읽는다(讀爲墊)."라고 했다. 《설문해자》는 "'점'은 '내려간다'의 의미이다(墊, 下也)."라고 했다. ○眷(권): 돌보다, 보살피다. ○懋(무): 옮기다. 천명이 은나라에서 주나라로 옮겨간 것을 말함. ○疾(질): 신속하게, 빠르게.

7

그 옛날 하나라 사람들을 보십시오. 하늘은 하늘의 도리에 밝은 사람을 시켜 백성들을 인도하게 했습니다. 이들은 직접 하늘의 뜻을 물을 수 있었습니다. 이후의 임금들은 하늘의 뜻을 따르지 않아 천명을 상실하고 말았습니다. 지금 은나라 사람들을 보십시오. 하늘은 천명을 잘 아는 사람을 시켜 그들을 인도하게 했습니다. 이들은 직접 하늘의 뜻을 물을 수 있었습니다. 이후의 임금들은 하늘의 뜻을 따르지 않아 천명을 잃어버리고 말았습니다. 지금 폐하께서는 젊은 나이에 왕위를 이으셔서, 폐하를 보좌해 우리 선조들의 덕을 헤아릴 수 있는 경험 많은 사람이 없습니다. 하물며 하늘의 뜻을 직접 물을 수 있는 사람이야 더더욱 찾기 어려울 것입니다.

相古先民有夏, 天迪從子保; 面稽天若, 今時旣墜厥命. 今相有殷, 天迪格保, 面稽天若, 今時旣墜厥命. 今沖子嗣, 則無遺壽耇, 曰其稽我古人之德, 矧曰其有能稽謀自天?

○相(상): 보다. ○從子保(종자보): 하늘과 사람을 소통해주는 사람. 《상서정독》은 "'종자보'는 '여보'의 잘못된 글자이다('從子保'爲'旅保'兩字之譌)."라고 했다. ○面(면): 직접. ○考(고): 살피다. ○天若(천약): 하늘의 뜻. "약"은 "낙(諾)"과 통함. "낙"은 약속의 의미. ○墜(추): 상실함. ○格保(격보): 하늘과 사람을 소통해주는 사람. 앞의 주석에 보이는 "여보(旅保)"와 같은 의미. ○沖子(충자): 어린 사람. 성왕을 말함. ○壽耇(수구): 연로하고 덕망 높은 사람. ○稽謀(계모): 물어보고 헤아림.

8

아아! 폐하께서는 비록 젊으시지만 천자의 자리는 책임이 막중해서, 백성들을 잘 살게 해주어야 합니다. 지금 잘하시는 것은 폐하께서 공사를 미루지 않는 점과 은나라의 유민이 잘 다스려지지 않는 것을 염두에 두시고 걱정하시는 점입니다. 폐하께서는 점을 쳐서 하늘의 뜻을 물으시고, 낙읍에서 친히 천하를 경영해야 합니다. 단(주공)이 말했습니다. '속히 큰 도읍지를 건설해야 합니다. 이후로 하늘에 제사를 지낼 때 선조이신 후직后稷이 배향하고, 천지신령께 경건하게 제사를 올려야 합니다. 그리고 천하의 중심인 이곳에서 나라를 다스려야 합니다. 폐하께서 이렇게 하기로 결정하셨으니, 백성들을 다스리는 일은 크게 성공할 것입니다.'

嗚呼! 有王雖小, 元子哉, 其丕能諴于小民. 今休, 王不敢後, 用顧畏于民嵒. 王來紹上帝, 自服于土中. 旦曰: '其作大邑, 其自時配皇天, 毖祀于上下, 其自時中乂. 王厥有成命, 治民今休.'

○元子(원자): 천자. 《서집전》은 "나이는 적지만 그의 임무는 막중함을 말한다(謂其年雖小, 其任則大也)."라고 했다. ○諴(함): 화합하다. 서로 어울려 사는 의미. ○休(휴): 잘하다, 뛰어나다. ○後(후): 미루다, 지체하다. 낙읍건설을 미루는 것을 말함. 《설문해자》는 "'늦추다'는 의미이다(遲也)"라고 했다. ○顧畏(고외): 마음에 두고 두려워함. ○民嵒(민암): 은나라 사람들이 잘 다스려지지 않음을 의미. "암"은 험하다. "험(險)"과 통함. ○紹(소): 점을 쳐서 물음. ○服(복): 다스리다. ○土中(토중): 천하의 중심. 낙읍을 말함. ○旦(단): 주공의 이름. ○自時(자시): 이로부터. "시"는 이. ○配皇天(배황천): 하늘에 제사를 지낼 때 주나라의 시조인 후직(后稷)으로 배향함. ○毖(비): 경건하다. ○時中(시중): 천하의 중심인 이곳. 낙읍을 말함. ○厥(궐): 어조사. 의미가 없음. ○休(휴): 잘되다, 성공하다.

9

폐하께서는 먼저 은나라의 유신들을 다스리시어, 주나라의 관리들과 가까이 할 수 있게 해주십시오. 그들의 생각을 바꾸어 나날이 발전할 수 있게 해주십시오. 폐하께서는 늘 신중하게 일을 처리하시고, 정중하게 덕의 정치를 행하셔야 합니다.

王先服殷御事, 比介于我有周御事. 節性, 惟日其邁. 王敬作, 所不可不敬德.

○服(복): 다스리다. ○殷御事(은어사): 은나라에서 국정을 처리했던 신하. 은나라의 유신들을 말함. ○比介(비개): 가까이하다, 친근하다. "비"를 《광아》는 "'가깝다'의 의미이다(近也)."라고 했다. "개"는 "이(爾)"가 잘못된 글자임. "이"는 "이(邇)"의 이체자임. "이(邇)"는 가깝다. ○節性(절성): 생각을 바꾸게 함. "절"은 절제하다. 생각을 바꾸게 한다는 의미. ○邁(매): 나아가다, 발전하다. ○所(소): 또한, 게다가.

10

우리는 하나라와 은나라를 교훈으로 삼아야 합니다. 저는 하나라가 천명을 받은 지 얼마나 되었는지 모릅니다. 또 저는 하나라가 얼마나 이어졌는지 모릅니다. 제가 아는 것은 그들이 덕을 정중하게 행하지 않아, 일찌감치 천명을 잃어버렸다는 것입니다. 저는 은나라가 천명을 받은 지 얼마나 되었는지 모릅니다. 또 저는 은나라가 얼마나 이어졌는지 모릅니다. 제가 아는 것은 그들이 덕을 정중하게 행하지 않아, 일찌감치 천명을 잃어버렸다는 것입니다. 지금 폐하께서는 천하를 다스리는 큰 명을 이어받았습니다. 우리도 이 두 국가의 운명을 교훈으로 삼고, 그들의 공업을 이어나가야 합니다.

我不可不監于有夏, 亦不可不監于有殷. 我不敢知曰: 有夏服天命, 惟有歷年; 我不敢知曰: 不其延. 惟不敬厥德, 乃早墜厥命. 我不敢知曰: 有殷受天命, 惟有歷年; 我不敢知曰: 不其延. 惟不敬厥德, 乃早墜厥命. 今王嗣受厥命, 我亦惟玆二國命, 嗣若功.

○監(감): 본보기로 삼다, 교훈으로 삼다. "감(鑑)"과 통함. ○服(복): 받다. ○歷年(역년): 얼마나 오래되다. "력"은 오래되다. 《소이아·광고(廣詁)》는 "'오래되다'의 의미이다(久也)."라고 했다. ○其(기): 어기사. 의미가 없음. ○延(연): 이어지다, 지속되다. ○惟(유): 생각하다. ○若(약): 그, 그들. 《경전석사》는 "'약'은 '그'의 의미이다(若, 猶其也)."라고 했다.

11

지금 폐하께서는 처음으로 국정을 주관하십니다. 아! 이것은 부모가 자식을 기르는 것과 같습니다. 부모는 자식에게 처음부터 명철한 가르침을 주어야 합니다. 지금 하늘은 큰 명을 지혜롭고 덕이 있는 사람에게 줄 것입니다. 길함을 내릴 것인지 흉함을 내릴 것인지, 긴 시간을 줄지 짧은 시간을 줄지는 아무도 알 수 없습니다. 제가 아는 것은 폐하께서 이제 막 국정을 주관하고, 새로운 도읍지로 가려고 하신다는 것입니다. 지금 폐하께서는 하루빨리 정중하게 덕을 행하셔야 합니다. 폐하께서 덕을 행하셔야 하늘에 나라의 영원한 안녕을 빌 수 있습니다.

王乃初服. 嗚呼! 若生子, 罔不在厥初生, 自貽哲命. 今天其命哲, 命吉凶, 命歷年. 知今我初服, 宅新邑, 肆惟王其疾敬德. 王其德之用, 祈天永命.

○初服(초복): 처음으로 다스림. 국정을 처음으로 돌보는 것을 의미. ○生子(생자): 부모가 자식을 키움. "생"은 기르다, 가르치다. ○貽(이): 주다, 전하다. ○哲命(철명): 명철한 가르침. ○其(기): 장차~할 것이다. ○命(명): 주다. 《소이아·광언(廣言)》은 "'명'은 '주다'의 의미이다(命, 予也)."라고 했다. ○哲(철): 지혜롭고 어진 사람. ○惟(유): 바라다. "유(唯)"와 통함. ○其(기): 바라다, 희망하다.

12

바라건대 폐하께서는 백성들이 법을 어기고 방탕해지지지 않게 해주시고, 살육으로 백성들을 다스리지 말아 주십시오. 그래야 공적을 쌓을 수 있습니다. 폐하께서는 큰 덕이 있는 이를 세우고 위로하시어, 백성들이 그를 배워 천하에 덕을 실행하여, 폐하의 큰 덕을 선양할 수 있도록 하시옵소서. 군신과 백성이 힘쓰고 걱정하면, 우리가 받은 천명은 하나라처럼 오래 갈 것이며, 은나라처럼 단명하지 않을 것입니다. 바라건대 폐하와 백성들이 하늘의 영원한 명을 받으십시오."

其惟王勿以小民淫用非彝, 亦敢殄戮用乂民, 若有功. 其惟王位在德元, 小民乃惟刑用于天下, 越王顯. 上下勤恤, 其曰我受天命, 丕若有夏歷年, 式勿替有殷歷年. 欲王以小民受天永命."

○以(이): ~로 하여금 …하게 하다. ○淫(음): 지나치게. ○用(용): 행하다. ○殄戮(진륙): 죽이다. ○若(약): 이와 같다. ○位(위): 세우다. 《상서이해》는 "'위'는 옛날에는 '입(立)'과 통용되었다(位, 立古通用)."라고 했다. ○在(재): 위로하다. ○德元(덕원): 덕망이 높은 사람. ○刑(형): 본받다. "형(型)"과 통

함. ○越(월): 선양하다, 드날리다. 《이아·석고(釋詁)》는 "'드날리다'의 의미이다(揚也)."라고 했다. ○王顯(왕현): 임금의 큰 덕. ○上下(상하): 군신과 백성. ○其(기): 아마도~일 것이다. ○丕(비): 어기사. 의미가 없음. ○式(식): 어기사. 의미가 없음. ○替(체): 없애다, 폐하다. ○以(이): ~와.

13

소공이 무릎을 꿇고 머리를 조아리며 말했다. "소신은 은나라의 신민들을 비롯해서 우리 주나라의 신민들과 함께 감히 폐하의 지엄한 명을 받들어 덕을 밝히고자 합니다. 폐하께서 최종적으로 새로운 도읍지의 건설을 결정하신다면, 폐하의 덕도 빛날 것입니다. 소신이 어찌 폐하를 위로할 수 있겠나이까. 그저 삼가 예물들을 올려, 폐하께서 하늘에 영원한 명을 비는데 조금이나마 일조하고자 하는 바입니다."

拜手稽首, 曰: "予小臣敢以王之讎民百君子越友民, 保受王威命明德. 王末有成命, 王亦顯. 我非敢勤, 惟恭奉幣, 用供王能祈天永命."

○予小臣(여소신): 소공 자신을 이르는 말. ○讎民(수민): 원수의 백성. 은나라의 유민들을 말함. 앞의 〈재재(梓材)〉에 나온 "미민(迷民)"과 같은 의미. ○百君子(백군자): 많은 은나라의 유신들. ○友民(우민): 주나라의 신민들. 앞의 "수민(讎民)"과 상대되는 개념. ○末(말): 최종적으로. ○成命(성명): 낙읍을 건설하기로 결정하는 것. "성"은 정하다. ○勤(근): 위로하다. ○用(용): ~로써. "이(以)"와 통함. ○供(공): 올리다, 바치다. 《광아·석고(釋詁)》는 "'공'은 '올리다'는 의미이다(供, 進也)"라고 했다.

임금께 예물을 올리는 그림(奉幣供王圖)

제41편 낙고洛誥: 낙읍으로의 천도를 알림

해제

낙읍이 건설된 후, 주공은 주 성왕에게 낙읍에서 정사를 돌볼 것을 건의했다. 성왕은 당시의 형세에 근거해 주공에게 낙읍을 다스리고 은나라의 유민들을 안정시키려고 했다. 군신들은 여러 차례 토론을 거쳐, 결국 주공이 낙읍을 계속 다스리도록 결정했다. 성왕은 이 중대한 결정을 천하에 알렸기 때문에 〈낙고洛誥〉라고 했다.

〈낙고〉편은 구성이 독특하다. 사관들이 주공과 성왕 간의 대화를 기록한 것이 대부분이다. 대화시간과 장소에 변화가 많고, 내용도 광범위하다. 주공과 성왕이 낙읍을 수도로 정할 것인지에 대한 대화도 있고, 호경鎬京에서 낙읍을 다스리자는 대화, 성왕이 낙읍에서 주공에게 낙읍을 다스리라고 명령하는 것과 주공이 왕명을 받는 대화가 있다. 또한 대화문 중에 인용문과 제사의 축문이 있어 각 문단의 경계를 파악하기가 쉽지 않다. 역대로 학술계에서는 "이 문장은 죽간이 빠져있다.厥文錯簡"라고 여긴다. 송나라 사람 김이상金履祥은 《상서표주尙書表注》에서 "〈낙고〉의 기록은 두서가 없는 듯하다.〈洛誥〉所記, 若無倫次."라고 했다.

1

소공은 이미 건물이 들어설 자리를 살펴보았다. 주공은 낙읍을 건설하는 현장으로 갔다. 주공은 사람을 보내 성왕을 모셔오게 하여 좋은 점괘를 얻은 것을 보고했다. 사관들이 이를 근거로 《낙고》를 지었다.

召公旣相宅, 周公往營成周, 使來告卜, 作《洛誥》.

○成周(성주): 지명. 지금의 하남성 낙양(洛陽)의 동쪽. 주나라는 은나라 백성들을 이곳으로 이주시킴. 《상서정의》는 "주나라의 성주는 한나라의 낙양이

다. 낙읍은 왕도였기 때문에 이를 하도라고 불렀다. 주나라에 귀순하지 않은 유신들을 이주시켜 주나라의 왕도를 이루려고 했기 때문에 이 도시를 성주라고 했다(周之成周, 於漢爲洛陽也. 洛邑爲王都, 故謂此爲下都, 遷殷頑民, 以成周道, 故名此邑爲成周)."라고 했다. ○使來(사래): 사람을 보내 성왕을 모셔오게 함. ○告卜(고복): 길한 점을 얻은 것을 고함.

2

주공이 무릎을 꿇고 머리를 조아리며 말했다. "저는 영민하신 임금이신 폐하께 천자의 자리를 돌려드리려고 하나이다. 그런데 폐하께서는 즉위식에 참가하지 않으시려고 하십니다. 제가 태보(소공)의 뒤를 이어 낙읍을 전면적으로 시찰하였으니, 폐하께서는 이제야 백성들의 영민한 군주가 될 것입니다.

周公拜手稽首曰: "朕復子明辟. 王如弗敢及天基命定命, 予乃胤保大相東土, 其基作民明辟.

주공이 임금에게 제위를 돌려주는 그림
(周公復辟圖)

○朕(짐): 나. ○復(복): 돌려주다. ○子(자): 그대. 성왕을 말함. ○辟(벽): 임금. ○及(급): 참여하다. ○基命定命(기명정명): 다스리고 바로 잡으라는 하늘의 명령. 이곳에서는 즉위식을 거행하는 것을 말함. "기"는 다스리다. "정"은 바로잡다. ○胤(윤): 잇다, 계승하다. ○保(보): 관직 이름. 태보(太保) 소공(召公)을 말함. ○相(상): 보다, 시찰하다. ○東土(동토): 낙읍. ○基(기): 시작하다.

임금을 오게 하여 점친 결과를 알리는 그림
(伻來獻圖圖)

3

저는 을묘일 아침에 낙읍에 왔습니다. 저는 먼저 황하의 북쪽인 여수黎水에 도읍지를 건설하는 것이 어떤지를 점쳐보았습니다. 저는 또 간수澗水 동쪽과 전수瀍水 서쪽도 점쳐보았습니다. 그런데 낙읍만 점괘가 좋게 나왔습니다. 또 전수 동쪽도 점쳐보았는데, 이 역시 낙읍만 점괘가 좋게 나왔습니다. 그래서 점친 결과를 보고하고 이를 상의하고자 폐하를 모셔오게 된 것입니다."

予惟乙卯, 朝至于洛師. 我卜河朔黎水, 我乃卜澗水東、瀍水西, 惟洛食; 我又卜瀍水東, 亦惟洛食. 伻來以圖及獻卜."

○乙卯(을묘): 성왕 7년 3월 12일. ○洛師(낙사): 낙읍. ○河朔(하삭): 황하의 북쪽. ○黎 水(여수): 강이름. 지금의 하남성 위휘부(衛輝府) 준현(濬縣) 동쪽. ○澗水(간수): 강이름. 지금의 하남성 민지현(澠池縣) 동북의 백석산(白石山)에서 발원하여 낙양 서남쪽에 이르러 낙수(洛水)로 들어감. ○瀍水(전수): 강이름. 지금의 하남성 낙양시 서북쪽에서 발원하여 낙양에 이르러 낙수로 들어감. ○惟(유): 단지, 오로지. ○食(식): 길한 조짐. 《상서정독》은 "'식'은 좋은 조짐이다. '불식'은 나쁜 조짐이다(食者, 兆. 不食者, 不兆)."라고 했다. ○伻來(팽래): 성왕을 모셔옴. "팽"은 ~하여금…하게 하다. ○圖(도): 상의하다.

4

성왕이 무릎을 꿇고 머리를 조아리며 말했다. "공께서는 하늘이 주시는 복을 무척이나 존중하시는구려. 직접 건물이 들어설 자리를 시찰하시고, 호경에 버금가는 새로운 도시를 건설하시니, 이 얼마나 훌륭한 일이오! 공께서 이미 장소를 정하시고, 저를 청하셨으니, 제가 오게 된 것입니다. 또 저에게 점괘를 보여주셨습니다. 저는 점괘가 늘 좋게 나와서 좋습니다. 우리 두 사람이 이 좋은 점괘를 함께 대했으면 합니다. 바라건대 공께서는 제가 하늘이 내린 복을 영원히 공경할 수 있게 이끌어주시오. 무릎을 꿇고 머리를 조아리며 공의 가르침을 받들겠습니다."

王拜手稽首曰: "公不敢不敬天之休, 來相宅, 其作周匹, 休! 公旣定宅, 伻來, 來, 視予卜, 休恒吉. 我二人共貞. 公其以予萬億年敬天之休. 拜手稽首誨言."

○天之休(천지휴): 하늘의 복. ○作(작): 만들다, 짓다. ○周(주): 주나라의 옛 수도 호경(鎬京). ○匹(필): 버금가다, 필적하다. ○休(휴): 기쁘다. 《광아·석고(釋詁)》는 "'기쁘다'의 의미이다(喜也)."라고 했다. ○恒(항): 늘, 언제나. ○貞(정): 대하다. 마융(馬融)은 "대하다(當也)."라고 했다. ○其(기): 바라다. ○以(이): 이끌다. ○誨言(회언): 가르침의 말.

5

주공이 말했다. "폐하, 처음에는 은나라의 예절로 제후를 맞이하시고, 낙읍에서 제사를 지내셔야 합니다. 이런 일은 질서가 있어야지 혼란해서는 안 됩니다. 제가 백관들을 인솔하겠습니다. 그들에게 호경에서 폐하를 수행하게 할 것입니다. 제가 생각하기에 '제사지내는 일만 남은 것 같습니다.' 지금 폐하께서는 '공적을 기록하고, 종인宗人(예악을 관장하는 관리)이 공신들을 이끌고 제사를 크게 지내라.'고 명을 내리십시오. 폐하께서는 또 '그대는 선왕의 유지를 받았으니 짐이 국가를 경영하는데 신명을 다해 보좌하라. 그대는 공훈을 기록해놓은 책을 잘 읽어보고, 마음을 다해 이 일을 추진하도록 하라.'고 명을 내리십시오.

周公曰: "王, 肇稱殷禮, 祀于新邑, 咸秩無文. 予齊百工, 伻從王于周,

予惟曰庶有事. 今王卽命曰: '記功, 宗以功作元祀.' 惟命曰: '汝受命篤弼, 丕視功載, 乃汝其悉自敎工.'

○肇(조): 처음, 시작. ○稱(칭): 따르다, 거행하다. ○殷禮(은례): 은나라의 예절로 제후를 접견하는 것. ○秩(질): 질서. ○文(문): 어지럽다. "문(紊)"과 통함. ○齊(제): 인솔하다, 지휘하다. 《이아·석고(釋詁)》는 "'제'는 '거느리다'는 의미이다(齊, 將也)."라고 했다. ○伻(팽): ~로 하여금…하게 하다. ○周(주): 호경(鎬京)을 말함. ○庶(서): 아마도. ○事(사): 제사를 지내는 일. ○宗(종): 관직이름. 종인(宗人)을 말함. 예악을 책임지는 관리. ○以功(이공): 공신들을 이끌다. "이"는 이끌다. ○作(작): 지내다, 거행하다. ○元祀(원사): 제사를 크게 지냄. ○惟(유): 또. 《상서이해》는 "'유'는 '또'의 의미이다(惟, 有也)."라고 했다. ○篤弼(독필): 힘껏 보좌함. ○丕(비): 어기사. 의미가 없음. ○功載(공재): 공훈을 기록한 책. ○悉(실): 힘을 다함. ○乃(내): 그리고, 그런 후. ○敎工(교공): 일을 지도함, 일을 추진함.

6

폐하! 분발하십시오, 폐하! 분발하십시오. 낙읍으로 가셔야 합니다! 처음 타오를 때의 불은 약해도 땔감을 재로 만들어버릴 수 있으니 땔감을 넣는 일을 멈추어서는 안 됩니다! 폐하께서는 저처럼 열심히 국정을 운영하시고, 호경에 있는 관리들과 함께 낙읍으로 가십시오. 그리하여 그들로 하여금 낙읍에 있는 관리들과 사이좋게 지내고, 열심히 공적을 세우며, 큰일을 하게 하여 부강한 나라를 만드소서. 그러면 폐하께서는 영원히 칭송받을 것입니다."

孺子其朋, 孺子其朋, 其往! 無若火始燄燄, 厥攸灼敍弗其絶厥若. 彝及撫事如予, 惟以在周工往新邑. 伻嚮卽有僚, 明作有功, 惇大成裕, 汝永有辭."

○孺子(유자): 어린 아이. 성왕을 가리킴. ○其(기): 바라다. ○朋(붕): 분발하다, 떨쳐 일어나다. "붕"은 "봉(鳳)"의 옛 글자. ○燄燄(염염): 불이 붙기 시작할 때의 미약한 모습. ○灼(작): 태우다. ○敍(서): 타다 남는 것. 재가 됨을 의미.

《상서정독》은 “‘서’는 ‘여(餘)’로 읽는다……타다 남은 것을 의미한다(敍, 讀餘……猶言燼餘也).”라고 했다. ○厥若(궐약): 그와 같은 것. 이곳에서는 불을 피울 때 들어가는 땔감을 말함. ○彝(이): 발어사. 의미가 없음. ○及(급): 힘쓰다. ○撫事(무사): 정무를 처리하다. ○以(이): 인솔하다, 거느리다. ○在周工(재주공): 호경(鎬京)에 있는 관리들. ○嚮卽(향즉): 나아가게 하다. “향”은 향하다. “즉”은 나아가다. ○有(유): 사이좋다, 우애 있다. “우(友)”와 통함. ○僚(료): 관리. ○明(명): 힘을 다하다. ○惇大(돈대): 큰일을 하다. “돈”은 힘쓰다, 애쓰다. ○成裕(성유): 부강하게 만듦. ○辭(사): 칭송을 받음.

7

주공이 말했다. “아! 폐하께서는 젊으시지만 선왕께서 이루지 못한 공업을 완성하셔야 합니다. 폐하께서는 제후들이 알현의 예를 다하는지 살펴야 합니다. 예를 다하지 않는 제후들은 기록해야 합니다. 천하를 알현할 때는 예의를 중시합니다. 공물은 충분하나 예의가 부족하면, 알현의 예를 다하지 않는 것이옵니다. 제후가 천하를 알현할 때의 예를 정성껏 하지 않으면, 백성들은 조정에 예를 다하지 않아도 된다고 생각할 것입니다. 이렇게 되면 국정에 기강이 서지 않고 혼란해질 것입니다. 폐하께서는 젊으시니 속히 신하들과 정무를 분담해야 합니다, 저는 이렇게 많은 정무를 돌볼 겨를이 없습니다.

公曰: “已! 汝惟沖子, 惟終. 汝其敬識百辟享, 亦識其有不享. 享多儀, 儀不及物, 惟曰不享, 惟不役志于享, 凡民惟曰不享, 惟事其爽侮. 乃惟孺子頒, 朕不暇聽.

○已(이): 감탄사. ○沖子(충자): 어린 사람. 성왕을 말함. ○惟終(유종): 끝낼 것을 생각함. 선왕이 이루지 못한 일을 완성하는 의미. ○識(식): 살피다. ○辟(벽): 제후. ○享(향): 제후가 천자를 알현할 때 행하는 예절. ○多(다): 중시하다. ○儀(의): 예의. ○儀不及物(의물급물): 공물은 충분하나 예의가 부족한 것. ○惟(유): 어기사. 의미가 없음. ○役志(역지): 마음을 다하다. ○事(사): 정사(政事). ○爽(상): 잘못되다. ○侮(모): 무시하다. ○頒(반): 분담하다. 정

무를 분담하는 것을 말함. "분(分)"과 통함. ○暇(가): 여유, 겨를. ○聽(청): 정무를 보다.

8

저는 폐하께 백성들을 이끄는 방법을 알려드렸습니다. 폐하께서 만일 힘써 행하지 않는다면, 폐하의 어진 정치는 널리 행해지지 못할 것입니다! 폐하께서는 저를 대하시는 것처럼 제후들과 같은 성씨의 대부들을 후대하시어, 그들이 폐하의 명을 함부로 어기지 않도록 하십시오. 새로운 도읍지에 가시면 늘 정중하셔야 합니다! 지금 우리 공경대부를 비롯한 모든 관원들도 성심을 다할 것입니다! 그곳에서 우리의 백성들을 잘 이끈다면, 아무리 멀리 있는 백성일지라도 우리에게 귀순할 것입니다."

朕敎汝于棐民彝, 汝乃是不蘉, 乃時惟不永哉! 篤敍乃正父罔不若予, 不敢廢乃命. 汝往敬哉! 玆予其明農哉! 彼裕我民, 無遠用戾."

○于(우): ~로써. 《사전(詞詮)》은 "'~로써'의 의미이다(以也)."라고 했다. ○乃(내): 만일~한다면. 《경전석사》는 "'내'는 '만약'의 의미이다(乃, 猶若也)."라고 했다. ○蘉(망): 힘쓰다, 노력하다. ○時(시): 착하다, 좋다. 어진 정치를 말함. ○篤敍(독서): 후대하다. "서"는 따르다. ○正父(정보): 제후와 같은 성씨의 대부. "정"은 제후. "보"는 천자가 같은 성씨의 제후를 부를 때나 제후가 같은 성씨의 대부를 부를 때 쓰는 말. ○玆(자): 지금. ○明農(명농): 최선을 다하다. "명"과 "농"은 모두 최선을 다하다는 의미. ○彼(피): 가다. ○裕(유) 지도하다, 이끌다. ○無(무): ~를 막론하고. ○用(용): 이로, 이 때문에. ○戾(려): 오다, 이르다. 《이아·석고(釋詁)》는 "'려'는 '이르다'는 의미이다(戾, 至也)."라고 했다.

9

임금이 이렇게 말했다. "공이여! 이 어린 사람을 잘 보필해주시오. 공께서 크고 밝은 덕을 드날리시어, 이 어린 사람이 문왕과 무왕의 사업을 잇고, 하늘의 가르침에 보답하게 해주시오. 그리하여 사방의 백성들이 모두 기뻐하며, 낙읍에 살 수 있도록 해주시오. 친지들을 후대하고 예로써 제후들을 맞이하고, 법도에 따라 문왕의 큰 제사를 지내주시오. 이 모두를 혼란 없이 자연스럽게 처리해주시오. 공의 덕으로 천지를 밝고 빛나게 해주시고, 사방에서 부지런히 행해지도록 해주시오. 이로 세상을 아름답게 하시고, 부당하거나 불순한 일에도 사람들의 마음이 흔들리지 않도록 해주십시오. 문무관원들이 그대의 가르침을 열심히 행하면, 이 어린 사람은 아침저녁으로 정중하게 제사만 지낼 뿐이오."

임금이 말했다. "공께서 보좌를 잘해주시니, 실로 따르지 않을 수 없구려.

王若曰: "公! 明保予沖子. 公稱丕顯德, 以予小子揚文武烈, 奉答天命, 和恒四方民, 居師; 惇宗將禮, 稱秩元祀, 咸秩無文. 惟公德明光于上下, 勤施于四方, 旁作穆穆, 迓衡不迷. 文武勤教, 予沖子夙夜毖祀."

王曰: "公功棐迪, 篤罔不若時."

○稱(칭): 드날리다, 드러내다. ○以(이): ~로 하여금…하게 하다. ○揚(양): 잇다, 계승하다. ○烈(열): 사업. ○答(답): 보답하다. ○和恒(화항): 모두 기뻐함. 이 문장은 도치가 되어 있음. 원래는 "항화(恒和)"가 되어야 함. "항"은 모두, 두루. ○師(사): 경사(京師). 낙읍을 말함. ○惇宗(돈종): 친지들을 후대함. "돈"은 두텁다. "종"은 친척. ○將禮(장례): 예로써 제후를 섬김. "장"은 섬기다. ○稱(칭): 거행하다. ○元祀(원사): 큰 제사. 문왕의 제사를 말함. ○文(문): 어지럽다, 문란하다. "문(紊)"과 통함. ○上下(상하): 천지. ○旁(방): 두루, 널리. ○穆穆(목목): 아름다운 모습. ○迓衡不迷(아형불미): 부당하거나 불순한 일을 만나도 마음이 혼란해지지 않음. 《삼국지(三國志)·위문제기(魏文帝紀)》에 나오는 배송지(裴松之)의 주석은 연강(延康) 원년의 조서를 인용하여 "어형(御衡)"이라고 했다. 《고문상서습유》는 "'어'는 '오'와 발음이 같다. '오'는 '거슬리다'의 의미이다. '형'은 '횡'과 같다. '어형불미'는 부당하거나 불순한 일을 만나도 마음이 혼란스러워지지 않음을 말한다(御從午聲, 午者逆也. 衡與橫同. 御衡不迷, 言遭橫逆而心不亂)."라고 했다. ○文武(문무): 문무관원. ○功(공): 잘하다, 뛰어나다. "공(攻)"과 통함. ○棐迪(비적): 보좌하고 인도함. ○篤(독): 실로, 참으로. ○若(약): 따르다.

10

임금이 말했다. "공이여! 이 어린 사람은 낙읍에서 물러가오. 호경에서 천자의 자리에 오르려하오. 공께서 계속 낙읍을 다스려주시오. 교화로 사방을 다스렸다고는 하나 아직도 불안하고, 종묘의 제례도 완성되지 않았소. 공께서는 신민들을 잘 가르치고 이끌어주시니, 우리의 각 관원들을 계속 감독하고, 문왕과 무왕이 받으신 은나라 유민들을 안정시키시어, 저를 보좌하는 대신이 되어 주시오."

王曰: "公! 予小子其退, 卽辟于周, 命公後. 四方迪亂未定, 于宗禮亦未克敉, 公功迪將, 其後監我士師工, 誕保文武受民, 亂爲四輔."

○卽辟(즉벽): 임금의 자리에 나아감. "즉"은 나아가다. ○後(후): 뒤에 남음. 남아서 낙읍을 계속 다스린다는 의미. ○迪亂(적란): 교화로 다스림. ○宗禮(종례): 종묘의 제례. ○敉(미): 완성하다. ○功(공): 잘하다, 뛰어나다. "공(攻)"과 통함. ○迪將(적장): 가르치고 이끌어줌. ○士師(사사): 각급 관리들. ○四輔(사보): 임금의 정무를 처리하는 네 명의 대신. 《상서대전》은 천자에게는 사린(四鄰)이 있다고 했다. 앞쪽을 의(疑), 뒤쪽을 승(丞), 왼쪽을 보(輔), 오른쪽을 필(弼)이라고 했는데 이를 통칭해 사보(四輔)라고 했다.

11

임금이 말했다. "공께서는 남아주시오. 이 사람은 호경으로 돌아갈 것이오. 신속하고 정중하게 정사를 돌보는 것이 공의 임무이오. 공께서는 나를 만류하지 마시오! 짐이 부지런히 정사를 공부하고, 공께서는 끊임없이 모범을 보이신다면, 사방의 백성들은 대대로 우리 조정에 천자를 알현하는 예를 다할 것이오."

王曰: "公定, 予往已. 公功肅將祗歡, 公無困哉! 我惟無斁其康事, 公勿替刑, 四方其世享."

○定(정): 남다, 머물다. ○已(이): 어기사. ○功(공): 임무. ○肅(숙): 신속하

다. "속(遬)"과 통함. ○將(장): 행하다. 정무를 보다. ○歡(환): 열심히 하다. "권(勸)"과 통함. ○困(곤): 만류하다. ○哉(재): 나. 《상서역주》는 "'아(我)'가 되어야 한다. 모양이 비슷해서 생긴 오류이다(當爲我, 形近致誤)."라고 했다. ○斁(역): 싫어하다, 게으름을 피우다. ○康事(강사): 경험을 쌓음. 정사를 부지런히 익히는 의미. 《고문상서습유》는 "'강'은 '경'으로 읽는다. 《설문해자》는 '경은 일을 경험하는 것이다'라고 했다. '일을 경험하는 것'은 벼슬아치들의 일을 계속 익히는 것을 말한다(康, 讀爲庚. 《說文》: '庚, 更事也'. 更事卽更習吏事)."라고 했다. ○替(체): 멈추지 않고, 끊임없이. "체"는 멈추다. ○刑(형): 모범을 보이다. "형(型)"과 통함. ○享(향): 임금을 알현하는 예를 다함.

12

주공이 무릎을 꿇고 머리를 조아리며 말했다. "폐하께서는 저를 낙읍으로 오게 하여, 폐하의 조부이신 문왕께서 받아들인 은나라의 유민들을 계속 지키고, 폐하의 선친이자 빛나는 공적을 세우신 무왕 폐하의 큰 가르침과 큰 법도를 드날리라고 명하셨습니다. 폐하께서 낙읍을 시찰하러 오셔서, 크고 두터운 예로 은나라의 어진 신민들을 맞이하시고, 사방을 다스리는 새로운 법을 제정하셨습니다. 이는 주나라의 법을 만드는데 선례가 될 것입니다. 일전에 제가 말씀드렸듯이, '중원에서 백성을 다스리면, 제후국들이 환영할 것입니다. 그렇게 되면 폐하께서는 공적을 쌓을 수 있습니다. 저 단旦은 여러 공경대부를 비롯한 실무를 담당하는 관원들과 함께 선왕 폐하의 위대한 사업을 더욱 발양하고, 백성들의 염원에 부응하여, 낙읍의 건설에 선도적 역할을 할 것입니다.' 제가 폐하께 올린 법이 실현되면, 선왕 폐하이신 문왕의 덕을 크게 드날리는 것입니다.

周公拜手稽首曰: "王命予來, 承保乃文祖受命民, 越乃光烈考武王弘朕恭. 孺子來相宅, 其大惇典殷獻民, 亂爲四方新辟, 作周恭先. 曰: '其自時中乂, 萬邦咸休, 惟王有成績. 予旦以多子越御事篤前人成烈, 答其師, 作周孚先.' 考朕昭子刑, 乃單文祖德.

○文祖(문조): 문왕. ○承保(승보): 이어서 지킴, 계속해서 보호함. ○民(민): 은나라의 유민들. ○越(월): ~와. ○光(광): 더욱 빛나게 하다, 발양광대하다. ○考(고): 돌아가신 부친. ○洪朕恭(홍짐공): 큰 가르침과 큰 법도. "홍"은 크다. "짐공"은《상서정독》은 "'짐'은 '훈'이어야 한다……'공'은 '공'으로 읽으며, '법도'의 의미이다……이 말은 그대의 빛나는 공훈을 세우신 부친의 큰 가르침과 큰 법도를 빛내야 함을 말한다(朕當作訓……恭讀爲共, 法也……猶言光汝烈考之大訓及大法也)."라고 했다. ○其(기): 꾀하다, 도모하다. ○典(전): 예절, 예의. ○獻民(헌민): 어진 신민들. ○亂(난): 어기사. 의미가 없음. ○辟(벽): 법을 만듦. ○周恭(주공): 주나라의 법. "공"은 법. "공(共)"과 통함. ○先(선): 선례가 되다. ○時中(시중): 이곳 중원. ○旦(단): 주공의 이름. ○以(이): ~와. ○多子(다자): 여러 공경대부들. "자"는 옛날 남자에 대한 존칭. ○越(월): ~와. ○篤(독): 돈독하다. ○答(답): 부응하다, 만족하다. ○師(사): 백성들. ○周孚(주부): 낙읍. "부"는 "부(郛)"와 통함. "주부(周郛)"는 주나라 왕성의 외성(外城). ○考(고): 이루어지다, 실현되다. ○朕(짐): 나. ○昭(소): 말하다, 아뢰다. "조(詔)"와 통함. ○子(자): 그대. ○刑(형): 법도. ○單(단): 빛나게 하다, 드날리다.《설문해자》는 "'크게 하다'의 의미이다(大也)."라고 했다.

13

폐하께서 사자를 보내 은나라 유민들을 위로하시고, 또 검은 기장으로 담근 술 두 병을 보내주시어 저의 안부를 물으셨습니다. 사자가 폐하의 명을 전했습니다. '정결하게 제사를 지낼 것이며, 기쁜 마음으로 무릎을 꿇고 머리를 조아리며 문왕과 무왕께 제사를 지내라.' 저는 지체 없이 곧바로 검은 기장으로 만든 술로 문왕과 무왕께 제사를 올렸습니다. 제가 빌었습니다. '제가 하는 일이 충실하고 순조롭게 해주시고, 죄를 짓거나 병에 걸리지 않게 해주시고, 폐하의 덕을 영원히 받게 해주시고, 은나라 유민을 다스리는 일은 오래도록 성공하게 해주십시오.' 또 빌었습니다. '은나라 유민들이 폐하를 영원히 따르게 해주시고, 우리 백성들이 폐하의 덕을 영원히 그리워하는 것을 보게 해주십시오.'"

검은 기장으로 만든 술 두 병의 그림(秬鬯二卣圖)

伻來毖殷, 乃命寧予以秬鬯二卣. 曰: '明禋, 拜手稽首休享.' 予不敢宿, 則禋于文王、武王. '惠篤敍, 無有遘自疾, 萬年厭于乃德, 殷乃引考.' '王伻殷乃承敍萬年, 其永觀朕子懷德.'"

○伻來(팽래): 사신을 보내옴. "팽"은 "사(使)"와 통함. ○毖(비): 위로하다. ○寧(녕): 안부를 묻다. ○秬鬯(거창): 제사 때 쓰는 검은 기장으로 빚은 술. ○卣(유): 은나라와 주나라 때 사용된 큰 병 같이 생긴 술그릇. ○曰(왈): 사자가 전한 성왕을 말을 가리킴. ○明(명): 정결하다. ○禋(인): 하늘에 지내는 제사의 일종. ○休(휴): 기쁘다. ○享(향): 바치다. ○宿(숙): 멈추다, 지체하다. ○惠(혜): 어조사. 《상서정독》은 "'유'로 읽는다. 어조사이다(讀爲惟, 語詞)."라고 했다. ○篤敍(독서): 충실하고 순조로움. "서"는 순조롭다. ○遘(구): 만나다. ○自疾(자질): 죄를 짓거나 병에 걸림. "자"에 대해, 《고문상서습유》는 "죄(辠)"로 보았다. "죄"는 죄를 짓다. "죄(罪)"와 통함. ○厭(염): 가득 받다. ○乃(내): ~할 수 있다. ○引(인): 오랫동안. ○考(고): 이루다, 성공하다. ○承敍(승서): 따르다. ○朕子(짐자): 우리 백성들. ○懷(회): 생각하다, 그리워하다.

14

무진일, 성왕은 낙읍에서 겨울제사를 지내, 선왕들에게 한 해의 일을 보고했다. 문왕께는 붉은 소 한 마리를 제물로 제사를 올렸고, 무왕께도

붉은 소 한 마리를 제물로 제사를 올렸다. 성왕은 문서를 작성하는 관리 일逸에게 책문을 읽게 하여 문왕과 무왕에게 주공이 낙읍을 계속 다스리기로 했음을 고했다. 성왕은 제사를 돕는 제후와 함께 태묘太廟에 와서 짐승을 제물로 삼아 선왕께 제사를 지냈다. 성왕은 태실太室로 들어가, 술을 땅에 뿌려 신령의 강림을 비는 제사를 거행했다. 성왕은 주공에게 낙읍을 계속 다스릴 것을 명했다. 문서를 작성하는 관리 일이 이 일을 천하에 알렸다. 이때가 12월이다. 주공은 낙읍에 남아 문왕과 무왕이 받은 큰 명을 수행했다. 이때가 성왕 7년이 되던 해이다.

戊辰, 王在新邑烝, 祭歲, 文王騂牛一, 武王騂牛一. 王命作冊逸祝冊, 惟告周公其後. 王賓殺禋咸格, 王入太室, 祼. 王命周公後, 作冊逸誥, 在十有二月. 惟周公誕保文武受命, 惟七年.

○戊辰(무진): 성왕 7년 12월 그믐. ○烝(증): 겨울에 지내는 제사이름. ○祭終(제종): 선왕들에게 한 해의 일을 보고하는 것. ○騂(성): 털빛이 붉은 소. ○作冊(작책): 관직이름. 문서를 작성하는 관리. ○逸(일): 사관 이름. ○祝冊(축책): 책문을 읽어 신에게 고함. 《상서정의》는 "책문을 읽어 신에게 고하는 것을 축이라고 한다(讀冊告神謂之祝)."라고 했다. ○其(기): 장차~할 것이다. ○後(후): 뒤를 잇다. 낙읍을 계속 다스리는 것을 의미. ○王賓(왕빈): 임금의 제사를 돕는 제후. ○殺(살): 제물을 죽임. ○太室(태실): 묘단(墓壇) 가운데의 큰방. ○祼(관): 술을 땅에 뿌려 신의 강림을 비는 제사. ○保(보): 책임지다, 맡다.

제42편 다사多士: 은나라의 유신들에게 알림

해제

다사多士는 "많은 관리"라는 의미로, 은나라의 옛 신하들을 말한다. 공안국의 《상서공씨전》은 "많은 관리들에게 알리는 내용이기 때문에 편명으로 삼았다.所告者皆衆士, 故以名篇."라고 했다.
삼감三監의 반란은 이제 막 개국한 서주를 크게 동요시켰다. 서주의 군신들은 나라를 안정되게 운영하려면 은나라 사람들을 철저하게 복종시켜야 하고, 특히 은나라에서 관리로 있었던 사람들에 대한 감시를 강화해야 된다고 여겼다. 이에 낙읍 부근에 성주成周를 건설해 은나라 사람들을 이주시켰다. 은나라 사람들은 옛 영토를 그리워하며 원망했다. 주공이 성왕을 대신해 이주의 당위성을 설명했다. 사관들은 이 일을 기록해 〈다사多士〉로 삼았다.
본편은 《주서周書》에서 고체誥體에 해당하며, 쓰인 시기는 〈낙고洛誥〉 이후이다.

1

성주가 건설되자, 주공은 주나라에 귀순하지 않은 은나라의 옛 관리들을 이곳으로 이주시켰다. 주공은 성왕의 명령으로 이를 알리고, 《다사》를 지었다.

成周旣成, 遷殷頑民, 周公以王命誥, 作《多士》.

○殷頑民(은완민): 주나라에 귀순하지 않은 은나라의 유민.

2

성왕 원년 3월, 주공은 처음으로 새로운 도읍지 낙읍에서 왕명으로

주공이 관리들에게 알리는 그림(周公告士圖)

은나라의 옛 관리들에게 알렸다.

惟三月, 周公初于新邑洛, 用告商王士.

○惟(유): 어기사. 의미가 없음. ○三月(삼월): 성왕 원년 3월을 말함. 이때 주공은 낙읍을 다스렸고, 성왕은 친히 국정을 돌봤음. ○初(초): 처음으로. ○新邑洛(신읍낙): 새 도읍지인 낙읍. ○商王士(상왕사): 은나라의 유신들.

3

임금이 이렇게 말했다. "은나라의 옛 관리들이여! 그대들의 임금 주왕은 하늘을 잘 섬기지 않았소. 그래서 하늘은 은나라에 큰 재앙을 내렸소. 우리 주나라는 천명을 보필하고, 하늘의 분명한 위엄을 받들어, 그대들의 주군에게 벌을 내렸소. 이것으로 은나라의 명운이 하늘에 의해 끝이 났음을 고하는 바이오. 그대들 관리들이여! 지금 작은 제후국에 불과했던 우리 주나라가 은나라의 명운을 바꾸려는 것이 아니오. 하늘은 남을 모함하는 말을 믿고 폭력에 의지하는 사람에게 천명을 주지 않소. 하늘이 우리를 도운 것이니, 우리가 어찌 천자의 자리를 도모하겠소? 하늘은 남을 모함하는 말을 믿고 폭력에 의지하는 사람에게 천명을 주지 않으니, 우리 백성들이 해야 할 것은 천명을 두려워하는 것이오.

王若曰: "爾殷遺多士! 弗弔旻天, 大降喪于殷, 我有周佑命, 將天明威, 致王罰, 勅殷命終于帝. 肆爾多士! 非我小國敢弋殷命. 惟天不畀允罔固亂, 弼我, 我其敢求位? 惟帝不畀, 惟我下民秉爲, 惟天明畏.

○殷遺多士(은유다사): 은나라가 남긴 많은 관리들. 은나라의 유신을 말함.

○弗弔昊天(불조호천): 하늘을 잘 섬기지 않음. 《상서이해》는 "하늘을 잘 섬기지 않은 것은 주왕을 가리킨다. 주왕이 하늘을 잘 섬기지 못했음을 의미한다(弗弔昊天指紂, 謂紂王不善乎昊天也)."라고 했다. "조"는 잘하다. "호천"은 하늘. ○將(장): 받들어 행함. ○致(치): 이르다, 행하다. ○敕(칙): 알리다, 고하다. ○肆(사): 지금. ○小國(소국): 작은 나라. 주나라를 말함. 《상서정의》는 "주나라는 본래 은나라의 제후국이었다. 그래서 주공은 자진해서 소국이라고 했다(周本殷之諸侯, 故周公自稱小國)."라고 했다. ○弋(익): 빼앗다, 대신하다. ○畀(비): 주다. ○允罔(윤망): 모함하는 말을 믿음. "윤"은 믿다. "망"은 무고, 거짓말. "무(誣)"와 통함. ○固亂(고난): 폭력에 의지하다. "고"는 의지하다. "호(怙)"와 통함. "난"은 폭력, 전쟁. ○其(기): 어찌. ○位(위): 천자의 자리. ○秉(병): 잡다. ○爲(위): 행하다, 하다. ○天明(천명): 천명.

4

내가 듣기로 '하늘은 향락을 추구하지 않는다.'고 하였소. 하나라의 걸은 사냥과 음악에 빠졌기 때문에 하늘은 가르침을 내려, 걸을 올바른 길로 인도하려 했소. 그는 하늘의 가르침을 받아들이지 않고, 음악과 사냥에만 몰두했으며 심지어 하늘의 가르침을 의심하기까지 했소. 이 때문에 하늘은 더 이상 그를 보살피거나 동정하지 않고, 하나라에게 내린 큰 명을 거두고, 큰 벌을 내렸소. 이에 그대들의 선왕이신 성탕에게 하나라를 바꾸도록 명을 내렸던 것이오. 성탕께서 뛰어난 인재를 기용하고서 사방의 백성들이 다스려지게 되었소.

성탕이 하나라를 무너뜨리는 그림
(成湯革夏圖)

我聞曰: '上帝引逸.' 有夏不適逸, 則惟帝降格, 嚮于時夏. 弗克庸帝, 大淫泆有辭. 惟時天罔念聞, 厥惟廢元命, 降致罰. 乃命爾先祖成湯革夏, 俊民甸四方.

○引(인): 그만두다, 제지하다. ○逸(일): 향락. ○適(적): 절제하다. ○格(격): 가르침. ○嚮(향): 인도하다, 권하다. ○庸(용): 쓰다, 따르다. ○泆(일): 노는 일, 향락. ○有(유): 또. ○辭(사): 의심하다. "태(怠)"와 통함. 《경의술문 · 통설(通說)》에 보임. ○惟時(유시): 이 때문에. ○念(염): 그리워하다, 생각하다. ○聞(문): 동정하다. ○厥(궐): 어기사. 의미가 없음. ○元命(원명): 큰 명. ○致(치): 크다. ○革(혁): 바꾸다. ○俊民(준민): 뛰어난 인재. ○甸(전): 다스리다.

5

성탕에서 제을에 이르기까지, 덕을 밝히고 정중하게 제사를 지내지 않는 임금은 없었소. 또 하늘이 은나라를 편안하게 다스릴 수 있는 어진 사람을 세웠기 때문에 은나라의 임금 역시 함부로 하늘의 뜻을 어기지 못했고, 하늘의 은택을 널리 베푸는데 적극적이었소. 후에 즉위한 주왕은 하늘의 뜻을 알지 못했으니, 그가 어떻게 선왕들이 부지런히 국가를 경영했음을 듣고 생각이나 할 수 있었겠소? 주왕은 사냥과 음악에 빠져, 하늘의 뜻과 백성들의 어려움을 돌보지 않았소. 그래서 하늘은 그를 지켜주지 않고, 나라를 멸망시키는 이런 큰 벌을 내린 것이오.

주왕이 향락을 즐기는 그림(嗣王淫泆圖)

自成湯至于帝乙, 罔不明德恤祀. 亦惟天丕建保乂有殷, 殷王亦罔敢失帝, 罔不配天其澤. 在今後嗣王, 誕罔顯于天, 矧曰其有聽念于先王勤家? 誕淫厥泆, 罔顧于天顯民祇, 惟時上帝不保, 降若玆大喪.

○恤(휼): 정중하다, 신중하다. ○保乂(보예): 안정하게 다스리다. "보"는 안정되다. ○失帝(실제): 하늘의 뜻을 어김. ○配(배): 분배하다, 안배하다. ○其(기): ~의. 《경전석사》는 "'기'는 '~의'의 의미이다(其, 猶之也)."라고 했다. ○澤(택): 은택. ○今後嗣王(금후사왕): 이후에 제위에 오른 임금. 주왕을 말함. ○顯(현): 밝다. 하늘의 뜻을 잘 아는 것을 의미. ○厥(궐): 어기사. 의미가 없음. ○天顯(천현): 하늘이 밝게 보여주는 것. 하늘의 뜻을 말함. ○民祇(민지): 백성들의 어려움 내지 고통. "지"는 "저(疷)"의 가차자임. "저"는 병(病).

6

하늘은 덕을 행하지 않는 사람에게 천명을 주지 않소. 세상의 큰 나라와 작은 나라들이 망한 것은 하늘의 벌을 의심했기 때문이오."

惟天不畀不明厥德, 凡四方小大邦喪, 罔非有辭于罰."

○辭(사): 의심하다.

7

임금이 이렇게 말했다. "그대들 은나라의 관리들은 잘 들으시오. 지금 우리 주나라 임금만이 하늘의 일을 잘 받들어 행할 수 있소. '은나라를 멸망시키고, 하늘에 고하라.'라는 하늘의 명이 있었소. 우리는 은나라를 칠 때 그대들을 적으로 간주하지 않았소. 우리가 적으로 간주한 사람들은 그대들의 왕실이오. 내가 말하려는 것은 그대들은 너무 법도가 없었다는 점이오. 우리가 그대들을 흔든 것이 아니라, 그대들의 마을에서 혼란이 생긴 것이오. 나 역시 하늘이 은나라에 큰 재앙을 내렸다고 생각하오. 그래서 그대들의 죄를 더 이상 묻지 않을 것이오."

王若曰: "爾殷多士, 今惟我周王丕靈承帝事, 有命曰: '割殷, 告敕于帝.'

惟我事不貳適, 惟爾王家我適, 予其曰惟爾洪無度, 我不爾動, 自乃邑. 予亦念天卽于殷大戾, 肆不正."

○靈(령): 잘하다. ○帝事(제사): 하늘이 명한 일. ○割(할): 멸망시키다. ○事(사): 은나라를 정벌한 일. ○貳適(이적): 또 다른 적. "적"은 "적(敵)"과 통함. ○洪(홍): 크다. ○自乃邑(자내읍): 그대들의 마을이 혼란을 자초함. "내"는 당신, 그대. ○卽(즉): 나아가다. 벌을 내리는 의미. ○戾(려): 벌, 재앙. ○肆(사): 그래서. ○正(정): 죄를 다스림.

8

임금이 말했다. "아! 그대들 여러 관리들에게 고하노니, 나는 그대들을 서쪽으로 이주시킬 것이오. 이는 가만히 있지 못하는 나의 타고난 성품 때문이 아니오. 이것은 천명이오. 천명은 어길 수 없기 때문에 나는 그 일을 미룰 수 없소. 나를 원망하지 마시오.

王曰: "猷! 告爾多士, 予惟時其遷居西爾, 非我一人奉德不康寧, 時惟天命. 無違, 朕不敢有後, 無我怨.

○猷(유): 감탄사. ○西(서): 서쪽. 성주(成周)를 말함. 성주는 상나라의 도읍지인 조가(朝歌)의 서남쪽에 있었음. ○奉德(봉덕): 타고난 성품. "봉"은 "병(秉)"과 통함. "병"은 천성. ○康寧(강녕): 조용함. ○時(시): 이. ○後(후): 미루다, 지체하다. ○無(무): ~하지 마라.

9

그대들은 잘 알 것이오, 은나라의 선조들께서 기록하신 사서에 은나라가 하나라의 운명을 바꾸었다고 기록한 것을 말이오. 지금 그대들은 또 '당시 은나라 조정에서는 하나라의 유신들을 선발하고 임용해, 많은 업무를 처리하도록 했습니다.'라고 말하고 있소. 나는 덕이 있는 사람만 따르고 임용하오. 지금 내가 대도시 상商에서 그대들을 부른 것은 그대들이 덕이 있어 임용하고자 함이 아니라 그대들을 가련히 여겨 그대들의 죄를 용서해주기 위함이오. 이는 내 잘못이 아니라, 천명이오."

惟爾知, 惟殷先人有冊有典, 殷革夏命. 今爾又曰: '夏迪簡在王庭, 有服在百僚.' 予一人惟聽用德; 肆予敢求爾于天邑商, 予惟率肆矜爾. 非予罪, 時惟天命."

○冊(책): 역사를 기록한 책. ○典(전): 역사를 기록한 책. ○夏迪簡(하적간): 하나라의 유신들을 선발해 임용함. "적"은 임용하다. "간"은 선발하다. ○王庭(왕정): 임금의 궁정. 은나라 조정을 말함. ○事(사): 일하다. ○百僚(백료): 많은 업무. ○聽(청): 따르다. ○天邑(천읍): 큰 마을, 대도시. "천"과 "대(大)"가 비슷해서 생긴 오류. ○求(구): 불러들이다. ○率(솔): ~로써. ○肆(사): 늦추다, 풀어주다. 이곳에서는 죄를 사면하는 의미. ○罪(죄): 잘못, 허물.

10

임금이 말했다. "은나라의 관원들이여, 옛날 짐은 엄 땅에서 왔소. 짐은 그대들 관管나라·채蔡나라·상商나라·엄奄나라의 백성들에게 명을 내린 적이 있소. 짐은 하늘의 명을 받들어 그대들을 벌하고, 그대들을 먼 곳에서 이곳으로 이주시켰소. 그대들은 주나라를 섬기고 따라야 할 것이오."

王曰: "多士, 昔朕來自奄, 予大降爾四國民命. 我乃明致天罰, 移爾遐逖, 比事臣我宗多遜."

○奄(엄): 나라이름. 《설문해자》에는 "엄(郵)"으로 되어 있다. 지금의 산동성 곡부(曲阜) 동쪽. ○四國(사국): 네 나라. 관(管)나라·채(蔡)나라·상(商)나라·엄(奄)나라를 말함. ○致(치): 실현하다, 행하다. ○遐逖(하적): 먼 곳. "하"와 "적"은 모두 멀다. ○比(비): 근래, 근일. ○事臣(사신): 따르고 섬김. "신"은 동사로, '복종하다'의 의미. ○我宗(아종): 우리 주나라. ○遜(손): 따르다.

11

임금이 말했다. "그대들 은나라의 옛 관리들에게 알리는 바이오. 지금 짐은 그대들을 해치지 않을 것이오. 짐은 다시 한 번 그대들에게 위의 명령을 전하는 바이오. 지금 짐이 이 낙읍에 큰 도읍지를 건설한 것은 사방의 제후들이 조공할 곳이 없는 점과 그대들이 우리를 열심히 섬기도록 하기 위함이오. 그러니 그대들은 신하로서 우리를 잘 따라주시오.

王曰: "告爾殷多士, 今予惟不爾殺, 予惟時命有申, 今朕作大邑于玆洛, 予惟四方罔攸賓, 亦惟爾多士攸服奔走, 臣我多遜.

> ○時命(시명): 이 명령. 앞 문장에 나오는 "관나라·채나라·상나라·엄나라의 백성들에게 내린 명령"을 말함. ○有(유): 또. ○申(신): 설명하다, 진술하다. ○惟(유): 때문이다. ○賓(빈): 조공하다.

12

그대들은 그대들만의 영토를 가질 것이고, 평안한 생활을 영위할 것이오. 그대들이 잘 공경한다면, 하늘은 그대들을 가상하게 여길 것이오. 그대들이 공경하지 않는다면, 그대들의 땅을 가지지 못할 뿐만 아니라 나 역시 그대들에게 하늘의 벌을 내릴 것이오!

爾乃尙有爾土, 爾乃尙寧幹止. 爾克敬, 天惟畀矜爾; 爾不克敬, 爾不啻不有爾土, 予亦致天之罰于爾躬!

> ○尙(상): 또. ○幹(간): 편안하다. 《광아·석고(釋詁)》는 "편안하다(安也)."라고 했다. ○止(지): 어기사. 의미가 없음. ○畀(비): 주다, 내리다. ○不啻(불시): ~할뿐만 아니라.

13

지금 그대들은 그대들의 마을에서 편안하게 살며, 그대들이 마음에

둔 사업을 계속 이어나가시오. 그대들은 이 낙읍에서 평안하고 풍요로운 해를 맞이할 것이오. 낙읍으로의 이주는 그대들의 자손들까지도 번성하게 할 것이오."

今爾惟時宅爾邑, 繼爾居; 爾厥有幹有年于玆洛. 爾小子乃興, 從爾遷."

○時(시): 훌륭하다, 착하다. 《상아(尙雅)·석고(釋詁)》는 "'훌륭하다'의 의미이다(善也)."라고 했다. ○居(거): 마음에 두다, 마음에 품다. ○厥(궐): 아마도. ○有幹(유간): 편안한 생활을 영위함. "간"은 평안하다. ○有年(유년): 풍요로운 해를 맞이함. ○小子(소자): 자손.

14

임금이 말했다. "나를 따르시오, 나를 따르시오, 그래야만 그대들이 오랫동안 편안하게 살 수 있다고 말할 수 있소."

王曰: "又曰時予, 乃或言爾攸居."

○又曰(우왈): 또 말하다. 《상서정독》은 "본문의 '우왈'은 '시여'를 두 번 말하는 것이다……거듭 당부하며 마무리하는 의미이다(本文'又曰', 重言'時予'也……言終丁寧之意)."라고 했다. ○時(시): 따르다. ○或(혹): ~할 수 있다. 《상서이해》는 "'혹'은 '극(克)'으로 읽는다(或, 讀爲克)."라고 했다. "극"은 "~할 수 있다"는 의미. ○攸(유): 오랫동안. "유(悠)"와 통함.

제43편 무일無逸: 향락을 추구하지 말라

해제

무無는 "~하지 말라"는 의미. "일逸"은 "향락"을 의미. "무일"은《한석경漢石經》에는 "무일毋劮"로 되어 있고,《상서대전尙書大傳》에는 "무일毋佚"로 되어 있다.
주공은 성왕에게 권좌를 돌려준 후 성왕이 향락을 추구하며 정사를 소홀히 할까 걱정되었다. 그래서 주공은 성왕에게 향락을 추구하지 말 것을 말해주었다. 사관들이 주공의 말을 기록하여 〈무일無逸〉로 삼았다.
본편의 핵심내용은 첫 번째 단락에 있다. 주공은 "관직에 있는 사람은 향락을 추구해서는 안 된다.君子所, 其無逸."고 했다. 특히 군주가 된 사람은 "먼저 씨를 뿌리고 수확하는 것의 어려움을 알고先知稼穡之艱難", "백성들의 어려움을 헤아릴知小人之依"줄 알아야 한다고 했다.

1

주공이《무일》을 지었다.

周公作《無逸》.

2

주공이 말했다. "아아! 관직에 있는 사람들은 편안함을 추구해서 안 됩니다. 먼저 씨를 뿌리고 수확하는 어려움을 알아야 합니다. 그래야 편안하게 있더라도 백성들의 어려움을 알 것입니다. 저 백성들을 보십시오. 그들의 부모는 열심히 씨를 뿌리고 수확합니다. 그런데 그들의 아들은 부모가 씨를 뿌리고 수확하는 어려움을 모릅니다. 그들은 편안함과 즐거움만 추구합니다. 시간이 지나고 나면, 그들은 자신들의 부모를 업신여기며 '나이 많은 사람들이라 아는 게 없어.'라고 말합니다."

周公曰: "嗚呼! 君子所其無逸. 先知稼穡之艱難, 乃逸則知小人之依. 相小人, 厥父母勤勞稼穡, 厥子乃不知稼穡之艱難, 乃逸乃諺. 旣誕, 否則侮厥父母曰: '昔之人無聞知.'"

농사의 어려움을 나타내는 그림 (稼穡艱難圖)

○군자(君子): 관직에 있는 사람. ○所其(소기): 직위에 머무는 것. "소"는 장소를 나타냄. ○稼穡(가색): 씨를 뿌리고 수확함. ○乃(내): 이렇다. ○小人(소인): 백성들. ○依(의): 어려움, 고통. 《상서금고문주소》는 "'의(依)'는 '의(衣)'와 같다. 《백호통·의상편》에는 '의(衣)'는 '숨기다'의 의미이다('依'同'衣', 《白虎通·衣裳篇》云: '衣者, 隱也')."라고 했다. ○相(상): 보다. ○乃(내): 바로. ○諺(언): 즐기다. 《한석경(漢石經)》에는 "헌(憲)"으로 되어있음. "헌"은 즐거워하다. ○誕(탄): 시간이 오래됨. 《한석경(漢石經)》에는 "연(延)"으로 되어있음. 《이아·석고(釋詁)》는 "'연'은 '오래되다'의 의미이다(延, 長也)"라고 했다. ○否則(부즉): 그래서, 이에. 《경전석사》는 "《한석경》에는 '부(否)'가 '불(不)'로 되어있다. '부즉'은 '이에'의 의미이다(《漢石經》'否'作'不', 不則, 猶于是也.)"라고 했다. ○昔之人(석지인): 나이든 사람. ○聞知(문지): 들어서 앎.

3

주공이 말했다. "아아! 제가 듣기로 옛날 은나라의 중종中宗은 늘 엄숙하고 신중하시며 조심스러우셨습니다. 또 천명으로 자신의 몸가짐을 헤아리시고, 백성들을 정중하고 조심스럽게 다스렸습니다. 정무를 소홀히 하거나 향락을 추구하는 법이 없었습니다. 그래서 그는 75년이나 제위에 있었습니다.

周公曰: "嗚呼! 我聞曰: 昔在殷王中宗, 嚴恭寅畏, 天命自度, 治民祗懼, 不敢荒寧. 肆中宗之享國七十有五年.

○中宗(중종): 두 가지 설이 있음. 첫째는 태무(太戊)라는 설. 태무는 성탕의 현손이자 태경(太庚)의 아들로, 은나라 제5대 임금. 《사기·은본기》와 《상서정의》에 보임. 둘째는 조을(祖乙)이라는 설. 《태평어람(太平御覽)》에서 인용한 《죽서기년(竹書紀年)》과 왕국유(王國維)의 고증에 보임. 본 역문은 전자의 설을 따름. ○嚴(엄): 엄숙하다. "엄(儼)"과 통함. ○恭寅(공인): 공경하다. 겉모습이 공경한 것을 "공"이라 하고, 내면의 모습이 공경한 것을 "인"이라고 한다. ○度(탁): 헤아리다. ○祗懼(지구): 정중하고 조심스러움. ○荒寧(황녕): 편안함에 빠지다, 향락을 추구하다. ○肆(사): 그래서. ○享國(향국): 나라를 다스림, 제위에 있음. ○有(유): 또.

4

고종高宗은 태자시절 오랫동안 밖에서 일했기 때문에 백성들을 잘 보살폈습니다. 그는 즉위했을 때 부친상을 당해 3년 동안이나 말을 하지 않았습니다. 그는 말을 함부로 하지 않았지만 한번 말을 하면 모든 것이 이치에 들어맞았습니다. 정무를 소홀히 하거나 향락을 추구하지 않아, 은나라를 잘 살고 평화로운 나라로 만들었습니다. 백성들에서 대신들까지 고종을 원망하는 사람이 없었습니다. 그래서 고종은 59년이나 제위에 있었습니다.

其在高宗, 時舊勞于外, 爰暨小人. 作其卽位, 乃或亮陰, 三年不言. 其惟不言, 言乃雍. 不敢荒寧, 嘉靖殷邦. 至于小大, 無時或怨. 肆高宗之享國五十有九年.

○高宗(고종): 무정(武丁). 은나라의 제11대 임금. ○時(시): 이 사람. 고종을 말함. ○舊(구): 오랫동안. 《사기》에는 "구(久)"로 되어 있음. ○爰(원): 때문에. ○暨(기): 돌보다, 보살피다. ○作(작): ~에 이르다, ~하게 되다. 《경전석사》는 "'작'은 '미치다'는 의미이다(作, 猶及也)."라고 했다. ○亮陰(양음): 임금이 상을 치르는 것. ○雍(옹): 이치에 맞음. ○嘉靖(가정): 잘 다스림. "가"는 뛰어나다, 잘하다. "정"은 안정되다. ○小大(소대): 백성들과 군신들. ○時(시): 이 사람. 고종을 가리킴. ○或(혹): 누구도.

5

조갑祖甲은 형을 대신해 자신이 왕이 되는 것을 의롭게 여기지 않고, 오랫동안 평민으로 있었습니다. 그는 즉위하자, 백성들의 어려움을 알고, 백성들을 사랑하고 편안하게 하였습니다. 이로 홀아비와 과부 같은 의지할 곳 없는 사람들이 함부로 무시당하지 않게 되었습니다. 그래서 조갑은 33년이나 제위에 있었습니다.

其在祖甲, 不義惟王, 舊爲小人. 作其卽位, 爰知小人之依, 能保惠于庶民, 不敢侮鰥寡. 肆祖甲之享國三十有三年.

○祖甲(조갑): 무정의 아들인 제갑(帝甲). 은나라 제12대 임금. ○不義惟王(불의유왕): 임금이 되는 것은 의롭지 않음. "유"는 "~이 되다"의 의미. 무정에게는 첫째 아들인 무경과 둘째 아들인 조갑이 있었다. 무정은 조갑이 어질다고 여겨 그를 임금으로 세우려고 했다. 이에 조갑은 장자인 무경을 제쳐두고 자신이 임금이 되는 것이 의롭지 않는 것이라 여겨 민간으로 도망가 숨어 살았다고 한다. ○保惠(보혜): 편안하게 하고 아껴줌. ○鰥寡(환과): 의지할 곳 없는 사람들. "환"은 부인이 없는 사람.

6

이후로 제위에 오른 임금은 태어나면서 편안한 생활을 영위하였습니다. 태어나면서 편안하게 생활했으니, 씨를 뿌리고 수확하는 어려움을 모르고, 백성들의 수고를 듣지 아니하였습니다. 그들은 오로지 지나친 향락만 추구하였습니다. 이로부터 제위에 오른 임금들은 오랫동안 나라를 다스리지 못했습니다. 어떤 임금은 10년, 어떤 임금은 7~8년, 어떤 임금은 5~6년, 어떤 임금은 3~4년간만 제위에 있었을 뿐입니다."

自時厥後, 立王生則逸, 生則逸, 不知稼穡之艱難, 不聞小人之勞, 惟耽樂之從, 自時厥後, 亦罔或克壽. 或十年, 或七、八年, 或五、六年, 或四、三年."

○自時(자시): 이로부터. ○立王(입왕): 제위에 오른 임금. ○耽樂(탐악): 향락에 빠짐. ○從(종): 좇다, 추구하다. ○克(극): ~할 수 있다. ○壽(수): 장수하다. 나라를 오랫동안 다스림을 의미.

7

문왕이 평민의 복장을 한 그림(文王卑服圖)

주공이 말했다. "아아! 우리 주나라의 태왕太王과 왕계王季만이 자신을 낮추고 천명을 두려워했습니다. 문왕은 평민의 옷을 입고 산과 들을 개간하는 일을 하였습니다. 그는 상냥하고 온화하시며 선량하고 공손했습니다. 백성들을 보호하고 안정시켰으며, 홀아비와 과부 같은 의지할 곳 없는 사람들을 아끼고 잘 돌봐주었습니다. 아침부터 정오를 지나 해가 지는 저녁까지, 식사를 할 겨를이 없었을 정도로, 백성들과 어울리며 살고자 했습니다. 문왕께서는 제후들이 올린 세금으로 즐기거나 사냥을 하는데 쓰지 않으셨습니다. 문왕은 중년에 천명을 받으시어 50년간이나 제위에 있었습니다."

周公曰: 嗚呼! 厥亦惟我周太王、王季, 克自抑畏. 文王卑服, 則康功田功. 徽柔懿恭, 懷保小民, 惠鮮鰥寡. 自朝至于日中昃, 不遑暇食, 用咸和萬民. 文王不敢盤于遊田, 以庶邦惟正之供. 文王受命惟中身, 厥享國五十年."

○太王(태왕): 문왕의 조부인 고공단보(古公亶父). ○王季(왕계): 고공단보의 아들이자 문왕의 부친. ○自抑(자억): 자신을 낮춤. ○卑服(비복): 천한 의복. 평민의 복장을 했음을 의미. ○卽(즉): 나아가다. ○康功(강공): 황무지를 개간하는 일. 《상서핵고》는 "강"은 "황(荒)"과 통한다고 했음. ○田功(전공): 밭을 가는 일. ○徽(휘): 상냥하다. ○懿(의): 선량하다. ○懷保(회보): 지키고 평안하게 함. ○惠鮮(혜선): 아끼고 잘 돌봐줌. "혜"는 아끼다, 사랑하다. "선"은 잘 보살피다. 《이아·석고(釋詁)》는 "'잘하다'의 의미이다(善也)." 라고 했다. ○日中(일중): 정오. ○昃(측): 해가 서쪽으로 기움. ○不遑暇(불황가): ~할 겨를이 없음. "황"과 "가"는 모두 '겨를', '틈'의 의미. ○用(용): ~로써. ○咸(함): 조화롭다. "함(諴)"과 통함. ○盤(반): 빠지다, 몰두하다. ○遊田(유전): 향락과 사냥. "전"은 "전(畋)"과 통함. ○正(정): 세금. 《상서정독》은 "'세금'의 의미이다(稅也)."라고 했다. ○供(공): 바치다, 올리다. 《광아·석고(釋詁)》는 "'공'은 '올리다'의 의미이다(供, 進也)."라고 했다. ○중신(中身): 중년. 《예기(禮記)·문왕세자(文王世子)》는 "문왕은 97세에 사망했다(文王九十七乃終)."라고 했다. 이로 보면 48세 때 즉위했음을 알 수 있음.

8

주공이 말했다. "아아! 지금부터 왕위를 이은 임금께서는 백성들이 올린 세금을 지나치게 구경하거나 즐기고 놀며 사냥하는데 낭비하면 안 됩니다. 또 '오늘 먼저 즐기고 보자.'라고 말해서는 안 됩니다. 이렇게 하면 백성들은 따르지 않을 것이며, 하늘의 뜻도 저버리는 것입니다. 이런 사람은 큰 잘못을 저지르는 것입니다. 은나라의 수(주왕)처럼 어리석게도 술주정을 일삼는 것을 덕이라 여기지 마십시오."

周公曰: "嗚呼! 繼自今嗣王, 則其無淫于觀、于逸、于遊、于田, 以萬民惟正之供. 無皇曰: '今日耽樂.' 乃非民攸訓, 非天攸若, 時人丕則有愆. 無若殷王受之迷亂, 酗于酒德哉!"

○繼自今(계자금): 지금부터. ○淫(음): 지나치다. ○無皇(무황): ~할 여지를 주지 않음. "황(偟)"과 통함. 《이아·석고(釋詁)》는 "'황'은 '겨를'의 의미이다(偟, 暇也)."라고 했다. ○訓(훈): 따르다. ○若(약): 따르다. ○丕則(비즉): 이에, 그래서. ○受(수): 주왕(紂王)의 이름. ○迷亂(미란): 어리석고 혼란해짐. ○酗(후): 술주정하다.

9

주공이 말했다. "아아! 저는 '옛 사람들은 서로 훈계하고, 서로 존중하고, 서로 가르쳐주었기 때문에 백성들은 서로 속이거나 미혹시키지 않았다.'는 말을 들었습니다. 이런 훈계를 듣지 않으면, 사람들은 자신의 뜻대로 선왕의 올바른 법을 바꾸어, 크고 작은 법령들을 만들어 낼 것입니다. 그래서 사람들은 속으로는 원망하고, 입으로는 저주할 것입니다."

周公曰: "嗚呼! 我聞曰: '古之人猶胥訓告, 胥保惠, 胥教誨, 民無或胥譸張爲幻.' 此厥不聽, 人乃訓之, 乃變亂先王之正刑, 至于小大. 民否則厥心違怨, 否則厥口詛祝."

○猶(유): 또. ○訓告(훈고): 훈계하다. ○保惠(보혜): 지켜주고 아껴줌. ○譸張(주장): 속이다. "주"는 속이다. ○幻(환): 서로 속이고 미혹시킴. 《설문해자》는 "'환'은 '서로 속이고 미혹시키다'의 의미이다(幻, 相詐惑也)."라고 했다. ○此(차): 이. 위에서 말한 훈계를 가리킴. ○訓之(훈지): 자신의 뜻을 따름. ○刑(형): 법. ○小大(소대): 크고 작은 법. ○否則(부즉): 이에, 그래서. ○違怨(위원): 미워하고 원망함. "위"는 "한(恨)"과 통함. ○詛祝(저축): 저주하다. "축"은 "주(呪)"와 통함.

10

주공이 말했다. "아아! 은나라 임금이신 중종·고종·조갑에서 우리 주나라의 문왕까지, 이 네 분의 임금은 백성들을 슬기롭게 이끄셨습니다. 누군가 그들에게 '백성들이 그대들을 원망하고 그대들을 욕합니다.'고 말하면, 그들은 더더욱 자신의 행동을 삼가 했습니다. 그들은 잘못하면 숨기지 않고 '이것은 짐의 잘못이오, 확실히 그대가 말한 대로요.'"라고 말했습니다. 그들은 화를 내지 않았을 뿐만 아니라 이런 말들을 기꺼이 받아들였습니다. 이런 말을 듣지 않았다면, 사람들은 서로 속이고 서로 미혹시키려 할 것입니다. 누군가가 '백성들이 그대들을 원망하고 그대들을 욕합니다.' 라고 하면, 폐하께서는 이를 진지하게 생각해보셔야 합니다. 폐하께서 국법을 마음에 두지 않거나 마음을 크게 가지지 않으셔서, 죄 없는 이를 함부로 벌하고, 무고한 이를 함부로 처형하신다면, 백성들의 원성은 높아질 것입니다. 그렇게 되면 사람들의 분노가 폐하에게로 옮겨갈 것입니다."

원망하고 욕해도 자신을 삼가는 그림
(怨詈敬德圖)

周公曰: "嗚呼! 自殷王中宗及高宗及祖甲及我周文王, 玆四人迪哲. 厥或告之曰: '小人怨汝詈汝.' 則皇自敬德. 厥愆, 曰: '朕之愆, 允若時.' 不啻不敢含怒. 此厥不聽, 人乃或譸張爲幻, 曰 '小人怨汝詈汝!' 則信之. 則若時, 不永念厥辟, 不寬綽厥心, 亂罰無罪, 殺無辜. 怨有同, 是叢于厥身."

○迪哲(적철): 지혜롭게 이끌다. ○詈(리): 욕하다. ○皇自(황자): 더더욱. ○厥愆(궐건): 그들이 잘못함. "그들"은 앞 문장에서 언급한 은나라의 임금들과

주 문왕을 말함. ○允(윤): 실로, 참으로. ○若時(약시): 이와 같다. 그대가 말한 대로라는 의미. ○不啻含怒(불시함노): 화를 내지 않았을 뿐만 아니라 이것으로 정치가 잘 되고 있는지 살폈다는 의미. 정현(鄭玄)은 "화를 함부로 내지 않았을 뿐만 아니라 여러 번 들어 자신의 정치가 잘 되고 있는지를 아는 근거로 삼았다(不但不敢含怒, 乃欲屢聞之, 以知己政得失之源也)."라고 했다. ○則若時(즉약시): 바로 이와 같이 함. 뒤의 문장에 말하는 대로 함을 의미. ○辟(벽): 국법. ○綽(작): 너그럽다. ○怨有同(원유동): 원성과 비난이 모임. "유"는 허물, 비난. 《상서이해》는 "'우(尤)'의 가차자로, 소리가 같아 통용된다. '원유동'은 원망과 비난이 한 곳으로 모이는 것이다(蓋借爲尤, 同聲通用. 怨有同, 怨尤會同也)."라고 했다. ○叢(총): 모이다.

11

주공이 말했다. "아아! 제위를 이으신 임금께서는 이를 경계로 삼으소서."

周公曰: "嗚呼! 嗣王其監于玆."

○嗣王(사왕): 제위를 이은 임금. 성왕을 말함. ○監(감): 본보기로 삼다, 교훈으로 삼다.

제44편 군석君奭: 군석에게 가르침을 청함

해제

본편은 주공이 소공召公에게 답하는 말이다. 군君은 주공이 소공을 높이는 존칭이다. 석奭은 소공의 이름이다.

서주 초기, 동쪽 국가들의 반란이 평정된 후, 천명설天命說이 유행했다. 소공은 조정의 관리들이 천명을 믿고 정사를 소홀히 할까 걱정했다. 주공도 소공의 이런 우려에 공감했다. 이에 주공은 소공과 함께 성왕을 보좌하여 대업을 이루려는 생각을 분명하게 피력했다. 사관들은 주공이 말한 핵심적인 내용을 기록하여 〈군석君奭〉으로 이름했다.

《사기·연소공세가燕召公世家》는 본편이 주공이 섭정할 때 지어진 것이라고 했다. 반면 〈서서〉는 주공이 성왕에게 정권을 돌려준 후에 지어졌다고 했다. 청나라 사람 왕선겸王先謙의 《상서공전참정尙書孔傳參正》은 《사기》의 설을 따르고 있는데, 상당한 설득력이 있다. 본문도 이 설을 따랐다.

본편은 중국 상고사상사를 이해하는데 중요한 자료이나 주석가들에 의해 줄곧 무시되어 왔다.

1

(성왕 때) 소공은 태보太保가 되고, 주공은 태사太師가 되었다. 이들은 좌우 신하로 성왕을 보필했다. 소공의 기분이 좋지 않자, 주공은 《군석》을 지었다.

召公爲保, 周公爲師, 相成王爲左右. 召公不說, 周公作《君奭》.

○保(보): 관직이름으로, 태보(太保)를 말함. ○師(사): 관직이름으로, 태사(太師)를 말함. ○相(상): 돕다, 보좌하다. ○說(열): 기쁘다. "열(悅)"과 통함.

소공 군석이 생각하는 모습(君奭圖)

2

주공이 이렇게 말했다. "석공이여! 주왕은 하늘을 잘 받들지 않아 하늘은 은나라에 큰 재앙을 내렸소. 은나라는 이미 천명을 잃었소. 우리 주나라가 그 천명을 받았소. 나는 나라를 처음 경영할 때 하늘이 좋은 일만 준다고 생각하지 않소. 나는 또한 지금 하늘이 정성껏 우리를 돕고 있지만 우리의 나라가 언제까지 오랫동안 이어질 수 있을지 모르오.

周公若曰: "君奭! 弗弔, 天降喪于殷, 殷既墜厥命, 我有周既受. 我不敢知曰: 厥基永孚于休. 若天棐忱, 我亦不敢知曰: 其終出于不祥.

○君奭(군석): 소공을 말함. "군"은 존칭. "석"은 소공의 이름. ○弗弔(불조): 잘하지 못함. 나쁜 짓을 많이 한 것을 의미. ○厥基(궐기): 그 처음에. 나라를 처음 다스릴 때를 말함. ○孚(부): 주다. ○若(약): 어기사. 의미가 없음. ○棐忱(비침): 정성껏 돕다. "비"는 돕다. "침"은 정성을 다하다. ○祥(상): 오랫동안.

3

아아! 소공께서는 예전에 제가 주나라를 다스리는 중임을 맡을 수 있다고 말씀하셨지요. 그러나 저는 하늘의 명령에 안주하지도 않을 것이며, 하늘의 위엄을 늘 생각하지도 않을 것입니다. 그래도 우리 백성들은 이를 원망하지 않을 것입니다. 모든 것은 사람이 하기에 달려있습니다. 우리의 뒤를 이은 후손들은 하늘을 공경하고 백성들을 돌보지 않아, 선왕들께서 세우신 주나라의 빛나는 전통을 잃어버렸습니다. 또 천명을 얻기가 얼마나 힘든지 모릅니다. 하늘은 마음을 자주 바꿉니다. 선왕들의 공경스럽고 밝은 덕을 영원히 계승하지 않는다면, 하늘이 내려준 큰 명을 잃어버릴 것입니다.

嗚呼! 君已曰時我. 我亦不敢寧于上帝命, 弗永遠念天威. 越我民罔尤違, 惟人. 在我後嗣子孫, 大弗克恭上下, 遏佚前人光在家, 不知天命不易, 天難諶. 乃其墜命, 弗克經歷, 嗣前人恭明德.

○君(군): 소공(召公) 석(奭)을 말함. ○已曰(이왈): 일전에~라고 말한 적이 있다. "이"는 일찍이. ○時我(시아): 이것은 나에게 달려있다는 의미. 주나라를 다스리는 임무가 주공에게 달려있다는 의미. ○寧(녕): 안주하다. ○尤違(우위): 원망하고 미워함. ○上下(상하): 하늘과 백성. ○遏(알): 끊어지다. ○佚(일): 잃다. ○光(광): 빛나는 전통. ○家(가): 주나라. ○不易(불이): 쉽지 않음. ○諶(심): 믿다. ○乃其墮命, 弗克經歷, 嗣前人恭明德(내기타명, 불극경력, 사전인공명덕): 이 세 구절은 도치가 되어 있음. "불극경력, 사전인공명덕, 내기타명(弗克經歷, 嗣前人恭明德, 乃其墮命)"으로 되어야 함. "경력"은 오랫동안, 영원히.

4

지금 저 소자 단은 사람들의 모범이 될 수 없습니다. 그저 선왕들의 빛나는 전통을 우리 어린 임금들에게 전해주고자 할 뿐입니다. 공께서는 또 '하늘을 믿어서는 안 된다.'고 말씀하셨지요. 제가 문왕의 덕을 널리 퍼뜨리면, 하늘은 문왕께서 받으신 명을 거두지 않을 것입니다."

在今予小子旦非克有正, 迪惟前人光施于我沖子. 又曰: '天不可信.' 我道惟寧王德延, 天不庸釋于文王受命."

○正(정): 모범, 본보기. ○迪(적): 어조사. ○施(시): 베풀다. ○道(도): 어조사. 《한석경(漢石經)》에는 "적(迪)"으로 되어 있다. ○寧王(녕왕): 문왕. ○延(연): 미치다, 퍼뜨리다. ○庸釋(용석): 버리다, 폐기하다.

5

주공이 말했다. "석공이여! 제가 듣건대 옛날 탕 임금은 천명을 받고, 이윤伊尹의 보좌를 받아, 사람들로부터 하늘처럼 제사를 받았습니다. 태갑은 보형保衡의 보좌를 받았고, 태무太戊(태갑의 손자)는 이척伊陟과 신호臣扈의 보좌를 받아, 사람들로부터 하늘처럼 제사를 받았습니다. 또 무함巫咸(태무의 신하)이 임금을 보좌해 나라를 다스렸습니다. 조을祖乙(은나라 제7대 임금)에게는 무현巫賢이 있었고, 무정武丁(고종)에게는 감반甘盤이 있었습니다.

公曰: "君奭! 我聞在昔成湯既受命, 時則有若伊尹, 格于皇天. 在太甲, 時則有若保衡. 在太戊, 時則有若伊陟、臣扈, 格于上帝; 巫咸乂王家. 在祖乙, 時則有若巫賢. 在武丁, 時則有若甘盤.

○時(시): 당시. ○伊尹(이윤): 성탕의 대신. 이름은 지(摯). ○格于皇天(격우황천): 하늘에 오름. 이곳에서는 사람들로부터 하늘처럼 제사를 받았다는 의미. 《상서금고문주소》는 "'격'을 《석고》는 '오르다'의 의미라고 했다(格者, 《釋詁》云: 升也)."고 했다. ○太甲(태갑): 성탕의 손자. ○保衡(보형): 임금의 좌우에서 정무를 보좌하는 신하. ○太戊(태무): 태갑의 손자. ○伊陟(이척): 태무 때의 산하 이름. ○臣扈(신호): 태무 때의 신하 이름. ○巫咸(무함): 태무의 신하 이름. ○祖乙(조을): 은나라의 제7대 임금. ○巫賢(무현): 조을의 신하 이름. ○武丁(무정): 은나라 고종(高宗). ○甘盤(감반): 무정의 신하 이름.

6

바로 이런 어진 신하들로 은나라를 안정되게 다스렸기 때문에 은나라의 임금들은 하늘에 제사를 올릴 때와 같이 모셔졌습니다. 그래서 은나라는 오랫동안 통치할 수 있었습니다. 하늘이 나라의 어진 신하에게 백성들을 인도하게 하니, 상나라의 백성들과 왕족들은 덕을 행하고 삼가하며 열심히 노력하였습니다. 하급관리와 각 제후들의 관리들도 열심히 힘을 다했습니다. 이 관리들은 덕으로 기용되어, 은나라 임금을 보필하였습니다. 그래서 임금이 천하에 정책을 폄에 점을 치는 것과 같이 영험해 믿지 않는 사람이 없었습니다."

率惟玆有陳, 保乂有殷, 故殷禮陟配天, 多歷年所. 天惟純佑命, 則商實百姓王人, 罔不秉德明恤, 小臣屛侯甸, 矧咸奔走. 惟玆惟德稱, 用乂厥辟, 故一人有事于四方, 若卜筮罔不是孚."

○率(솔): 어기사. 의미가 없음. ○惟(유): ~로써. ○有陳(유진): 도가 있는 사람들. 앞 문장에서 언급한 어진 신하들을 말함. "진"은 도(道). ○陟配天(척배천): 임금이 하늘에 올라가 하늘과 똑같은 제사를 받음. "척"은 오르다. "배"는 함께 제사를 받음. ○多歷年(다력년): 많은 시간이 흐름. 나라를 오랫동안 다스렸다는 의미. "력"은 지나가다, 경과하다. ○所(소): 어조사. 《경전석사》는 "어조사이다(語助也)."라고 했다. ○純佑(순우): 돕는데 전력하다. 이곳에서는 나라를 다스리는 어진 신하를 의미. "순"은 오로지 하다, 전념하다. ○命(명): 고하다, 가르치다. 백성들을 가르치고 인도하는 의미. ○實(실): 실로, 정말로. 원래는 뒤 문장에 나오는 "망(罔)" 앞에 위치해야 함. 강조하기 위해 도치된 형태임. ○秉德(병덕): 덕을 행함. ○明(명): 노력하다. ○恤(휼): 삼가다. ○屛(병): ~와. ○侯甸(후전): 각 지역의 제후. 왕성에서 500리 이내를 전복(甸服)이라 하고, 전복에서 다시 500리 이내를 후복(侯服)이라고 한다. ○矧(신): 또한. ○玆(자): 이들. 앞에서 언급한 신하들을 말함. ○稱(칭): 기용되다, 임용되다. ○乂(예): 돕다, 보좌하다. "애(艾)"와 통함. 《이아·석고(釋詁)》는 "'애'는 '돕다'의 의미이다(艾, 相也)."라고 했다. ○一人(일인): 임금. ○卜筮(복서): 거북점과 역점(易占). ○是(시): 이. 임금이 천하를 다스리는 것. 앞 문장의 "천하에 정책을 폄(事于四方)"을 가리킴. ○孚(부): 얻다.

7

주공이 말했다. "석공이여! 하늘은 오랫동안 천명을 잘 아는 사람에게 은나라를 다스리게 했습니다. 그러나 후대의 은나라 임금들은 하늘의 위엄을 버려 나라를 멸망시켰습니다. 지금 공께서 이를 오래 오래 생각하신다면, 하늘이 내린 큰 명을 잘 지킬 수 있을 뿐만 아니라 우리가 새로 건설한 나라를 잘 다스릴 수 있을 것입니다."

公曰: "君奭! 天壽平格, 保乂有殷, 有殷嗣, 天滅威. 今汝永念, 則有固命, 厥亂明我新造邦."

○壽(수): 오랫동안. ○平(평): ~로 하여금…하게 하다. 《상서금고문주소》는 "'평(平)'과 '평(抨)'은 통한다(平與抨通)."라고 했다. "평(抨)"은 "~로 하여금…하게 하다"의 의미. ○格(격): 천명을 헤아릴 수 있는 사람. ○殷嗣(은사): 후에 은나라를 계승한 임금. ○固命(고명): 하늘이 내린 명을 굳건히 지킴. ○厥(궐): 발어사. ○亂(난): 다스리다.

8

주공이 말했다. "석공이여! 옛날 하늘이 왜 문왕의 덕을 거듭 격려하고, 그에게 천하를 다스리는 중임을 내렸겠소? 이는 문왕 같이 덕이 있는 사람만이 우리 중국을 더욱 평화롭게 다스릴 수 있기 때문일 것입니다. 또한 문왕에게는 괵숙虢叔 · 굉요閎夭 · 산의생散宜生 · 태전泰顚 · 남궁괄南宮括 같은 어진 신하들이 있었기 때문이기도 합니다."

公曰: "君奭! 在昔上帝割申勸寧王之德, 其集大命于厥躬? 惟文王尚克修和我有夏; 亦惟有若虢叔, 有若閎夭, 有若散宜生, 有若泰顚, 有若南宮括."

○割(할): 왜. "갈(曷)"과 통함. ○申(신): 거듭. ○勸(권): 격려하다, 장려하다. ○集(집): 내리다. ○尚(상): 더욱. ○虢叔(괵숙): 문왕의 아우이자 신하. ○閎夭(굉요): 문왕의 신하. ○散宜生(산의생): 문왕의 신하. ○泰顚(태전): 문왕의 신하. ○南宮括(남궁괄): 문왕의 신하.

9

또 말했다. "이들 어진 신하들이 힘을 다해 변하지 않는 큰 가르침을 행하지 않았더라면, 문왕의 은덕은 백성들에게 전해지지 않았을 것입니다. 또 어진 신하들은 덕을 중시하고, 하늘의 위엄을 잘 알아, 혼신의 힘을 다해 문왕을 보좌했습니다. 이것이 하늘에 알려져 문왕께서 은나라의 명운을 받게 된 것입니다.

又曰: "無能往來, 玆迪彛敎, 文王蔑德降于國人. 亦惟純佑秉德, 迪知天威, 乃惟時昭文王迪見冒, 聞于上帝, 惟時受有殷命哉.

○往來(왕래): 왔다 갔다 함. 힘을 다하는 의미. ○玆(자): 열심히 하다. 《상서정독》은 "'자'로 읽는다. '힘쓰다'의 의미이다(讀爲孜, 勉也)."라고 했다. ○彛敎(이교): 변하지 않는 큰 가르침. "이"는 일상적인, 변하지 않음. ○蔑(멸): 없다. ○純佑(순우): 돕는데 전력하다. 이곳에서는 나라를 다스리는 어진 신하를 의미. "순"은 오로지 하다, 전념하다. ○惟時(유시): 이에, 이 때문에. ○昭(소): 돕다, 보좌하다. ○迪見(적견): 크다. 《상서이해》는 "'적견'은 탄(誕)의 합음이다(迪見, 蓋卽誕之合音)."라고 했다. "탄(誕)"은 크다. ○冒(모): 힘쓰다.

10

무왕 때 문왕의 어진 신하 중 네 사람이 살아있었습니다. 후에 그들은 무왕과 하늘의 위엄을 크게 받들어, 그들의 적을 모두 섬멸해버렸습니다. 이 네 명의 신하들이 무왕을 보좌하는데 혼신의 힘을 다했기 때문에 세상 사람들은 무왕의 은덕을 칭송했습니다.

武王惟玆四人尙迪有祿. 後暨武王誕將天威, 咸劉厥敵. 惟玆四人昭武王惟冒, 丕單稱德.

○迪(적): 어조사. ○有祿(유록): 생존하다, 살아있다. ○劉(류): 없애다, 죽이다. ○單(단): 다하다. "탄(殫)"과 통함. ○稱(칭): 칭송하다.

무왕이 적을 치는 그림(武王劉敵圖)

11

지금 이 보잘 것 없는 단은 큰 강을 건널 때의 심정입니다. 석공 그대와 함께라면 강을 건널 수 있을 것입니다. 저는 어리석기 짝이 없는데도 높은 자리에 있습니다. 공께서 늘 감독하고 잘못을 바로 잡아주지 않으시면, 제가 힘에 부치는 일을 하는데 격려해줄 사람이 없습니다. 공과 같이 덕망이 높으신 분이 치국의 도리를 내려주시지 않으면, 봉황의 소리를 들을 수 없게 될 것입니다. 그러고도 어찌 천명을 안다고 말할 수 있겠습니까?"

今在予小子旦, 若遊大川, 予往暨汝奭其濟. 小子同未在位, 誕無我責收, 罔勗不及. 耇造德不降我則, 鳴鳥不聞, 矧曰其有能格?"

> ○小子(소자): 주공이 자칭한 말. ○其(기): 아마도. ○同未(동미): 어리석다, 무지하다. "통매(侗昧)"와 통함. ○誕(탄): 어기사. ○責(책): 감독하다. ○收(수): 바로잡다. 《상서이해》는 "'수'는 '규'로 읽어야 한다(收, 當讀爲糾)."라고 했다. "규(糾)"는 바로잡다, 시정하다. ○不及(불급): 힘이 미치지 못하는 일. ○耇造德(구조덕): 연로하고 덕망이 높은 사람. 이곳에서는 소공을 가리킴. "구"는 연로하다. "조"는 이루다, 성취하다. ○鳴鳥(명조): 봉황의 울음소리. ○其(기): 어찌. ○格(격): 천명을 헤아림.

12

주공이 말했다. "아아! 공께서는 지금 이점을 보셔야 합니다! 우리가 천명을 받음은 한없이 경사스러운 것이지만 동시에 한없이 어려운 것이기도 합니다. 공께 바라노니, 저를 인도해주시어, 후손들이 미혹되지 않게 해주십시오."

公曰: "嗚呼! 君肆其監于玆! 我受命無疆惟休, 亦大惟艱. 告君, 乃猷裕我, 不以後人迷."

> ○肆(사): 지금. ○監(감): 보다. ○玆(자): 이. 다음에 나오는 문장인 "우리가

천명을 받음은 한없이 경사스러운 것이지만 동시에 한없이 어려운 것이기도 합니다(我受命無疆惟休, 亦大惟艱).”를 가리킴. ○告(고): 바라다, 부탁하다. 《이아·석언(釋言)》는 “‘고’는 ‘부탁하다’는 의미이다(告, 請也).”라고 했다. ○猷裕(유유): 가르쳐서 인도하다. 《방언》은 “‘유유’는 ‘길’의 의미이다(猷裕, 道也).”라고 했다. ○以(이): ~로 하여금…하게 하다. “사(使)”와 통함.

13

주공이 말했다. “무왕께서는 마음을 드러내어, 그대에서 백성들의 모범이 되어줄 것을 분명하게 명했소. 무왕께서 말했소. ‘그대는 열심히 성왕을 보좌하고, 하늘이 내린 이 큰 명을 정성껏 받드시오. 문왕의 덕을 계승하려면, 끊임없이 고민해야 할 것이오!’”

公曰: “前人敷乃心, 乃悉命汝, 作汝民極. 曰: ‘汝明勗偶王, 在亶乘茲大命, 惟文王德丕承, 無疆之恤!’”

○前人(전인): 무왕을 말함. ○敷(부): 드러내다. ○悉(실): 상세하다. ○極(극): 모범, 본보기. ○明勗(명욱): 힘쓰다. “명”과 “욱”은 모두 노력하다, 힘쓰다. ○偶(우): 보좌하다. “유(侑)”와 통함. ○亶(단): 정성스럽다. ○乘(승): 받들다. ○惟(유): 생각하다. ○恤(휼): 고민하다.

14

주공이 말했다. “공이시여! 말씀드리건대 저는 태보 석공을 믿습니다. 공께서 저와 은나라를 멸망시킨 재앙을 살펴보고, 하늘의 위엄을 오래오래 생각할 수 있었으면 좋겠습니다. 저는 공께 이렇게 고할 뿐만 아니라 ‘우리 두 사람 외에 또 이렇게 의기투합하는 사람이 있을까?’라고 생각합니다. 공께서는 ‘우리 두 사람뿐이오.’라고 말할 것입니다. 하늘의 아름다운 복이 많아질수록 우리 두 사람만으로는 감당할 수 없을 것입니다. 바라건대 공께서 덕을 공경하고, 뛰어난 사람들을 뽑으신다면,

결국에는 후손들이 우리의 사업을 잘 계승하여 완성할 것입니다.

公曰: "君! 告汝, 朕允保奭. 其汝克敬以予監于殷喪大否, 肆念我天威. 予不允惟若玆誥, 予惟曰: '襄我二人, 汝有合哉!' 言曰: '在時二人.' 天休滋至, 惟時二人弗戡. 其汝克敬德, 明我俊民, 在讓後人于丕時.

○保(보): 태보(太保). 소공의 관직 이름. ○以(이): ~와. ○否(부): 재앙. 《상서공전참정》은 "《주역》에 이르길, 천지가 잘 순환하는 것을 '태'라 하고, 천지가 잘 순환하지 않고 만물이 통하지 않는 것을 '부'라고 한다. 은나라 말기에는 천지가 닫히고 막혀 있었기에 '대부'라고 한다(《易》: 天地交爲泰, 天地不交而萬物不通爲否. 殷之末世, 天地閉塞, 是大否也)."라고 했다. ○肆(사): 오랫동안. ○不允惟(불윤유): ~할 뿐만 아니라. "윤"은 어기사. ○惟(유): 생각하다. ○襄(양): 제외하다. ○滋(자): 더욱. ○戡(감): 감당하다. "감(堪)"과 통함. 《이아·석고(釋詁)》는 "'감'은 '견디다'의 의미이다(堪, 勝也)."라고 했다. ○其(기): 바라다. ○明(명): 밝히다. 이곳에서는 '발탁하다', '선발하다'의 의미. ○俊民(준민): 뛰어난 인재. ○在(재): 결국, 끝내. 《이아·석고(釋詁)》는 "'끝내다'의 의미이다(終也)."라고 했다. ○讓(양): 완성하다, 이루다. "양(襄)"과 통함. ○丕時(비시): 잘 계승하다. 《상서정독》은 "'비시'는 '비승'과 같다(丕時猶丕承也)."라고 했다. "비승(丕承)"은 잘 계승하다는 의미.

15

아아! 정말 우리 두 사람이 아니었더라면, 지금 같은 태평성세를 어찌 만들 수 있었겠습니까? 우리 함께 문왕의 공덕을 이룹시다! 태만하지 않고 정진한다면, 분명 해가 뜨는 저 먼 곳의 사람들도 우리에게 귀순할 것입니다."

嗚呼! 篤棐時二人, 我式克至于今日休? 我咸成文王功于! 不怠丕冒, 海隅出日, 罔不率俾."

○篤(독): 정말로, 실로. ○棐(비): 아니다. "비(非)"와 통함. ○式(식): 또한. ○我(아): 우리. ○于(우): 어조사. "호(乎)"와 통함. ○海隅(해우): 바닷가 끝의 해가 나오는 곳. "우"는 모퉁이, 구석. ○俾(비): 따르다, 복종하다.

16

주공이 말했다. "공이시여! 저는 이렇게 많은 말을 하고 싶지 않습니다, 저는 우리가 하늘과 백성을 근심해야 한다고 생각할 뿐입니다."

公曰: "君! 予不惠若玆多誥, 予惟用閔于天越民."

○惠(혜): 생각하다. ○惟(유): 생각하다. ○閔(민): 걱정하다.

17

주공이 말했다. "아아! 공이시여! 공께서는 백성들의 습성이 처음에는 열심히 일한다는 점을 잘 알 것입니다. 우리는 그들이 끝까지 잘할 수 있도록 해야 합니다. 우리가 이 일을 잘하려면, 부지런하고 공경하게 다스려야 합니다."

公曰: "嗚呼! 君! 惟乃知民德亦罔不能厥初, 惟其終. 祗若玆, 往敬用治!"

○民德(민덕): 백성들의 습성. ○能厥初(능궐초): 시작할 때 열심히 일을 함. ○終(종): 좋은 결말을 맺도록 함. ○若(약): 잘하다. 《이아·석고(釋詁)》는 "'잘하다'의 의미이다(善也)."라고 했다. ○往(왕): 근면하다, 부지런하다. 《광아·석고(釋詁)》는 "'왕'은 '수고하다'의 의미이다(往, 勞也)."라고 했다.

제45편 채중지명蔡仲之命: 채중에게 명함

해제

주공이 섭정할 때 채숙과 관숙 등은 유언비어를 퍼뜨려 주공을 모함했다. 또 그들은 은나라의 유민들을 모아 반란을 일으켰다. 주공은 직접 군사를 이끌고 반란세력을 진압하기 위해 동쪽으로 갔다. 반란세력을 진압한 후, 채숙을 곽린郭鄰에 감금하고 죽을 때까지 사면하지 않았다. 채숙의 아들 채중蔡仲이 어질고 덕을 공경하자, 주공은 성왕에게 그를 채蔡나라의 국군으로 임명해줄 것을 청했다. 사관들은 성왕이 이를 명하는 것을 기록해 〈채중지명蔡仲之命〉으로 삼았다.

채중이 생각하는 모습(蔡仲圖)

본편은 금문에는 없고 고문에는 있다. 《서집전》은 "이 편이 쓰인 시기는 〈낙고〉보다 이르다.此篇次敍, 當在《洛誥》之前."라고 했다.

1

채숙이 사망하자, 성왕은 채숙의 아들 채중을 제후로 임명했다. 이 일로 사관들이 《채중지명》을 지었다.

蔡叔既沒, 王命蔡仲, 踐諸侯位, 作《蔡仲之命》.

○沒(몰): 죽다. "몰(歿)"과 통함. ○蔡仲(채중): 채숙의 아들. 이름은 호(胡). ○踐(천): 밟다, 오르다. ○侯位(후위): 제후의 자리.

2

주공이 재상 신분으로 백관들을 이끌고 있을 때, 그의 여러 형제들이 주공을 모함하는 유언비어를 퍼뜨렸다. 그래서 주공은 상商 땅에서 관숙을 처형하고, 일곱 대의 수레로 채숙을 불모의 땅인 곽린郭鄰으로 보냈다. 또 곽숙霍叔은 서민으로 강등시키고, 3년 동안 임용하지 않았다. 채숙의 아들 채중蔡仲이 덕을 공경하고 행하자, 주공은 그를 경사로 임명했다. 채숙이 사망하자, 주공은 성왕에게 채중을 채나라에 봉해줄 것을 고했다.

惟周公位冢宰, 正百工, 群叔流言. 乃致辟管叔于商; 囚蔡叔于郭鄰, 以車七乘; 降霍叔于庶人, 三年不齒. 蔡仲克庸祗德, 周公以爲卿士. 叔卒, 乃命諸王邦之蔡.

○冢宰(총재): 관직 이름. 백관들의 수장. ○正(정): 이끌다, 지휘하다. ○群叔(군숙): 임금의 여러 삼촌들. 주공에게는 형제가 됨. 이곳에서는 관숙(管叔)·채숙(蔡叔)·곽숙(霍叔)을 말함. ○流言(유언): 유언비어를 퍼뜨림. ○致辟(치벽): 법을 집행함. 처형한 것을 의미. "벽"은 법. ○管叔(관숙): 주공의 형. 이름은 선(鮮). ○囚(수): 가두다, 수감하다. ○蔡叔(채숙): 주공의 동생. 이름은 도(度). ○郭鄰(곽린): 땅이름. 어느 곳인지는 분명치 않음. ○車七乘(거칠승): 수레 7대. ○齒(치): 임용하다. ○庸(용): 행하다. ○命(명): 명을 청함. ○諸(제): ~에게. "지우(之于)"의 합음. ○邦(방): 봉하다. "봉(封)"과 통함. ○蔡(채): 나라이름. 지금의 하남성 상채현(上蔡縣) 서남쪽.

3

임금이 이렇게 말했다. "젊은 호胡(채중의 이름)여, 그대만이 선왕의 덕을 따르고 그대 부친의 과오를 고쳐서, 신하된 도리를 다하였소. 때문에 짐은 그대를 동쪽 땅의 제후로 명하는 것이다. 그대의 봉지에 가서, 정중하게 일을 하라!

王若曰: "小子胡, 惟爾率德改行, 克愼厥猷, 肆予命爾侯于東土. 往卽乃封, 敬哉!

○胡(호): 채중의 이름. ○猷(유): 신하된 도리. ○侯(후): 제후가 됨. ○東土(동토): 동쪽 땅. 채나라는 주나라의 도읍지인 호경(鎬京)의 동쪽에 있음. ○封(봉): 봉지(封地).

채중이 봉지로 나아가는 모습(胡往就封圖)

4

그대는 앞 사람들의 죄를 덮어주고, 충성과 효도를 다해야 한다. 그대는 자신부터 덕을 닦는데 매진하며, 나태하지 않고 열심히 일해서, 그대의 후손들에게 본보기가 되어야 한다. 그대의 조부이신 문왕의 변하지 않는 큰 가르침을 따라야지, 그대의 부친처럼 왕명을 어겨서는 안 될 것이다. 하늘은 누구도 가까이 하지 않는다. 덕이 있는 사람만 도와 줄 뿐이다. 민심은 늘 변하는 것이어서, 은덕을 베푸는 군주에게로 향한다. 선을 행하는 방법은 달라도, 모두가 천하가 잘 다스려지는 것으로 귀결된다. 악을 행하는 방법은 달라도, 모두가 천하가 혼란해지는 것으로 귀결된다. 그대는 늘 경계하라.

爾尙蓋前人之愆, 惟忠惟孝, 爾乃邁跡自身, 克勤無怠, 以垂憲乃後. 率乃祖文王之彝訓, 無若爾考之違王命. 皇天無親, 惟德是輔. 民心無常, 惟惠之懷. 爲善不同, 同歸于治; 爲惡不同, 同歸于亂. 爾其戒哉!

○蓋(개): 덮다, 가리다. ○邁跡(매적): 앞으로 나아가다. 덕을 닦는데 매진함을 의미. ○垂憲(수헌): 모범을 보이다, 본보기가 되다. "수"는 드리우다. "헌"은 가르침. ○彝訓(이훈): 변하지 않는 큰 가르침. ○惠(혜): 은혜를 베풂. ○懷(회): 따르다, 향하다. ○同(동): 모두.

5

처음 일을 추진할 때 신중하고, 마무리 할 때 잘 생각한다면, 마지막에 어려움에 빠지지는 일은 없을 것이다. 마무리 할 때 잘 생각하지 않으면, 마지막에 어려움에 빠질 것이다. 그대의 사업에 힘쓰며, 그대의 이웃나라와 평화롭게 지내며, 왕실을 보위하고, 형제들과 화목하게 지내며, 백성들이 편안하게 생업에 종사할 수 있도록 해야 한다. 어느 한쪽으로 치우치지 않는 정도正道를 따를 것이며, 스스로 총명한 척하며 선왕의 법도를 어지럽히지 마라. 그대가 보고 듣는 것을 잘 살펴, 한쪽의 말만 듣고 법도를 바꾸어서는 안 된다. 이렇게 할 수 있다면, 짐은 그대를 가상히 여길 것이다."

愼厥初, 惟厥終, 終以不困. 不惟厥終, 終以困窮. 懋乃攸績, 睦乃四鄰, 以蕃王室, 以和兄弟, 康濟小民. 率自中, 無作聰明亂舊章. 詳乃視聽, 罔以側言改厥度. 則予一人汝嘉."

○惟(유): 생각하다. ○績(적): 사업. ○蕃(번): 울타리. 이곳에서는 보위하는 의미. ○康濟(강제): 편안하게 생업에 종사함. ○自(자): ~로써. ○中(중): 어느 한쪽으로 치우치지 않는 정도(正道). ○作聰明(작총명): 스스로 총명한 척함. ○舊章(구장): 선왕의 법도. ○側言(측언): 한쪽의 말. ○予一人(여일인): 성왕을 말함. ○嘉(가): 칭찬하다, 가상히 여기다.

6

임금이 말했다. "오호! 젊은 호여! 떠나라! 짐의 명을 어기지 마시오!"

王曰: "嗚呼! 小子胡, 汝往哉! 無荒棄朕命!"

○荒棄(황기): 저버리다, 어기다.

제46편 다방多方: 여러 나라의 관리들에게 알림

해제

방方은 "나라"를 의미. 다방多方은 "여러 나라"를 의미.
주 성왕이 친정을 시작한 지 2년째 되던 해, 회이淮夷와 엄奄이 또 반란을 일으켰다. 성왕은 직접 정벌에 나서 엄나라를 멸망시켰다. 5월, 성왕이 호경으로 돌아오자, 각 제후국들이 알현하러 왔다. 이때 주공이 성왕을 대신해 명을 내렸다. 명을 내린 주 대상이 주나라에 복종하지 않던 각국의 군신들이었기 때문에 사관들은 그 명을 기록하며 〈다방多方〉이라고 했다.
본편은 천명天命을 강조하고 있다. 하나라와 상나라가 망한 것은 천명이며 주나라가 세워진 것도 천명이라고 말한다. 천명은 어길 수 없는 것이므로 주나라가 천하를 다스리는 것도 어길 수 없음을 말하고 있다. 본편은 주나라 초기의 복잡한 정치적 상황을 이해하는데 중요한 참고자료가 된다.

1

성왕이 엄奄 땅에서 호경으로 돌아왔다. 주공이 성왕을 대신해 각국의 군신들에게 명했다. 사관들이 이 명을 기록해《다방》이라 이름 했다.

成王歸自奄, 在宗周, 誥庶邦, 作《多方》.

> ○自(자): ~에서. ○宗周(종주): 서주(西周)의 수도인 호경(鎬京). 지금의 섬서성 서안(西安)의 동남쪽. ○庶邦(서방): 여러 나라의 군신.

2

5월 정해일, 임금께서 엄 땅에서 호경으로 돌아왔다.

惟五月丁亥, 王來自奄, 至于宗周.

○五月(오월): 성왕 재위 2년의 5월.

3

주공이 말했다. "폐하께서 이렇게 말씀하셨소. 아! 그대들 네 국가와 여러 나라의 제후들 그리고 여러 나라에서 백성들을 돌보는 관리들에게 알리노라. 짐이 그대들에게 명을 내릴 것이니, 잘 들으시오. 하나라의 걸은 천명에 너무 집착한 나머지, 제사를 계속 공경하게 지내지 않았소. 하늘이 하나라에 천명을 잘 아는 사람을 내려 보냈음에도 하나라 걸은 여전히 지나치게 향락만 추구하며, 백성들을 근심하는 말을 하지 않았소. 결국 걸은 방탕해지고 어리석어져, 하루 종일 노력해도 하늘의 가르침을 받들 수 없게 되었소. 이는 그대들도 잘 알 것이오. 하나라 걸은 천명을 지나치게 과신한 나머지, 백성들의 마음을 다시 군주에게로 돌리는 이치를 알지 못하고, 대대적으로 살육을 행하여 하나라를 크게 어지럽혔소. 그는 여인네들에게 정무를 맡기는 것에 익숙해져 있어, 백성들을 잘 이끌 수 없었소. 또 백성들에게 한 사람도 빠짐없이 재물을 바치게 하여, 백성들에게 큰 고통을 주었소. 하나라 백성들 사이에서도 탐욕과 분노가 하루가 다르게 고조되면서, 하나라를 망치게 된 것이오. 그래서 하늘은 백성들의 주인이 될 수 있는 사람을 찾았던 것이

하늘이 아름다운 명을 내려주는 그림
(天降休命圖)

오. 그 사람이 바로 하늘로부터 밝고 아름다운 천명을 받아 하나라를 무너뜨린 성탕 대왕이시오.

周公曰: "王若曰: 猷! 告爾四國多方惟爾殷侯尹民. 我惟大降爾命, 爾罔不知. 洪惟圖天之命, 弗永寅念于祀. 惟帝降格于夏, 有夏誕厥逸, 不肯慼言于民, 乃大淫昏, 不克終日勸于帝之迪, 乃爾攸聞. 厥圖帝之命, 不克開于民之麗, 乃大降罰, 崇亂有夏. 因甲于內亂, 不克靈承于旅. 罔丕惟進之恭, 洪舒于民. 亦惟有夏之民叨懫日欽, 劓割夏邑. 天惟時求民主, 乃大降顯休命于成湯, 刑殄有夏.

○猷(유): 감탄사. ○多方(다방): 여러 나라의 제후. ○殷侯(은후): 여러 제후국. "은"은 많다. ○尹民(윤민): 백성들을 돌보는 관리들. "윤"은 다스리다. ○洪惟(홍유): 어기사. ○圖天之命(도천지명): 하늘의 명을 크게 여김. 이곳에서는 하늘의 명을 지나치게 중시해 집착함을 의미. "도"는 크다. 《경전석사》는 "'크다'의 의미이다(大也)."라고 했다. 《상서이해》는 "'하늘의 명을 크게 여긴 것'은 걸이 천명을 지나치게 중시한 것을 말한다(大天之命, 謂其偏重天命)."라고 했다. ○寅(인): 공경하다. ○格(격): 천명을 헤아릴 수 있는 사람. ○誕(탄): 크다. ○慼言(척언): 위로의 말. "척"은 근심하다, 걱정하다. ○勸(권): 노력하다, 힘쓰다. ○迪(적): 가르침. ○圖(도): 크다. 이곳에서는 "크게 여기다"는 의미. ○開(개): 밝다, 잘 알다. ○民之麗(민지려): 백성들을 임금의 통치에 따르게 하는 이치. "려"는 다가가다, 귀순하다. ○崇(숭): 크게, 대대적으로. ○甲(갑): 익숙하다, 습관이 되다. 《이아·석고(釋詁)》는 "'익숙하다'의 의미이다(狎也)."라고 했다. ○內亂(내란): 여인네들에게 정무를 맡기는 것을 말함. "난"은 다스리다. ○靈(영): 잘하다. ○旅(려): 백성들. ○丕(비): 아니다. "불(不)"과 통함. ○進(진): 재물. 《상서정독》은 "'진'은 '신'으로 읽는다. '재물'의 의미이다(進, 讀爲賮, 財也)."라고 했다. ○恭(공): 바치다, 올리다. "공(供)"과 통함. 《광아·석고(釋詁)》는 "'공'은 '올리다'의 의미이다(供, 進也)."라고 했다. ○舒(서): 해, 고통. 송나라 사람 왕응린(王應麟)은 《곤학기문(困學紀聞)》에서 "옛날에는 '도'로 썼다(古之作荼)."라고 했다. "도(荼)"는 (맛이) 쓰다, 고통스럽다. ○叨(도): 탐욕. ○懫(치): 분노. ○欽(흠): 일어나다. "흠(廞)"과 통함. 《이아·석고(釋詁)》는 "'흠'은 '일어나다'의 의미이다(廞, 興也)."라고 했다. ○劓割(의할): 망치다, 해를 가하다. "의"는 코를 베는 형벌. ○惟時(유시): 그래서. ○顯休命(현휴명): 밝고 아름다운 하늘의 명. ○刑(형): 벌하다. ○殄(진): 멸망시키다.

4

하늘이 그대들에게 천명을 주지 않은 것은, 그대들 사방의 제후들이 백성들을 늘 격려하지 않았기 때문이오. 또 하나라의 관리들도 백성을 지키고 격려할 줄 모르고 백성들에게 서로 폭정을 일삼고, 여러 가지 정책들을 제대로 시행하지 않았기 때문이오.

惟天不畀純, 乃惟以爾多方之義民不克永于多享; 惟夏之恭多士大不克明保享于民, 乃胥惟虐于民, 至于百爲, 大不克開.

○純(순): 많다. "둔(屯)"과 통함. 이곳에서는 각국에서 온 많은 군신들을 가리킴. ○養民(양민): 백성을 돌보는 사람. 제후를 의미. ○永(영): 늘. ○享(향): 격려하다. ○恭(공): 벼슬하다, 봉직하다. "공(供)"과 통함. ○惟(유): 하다. ○百爲(백위): 여러 가지 정책을 시행함. ○開(개): 펼치다.

5

성탕께서는 그대들 제후들의 추대를 받아, 하나라 걸을 대신해 백성들의 주인이 되었소. 그가 정중하게 정책을 시행한 것은, 사람들을 격려하기 위함이었소. 그가 죄를 지은 사람에게 형벌을 내린 것은 사람들이 바른 길을 가도록 격려하기 위함이었소. 성탕에서 제을에 이르는 모든 임금들이 덕을 밝히고 벌에 내리는데 신중했소. 이 역시 사람들이 바른 길을 가도록 격려하기 위함이었소. 그들은 죄를 지은 자를 감금했고, 죄를 많이 지은 자는 처형해버렸소. 이 역시 사람들이 바른 길을 가도록 격려

죄인을 수감하여 바른 길로 인도하는 그림
(要囚用勸圖)

하기 위함이었소. 죄가 없는 사람들을 사면한 것도 사람들이 바른 길을 가도록 격려하기 위함이었소.

乃惟成湯克以爾多方簡, 代夏作民主. 愼厥麗, 乃勸. 厥民刑, 用勸. 以至于帝乙, 罔不明德愼罰, 亦克用勸. 要囚, 殄戮多罪, 亦克用勸. 開釋無辜, 亦克用勸.

○簡(간): 선택하다. 추대를 받았음을 의미. ○麗(려): 시행하다. ○要囚(요수): 범인을 수감함. 고대 중국어에서 "요"는 "유(幽)"와 발음이 같음. 따라서 "요수"는 "유수"와 같은 의미. "유(幽)"는 가두다, 감금하다. ○多罪(다죄): 죄를 많이 지은 사람.

6

지금 그대들의 임금(주왕)에 와서, 그대들 여러 제후국들과 하늘이 내린 큰 명을 향유할 수 없다는 것은, 정말 슬픈 일이오!"

今至于爾辟, 弗克以爾多方享天之命, 嗚呼!"

○以(이): ~와. ○享(향): 누리다, 향유하다.

7

임금이 이렇게 말했다. "그대들 여러 제후들에게 고하오, 하늘이 하나라를 버린 것도 아니고, 하늘이 은나라를 버린 것도 아니오. 그대들의 임금과 그대들 제후들이 지나친 향락에 빠져, 천명을 헤아리는데 안일했으며 심지어 천명을 의심하기까지 했기 때문이오. 하나라 걸은 국정을 운영함에 백성들을 보호하고 격려하지 않았소. 그래서 하늘은 나라를 멸망시키는 큰 벌을 내리고, 성탕으로 하여금 하나라의 걸을 대신하게 했던 것이오. 그대들 상나라의 후기 임금들은 지나치게 향락을 추구하여 국정을 잘 운영하지 못했기 때문에 하늘이 나라를 멸망시키는 큰 벌을 내렸던 것이오.

王若曰: "誥告爾多方, 非天庸釋有夏, 非天庸釋有殷. 乃惟爾辟以爾多方大淫, 圖天之命屑有辭. 乃惟有夏圖厥政, 不集于享, 天降時喪, 有邦間之. 乃惟爾商後王逸厥逸, 圖厥政不蠲烝, 天惟降時喪.

○庸釋(용석): 버리고 쓰지 않음. "용"은 쓰다. ○以(이): ~와. ○大淫(대음): 지나치게 향락에 빠짐. ○屑(설): 안일하다. ○有(유): 또. ○辭(사): 의심하다, 태만하다. ○止(지): 이르다, 그치다. ○享(향): 백성들을 격려하고 보호함. ○有邦(유방): 나라. 상나라를 가리킴. ○間(간): 대체하다, 대신하다. ○逸厥逸(일궐일): 지나치게 향락에 빠짐. 앞의 "일"은 지나치다. ○蠲烝(견증): 정결하게 제사를 지냄. 이곳에서는 국정을 잘 운영하고 있다는 의미. "견"은 깨끗하다. "증"은 제사지내다.

8

영민한 사람이라도 생각하지 않으면 무지한 사람이 되고, 무지한 사람도 잘 생각하면 영민한 사람이 되는 것이오. 하늘은 주왕이 잘못을 뉘우칠 수 있도록 5년이나 기다렸소. 그로 하여금 계속 백성의 주인이 되게 하였으나 그들은 하늘의 뜻을 생각하거나 들으려고 하지 않았소. 하늘은 그대들 제후들에게도 똑같이 요구하셨소. 이에 크게 재앙을 내려, 그대들이 하늘의 뜻을 깨닫도록 하려고 했소. 그럼에도 그대들 제후들 중 누구도 이를 생각하는 사람이 없었소. 우리 주나라 임금만이 백성들의 뜻을 잘 받들어, 어진 정치를 널리 행하여, 신과 하늘의 제사를 주재할 수 있었소. 그래서 하늘은 우리를 상스러움으로 지도하시고, 은나라에게 준 큰 명을 우리에게 주어, 그대들을 다스리도록 한 것이오.

惟聖罔念作狂, 惟狂克念作聖. 天惟五年須暇之子孫, 誕作民主, 罔可念聽. 天惟求爾多方, 大動以威, 開厥顧天. 惟爾多方罔堪顧之. 惟我周王靈承于旅, 克堪用德, 惟典神天, 天惟式敎我用休, 簡畀殷命, 尹爾多方.

○狂(광): 무지한 사람. 앞의 "성(聖)"과 상대되는 개념. ○五年(오년): 5년. 《상서금고문주소》는 "5년은 문왕 7년에서 무왕 11년 주왕을 정벌하기까지이다(五年, 當從文王七年數至武王十一年伐紂也)."라고 했다. ○須(수): 기다리다. ○暇(가): 주왕이 잘못을 뉘우칠 수 있도록 시간을 줌. ○子孫(자손): 주왕을 가리킴. 주왕은 성탕의 후손임. ○誕(탄): 연장하다. ○求(구): 요구하다. ○威(위): 위엄. 벌을 내리는 의미. ○開(개): 인도하다. ○厥(궐): 그. 앞 문장의 "여러 나라"를 가리킴. ○堪(감): ~할 수 있다. ○靈(령): 잘하다. ○承(승): 따르다. ○旅(려): 백성들. ○典(전): 주재하다. ○式(식): 이에, 그래서. ○用(용): ~로써. ○簡(간): 분명하다. ○尹(윤): 다스리다.

9

지금 짐이 그대들에게 어찌 많은 말을 할 수 있겠소. 짐은 그저 그대들 네 나라의 백성들에게 명을 내리는 것뿐이오. 그대들은 어찌 그대들의 신민들에게 알리고 인도하지 않는 것이오? 그대들은 어찌 우리 주나라 임금을 잘 도와 천명을 누리지 않소? 지금 그대들은 그대들이 원래 살던 곳에 살고 그대들의 농지를 경작하고 있으면서, 그대들은 어찌 주나라 임금이 선양하는 하늘의 명을 따르지 않는 것이오?

今我曷敢多誥. 我惟大降爾四國民命. 爾曷不忱裕之于爾多方? 爾曷不夾介乂我周王享天之命? 今爾尙宅爾宅, 畋爾田, 爾曷不惠王熙天之命?

○曷(갈): 어찌. ○忱裕(침유): 알리고 인도하다. ○夾介(협개): 크다. 《상서이해》는 "'협개'는 '개'의 합음으로 의심된다. 《설문해자》는 '개'는 '크다'의 의미라고 했다(夾介, 疑爲奔字之合音. 《說文》: 奔, 大也)."라고 했다. ○乂(예): 돕다. "애(艾)"와 통함. ○畋(전): 경작하다. ○惠(혜): 따르다. ○熙(희): 빛내다, 선양하다.

10

그대들을 여러 차례 인도했음에도 그 때마다 저항한 것은, 그대들이 마음으로 따르지 않기 때문이오. 이는 그대들이 아직도 천명을 헤아리지 못하는 것이자 천명을 완전히 버리는 것이오. 또 그대들은 도리에 맞지 않는 일을 하고, 윗사람에게 반기를 들려고 하오. 짐은 이에 글로써 그대들에게 알리는 것이오. 그대들이 반란을 일으킨다면 짐은 진압하고 감금할 것이오. 삼감三監과 회이淮夷가 반란을 일으킬 때도 이렇게 다루었고, 성왕 때에 일어난 반란도 이렇게 다루었소. 만일 아직도 짐이 그대들에게 내린 명을 따르지 않는 사람이 있다면, 짐은 큰 벌을 내려 처형할 것이오! 이는 우리 주나라가 덕을 행하는 것이 요란해서가 아니라 그대들이 자초한 것이오."

은나라 유민들을 수감하는 그림(要囚殷民圖)

爾乃迪屢不靜, 爾心未愛. 爾乃不大宅天命, 爾乃屑播天命, 爾乃自作不典, 圖忱于正. 我惟時其教告之, 我惟時其戰要囚之, 至于再, 至于三. 乃有不用我降爾命, 我乃其大罰殛之! 非我有周秉德不康寧, 乃惟爾自速辜!"

○不靜(부정): 조용하지 않음. 주나라에 반기를 들고 저항한 것을 말함. ○愛(애): 순종하다, 따르다. ○宅(택): 헤아리다. ○屑(설): 모두, 완전히. 《상서이해》는 "'실'과 통한다. '모두'의 의미이다(通悉. 皆也)."라고 했다. ○播(파): 버리다, 어기다. ○不典(부전): 불법. "전"은 법. ○忱(침): 윗사람을 공격하다. "침(煁)"과 통함. 《설문해자》는 "'침'은 아래 사람이 윗사람을 치는 것이다(煁,

下擊上也).”라고 했다. ○正(정): 우두머리. ○惟時(유시): 이에, 이 때문에. ○戰要囚之(전요수지): 반란이 일어나면 무력으로 진압하고 감금함. “전”은 무력으로 진압함을 의미. “요수”는 감금하다. ○至于再(지우재): 두 번의 반란이 일어났을 때도 무력으로 진압했음을 의미. 《상서공씨전》은 “삼감과 회이가 반란을 일으켰을 때를 말한다(謂三監、淮夷叛時).”라고 했다. ○至于三(지우삼): 세 번째 반란이 일어났을 때도 무력으로 진압했다는 의미. 《상서공씨전》은 “성왕이 집정할 때 또 반란을 일으킨 것을 말한다(謂成王卽政又叛).”라고 했다. ○乃(내): 만일. ○殛(극): 죽이다. ○秉德(병덕): 덕을 행하다. “병”은 잡다, 쥐다. ○速(속): 초래하다, 야기하다.

11

은나라 유민들이 요역을 행하는 그림
(胥伯多正圖)

임금이 말했다. “아아! 그대들 제후국의 관리와 은나라의 관리들에게 알리는 바이오. 지금 그대들이 열심히 우리 주나라를 섬긴지 5년이 되었소. 그대들은 모든 요역과 부세를 비롯한 크고 작은 정사들을 법도에 어긋남이 없이 잘 처리해주었소.

王曰: “嗚呼! 猷告爾有方多士暨殷多士, 今爾奔走臣我監五祀, 越惟有胥伯小大多正, 爾罔不克臬.

○猷(유): ~하는 바. “유(攸)”와 통함. ○有(유): 어조사. ○臣(신): 섬기다. ○監(감): 제후국. 이곳에서는 주나라를 말함. ○五祀(오사): 5년. 주공 섭정 3년에 엄(奄)나라를 멸망시킨 것에서 성왕 원년까지의 시간. ○胥(서): 요역. ○伯(백): 부세. “부(賦)”와 통함. ○正(정): 정사. “정(政)”과 통함. ○臬(얼): 법도에 맞게 처리함.

12

그대들이 서로 반목하고 있다면, 그대들은 화목하게 지내야 할 것이오. 그대들의 가정이 화목하지 않다면, 그대들의 가정도 화목하게 만들어야 할 것이오! 그대들이 신민의 모범이 된다면, 그대들 마을의 신민들도 부지런히 일을 할 것이오. 그대들이 나쁜 생각을 가지지 않는다면, 그대들은 화목하고도 공경하게 그대의 위치에서 편안하게 지낼 수 있을 것이오. 이렇게 해야 그대들의 마을사람들이 즐겁게 잘 지낼 수 있을 것이오.

自作不和, 爾惟和哉! 爾室不睦, 爾惟和哉! 爾邑克明, 爾惟克勤乃事. 爾尙不忌于凶德, 亦則以穆穆在乃位, 克閱于乃邑謀介.

○室(실): 가정, 가문. ○爾邑(이읍): 그대들 마을의 신민들. ○忌(기): 계획하다, 꾀하다. 《설문해자》는 "'꾀하다'의 의미이다(惎)."라고 했다. ○凶德(흉덕): 나쁜 행동이나 생각. ○穆穆(목목): 화목하고 공경함. ○閱(열): 즐겁다. "열(悅)"과 통함. ○介(개): 잘하다, 좋다.

13

그대들이 이 낙읍에서 오랫동안 그대들의 농지를 힘써 경작한다면, 하늘은 그대들을 가상히 여길 것이오. 우리 주나라도 그대들에게 크게 상을 내리는 것은 물론 그대들을 조정의 관리로 선발할 것이오. 그대들의 직분에 충실하다면, 높은 관직도 맡게 될 것이오."

爾乃自時洛邑, 尙永力畋爾田, 天惟畀矜爾, 我有周惟其大介賚爾, 迪簡在王庭. 尙爾事, 有服在大僚."

○畀(비): 내려주다. ○矜(긍): 가상히 여기다. ○大介(대개): 크다. 《상서정독》은 "'대개'는 '개'가 되어야 한다. 한 글자가 두 글자로 잘못된 것이다. 《설문해자》는 '개'는 '크다'의 의미라고 했다(大介當爲개, 一字誤爲兩字也. 《說文》: 개, 大也)."라고 했다. ○賚(뢰): 하사하다. ○迪(적): 등용하다, 임용하다. ○簡(간): 선발하다. ○尙(상): 힘쓰다, 노력하다. ○服(복): 일하다. ○大僚(대료): 높은 관직. "료"는 관직.

벌을 집행하고 멀리 떠나게 하는 그림
(致罰離逖圖)

14

임금이 말했다. “아아! 여러 관리들이여, 그대들이 짐의 명을 믿지 않고 노력하지 않는다면, 그대들은 봉록을 누리지 못할 것이오. 백성들도 그대들은 봉록을 받을 자격이 없다고 말할 것이오. 그대들이 방탕하고 사악해져 왕명을 크게 어긴다면, 그것은 그대들 제후들이 하늘에게 벌을 내려달라고 하는 것이오. 짐은 하늘의 벌을 행하고, 그대들을 그대들의 땅에서 영원히 떠나게 할 것이오.”

王曰: “嗚呼! 多士, 爾不克勸忱我命, 爾亦則惟不克享, 凡民惟曰不享. 爾乃惟逸惟頗, 大遠王命, 則惟爾多方探天之威, 我則致天之罰, 離逖爾土.”

○勸(권): 힘쓰다. ○忱(침): 믿다. ○享(향): 봉록과 작위를 누림. ○惟(유): 어조사. ○逸(일): 방탕하다. ○頗(파): 사악하다. ○探(탐): 찾다. ○致(치): 행하다. ○離逖(이적): 멀리 떠나게 함. “적”은 멀다.

15

임금이 말했다. “더 이상 말을 하지 않겠소. 짐은 그저 그대들에게 천명을 정중하게 알려주는 것뿐이오.”

王曰: “我不惟多誥, 我惟祇告爾命.”

○惟(유): 생각하다.

16

임금이 또 말했다. "처음 시작할 때 계획을 잘 잡으시오. 하늘을 공경하고 화목하게 지내지 못한다면, 짐을 원망하지 마시오."

又曰: "時惟爾初, 不克敬于和, 則無我怨."

○時惟(시유): 잘 생각하다, 계획을 잘 세우다. "시"는 잘하다. ○于(우): ~와.

제47편 입정立政: 관리임명의 원칙

해제

청나라 사람 왕인지王引之는 《경의술문經義述聞》(권3)에서 "정政은 정正과 같다. 정正은 우두머리이다. 입정은 장관을 세움을 말한다. 본편은 관리된 사람의 도리를 이야기 하고 있기 때문에 편명을 입정으로 삼았다.政與正同, 正, 長也. 立政, 謂建立長官也. 篇內所言皆官人之道, 故以立政名篇."라고 했다.
본편은 주공이 만년에 성왕에게 한 말이다. 내용은 관리를 세우고 국정을 돌보는 이치를 말하고 있다. 주공이 동쪽의 반란세력을 평정한 후 천하는 나날이 안정되어 갔다. 이때 주나라가 당면한 문제는 관리 제도를 확립하여 장구한 평화를 이룩하는 것이었다. 주공은 하나라와 상나라의 관리 제도를 언급하며 성왕에게 문왕과 무왕이 관리를 두고 국정을 운영한 원칙을 받들 것이며, 어진 이를 기용하고, 사법부에 개입하지 말 것을 말하고 있다. 나아가 그는 성왕에게 군사적 힘을 길러 대우大禹가 중국을 통일한 것을 배우도록 했다.
본편은 "성강成康의 다스림"과 주나라 초기 관직제도를 연구하는 중요한 자료이다.

1

주공이 《입정》을 지었다.

周公作《立政》.

2

주공이 이렇게 말했다. "무릎을 꿇고 머리를 조아리며, 천자의 자리를 이으신 대왕 폐하께 아뢰나이다." 이에 주공은 성왕에게 자세하게 고했다. "폐하께서는 백성을 돌보는 상백常伯·국가행정을 책임지는 상임常任·법을 집행하는 준인準人·폐하의 의상을 관리하는 철의綴衣·폐하를 호위하는 호분虎賁을 잘 지도하셔야 합니다."

周公若曰: "拜手稽首, 告嗣天子王矣." 用咸戒于王曰: "王左右常伯、常任、準人、綴衣、虎賁."

좌우의 신하들이 임금을 일깨워주는 그림(左右戒王圖)

○用(용): 이에, 그래서. ○咸(함): 두루, 널리. ○左右(좌우): 지도하다. 《이아·석고(釋詁)》는 "'좌우'는 '이끌다'의 의미이다(左右, 導也)."라고 했다. ○常伯(상백): 백성을 돌보는 관리. ○常任(상임): 국가행정을 책임지는 관리. ○準人(준인): 법을 집행하는 관리. ○綴衣(철의): 임금의 의상을 관리하는 관리. ○虎賁(호분): 왕궁의 수비를 책임지는 무관(武官).

3

주공이 말했다. "아아! 사람은 잘 나갈 때 신중해야 한다는 것을 모릅니다. 옛 사람이 말하는 것을 보면, 하나라의 제후들은 경쟁적으로 어진 이를 불러 모아, 하늘의 가르침대로 일을 했다고 합니다. 그들이 일한 것을 검정해 아홉 가지 덕에 따라 일을 할 수 있겠다는 것을 믿고서, 자신들의 군주에게 '폐하께 무릎을 꿇고 머리를 조아리며 인사드리옵니다!'라고 말했습니다. 그들의 말에 의하면, 국가행정을 책임진 관리는 일이 잘 되어가는 지를 살폈고, 백성들을 돌보는 관리는 신민들이 생업에 잘 종사하는지를 살폈고, 사법을 책임지는 관리는 법이 공평하게 집행되는지를 살폈습니다. 그들은 일을 잘 했기 때문에 군주의 신임을 받았습니다. 그렇지 않고 외모로 사람을 임용하거나 덕행을 행하는 사람이 아닌 자신과 가까운 사람을 임용한다면, 이 세 관직에는 어진 사람이 없을 것입니다.

周公曰: "嗚呼! 休兹知恤, 鮮哉! 古之人迪惟有夏, 乃有室大競, 籲俊, 尊上帝迪. 知忱恂于九德之行, 乃敢告教厥后曰: '拜手稽首后矣!' 曰: 宅乃事, 宅乃牧, 宅乃準, 兹惟后矣. 謀面, 用丕訓德, 則乃宅人, 兹乃三宅無義民.

○休(휴): 좋다, 훌륭하다. 이곳에서는 일이 잘 될 때를 말함. ○兹(자): 접속사. "이(而)"와 통함. ○恤(휼): 신중하다, 삼가다. "일(謐)"과 통함. 《이아·석고(釋詁)》는 "'일'은 '삼가하다'의 의미이다(謐, 愼也)."라고 했다. ○迪(적): 말하다. ○惟(유): 어조사. ○乃(내): 그. "기(其)"와 통함. 하나라를 가리킴. ○有室(유실): 제후. ○籲(유): 불러내다. ○俊(준): 재능이 뛰어난 사람. ○尊(존): 따르다. "준(遵)"과 통함. ○忱(침): 심사하다. "심(審)"과 통함. ○恂(순): 믿다. ○九德(구덕): 아홉 가지 덕. 《고요모(皐陶謨)》를 참조. ○宅(택): 헤아리다. ○事(사): 정무를 처리함. "상임(常任)"을 말함. ○牧(목): 백성들을 돌봄. 상백(常伯)을 말함. ○準(준): 법을 집행함. 준인(準人)을 말함. ○兹惟后矣(자유후의): 이렇게 하여 임금의 칭찬을 얻음, "유"는 ~로 인해, ~ 때문에. 《상서정독》은 "임금의 칭찬을 받는 것이다(乃得后稱矣)."라고 했다. ○謀面(모면): 얼굴로 사람을 뽑음. ○丕訓德(비훈덕): 덕을 따르지 않는 사람. "비"는 아니다. "불(不)"과 통함. "훈"은 따르다. ○宅人(택인): 자신과 친한 사람만 임용함. 《상서이해》는 "친한 사람만 임용하는 것이다(任人唯親也)."라고 했다. ○三宅(삼택): 앞 문장에서 말한 백성을 돌보는 상백·국가행정을 책임지는 상임·법을 집행하는 준인을 가리킴. ○義民(의민): 어진 사람. "의"는 어질다, 현명하다. "민"은 사람.

4

걸은 즉위하자, 옛날의 관리들을 임용하던 원칙을 적용하지 않고, 난폭한 사람들을 기용하여, 결국 나라를 잃어버렸습니다.

桀德, 惟乃弗作往任, 是惟暴德, 罔後.

○德(덕): 오르다. 《설문해자》는 "'오르다'의 의미이다(升也)."라고 했다. 제위에 오름을 의미. ○作(작): 적용하다. ○往任(왕임): 옛날 관리를 임용할 때의 원칙. ○是惟(시유): ~로써. 《상서고》는 "'이로써'의 의미이다(是以也)."라고 했다. ○暴德(폭덕): 난폭하다, 포악하다. ○罔後(망후): 후손이 끊김. 나라가 망했다는 의미.

5

성탕은 즉위하자, 하늘의 밝은 명을 받았습니다. 이에 세 관직의 장관을 임용하니, 모두가 각자 맡은 임무를 성실히 했습니다. 세 장관 밑의 속관들도 어질고 재능 있는 사람들이었습니다. 성탕 대왕은 하늘이 관원을 임용하는 법칙을 정중하게 생각하여, 세 관직의 장관과 속관들을 잘 임용하였습니다. 성탕 대왕은 상나라의 마을에서 이 관원들로 마을의 신민들과 화합을 이루어내셨습니다. 대왕께서는 천하를 다스릴 때에도 이런 큰 도리로 어진 덕을 나타내셨습니다.

亦越成湯陟, 丕釐上帝耿命, 乃用三有宅, 克卽宅, 曰三有俊, 克卽俊. 嚴惟丕式, 克用三宅三俊, 其在商邑, 用協于厥邑, 其在四方, 用丕式見德.

○越(월): 이르다. ○陟(척): 오르다. 제위에 오름을 의미. ○釐(리): 복. 복을 받는다는 의미. ○耿(경): 빛나다. ○三有宅(삼유택): 상박·상임·준인을 말함. 앞에서 나온 "삼택(三宅)"과 같은 의미. ○卽宅(즉택): 맡은 바의 관직에 나아감. 자신의 직책을 잘 수행했음을 의미. ○曰(왈): ~와. "월(越)"과 통함. ○三有俊(삼유준): 상박·상임·준인의 속관. 《상서금고문주소》는 "삼택에는 각기 부서장도 있고 속리도 있다. 삼택의 속리들은 모두 어질고 능력 있는 사람들이었기 때문에 '삼유준'이라고 했다(蓋三宅各有正長, 有屬吏, 三宅之屬吏皆用賢俊, 故謂之三有俊)."고 했다. ○嚴惟(엄유): 정중히 생각함. ○丕式(비식): 큰 법도. 하늘이 관원을 임용하는 큰 법도를 말함. "식"은 법도. ○用(용): 기용하다, 임용하다. ○協(협): 화합하다. ○在(재): 살피다. ○見(현): 드러내다, 나타나다.

6

아아! 상나라 주왕 수는 제위에 오르자, 벌을 받은 사람과 폭력적인 사람들을 나라에 모으는 행위를 강행했습니다. 또 좌우의 많은 측근들을 비롯한 덕을 잃은 사람들과 함께 국정을 운영했습니다. 하늘은 거듭 그를 벌했습니다. 이에 우리 주나라 임금에게 상나라 주왕을 대신해 천명을 받게 하여, 백성들을 어루만지고 다스리게 하였습니다."

嗚呼! 其在受德, 暋惟羞刑暴德之人, 同于厥邦; 乃惟庶習逸德之人, 同于厥政. 帝欽罰之, 乃伻我有夏, 式商受命, 奄甸萬姓."

○暋(민): 강행하다. 《이아·석고(釋詁)》는 "'강제로'의 의미이다(强也)."라고 했다. ○羞刑(수형): 형벌을 받아 굴욕을 당한 사람. 범죄자를 말함. ○德(덕): 행동, 행위. ○同(동): 모으다. ○習(습): 가까이하고 총애함. ○逸德(일덕): 덕을 잃다. ○欽(흠): 무겁다, 중하다. 《상서집주음소》는 "'무겁다'와 같은 의미이다(猶重也)."라고 했다. ○伻(팽): ~로 하여금…하게 하다. ○有夏(유하): 주나라를 말함. ○式(식): 대신하다. 《상서정독》은 "'대'로 읽는다(讀爲代)."라고 했다. "대(代)"는 대신하다. ○奄(엄): 어루만지다. ○甸(전): 다스리다.

7

문왕과 무왕께서는 세 관직에 있는 장관들의 마음을 알았습니다. 또 그 부하관리들의 생각까지도 잘 알고 있었습니다. 그들을 신민의 우두머리로 임명해, 하늘의 뜻에 따라 공경하게 일을 하도록 했습니다. 이때 둔 관직으로는 다음과 같습니다. 임인任人·준부準夫·목부牧夫는 행정·민사·사법을 책임집니다. 여기에 또 군주를 호위하는 호분虎賁·군주의 의상을 관리하는 철의綴衣·말을 사육하는 취마趣馬와 소윤小尹·임금의 좌우 비서와 기타 많은 관리들을 두었습니다. 또 크고 작은 영지의 책임자들·세금을 걷는 관리·조정 밖의 많은 관리들과 조정 내의 태사太史·각 부서장들이 있었습니다. 이들은 각자의 자리에서 일처리를 매우 잘 했습니다. 제후국에는 사도司徒·사마司馬·사공司空·아려亞旅가 있었고, 이민족인 동이東夷·서융西戎·남만南蠻에도 임금을 두었습니다. 이밖에 은나라와 하나라의 유민들이 사는 지역에 그들을 다스리는 관리도 두었습니다.

亦越文王、武王, 克知三有宅心, 灼見三有俊心, 以敬事上帝, 立民長伯. 立政; 任人、準夫、牧作三事. 虎賁、綴衣、趣馬小尹、左右攜僕、百司庶府. 大都小伯、藝人、表臣百司. 太史、尹伯, 庶常吉士. 司徒、司馬、司空、亞旅. 夷、微、盧烝. 三亳阪尹.

○越(월): 이르다. ○三有宅心(삼유택심): 상백·상임·준인에 있는 장관들의 마음. ○灼(작): 밝다. ○三有俊(삼유준): 상백·상임·준인에 있는 장관들의 속관. ○長伯(장백): 우두머리, 부서장. ○立政(입정): 관직을 세움. ○任人(임인): 상백을 가리킴. ○準夫(준부): 준인을 가리킴. ○牧(목): 상임을 가리킴. ○三事(삼사): 세 가지 일. 백성들을 돌보는 일·국가행정을 책임지는 일·법을 집행하는 일을 가리킴. ○趣馬(취마): 말을 사육하는 관리. ○小尹(소윤): 말을 사육하는 관리. ○左右攜僕(좌우휴복): 임금의 좌우에서 정사를 돕는 신하. ○百司庶府(백사서부): 각종 관직에 있는 많은 관리들. "백"과 "서"는 많다. "사"와 "부"는 관직 이름. ○大都小伯(대도소백): 크고 작은 영지의 책임자. "소" 다음에 "도(都)"가 생략된 형태임. "대도"는 삼공(三公)의 영지. "소도"는 경대부의 영지. "백"은 우두머리, 책임자. ○藝人(예인): 세금을 걷는 관리. ○表臣百司(표신백사): 조정 밖의 많은 신하들. "백사"는 백관들. ○太史(태사): 사관. ○尹伯(윤백): 각 부서의 부서장. ○庶常吉士(서상길사): 일을 잘하는 관리. "상"은 좋다. "상(祥)"과 통함. "길"은 잘하다, 훌륭하다. ○亞旅(아려): 대부. ○夷(이): 동쪽의 이민족. ○微(미): 남쪽의 이민족. ○盧(로): 서쪽의 이민족. ○烝(증): 임금. ○三亳(삼박): 은나라 유민들이 사는 곳. 주문왕은 주나라에 투항한 은나라 사람들을 동쪽의 성고(成皐), 남쪽의 헌원(軒轅), 서쪽의 강곡(降谷)에 분산 배치하였는데, 이를 "삼박"이라고 한다. ○阪尹(판윤): 하나라 옛 도읍지의 관직이름. 하나라 유민들이 사는 곳을 의미.

8

문왕께서는 이 세 관직에 있는 장관들의 마음을 헤아릴 수 있었기 때문에 이상의 관원들을 둘 수 있었습니다. 그리고 이들 때문에 백성들을 위해 큰 공덕을 세울 수 있었습니다. 문왕께서는 담당 관리를 대신해 명령을 내리지 않았습니다. 각종 소송과 신중하게 처리해야 할 일들은 준부와 목부 같은 담당 관리의 의견을 따라 취할 것은 취하고 버릴 것은 버렸습니다. 각종 소송과 신중하게 처리해야 할 일들을 문왕은 지나치게 알려고 하지 않았습니다. 무왕은 즉위한 후 문왕의 사업을 완성했음에도, 문왕이 세운 관리 선발의 원칙을 버리지 않고, 문왕의 포용적인 덕을 따르려고 했습니다. 이 때문에 임금과 신하가 문왕이 남기신 위대한 왕업王業을 받게 된 것입니다."

文王惟克厥宅心, 乃克立玆常事司牧人, 以克俊有德. 文王罔攸兼于庶言; 庶獄庶愼, 惟有司之牧夫是訓用違; 庶獄庶愼, 文王罔敢知于玆. 亦越武王, 率惟敉功, 不敢替厥義德, 率惟謀從容德, 以並受此丕丕基.

○常事(상사): 상임을 가리킴. ○司(사): 준인을 가리킴. ○牧人(목인): 상백을 가리킴. ○俊(준): 크다. ○兼(겸): 대신하다. ○庶言(서언): 명령. ○庶獄(서옥): 각종 소송. ○庶愼(서신): 여러 가지 신중히 처리해야 할 일들. ○有司(유사): 담당관리. ○之(지): ~와. ○訓(훈): 따르다. ○用違(용위): 취할 것은 취하고 버릴 것은 버림. "위"는 어기다, 버리다. ○玆(자): 이. 각종 소송과 처벌에 관한 일을 가리킴. ○率惟(솔유): 어조사. ○敉(미): 완성하다, 이루다. ○替(체): 저버리다, 어기다. ○從容(종용): 관용적이다. "종"은 관대하다. ○並受(병수): 군신이 함께 받음. ○基(기): 왕업.

9

아아! 폐하께서는 임금이 되셨습니다! 지금부터 우리는 전통을 따라 관리를 두어야 합니다. 국정을 책임지는 입사立事(상임을 말함)·법을 책임지는 준인·신민들을 관리하는 목부를 두어야 합니다. 우리는 그들의 마음을 분명하게 알아야 합니다. 그래야 그들로 하여금 국정을 돌보게 하고, 하늘과 선조로부터 받은 백성들을 다스리게 하고, 각종 소송과 신중하게 처리해야 할 일을 성실하게 처리하게 할 수 있습니다. 이런 일은 어떤 것으로 대체할 수 없습니다. 설사 한마디의 명령이라도 대신해서 내릴 수 없습니다. 그러면 우리는 결국 덕과 재능을 갖춘 사람을 갖게 되어, 우리의 백성들을 다스릴 수 있게 될 것입니다.

嗚呼! 孺子王矣! 繼自今我其立政. 立事、準人、牧夫. 我其克灼知厥若, 丕乃俾亂, 相我受民, 和我庶獄庶愼. 時則勿有間之, 自一話一言. 我則末惟成德之彦, 以乂我受民.

○孺子(유자): 어린 사람. 성왕을 가리킴. ○立事(입사): 상임을 가리킴. ○厥若(궐약): 그들. 앞에서 말한 입사·준인·목부를 말함. ○丕乃(비내): 이, 이렇게. 《상서정독》은 "'이'의 의미이다(斯乃)."라고 했다. "사"와 "내"는 모두 이(지시대명사)의 의미. ○相(상): 다스리다. ○和(화): 아울러. ○間(간): 대신하다, 대체하다. ○末(말): 결국, 끝내. ○成德之彦(성덕지언): 덕과 재능을 갖춘 훌륭한 사람.

10

아아! 저 주공 단은 앞 사람들의 훌륭한 말을 폐하께 모두 말씀드렸습니다. 지금부터 선왕의 훌륭한 자손들은 각종 소송과 신중하게 처리해야 할 일들을 잘못 처리해서는 안 될 것이며, 담당 관리만 처리할 수 있도록 해야 합니다.

嗚呼! 予旦已受人之徽言咸告孺子王矣. 繼自今文子文孫, 其勿誤于庶獄庶愼, 惟正是乂之.

○受人(수인): 앞 사람. "수"는 "전(前)"과 글자 모양이 비슷해서 생긴 오류. ○徽言(휘언): 좋은 말, 훌륭한 말. ○正(정): 소송안건을 다루는 관리.

담당관리가 소송안건을 처리하는 그림
(正乂庶獄圖)

11

예로부터 상나라의 선왕에서 우리 주나라의 문왕에 이르기까지 줄곧 입사·목부·준인 같은 관리들을 두었습니다. 세 장관을 임용하실 때는 그들의 공적을 먼저 생각하시고 그런 후 그들의 마음을 헤아려보십시오. 어진 사람이라고 판단되면 그때 그들에게 정사를 맡기십시오. 만일 나라가 이렇게 관리를 두지 않고, 간사하고 아첨이나 잘하는 사람을 임용해 덕을 따라 일을 하지 않는다면, 폐하의 가르침은 끝내 세상에 행해지지 않을 것입니다. 지금부터 관리를 두실 때는 간사하고 아첨 잘하는 사람을 임용하지 마시고, 어질고 착한 사람만 임용해서, 우리의 나라를 다스리는데 힘써야 할 것입니다.

自古商人亦越我周文王立政, 立事、牧夫、準人. 則克宅之, 克由繹之, 玆乃俾乂. 國則罔有立政, 用憸人, 不訓于德, 是罔顯在厥世. 繼自今立政, 其勿以憸人, 其惟吉士, 用勱相我國家.

> ○宅(택): 헤아리다. 이곳에서는 임용의 의미. ○由繹(유역): 분명하게 계획하고 신중하게 고려함. 《상서정독》은 "분명하게 계획하고 신중하게 살피는 의미이다……상나라와 주나라의 선대 임금들은 사람을 관직에 임용할 때 먼저 그 사람의 공을 살피고, 그 다음으로 그 마음을 신중하게 살폈다. 이로 그가 어질다는 것을 분명하게 알고서, 나라를 다스리게 했다(猶言籌著審愼……言商周先王官人, 皆先量度其功, 次于審愼于心, 灼知其賢, 玆乃使治)."라고 했다. ○罔有(망유): 있지 않음. 관리를 이렇게 주지 않음을 의미. ○憸人(섬인): 간사하고 아첨을 잘하는 사람. ○訓(훈): 따르다. ○是(시): 이에. ○在(재): 끝내. 《이아·석고》는 "'마지막'의 의미이다(終也)."라고 했다. ○勱(매): 힘쓰다.

12

지금 선왕의 훌륭한 자손이신 폐하께서는 임금이 되셨습니다! 소송안건을 처리할 때 지나치게 개입하지 마시고, 준부와 목부 같은 담당 관리가 처리하도록 하십시오. 폐하의 군대를 잘 정비하시어 우임금의 발자취를 따라 천하를 널리 순행하십시오. 바다 저 너머에까지 이르면, 복종하지 않는 사람이 없을 것입니다. 이것으로 문왕의 빛나는 덕을 드러내시고, 무왕의 위대한 공업을 이으십시오. 아아! 지금부터 제위를 이은 임금께서 관리를 둘 때는 어질고 능력 있는 사람만 임용해야 합니다."

今文子文孫, 孺子王矣! 其勿誤于庶獄, 惟有司之牧夫. 其克詰爾戎兵, 以陟禹之迹, 方行天下, 至于海表, 罔有不服. 以覲文王之耿光, 以揚武王之大烈. 鳴呼! 繼自今後王立政, 其惟克用常人."

○詰(힐): 다스리다. ○戎兵(융병): 군대. ○陟禹之迹(척우지적): 우임금의 발자취를 따름. ○方行(방행): 널리 순행함. ○海表(해표): 바다 밖. ○覲(근): 드러내다. ○揚(양): 잇다, 계승하다. ○大烈(대열): 위대한 공업. ○常人(상인): 어질고 능력 있는 사람. 《상서고》는 "'상(常)'은 '상(祥)'과 통한다. '훌륭하다'는 의미이다. '상인'은 '훌륭한 사람'이다(常與祥通, 善也. 常人就是善人)."라고 했다.

소공이 신중하게 안건을 처리하는 그림
(蘇公敬獄圖)

13

주공이 이렇게 말했다. "태사太史와 사구司寇 소공蘇公이여, 그대들은 법집행에 만전을 기해, 우리의 나라가 오래 오래 이어질 수 있게 해주시오. 법에 따라 신중하게 처리하여, 죄에 맞는 합당한 벌을 내려야 할 것이오."

周公若曰: "太史司寇蘇公, 式敬爾由獄, 以長我王國. 玆式有愼, 以列用中罰."

○司寇(사구): 관직이름. 형벌을 책임지

는 관리. ○蘇公(소공): 소분생(蘇忿生)을 말함. 《좌전(左傳)·성공십일년(成公十一年)》의

두예(杜預)의 주석은 "소분생은 주 무왕의 사구를 지낸 소공이다(蘇忿生, 周武王司寇蘇公也)."라고 했다. ○式(식): ~로써. ○由(유): 다스리다. 《상서핵고》는 "'유'는 '수'로 읽는다(由, 讀爲修)."라고 했다. ○式愼(식신): 법에 따라 신중하게 처리함. "식"은 법. ○列(열): 공포하다, 벌을 내리다. ○中罪(중죄): 지은 죄에 합당한 벌. "중"은 들어맞다.

제48편 주관周官: 주나라의 관직제도

해제

주 성왕이 즉위한 후 주 나라의 관제를 선포한 말이기 때문에 편명을 〈주관周官〉이라고 했다.
본편의 주나라 관제는 현존하는《주례周禮》와 〈입정立政〉편 등에 보이는 주나라의 관제와 조금 다르다. 송나라 사람 주희朱熹는 성왕 때의 새로운 관제로 여기고 있다. 정현본鄭玄本의 〈주관〉은 〈입정〉 앞에 있고,《사기》의 〈주본기周本紀〉와 〈노주공세가盧周公世家〉의 기록은 정현본과 일치하고 있지만 본서는《상서공씨전》을 따라 〈입정〉편 뒤에 배치했다.
본편은 주나라의 관제변화와 후대 관제의 발전을 연구하는데 중요한 자료이다.
본편은 금문에는 없고, 고문에는 있다.

1

성왕이 은나라의 국운을 끊고, 회이를 멸망시킨 후, 도성인 풍 땅으로 귀환하여,《주관》을 지었다.

成王既黜殷命, 滅淮夷, 還歸在豊, 作《周官》.

○黜(출): 없애다, 제거하다. ○殷命(은명): 은나라의 국운.

2

주 성왕은 천하를 차지하고, 각 제후국을 방문했다. 성왕은 조정에 알현하러 오지 않는 제후들을 토벌하여, 천하의 백성들을 안정시켰다.

이로 주나라의 덕을 따르지 않는 제후가 없었다. 성왕은 도성인 풍 땅으로 돌아와, 관리들을 감독하고 기강을 바로 세웠다.

惟周王撫萬邦, 巡侯甸, 四征弗庭, 綏厥兆民. 六服群辟, 罔不承德. 歸于宗周, 董正治官.

○周王(주왕): 성왕을 가리킴. ○撫(무): 점유하다, 차지하다.《예기(禮記)·문왕세자(文王世子)》에 나오는 정현(鄭玄)의 주석은 "'무'는 '소유하다'의 의미이다(撫, 猶有也)."라고 했다. ○侯甸(후전): 후복(侯服)과 전복(甸服). 이곳에서는 각지의 제후. ○弗庭(불정): 조정에 임금을 알현하러 오지 않는 제후. "정"은 조정. ○兆民(조민): 천하의 백성들. "조"는 많다. ○六服(육복): 주나라 때 도성을 기준으로 거리에 따라 6개 지역 즉, 후복(侯服)·전복(甸服)·남복(男服)·채복(采服)·위복(衛服)·만복(蠻服)으로 나누어 제후를 임명한 것을 말함. ○辟(벽): 임금. 이곳에서는 제후를 의미. ○宗周(종주): 수도인 풍(豊) 땅을 말함. ○董正(동정): 감독하고 바로잡음. "동"은 감독하다.

3

임금이 말했다. "옛날의 큰 법도를 따르시오. 나라가 평안하면 다스림이 되는 말을 만들고, 큰 위기가 없다면 나라를 지키는데 주력해야 할 것이오."

王曰: "若昔大猷, 制治于未亂, 保邦于未危."

○若(약): 따르다. ○猷(유): 도리, 법도. ○制治(제치): 다스리는 말을 제정함.

4

또 말했다. "요임금과 순임금의 시대를 보면, 백 개의 관직을 두었소. 안으로는 백규百揆(요임금 때의 관직. 지금의 재상에 해당)와 사악四岳(동서남북의 부족장)을 두었고, 밖으로는 주목(지방의 행정을 책임지는 장관)과 후백

侯伯(제후)을 두었소. 많은 정사가 조화롭게 시행되어, 모든 나라들이 평안했소. 하나라와 상나라 때 관직이 배로 늘어났지만 이들로 나라를 잘 다스렸소. 현명한 군주는 관직을 둘 때, 관리의 많고 적음을 보는 것이 아니라 그 사람을 보는 법이오.

曰: "唐虞稽古, 建官惟百. 內有百揆四岳, 外有州牧侯伯. 庶政惟和, 萬國咸寧. 夏商官倍, 亦克用乂. 明王立政, 不惟其官, 惟其人.

○唐(당): 요임금이 다스렸던 나라이름. ○虞(우): 순임금이 다스렸던 나라이름. ○百揆(백규): 요임금 때의 관직이름. 주나라 때 총재(冢宰)로 바뀜. "총재"는 백관의 수장. 재상에 해당. ○四岳(사악): 요·순 시기 사방에 둔 제후들. ○州牧(주목): 지방의 행정을 책임지는 장관. ○侯伯(후백): 제후. 《상서정의》는 "후백은 다섯 나라의 우두머리로, 각기 자신이 거느리는 나라를 감독한다(侯伯, 五國之長, 各監其所部之國)."라고 했다. ○立政(입정): 관직을 둠.

5

지금 이 어린 사람은 아침저녁으로 덕을 공경하며 열심히 행하여도 옛 사람들에게 미치지 못하오. 짐은 전대의 법도를 따라 관리들을 가르치고 인도하길 간절히 바라오. 태사·태부·태보를 두고, 이를 삼공이라 하겠소. 도리를 말하고 국가를 경영하며, 음양을 조화시켜야 하오. 삼공은 다 갖추어질 필요가 없지만, 자리에 맞는 인사가 맡아야 하오. 소사·소부·소보를 삼고三孤라고 하오. 삼공을 도와 가르침을 널리 전하고, 천지를 공경하고 믿으며, 짐 한 사람을 보필

육경의 직무를 정하는 그림(六卿分職圖)

해야 하오. 총재冢宰는 국가 정치를 관장하고, 백관을 통솔하며, 세상을 골고루 잘 살게 해야 하오. 사도는 국가교육을 주관하고, 다섯 가지 윤리를 널리 선양하여, 만백성들을 평안하게 해야 하오. 종백은 국가의 예절을 주관하고, 사람과 신을 섬기며, 귀천을 떠나 전 국민을 통합시켜야 하오. 사마는 국가 방위를 책임지고, 육군을 통솔하며, 제후들을 다스려야 하오. 사구는 국가의 법률을 주관하고, 간사하고 사악한 사람을 찾아내고, 폭동을 일으키고 난리를 일으키는 사람을 처형해야 하오. 사공은 국가의 토지를 주관하고, 백성들의 살 곳을 마련하며, 백성들이 때에 맞게 땅의 이로움을 누리도록 해야 하오. 육경六卿은 맡은 직무가 있으며, 각자 속관을 거느리고 구주의 주목과 후백을 이끌고 백성들을 풍요롭게 해주어야 하오.

今予小子, 祇勤于德, 夙夜不逮. 仰惟前代時若, 訓迪厥官. 立太師、太傅、太保, 玆惟三公. 論道經邦, 燮理陰陽. 官不必備, 惟其人. 少師、少傅、少保, 曰三孤. 貳公弘化, 寅亮天地, 弼予一人. 冢宰掌邦治, 統百官, 均四海. 司徒掌邦敎, 敷五典, 擾兆民. 宗伯掌邦禮, 治神人, 和上下. 司馬掌邦政, 統六師, 平邦國. 司冦掌邦禁, 詰姦慝, 刑暴亂. 司空掌邦土, 居四民, 時地利. 六卿分職, 各率其屬, 以倡九牧, 阜成兆民.

○逮(체): 미치다. ○仰惟(앙유): 머리를 들고 진지하게 생각함. 이곳에서는 간절하게 바란다는 의미. ○時若(시약): 이를 따름. 원래 형태는 "약시(若時)"가 되어야 함. "약"은 따르다. "시"는 이. 전대의 법도를 가리킴. ○太師(태사): 임금을 가르치는 관리. ○太傅(태부): 임금의 일을 돕는 관리. ○太保(태보): 임금을 보호하는 관리. ○燮(섭): 조화시키다. 《이아·석고(釋詁)》는 "'조화하다'의 의미이다(和也)."라고 했다. ○貳公(이공): 삼공의 차관. 상공이 하는 일을 보좌함. ○寅(인): 공경하다. ○亮(량): 믿다. 《이아·석고(釋詁)》는 "'믿다'의 의미이다(信也)."라고 했다. ○冢宰(총재): 백관의 수장. 재상에 해당. ○均(균): 골고루 잘살게 함. ○五典(오전): 다섯 가지 가르침. 아버지는 의로워야 하고, 어머니는 인자해야 하고, 형은 우애로워야 하고, 동생은 공경해야 하고, 자식은 효도해야하는 것을 말함. ○擾(요): 편안하다. ○六師(육사): 육군(六軍). 전군(全軍)을 말함. 주나라의 군제(軍制)에 의하면, 일사(一師)는

12500명으로 구성됨. ○邦國(방국): 제후. ○邦禁(방금): 나라의 금령. 나라의 법을 말함. ○詰(힐): 찾아내다, 조사해내다. ○姦慝(간특): 간사하고 사악한 사람. ○時(시): 때에 맞추다. ○倡(창): 인도하다, 이끌다. ○九牧(구목): 구주(九州)의 주목(州牧)과 후백(侯伯). ○阜成(부성): 풍요롭고 안정됨. "부"는 풍요롭다. "성"은 안정되다.

제후들을 순시하는 그림 (巡行侯甸圖)

6

6년마다 1번은 전국의 제후들이 조정에 와야 하오. 또 6년에 한번 임금은 철에 따라 순행하여, 사방의 산에서 제도를 살필 것이오. 제후들이 각자 해당 지역의 산으로 임금을 알현하러 오면, 진퇴여부를 크게 밝힐 것이오."

六年, 五服一朝. 又六年, 王乃時巡, 考制度于四岳. 諸侯各朝于方岳, 大明黜陟."

○五服(오복): 후복·전복·남복·채복·위복을 가리킴. ○一朝(일조): 6년에 한번 조정으로 알현하러 옴. ○時巡(시순): 철에 따라 순행함. 《상서공씨전》은 "주나라의 제도에는 12년에 한번 전국을 순행하는 것이 있다. 봄에는 동쪽을, 여름에는 남쪽을, 가을에는 서쪽을, 겨울에는 북쪽을 순행하기 때문에 '시순'이라고 했다(周制十二年一巡狩, 春東, 夏南, 秋西, 冬北, 故曰時巡)."라

제후들이 해당 지역의 산으로 임금을 알현하는 그림 (朝于方岳圖)

고 했다. ○四岳(사악): 동쪽의 태산(泰山), 남쪽의 형산(衡山), 서쪽의 화산(華山), 북쪽의 항산(恒山)을 말함. ○方岳(방악): 해당지역의 산. ○黜陟(출척): 파면하고 승진시킴.

7

임금이 말했다. "아아! 직위에 있는 짐의 관리들이여, 맡은 바의 직무에 충실하고, 명을 내릴 때는 늘 신중하시오. 일단 명을 내렸으면 시행해야지 번복하지 마시오. 공적인 일을 사적으로 처리하지 않는다면, 사람들은 진심으로 그대들을 따를 것이오. 옛 것을 배워야 관리가 될 수 있소. 옛날의 제도를 알고 정사를 논하면, 정치는 혼란해지지 않을 것이오. 그대들은 옛날의 법도를 본보기로 삼을 것이며, 근거 없는 말로 관리들을 흔들지 마시오. 계속 의심하며 머뭇거리면 계획이 이루어지지 않고, 나태하고 소홀하면 정치가 엉망이 되는 것이오. 공부하지 않으면 벽을 대하고 있는 것 같아서 아무것도 볼 수 없을 것이니, 일을 처리함에 어려움을 겪을 것이오.

王曰: "嗚呼! 凡我有官君子, 欽乃攸司, 愼乃出令, 令出惟行, 弗惟反. 以公滅私, 民其允懷. 學古入官. 議事以制, 政乃不迷. 其爾典常作之師, 無以利口亂厥官. 蓄疑敗謀, 怠忽荒政, 不學墻面, 莅事惟煩.

○有官君子(유관군자): 직위에 있는 관리. ○司(사): 맡다, 다스리다. ○惟行(유행): 무조건 행함. "유"는 오로지. ○惟反(유반): 번복할 것인지를 생각함. "유"는 생각하다. ○允(윤): 정말로, 진심으로. ○懷(회): 따르다. ○制(제): 옛날의 제도. ○典常(전상): 옛날의 법도와 변하지 않는 도리. ○師(사): 본보기, 모범. ○利口(이구): 근거 없는 말, 이치에 맞지 않는 말. ○荒(황): 어지럽다, 문란하다. ○墻面(장면): 벽을 마주하다, 벽을 대하다. 아무것도 볼 수 없다는 의미. "면"은 얼굴을 맞대다. ○莅事(이사): 일을 처리하다. "리"는 임하다. ○煩(번): 번거롭다.

8

대신들에게도 알리는 바이오. 큰 공을 세우려면 뜻이 높아야 하고, 사업을 크게 하려면 부지런해야 하오. 과감하고 단호하게 결단할 수 있다면, 훗날의 어려움은 없을 것이오. 직위가 높다고 해서 교만해서는 안 되고, 봉록이 많다고 사치해서는 안 되오. 겸손하고 절약하는 것이 덕이며, 거짓으로 일을 하지 마시오. 좋은 일을 하면, 마음이 편안해져 나날이 충실해지며, 나쁜 일을 하면, 마음이 수고로워 나날이 초라해질 것이오. 총애를 받고 있을 때 위태로움을 생각하면, 매사 조심하게 될 것이오. 조심하고 두려워할 줄 모른다면, 더 큰 두려운 재앙이 닥칠 것이오. 어진 이를 추천하고 재능 있는 이에게 양보하면, 관리들은 화합할 것이오. 그렇지 않고 화합하지 않는다면 정치는 혼란해질 것이오. 선발한 관리가 맡은 임무를 잘 수행하면, 이는 그대들이 유능하다는 것을 뜻하오. 선발한 관리가 맡은 임무를 잘 수행하지 못하면, 이는 그대들이 자신의 직분을 감당할 수 없음을 뜻하오."

임금이 경사들을 일깨워주는 그림(王戒卿士圖)

戒爾卿士, 功崇惟志, 業廣惟勤, 惟克果斷, 乃罔後艱. 位不期驕, 祿不期侈. 恭儉惟德, 無載爾僞. 作德, 心逸日休; 作僞, 心勞日拙. 居寵思危, 罔不惟畏, 弗畏入畏. 推賢讓能, 庶官乃和, 不和政厖. 擧能其官, 惟爾之能. 稱匪其人, 惟爾不任."

○功崇(공숭): 큰 공을 세움. "숭"은 높다. ○果斷(과단): 과감하고 단호함. ○期驕(기교): 교만해짐. "기"는 바라다. ○侈(치): 사치하다. ○載(재): 일하

다. ○心逸(심일): 마음이 편안함. ○拙(졸): 보잘 것 없다, 초라하다. ○弗畏(불외): 조심하지 않음, 두려워하지 않음. ○入畏(입외): 무서운 재앙을 만남. ○庬(방): 혼란하다, 어지럽다. ○擧(거): 선발하다. ○能(능): 유능하다. ○稱(칭): 선발하다. ○匪(비): 아니다. "비(非)"와 통함. ○不任(불임): 직분을 감당하지 못함. "임"은 직분, 직책.

9

임금이 말했다. "아아! 삼공三公과 대부大夫들이여, 그대들의 직분을 정중하게 수행하고, 그대들의 정사를 잘 돌보아, 그대들의 군주를 보좌해주시오. 오래 오래 백성들을 편안하게 살게 해주면, 천하의 사람들은 우리 주나라를 버리지 않을 것이오."

王曰: "嗚呼! 三事暨大夫, 敬爾有官, 亂爾有政, 以佑乃辟. 永康兆民, 萬邦惟無斁."

○三事(삼사): 삼공(三公)을 말함. 〈입정(立政)〉편에 나온 "임인(任人)"·"준인(準人)"·"목(牧)"을 말함. ○斁(역): 버리다, 싫어하다.

제49편 군진君陳: 군진에게 성주를 다스릴 것을 명함

해제

주공은 무경武庚의 반란을 진압한 후, 은나라의 유민들을 주나라의 도성 동쪽 교외의 성주成周로 이주시켜 직접 그들을 감독하고 교화했다. 이 조치로 당시의 정국은 안정되고 주나라의 통치는 확고해졌다. 주공 사후, 주 성왕은 책서를 내려 군진君陳에게 주공의 임무를 계속 하도록 명했다. 군진은 주공이 제정한 은나라를 다스리는 법도를 계속 집행하고 덕정을 행하여 은나라 유민들을 귀순시켰다. 사관들은 성왕의 책서를 기록해 본편을 짓고, 〈군진君陳〉으로 이름 했다. 본편은 금문에는 없고, 고문에는 있다.

1

주공이 사망한 후, 주 성왕은 군진에게 은나라의 유민들을 나누어 살게 하고, 아울러 이들이 사는 동쪽 교외의 성주를 다스리도록 명했다. 사관들이 이를 근거로 《군진》을 지었다.

周公既沒, 命君陳分正東郊成周, 作《君陳》.

○君陳(군진): 사람이름. 두 가지 설이 있다. 첫째는 《예기(禮記)·방기(坊記)》는 정현(鄭玄)의 주석을 인용하여 "주공의 아들(周公之子)"이라고 했다. 《상서정의》는 "신하 이름(臣名)"이라고 했다. ○分(분): 은나라 유민들을 나누어 거주하게 함. 《상서정의》는 "이 '분'은 나누어 거주한다는 의미인데, 은나라 유민들 중 착한 사람과 나쁜 사람을 따로 나누어 거주하게 하는 것을 말한다(此分亦爲分居, 分別殷民善惡所居)."라고 했다. ○正(정): 다스리다. ○東郊(동교): 주나라의 수도인 낙읍의 동쪽 교외.

2

임금께서 이렇게 말했다. "군진이여, 그대는 부모에게 효도하고 위 사람을 공경할 줄 아는 훌륭한 덕을 가지고 있소. 부모에게 효도하고 형제가 우애롭다면, 백성을 다스리는 정치를 할 수 있소. 지금 그대에게 명하노니 도성의 동쪽 교외에 있는 성주를 다스리시오, 신중해야 하오! 옛날 주공은 성주에서 백성들을 가르치고 어루만져주어, 백성들은 그의 은덕을 기렸소. 가서 그대가 맡은 일을 신중하게 처리하고, 주공의 변하지 않는 가르침을 따를 것이며, 주공의 유훈을 열심히 드날리시오. 그러면 백성들은 잘 다스려질 것이오.

성왕이 군진에게 도성의 동쪽 교외를 다스릴 것을 명하는 그림(尹玆東郊圖)

王若曰: "君陳, 惟爾令德孝恭. 惟孝友于兄弟, 克施有政. 命汝尹玆東郊, 敬哉! 昔周公師保萬民, 民懷其德. 往愼乃司, 玆率厥常, 懋昭周公之訓, 惟民其乂.

○令德(영덕): 큰 덕, 훌륭한 덕. "영"은 훌륭하다, 아름답다. ○師保(사보): 가르쳐주고 어루만지다. ○厥常(궐상): 그 변하지 않는 가르침. 주공의 가르침을 가리킴.

3

짐이 예전에 들은 적이 있소. '훌륭한 다스림은 먼 곳까지 향기가 가고, 신령들도 감동시킨다. 기장의 향기는 먼 곳에서는 맡을 수는 없지만, 큰 덕의 향기는 먼 곳에서 맡을 수가 있다.' 그대는 주공의 이 도리와 가르침을 잘 본받으시오. 매일 부지런히 정진할 것이며, 안일과 향락을 추구하지 마시오. 보통 사람은 성인의 도를 알아보지 못하여, 목표한 바를 이루는 날을 볼 수 없소. 그들이 성인의 도를 알아봤다 해도, 성인의 도를 따라 하지 않기 때문에 역시 목표한 바를 이루지 못하오. 그러니 그대는 정말 신중해야 하오! 그대가 바람이라면, 백성들은 풀과 같소. 정치를 함에 쉬운 일이란 없소. 포기해야 할 것도 있고 추진해야 할 것도 있을 것이오. 그때는 늘 사람들과 의논하시오. 사람들의 생각이 같을수록 더 깊이 생각하고 따져본 후에 시행하시오. 그대에게 좋은 생각이나 계획이 있다면, 내정에 들어가 그대의 군주에게 알리고, 그대는 밖에서 이를 지지하며, '이런 계획과 생각이 시행하게 된 것은, 우리 군주의 덕이다.'고 말하시오. 아아! 신하된 사람들이 이렇게 한다면, 신하는 어질어지고 군주는 빛나게 될 것이오!"

我聞曰: '至治馨香, 感于神明. 黍稷非馨, 明德惟馨.' 爾尙式時周公之猷訓, 惟日孜孜, 無敢逸豫. 凡人未見聖, 若不克見; 旣見聖, 亦不克由聖, 爾其戒哉! 爾惟風, 下民惟草. 圖厥政, 莫或不艱, 有廢有興, 出入自爾師虞, 庶言同則繹. 爾有嘉謀嘉猷, 則入告爾后于內, 爾乃順之于外, 曰: '斯謀斯猷, 惟我后之德.' 嗚呼! 臣人咸若時, 惟良顯哉!"

○馨(형): 멀리까지 향기가 나다. ○黍稷(서직): 기장. 제사에 제물로 쓰임. ○尙(상): 바라다. ○式(식): 본받다. 《설문해자》는 "'식'은 '본받다'는 의미이다(式, 法也)."라고 했다. ○猷訓(유훈): 도리와 가르침. ○孜孜(자자): 노력하다, 힘쓰다. ○逸豫(일예): 편안하고 즐거움. ○聖(성): 성인의 도. ○見(견): 보다. 자신이 이루고자 하는 것을 보는 의미. ○由(유): 따르다. ○惟(유): ~이다. 《옥편(玉篇)》은 "'유'는 '~이다'의 의미이다(惟, 爲也)."라고 했다. ○莫(막): 없다. ○出入(출입): 반복하다. ○師(사): 사람들. ○虞(우): 상의하다, 의논하다. ○繹(역): 깊이 연구하다, 깊이 따져보다. ○嘉謀嘉猷(가모가유): 훌륭한 생각이나 계획. "가"는 훌륭하다, 아름답다. ○后(후): 임금. ○斯(사): 이. ○若時(약시): 이와 같다. "시"는 이. ○良顯(양현): 신하는 어질어지고 임금은 훌륭해짐.

4

임금이 말했다. "군진이여, 그대는 주공의 큰 가르침을 선양하시오. 권세로 위엄을 부리지 말며, 법으로 백성들을 가혹하게 다루지 마시오. 너그러우면서 원칙을 두고, 행동할 때는 늘 균형을 유지하시오. 은나라 백성들이 죄를 저질렀을 때, 내가 처벌하라고 말해도, 그대는 처벌하지 마시오. 내가 용서하라고 말해도, 그대는 용서하지 마시오. 늘 공정한 마음을 가지고 판결하시오. 그대의 다스림을 따르지 않고, 그대의 교화를 받아들이지 않는 자들을 처벌해야 범죄를 막을 수 있다고 생각이 들면, 그때 처벌하시오. 습관적으로 법을 어기고 난리를 부리는 자, 오륜을 거역하는 자, 풍속을 문란하게 하는 자는 이 세 가지 중에 아무리 작은 잘못을 하더라도 용서하지 마시오. 그대는 사람이 고집스럽고 미련하다고 해서 화를 내거나 미워하지 말며, 한 사람에게 모든 책임을 묻지 마시오. 반드시 인내해야, 성공할 것이오. 반드시 너그러워야 덕이 커질 것이오. 덕을 닦는 사람들을 잘 찾아낼 것이며, 덕을 잘 닦지 않는 사람들도 잘 가려내야 할 것이오. 어진 이를 임용하여, 어질지 않는 사람들을 이끌도록 해야 하오. 백성들은 천성적으로 소박한 사람들이오. 그들은 외부적인 요소에 의해 움직이기 때문에 군주의 명을 어기고 자신들이 좋아하는 것을 따르오. 그대가 법을 존중하고 덕을 잘 살핀다면, 저들의 마음은 우리 주나라로 돌아설 것이오. 그리되면 그대의 가르침은 실로 큰 도의 경지에 오르게 될 것이오. 나는 많은 복을 받는 것이나, 그대의 큰 명성은 영원히 칭송받을 것이오."

王曰: "君陳, 爾惟弘周公丕訓, 無依勢作威, 無倚法以削, 寬而有制, 從容以和. 殷民在辟, 予曰辟, 爾惟勿辟; 予曰宥, 爾惟勿宥, 惟厥中. 有弗若于汝政, 弗化于汝訓, 辟以止辟, 乃辟. 狃于姦宄, 敗常亂俗, 三細不宥. 爾無忿疾于頑, 無求備于一夫. 必有忍, 其乃有濟. 有容, 德乃大. 簡厥修, 亦簡其或不修; 進厥良, 以率其或不良. 惟民生厚, 因物有遷. 違上所命, 從厥攸好. 爾克敬典在德, 時乃罔不變. 允升于大猷, 惟予一人膺受多福, 其爾之休, 終有辭于永世."

○削(삭): 해치다. ○有制(유제): 법도가 있음. "제"는 제도, 법제. ○從容(종용): 거동, 움직임. ○在辟(재벽): 죄를 저지르다. 《이아·석고(釋詁)》는 "'벽'은 '죄'의 의미이다(辟, 罪也)."라고 했다. ○辟(벽): 처벌하다. ○中(중): 공정하다. ○辟以止辟(벽이지벽): 처벌해야 범죄를 막음. 앞의 "벽"은 처벌하다. 뒤의 "벽"은 죄의 의미. ○狃(뉴): 습관이 되다, 익숙해지다. ○姦宄(간귀): 법을 어기고 난리를 피우는 사람. ○敗常(패상): 오륜의 가르침을 어김. ○細(세): 작다. 이곳에서는 죄가 작은 의미. ○忿疾(분질): 화를 내고 미워함. ○頑(완): 고집스럽고 우둔한 사람. ○求備(구비): 모든 책임을 물음. ○一夫(일부): 한 사람. ○濟(제): 이루다, 성공하다. ○簡(간): 고르다, 발탁하다. ○修(수): 덕을 닦은 사람. 어진 사람을 의미. ○民生(민생): 백성들의 본성. ○厚(후): 순박하다, 소박하다. ○遷(천): 옮기다, 바꾸다. ○典(전): 법도. ○在德(재덕): 덕을 잘 살핌. "재"는 살피다. ○時(시): 이. 백성들을 가리킴. ○膺(응): 받다. ○休(휴): 큰 명성. ○辭(사): 칭송받다. ○永(영): 오랫동안, 영원히.

제50편 고명顧命: 성왕의 마지막 유지

해제

명말청초의 사람 황생黃生은 《의부義府》(권상)에서 "책에서 '고명'으로 이름 했는데, '고'는 돌보다는 뜻이다. 대신들에게 뒤를 이은 주군을 정중하게 돌보라고 명한 것이다.書以"顧命"名, 顧, 眷顧也. 命大臣輔嗣主, 鄭重而眷顧之也."라고 했다.
본편은 주 성왕의 상례와 주 강왕康王의 즉위식을 자세하게 기록하고 있어, 주나라의 예제禮制를 연구하는데 중요한 자료로 평가받고 있다. 왕국유王國維는 《주서고명고周書顧命考》에서 "옛 《예경》이 이미 실전된 상황에서 후대 주 왕실의 옛 문물제도를 살필 수 있는 것으로는 이 편이 유일하다.古《禮經》既佚, 後世得考周室一代之古典者, 惟此篇而已."라고 했다.
〈고명顧命〉과 〈강왕지고康王之誥〉의 분합은 《상서》 연구에서 가장 논란이 많은 문제이다. 마융馬融·정현鄭玄·왕숙王肅이 전한 판본을 비롯한 《상서공씨전》과 《서집전》은 두 편으로 나누고 있는 반면, 구양고歐陽高·하후승夏侯勝·하후건夏候建이 전한 복생본伏生本은 한 편으로 합해져 있다. 본문은 늦게 나온 《상서공씨전》본을 따라 두 편으로 나누었다.

1

성왕은 붕어하기 전, 소공과 필공(주문왕의 아들)에게 제후들을 이끌고 강왕(주 성왕의 태자)을 보좌하도록 명했다. 사관들이 이를 근거로 《고명》을 썼다.

成王將崩, 命召公、畢公率諸侯相康王, 作《顧命》.

○畢公(필공): 주 문왕의 서자. 이름은 고(高). ○相(상): 돕다. ○康王(강왕): 주 성왕의 태자. 이름은 교(釗).

2

4월, 달이 밝아지기 시작할 때, 임금은 병이 났다. 갑자일, 임금은 세수를 하고 머리를 감았다. 태복太僕이 임금에게 왕관을 씌워주고 조복을 입혀주자, 임금은 옥으로 만든 안석에 기대어 앉았다. 이와 동시에 성왕은 태보太保 석奭·예백芮伯·동백彤伯·필공畢公·위후衛侯·모공毛公·사씨師氏(국방을 책임지는 관리)·호신虎臣(황궁의 경비를 책임지는 관리)·각 부서의 수장들·사무를 보는 관리들을 불렀다.

惟四月, 哉生魄, 王不懌. 甲子, 王乃洮頮水. 相被冕服, 憑玉几. 乃同召太保奭、芮伯、彤伯、畢公、衛侯、毛公、師氏、虎臣、百尹、御事.

성왕이 왕관을 쓰고 조복을 입고 안석에 기대어 앉은 그림 (被冕憑几圖)

○哉生魄(재생백): 달빛이 나오기 시작함. "재"는 시작하다. "백"은 달빛. ○不懌(불역): 기쁘지 않음. 몸이 불편하다는 의미. "역"은 기쁘다. ○洮(조): 머리를 감다. ○頮(회): 세수를 하다. ○相(상): 임금의의 시종. 정현(鄭玄)은 천자의 옷과 자리를 책임지는 태복(太僕)이라고 했음. ○被(피): 입다, 걸치다. ○冕服(면복): 왕관과 조복. ○憑(빙): 기대다. ○玉几(옥궤): 옥으로 만든 안석. ○同(동): 동시에. ○太保奭(태보석): 소공(召公)을 말함. "태보"는 관직이름. "석"은 소공의 이름. ○芮伯、彤伯、畢公、衛侯、毛公(예백·동백·필공·위후·모공): 앞의 태보(太保) 석(奭)과 함께 육경(六卿)에 있었던 관리들. 이중 소공·필공·모공은 삼공(三公)으로 육경을 겸직했던 인물들임. ○師氏(사씨): 군대를 책임지는 관리. ○虎臣(호신): 앞의 호분(虎賁). 황궁의 수비를 책임지는 관리. ○百尹(백윤): 백관들의 우두머리. ○御事(어사): 정무를 처리하는 일반관리들.

성왕이 마지막 유지를 신하들에게 알려주는 그림
(審訓汝命圖)

3

임금이 말했다. "아! 병이 심해서 위태로운 지경까지 왔소. 병세가 하루가 다르게 악화되는구려. 이제 최후의 순간이 온 것 같소. 그런데 후사를 제대로 말하지 못하고 떠날까 두렵소. 지금 짐이 경들에게 상세하게 알려주겠소. 옛날 우리의 선조이신 문왕과 무왕께서는 밝고 밝으신 빛을 비추시고, 법을 만들고 가르침을 펴시어, 백성들은 어기지 않고 열심히 받들었소. 그래서 은나라를 벌하고 대업을 이루셨소.

王曰: "嗚呼! 疾大漸, 惟幾, 病日臻. 既彌留, 恐不獲誓言嗣, 玆予審訓命汝. 昔君文王、武王宣重光, 奠麗陳教, 則肄肄不違, 用克達殷集大命.

○漸(점): 병세가 심해짐. ○惟(유): 어조사. ○幾(기): 위태롭다, 위험하다. ○臻(진): 이르다, 미치다. ○彌留(미류): 죽음을 맞이하는 순간. "미"는 마지막. ○不獲(불획): ~할 수 없다. ○誓(서): 신중하다, 정중하다. ○審(심): 상세하다. ○宣(선): 드러내다. ○奠麗(전려): 법을 제정하다. "전"은 제정하다. "려"는 법. ○陳教(진교): 가르침을 폄. ○肄肄(이이): 열심히 노력하다. "이"는 노력하다, 수고하다. ○達(달): 정벌하다. "달(撻)"과 통함. ○集(집): 이루다. 주나라를 세운 것을 말함.

4

후에 이 어리석은 사람은 하늘의 위엄을 정중하게 받들고, 문왕과 무왕의 큰 가르침을 계속 지키고자 함부로 이를 어지럽히거나 바꾸지 않았소. 지금 하늘이 큰 병을 내리시니, 일어날 수도 없고 말을 할 수도 없소. 그대들은 짐의 유지를 잘 받아주오. 짐의 큰 아들 교釗를 잘 보필하여 이 어려움을 무사히 넘겨주시오. 또 변방을 안정시키고 이웃나라들과 사이좋게 지낼 것이며, 크고 작은 나라들을 안정시키고 이끌어주시오. 짐은 사람들이 예법으로 자신들을 다스려야 한다고 생각하오. 그대들은 교가 예법을 어기거나 불법을 저지르지 않도록 해야 할 것이오!"

在後之侗, 敬迓天威, 嗣守文、武大訓, 無敢昏逾. 今天降疾, 殆弗興弗悟. 爾尙明時朕言, 用敬保元子釗弘濟于艱難, 柔遠能邇, 安勸小大庶邦. 思夫人自亂于威儀, 爾無以釗冒貢于非幾玆!"

○侗(동): 어리석다, 무지하다. ○迓(아): 영접하다, 맞이하다. 이곳에서는 받드는 의미. ○昏(혼): 어지럽다. ○逾(유): 바꾸다. ○殆(태): 거의. ○興(흥): 일어나다. ○悟(오): 잠에서 깨다. "오(寤)"과 통함. 이곳에서는 말하는 의미. 《창힐편(蒼頡篇)》에서 "깨달아 말을 하는 것을 '오'라고 한다(覺而有言曰寤)."고 했다. ○時(시): 받다. ○元子(원자): 태자. ○釗(쇠): 강왕(康王)의 이름. ○濟(제): 넘어가다. ○柔(유): 안정하다. ○能(능): 잘하다, 훌륭하다. 사이좋게 지냄을 의미. ○勸(권): 가르치고 인도함. 《광아》는 "'권'은 '가르치다'의 의미이다(勸, 教也)."라고 했다. ○夫人(부인): 사람들. ○亂(난): 다스리다. ○威儀(위의): 예법. ○以(이): ~로 하여금…하게 하다. ○冒(모): 범하다, 어기가. ○貢(공): 빠지다. 마융(馬融)과 정현(鄭玄)은 "공(贛)"이라고 했다. 마융은 "'공'은 '빠지다'의 의미이다(贛, 陷也)"라고 했다. ○幾(기): 법도. 《소이아·광고(廣詁)》는 "'법'의 의미이다(法也)"라고 했다. ○玆(자): 어기사. "재(哉)"와 통함.

5

신하들이 명을 받고 돌아가서, 성왕의 조복을 꺼내 궁정에 놓아두었다. 다음날 을축일에 임금께서 돌아가셨다.

旣受命, 還, 出綴衣于庭. 越翼日乙丑, 王崩.

○綴衣(철의): 임금이 입었던 면류관과 예복. 《상서정독》은 "임금이 조정에

나와 정무를 볼 수 없게 되자, 예복을 궁정에 꺼내두었다. 이는 군신들이 우러러보며 참배하기 위해 제공한 것이다(王病不能視朝, 則出衣于庭, 爲群臣瞻拜之資也)."라고 했다. ○越(월): 이르다.

6

태보가 중환과 남궁모에게 제나라 제후 여급을 따라 각자 방패와 창을 들고 호분 100명을 거느리고, 남문 밖에서 태자 교를 영접할 것을 명했다. 태자 교를 측실로 인도하니, 태자는 상주로서 슬프게 있었다. 정묘일, 작책作冊(관직명)에게 상례를 제정할 것을 명했다. 7일이 지난 계유일, 소공과 필공은 관리들에게 역할을 나누어 상을 치를 때 사용하는 물건들을 준비하라고 명했다.

太保命仲桓、南宮毛俾爰齊侯呂伋, 以二干戈、虎賁百人逆子釗于南門之外. 延入翼室, 恤宅宗. 丁卯, 命作冊度. 越七日癸酉, 伯相命士須材.

○仲桓(중환): 신하이름. ○南宮毛(남궁모): 신하이름. ○俾(비): 따르다. ○爰(원): ~에. ○齊侯呂伋길(제후여급): 태공(太公) 여상(呂尙)의 아들. 정공(丁公)을 말함. ○逆(역): 영접하다. ○子(자): 태자. ○延(연): 청하다. ○翼室(익실): 측실(側室). ○恤居(휼거): 슬프게 있음. ○宗(종): 상례를 주관함. 상주(喪主)가 되었음을 의미. ○作冊(작책): 관직이름. 태사(太史)를 말함. ○度(탁): 상례를 제정함. ○伯相(백상): 왕실을 돕는 우두머리. 이곳에서는 소공(召公)과 필공(畢公)을 말함. ○須(수): 나누다. 《상서집주음소》는 "'반'이 되어야 한다. 글자가 잘못된 것이다(當爲頒, 字之誤也)."라고 했다. "반(頒)"은 나누다. ○材(재): 물건. 상을 치를 때 쓰는 물건을 말함.

7

제례를 주관하는 관리들이 흑백의 도끼 문양이 들어간 병풍과 선왕의 예복을 두었다. 문과 창문 사이의 남쪽방향으로는 흑백의 견직물로 테두리를 마감한 이중의 대나무 자리를 깔고, 채색 옥과 안석을 놓았다. 서쪽 벽의 동쪽 방향으로는 채색의 꽃으로 테두리를 마감한 가는 대나무로 짠 이중의 자리를 깔고, 무늬가 있는 조개와 안석을 놓았다. 동쪽 벽의 서쪽방향으로는 구름 문양으로 테두리를 마감한 골 풀로 엮은 이중의 자리를 깔고, 조각한 옥 기물과 안석을 놓았다. 당堂의 서쪽 옆방에는 남쪽방향으로 검은 실을 연결하여 테두리를 마감한 푸른 대나무로 엮은 이중의 자리를 깔고, 옻칠한 기물과 안석을 놓았다.

狄設黼扆、綴衣. 牖間南嚮, 敷重篾席, 黼純, 華玉, 仍几. 西序東嚮, 敷重底席, 綴純, 文貝, 仍几. 東序西嚮, 敷重豊席, 畵純, 雕玉, 仍几. 西夾南嚮, 敷重筍席, 玄紛純, 漆, 仍几.

○狄(적): 제사를 주관하는 관리. ○黼扆(보의): 도끼문양이 들어간 병풍. "보"는 도끼. "부(斧)"와 통함. "의"는 임금의 병풍. ○綴衣(철의): 임금의 예복. ○牖門(유문): 문과 창문 사이. ○敷(부): 깔다. ○重(중): 겹겹이, 이중의. ○篾席(멸석): 대나무 자리. ○黼純(보순): 흑백의 무늬가 이어지는 견직물로 테두리를 마감함. "순"은 테두리를 마감하는 의미. ○華玉(화옥): 다섯 가지 색이 나는 옥. ○仍几(잉궤): 아무런 장식이 없는 안석. "잉"은 여전하다, 그대로이다. ○序(서): 사당 동서쪽의 담. ○底席(저석): 가는 대나무로 짠 자리. "저"는 "치(致)"와 통함. "치(致)"는 "치(緻)"와 통함. "치(緻)"는 촘촘하다. ○綴(철): 장식하다. 이곳에서는 그림을 넣은 것을 말함. ○文貝(문패): 무늬가 들어간 조개. ○豊席(풍석): 골풀로 엮은 자리. ○畵純(화순): 구름 문양으로 테두리를 마감함. ○西夾(서협): 사당 서쪽의 협실(夾室). ○筍席(순석): 푸른 대나무로 엮은 자리. "순"은 여린 대나무의 푸른 껍질. 부드럽고 질겨 자리를 만드는데 사용됨. ○玄紛純(현분순): 검은 실을 이어 테두리를 마감함. ○漆(칠): 옻칠한 기물.

8

귀한 물건들을 진열한 것 외에, 월 땅에 나는 다섯 가지 종류의 옥·붉은 칼·선왕의 가르침이 적힌 책·큰 벽옥璧玉·위가 둥근 옥홀玉笏

·위가 뾰족한 옥홀을 서쪽 벽 동쪽방향의 자리 앞에 놓았다. 화산華山에 나는 옥·동북지방에서 나는 옥·옥경·지도는 동쪽 벽 서쪽 방향의 자리 앞에 놓았다. 윤胤이 만든 춤옷·큰 조개·군대에서 사용하는 큰 북은 서쪽 방에 놓았다. 태兌가 만든 창·화和가 만든 궁·수垂가 만든 대나무 화살은 동쪽 방에 놓았다.

越玉五重, 陳寶, 赤刀, 大訓, 弘璧, 琬琰, 在西序. 大玉、夷玉、天球、河圖, 在東序. 胤之舞衣、大貝、鼖鼓, 在西房; 兌之戈、和之弓、垂之竹矢, 在東房.

○越玉五重, 陳寶(월옥오중, 진보): 이 문장은 도치가 됨. "진보, 월옥오중(陳寶, 越玉五重)"이 되어야 함. "월옥"은 월(越) 땅에서 올린 옥. "오중"은 다섯 가지 종류. ○大訓(대훈): 선왕의 가르침을 기록한 책. ○弘璧(홍벽): 큰 벽옥. ○琬琰(완염): 위가 둥근 옥홀과 위가 뾰족한 옥홀. ○大玉(대옥): 화산(華山)에서 나는 옥. ○夷玉(이옥): 동북지방에서 나는 옥. ○天球(천구): 옥경(玉磬). ○河圖(하도): 지도. ○胤(윤): 사람 이름. ○鼖鼓(분고): 큰 북. ○兌(태): 사람 이름. ○和(화): 사람 이름. ○垂(수): 사람 이름.

9

임금이 타는 옥으로 치장된 수레는 빈객들이 지나가는 섬돌 앞에 두고, 금속으로 치장한 수레는 주인이 지나가는 섬돌 앞에 두고, 상아로 치장한 수레는 왼쪽 문간방 앞에 두고, 나무로 치장한 수레는 오른쪽 문간방 앞에 두었다.

大輅在賓階面, 綴輅在阼階面, 先輅在左塾之前, 次輅在右塾之前.

○大輅(대로): 임금이 타는 옥으로 장식된 수레. ○賓階(빈계): 손님들이 오르는 서쪽 섬돌. ○綴輅(철로): 금속으로 장식된 수레. ○阼階(조계): 주인이 오르는 동쪽 섬돌. ○先輅(선로): 상아로 장식한 수레. ○左塾(좌숙): 왼쪽 문간방. ○次輅(차로): 나무로 장식한 수레.

10

두 사람이 검붉은 관을 쓰고 세모창을 잡고, 묘당 안에 서있다. 네 사람이 검푸른 관을 쓰고, 날을 바깥쪽으로 한 채 창을 잡고, 양쪽 섬돌에 박아 놓은 돌을 끼고 마주하며 서있다. 한 사람은 관을 쓰고, 끝이 뾰족한 도끼를 들고, 묘당 동쪽에 서있다. 한 사람은 관을 쓰고, 큰 토끼를 들고, 묘당 서쪽에 서있다. 한 사람은 관을 쓰고, 긴 삼지창을 들고, 묘당 동쪽의 바깥쪽에 서있다. 한 사람은 관을 쓰고, 짧은 삼지창을 들고, 묘당 서쪽의 바깥쪽에 서있다. 또 한 사람은 관을 쓰고, 뾰족한 창을 잡고, 묘당 북쪽의 섬돌에 서있다.

문을 지키는 병사들의 그림 (門堂宿衛圖)

二人雀弁, 執惠, 入于畢門之內. 四人綦弁, 執戈上刃, 夾兩階戺. 一人冕, 執劉, 立于東堂, 一人冕, 執鉞, 立于西堂. 一人冕, 執戣, 立于東垂. 一人冕, 執瞿, 立于西垂. 一人冕, 執銳, 立于側階.

○雀弁(작변): 임금의 호위무사들이 쓰는 검붉은 색의 모자. 정현(鄭玄)은 "붉고 검은 것을 '작'이라고 하는데, 참새의 머리 색깔과 같음을 말한다(赤黑曰雀, 言如雀頭色也)."라고 했다. "변"은 고대 사람들이 썼던 모자. ○惠(혜): 세모창. ○畢門(필문): 묘당의 문. ○綦弁(기변): 검푸른 모자. ○上刃(상인): 칼날이 바깥쪽을 향함. ○夾(협): 길을 끼고 마주함. ○兩階戺(양계사): 양쪽 섬돌에 박아 놓은 돌. "사"는 계단 양쪽에 박아 놓은 돌. ○冕(면): 앞의 작변(雀弁)보다 더 높은 등급의 예관(禮冠). 대부 이상의 사람이 썼다고 함. ○劉(류): 끝이 뾰족한 도끼. 무기의 일종. ○鉞(월): 큰 도끼. ○戣(규): 삼지창. ○垂(수): 묘당의 옆쪽. "수"는 가, 옆. ○瞿(구): 앞의 "규(戣)"와

는 다른 삼지창의 일종. ○鈗(윤): 창(槍)의 일종. ○側階(측계): 묘당 북쪽의 삼돌.

강왕이 선왕의 유지를 적은 책서를 받는 모습
(御王冊命圖)

11

임금이 삼베로 만든 관을 쓰고 도끼 문양이 수놓인 예복을 입고, 서쪽 섬돌에서 올라왔다. 공경대부와 제후들도 삼베로 만든 관을 쓰고 검은 색 예복을 입고, 중앙광장으로 들어와 각자의 자리로 갔다. 태보·태사·태종도 삼베로 만든 관을 쓰고, 붉은 옷을 입고 있었다. 큰 홀笏을 받쳐 든 태보와 술잔과 옥으로 만든 기물을 받쳐 든 태종이 동쪽 섬돌에서 올라왔다. 선왕의 유지를 적은 책서를 든 태사가 서쪽 섬돌에서 올라와, 강왕을 영접하고 책서를 낭독했다. "대왕폐하께서 옥으로 만든 안석에 기대시어 마지막 유지를 읽으셨다. 그대에게 명하노니 문왕과 무왕의 큰 가르침을 잇고, 왕위를 계승해 주나라를 다스리며, 큰 법도를 따라, 천하를 조화롭게 할 것이며, 문왕과 무왕의 빛나는 가르침을 선양하라." 임금께서 두 번 절하고, 일어나서 대답했다. "이 보잘 것 없는 사람이 어찌 선왕 폐하처럼 천하를 잘 다스리고 하늘을 경외할 수 있겠나이까?"

王麻冕黼裳, 由賓階隮. 卿士邦君麻冕蟻裳, 入卽位. 太保、太史、太宗皆麻冕彤裳. 太保承介圭, 上宗奉同瑁, 由阼階隮. 太史秉書, 由賓階隮, 御王冊命. 曰: "皇后憑玉几, 道揚末命, 命汝嗣訓, 臨君周邦, 率循大卞,燮和天下, 用答揚文、武之光訓." 王再拜, 興, 答曰: "眇眇予末小子, 其能而亂四方以敬忌天威?"

○麻冕(마면): 삼베로 만든 관. ○黼裳(보상): 도끼문양이 수놓인 예복. ○賓階(빈계): 빈객들이 다니는 섬돌. 서쪽 섬돌을 말함. ○隮(제): 오르다. ○蟻裳(의상): 개미 같은 검은 색의 예복. ○卽(즉): 나아가다. ○太宗(태종): 대종백(大宗伯)을 말함. 상례를 주재하는 관리. ○彤裳(동상): 붉은 색의 예복. ○承(승): 바쳐 들다. ○介圭(개규): 옥으로 만든 큰 홀. ○上宗(상종): 앞의 태종(太宗)을 가리킴. ○同(동): 임금이 사용하는 술잔. ○瑁(모): 옥으로 만든 기물. ○阼階(조계): 주인이 다니는 섬돌. 동쪽 섬돌을 말함. "빈계(賓階)"와 상대되는 개념. ○書(서): 성왕의 유지가 적힌 책서. ○御(어): 영접하다. ○冊名(책명): 성왕의 유지. 이곳에서는 성왕의 유지를 선독하는 것을 의미. ○皇后(황후): 위대하신 임금. 주 성왕을 가리킴. ○道揚(도양): 말하다. "양"은 말하다. ○訓(훈): 문왕과 무왕의 큰 가르침. ○臨(임): 임하다. 다스리는 의미. ○大卞(대변): 큰 법도. "변"은 법도. ○燮(섭): 조화롭게 하다. ○答(답): 드날리다, 선양하다. "대(對)"와 통함. 《광아·석고(釋詁)》는 "'대'는 '드날리다'의 의미이다(對, 揚也)."라고 했다. ○眇眇(묘묘): 보잘 것 없음. ○其(기): 어찌. ○而(이): 조화롭다. 《상서이해》는 "이(陑)"로 읽어야 한다고 했다. ○忌(기): 두려워하다.

12

임금께서 술잔과 옥으로 만든 기물을 받으시고, 세 번 앞으로 나아가, 세 번 술잔을 땅에 뿌리고, 세 번 술을 올렸다. 상종上宗이 말했다. "폐하, 음복하십시오!" 임금이 음복하자, 태보가 술잔을 받고, 당을 내려가, 손을 씻었다. 다른 술잔으로 자작하는 것으로 신하의 예를 올렸다. 그런 후 술잔을 종인宗人에게 넘겨주고, 임금에게 절을 했다. 임금도 답례로 절을 했다. 태보가 또 종인에게서 술잔을 받아, 땅에 술을 뿌리고, 술을 입에 댔다가, 술을 올렸다. 그런 후 종인에게 술잔을 넘겨주고, 임금에게 절을 했다. 임금도 답례로 절을 했다. 태보가 당을 내려오자, 철상했다. 제후와 공경대부들은 묘당 문을 나와 성왕을 공경하게 기다렸다.

乃受同瑁, 王三宿, 三祭, 三咤. 上宗曰: "饗!" 太保受同, 降, 盥, 以異同秉璋以酢. 授宗人同, 拜. 王答拜. 太保受同, 祭, 嚌, 宅, 授宗人同, 拜. 王答拜. 太保降, 收. 諸侯出廟門俟.

○宿(숙): 나아가다. "숙(肅)"과 통함. ○祭(제): 술을 땅에 뿌림. ○咤(타): 술을 올림. ○饗(향): 음복하다. ○盥(관): 손을 씻음. ○璋(장): 대신들이 사용하는 술잔. ○酢(초): 자작하다. ○宗人(종인): 대종백(大宗伯)의 조수. ○嚌(제): 살짝 입에 댐. ○宅(택): 술을 올림. "타(咤)"와 같은 의미. ○收(수): 철상하다. ○俟(사): 기다리다.

제51편 강왕지고康王之誥: 강왕의 알림

해제

고誥는 임금이 신하에게 내리는 명령이다. 본편은 강왕康王이 즉위할 때 신하들에게 내린 첫 번째 명령이다. 《사기·주본기周本紀》에는 "성왕이 붕어하자, 태자 교가 즉위했는데, 이가 강왕이다. 강왕은 즉위하자, 제후들에게 문왕과 무왕의 공업을 널리 펼칠 것이라는 것을 알리고자, 〈강고〉를 지었다.成王旣崩, 太子釗遂立. 是爲康王. 康王卽位, 遍告諸侯, 宣告以文、武之業以申之, 作《康誥》."라고 하였다.

복생伏生의 금문《상서》는 〈고명顧命〉과 〈강왕지고康王之誥〉를 한 편으로 합해 놓았다. 두 편의 내용이 실제로 긴밀하게 연관되어 있기 때문에 후인들은 대부분 복생본伏生本을 따른다. 본문은 완원阮元이 간각한 《십삼경주소十三經注疏》본에 의거해 〈강왕지고〉를 독립된 한 편으로 구성했다.

주나라 강왕의 모습(周康王圖)

1

강왕은 천자가 되자, 제후들에게 명을 내렸다. 사관들이 이를 근거로 《강왕지고》를 지었다.

康王旣尸天子, 遂誥諸侯, 作《康王之誥》.

○尸(시): 주재하다. 《이아·석고》는 "'주관하다'의 의미이다(主也)."라고 했다. ○遂(수): 이에, 그리하여.

2

임금이 묘당을 나와, 응문 안으로 왔다. 태보 소공이 서쪽의 제후들을 이끌고 응문 왼쪽으로 들어오고, 필공이 동쪽의 제후들을 이끌고 응문 오른쪽에서 들어왔다. 그들은 모두 노랗고 붉은 예복을 입고 있었다. 제후들이 알현할 때 쓰는 홀을 들고 공물을 바치며 말했다. "소신들이 감히 폐하께 토산물을 올리겠나이다." 제후들은 말을 하고 일제히 두 번 절하고 머리를 조아렸다. 강왕은 제위에 오른 임금의 신분으로, 계단에 올라가 답례로 절을 했다.

王出, 在應門之內, 太保率西方諸侯入應門左, 畢公率東方諸侯入應門右, 皆布乘黃朱. 賓稱奉圭兼幣, 曰: "一二臣衛敢執壤奠." 皆再拜稽首. 王義嗣, 德答拜.

○應門(응문): 주나라의 예제(禮制)에 따르면, 천자에게는 다섯 개의 문이 있었다. 가장 바깥쪽의 문부터 차례로 고문(皐門)·고문(庫門)·치문(雉門)·응문(應門)이라 했고, 가장 안쪽의 문을 노문(路門)이라 했다. 종묘는 응문 안쪽이자 노문 바깥쪽에 있다. 《상서고》는 "제후가 사당을 나오면, 응문 밖에 있게 되는 것이다. 임금이 사당을 나오면, 응문 안쪽에 있게 되는 것이다(諸侯出廟, 在應門外. 王出廟, 在應門內)."라고 했다. ○布乘黃朱(포승황주): 노랗고 붉은 제후의 예복. "포승"은 제후들이 입는 예복. ○賓(빈): 제후들. ○稱(칭): 말하다. ○겸(兼): 아울러. ○幣(폐): 공물을 바침. ○臣衛(신위): 임금을 보위하는 신하. 제후 자신들을 말함. ○壤(양): 땅에서 나온 것. 토산물을 말함. ○奠(전): 바치다. ○義嗣(의사): 합법적으로 제위를 이은 임금. "의"는 마땅하다. "의(宜)"와 통함. ○德(덕): 오르다. 《설문해자》는 "'오르다'의 의미이다(升也)."라고 했다.

3

태보와 예백이 함께 앞으로 나아가, 서로 인사하고, 함께 임금에게 두 번 절하고 머리를 조아리며 말했다. "삼가 천자께 아룁니다, 위대하신 하늘은 대국이었던 은나라의 명운을 바꾸시어, 우리 주나라의 문왕과 무왕에게만 큰 명을 받게 하였습니다. 이는 두 분이 서쪽 땅의 신민들을 잘 보살폈기 때문입니다. 이제 막 서거하신 성왕께서는 이치에 맞게 상을 주고 벌을 내리시어, 문왕과 무왕의 공업을 이룰 수 있었습니다. 이로 인해 우리 후손들은 편안한 삶을 도모할 수 있었습니다. 지금 폐하께서는 늘 공경해야 합니다! 나라의 국방력을 강화하시어, 우리 고조 어른의 큰 명을 그르치지 마소서."

太保暨芮伯咸進, 相揖. 皆再拜稽首曰: "敢敬告天子, 皇天改大邦殷之命, 惟周文武誕受羑若, 克恤西土. 惟新陟王畢協賞罰, 戡定厥功, 用敷遺後人休. 今王敬之哉! 張皇六師, 無壞我高祖寡命!"

○揖(읍): 읍을 하다. ○羑若(유약): 하늘의 큰 명. "유"는 착한 말을 올리다. "약"는 훌륭하다. ○恤(휼): 평안하다. ○新陟王(신척왕): 이제 막 하늘로 올라가신 임금. 성왕을 가리킴. ○畢(필): 완전히. ○戡(감): ~할 수 있다. ○張皇(장황): 확대하다, 크게 하다. ○六師(육사): 육군(六軍). 전군(全軍)의 의미. 주나라의 군제(軍制)에 의하면, 일사(一師)는 12,500명이었다고 함. ○壞(괴): 그르치다. ○高祖(고조): 주 문왕. ○寡(과): 크다.

4

임금이 이렇게 말했다. "각지의 제후들이여! 나 이 사람 교는 그대들의 진심어린 충고에 보답할 것이오. 옛날 선왕이신 문왕과 무왕께서는 매우 공평하시고 인자하시어, 형벌을 남용하지 않았으며, 힘을 다해 믿음과 중용의 정치를 펴셨소. 때문에 그 은덕이 천하를 밝게 비추었소. 또 용맹한 장수와 충직한 대신들이 나타나, 우리나라를 안정되게 다스렸소. 그래서 우리는 하늘로부터 천하를 바르게 하라는 명을 받았던 것이오.

王若曰: "庶邦侯甸男衛! 惟予一人釗報誥. 昔君文武丕平富, 不務咎, 底至齊信, 用昭明于天下. 則亦有熊羆之士, 不二心之臣, 保乂王家, 用端命于上帝.

○侯甸男衛(후전남위): 후복(侯服)·전복(甸服)·남복(男服)·위복(衛服)의 제후들. 각 지역의 제후들을 의미. ○富(부): 어질고 너그럽다. ○務(무): 힘쓰다. ○咎(구): 과실, 허물. 이곳에서는 형벌의 의미. ○底(저): 이르다. ○至(지): 행하다. ○齊(제): 치우치지 않음. ○熊羆之士(웅비지사): 곰이나 말곰같이 용맹한 군사. ○保乂(보예): 안정되게 다스림. ○端命(단명): 천하를 바르게 하라는 명. "단"은 바르게 하다.

5

위대하신 하늘은 선왕의 이치를 존중하여, 천하를 선왕께 넘겨주었소. 이에 선왕께서는 제후를 임명하고 나라를 지키는 힘을 길러, 우리 후손들을 돌보아주셨소. 지금 나는 여러 가까운 제후들께서 서로 함께 왕실을 지켜주고, 그대들의 선조들이 선왕께 충성을 다한 것처럼 짐에게도 충성을 다해주길 바라오. 비록 그대들은 조정 밖에 있지만 마음만은 왕실에 있는 것이니, 짐을 도와 국가를 다스릴 방법을 생각해주시오. 이 어린 사람에게 부끄러움을 남기지 말아 주시오!"

皇天用訓厥道, 付畀四方. 乃命建侯樹屛, 在我後之人. 今予一二伯父尙胥曁顧, 綏爾先公之臣服于先王. 雖爾身在外, 乃心罔不在王室, 用奉恤厥若, 無遺鞠子羞!"

○訓(훈): 따르다. ○付畀(부비): 주다. "부"와 "비"는 모두 "주다"의 의미. ○建侯(건후): 제후를 세움. 제후를 임명한 것을 의미. ○樹屛(수병): 나라를 지키는 힘을 기름. "수"는 세우다. "병"은 막다. 《이아·석언(釋言)》은 "'막다'의 의미이다(蔽也)."라고 했다. ○在(재): 살피다, 보살피다. 《이아·석고(釋詁)》는 "'살피다'의 의미이다(察也)."라고 했다. ○伯父(백부): 임금이 같은 성씨의 제후를 이르는 말. ○尙(상): 또, 또한. ○曁(기): 함께, 더불어. ○綏(수): 잇다, 계승하다. ○外(외): 조정 밖. ○奉(봉): 돕다. ○恤(휼): 근심하고 생각함. ○厥若(궐약): 그 나라를 잘 다스릴 방법. "약"은 따르다. 국가를 잘 다스릴 방법을 말함. ○鞠子(국자): 어린 사람. 강왕을 말함.

6

삼공과 제후들은 임금의 명령을 듣고, 서로 읍하고, 서둘러 나갔다. 강왕은 예복을 벗고 상을 치르는 측실로 돌아와, 상복을 입었다.

群公既皆聽命, 相揖, 趨出. 王釋冕, 反, 喪服.

○群公(군공): 삼공을 비롯한 제후들과 군신들을 가리킴. ○釋冕(석면): 관을 벗음. 즉위식 때 입었던 예복을 벗은 것을 의미. ○反(반): 돌아오다. "반(返)"과 통함. 상을 치르기 위해 측실로 돌아온 것을 의미.

제52편 필명畢命: 필공에게 명함

해제

동쪽으로 이주한 은나라 유민들은 주공周公과 군진君陳의 교화를 받아 대부분 주나라에 귀순했다. 은나라 유민들을 잘 다스리는 것은 주나라의 가장 중요한 일이었다. 주 강왕은 재위 12년에 네 명의 임금을 모신 원로 필공畢公에게 성주成周를 계속 다스릴 것을 명했다. 사관들은 이 일을 근거로 〈필명畢命〉을 지었다.

본편은 금문에는 없고, 고문에는 있다.

1

강왕이 책서를 써서, 필공에게 은나라의 유민들 중 선량한 이와 불순한 무리들을 나누어 거주하게 하여, 왕도의 교외를 안정시키라고 명했다. 사관들이 이를 근거로 《필명》을 지었다.

康王命作冊畢, 分居里, 成周郊, 作《畢命》.

○命作冊(명작책): 책서를 쓸 것을 명함. 《상서정의》는 "'명작책'은 내사에게 책서를 써서 필공에게 명하라고 하는 것이다(命作冊者, 命內史爲冊書以命畢公)."라고 했다. ○畢(필): 필공(畢公)을 말함. 주 문왕의 아들로, 이름은 고(高). 필(畢) 땅을 봉해 받았고, "삼공(三公)"의 지위에 있었음. 손성연은 "필" 뒤에 "공"이 빠져있다고 봤음. 《사기》에는 "필공"으로 되어 있음. ○分(분): 나누다, 분리하다. 이곳에서는 은나라 유민들 중 착한 사람과 나쁜 사람을 나누어 거주하게 함을 의미. ○成(성): 인정하다. ○周郊(주교): 주나라 왕도의 교외.

2

주 강왕 12년 6월, 달빛이 나오는 경오일에서 그로부터 삼 일째가 되는 임신일까지, 강왕은 아침에 호경에서 출발해 풍 땅에 왔다. 강왕은 성주(낙읍)의 백성들을 필공에게 넘기고, 그에게 성주의 동쪽 교외를 안정되게 다스릴 것을 명했다.

惟十有二年, 六月庚午朏, 越三日壬申, 王朝步自宗周, 至于豐. 以成周之衆, 命畢公保釐東郊.

> ○十有二年(십유이년): 12년. 주 강왕 재위 12년을 말함. ○朏(비): 달빛이 나오기 시작할 때. ○宗周(종주): 호경(鎬京). ○豊(풍): 문왕 때의 도읍지이자 문왕의 묘가 있는 곳. ○以(이): 이끌다. ○成周(성주): 낙읍(洛邑). ○保釐(보리): 안정되게 다스리다. "리"는 다스리다. ○東郊(동교): 성주(낙읍)의 동쪽 교외.

3

임금이 이렇게 말했다. "아, 보사父師여! 문왕과 무왕만이 천하에 큰 덕을 널리 행하셔서 은나라의 명을 받을 수 있었습니다. 주공께서는 선왕을 보좌하시어, 이 나라를 안정시켰습니다. 또 주공께서는 은나라의 유민들에게 낙읍으로 이주하면 왕실과 가까워질 것이라는 것을 알려주었습니다. 그 때문에 그들은 주공의 가르침을 따랐습니다. 그로부터 36년이 지났습니다. 세상도 변하고 풍속도 바뀌었습니다. 천하에는 근심거리가 없어졌습니다. 그래서 저는 편안해졌음을 느꼈습니다. 세상의 이치는 좋을 때도 있고 나쁠 때도 있습니다. 정치도 풍속에 따라 변하는 법입니다. 선량한 이

귀순하지 않는 은나라 유민들에게 알리는 그림(毖殷頑民圖)

옷자락을 늘어뜨리고 손을 맞잡으며 우러러 보는 그림(垂拱仰成圖)

를 표창하지 않는다면, 백성들에게 열심히 일하라고 말할 수 없을 것입니다. 공께서는 덕을 닦는데 힘쓰시고, 작은 일에도 최선을 다하십니다. 또 네 분의 선왕 폐하를 모셨고, 아래 사람들을 근엄하게 이끄시니, 공의 말을 삼가 받들지 않는 사람은 없을 것입니다. 공의 뛰어난 업적은 선왕 폐하보다도 많습니다. 이 어린 사람은 옷자락을 늘어뜨리고 손을 맞잡고 공의 업적을 우러러보겠나이다."

王若曰: "嗚呼! 父師, 惟文王、武王敷大德于天下, 用克受殷命. 惟周公左右先王, 綏定厥家, 毖殷頑民, 遷于洛邑, 密邇王室, 式化厥訓. 旣歷三紀, 世變風移, 四方無虞, 予一人以寧. 道有升降, 政由俗革, 不臧厥臧, 民罔攸勸. 惟公懋德, 克勤小物, 弼亮四世, 正色率下, 罔不祗師言. 嘉績多于先王, 予小子垂拱仰成."

○父師(보사): 필공을 가리킴. ○左右(좌우): 보좌하다, 보필하다. ○綏(수): 안정하다. ○厥家(궐가): 그 집. 주나라를 말함. ○毖(비): 알리다, 고하다. ○頑民(완민): 고집이 센 사람. 주나라에 아직 귀순하지 않은 은나라 유민들을 말함. ○式(식): 그래서, 때문에. ○化(화): 따르다. ○歷(력): 지나가다. ○三紀(삼기): 36년. "기"는 고대 해를 세는 단위. 일기(一紀)는 12년임. ○虞(우): 근심하다, 걱정하다. ○道(도): 세상의 이치. ○有升有降(유승유강): 좋을 때도 있고 나쁠 때도 있음. ○臧厥臧(장궐장): 선한 사람을 표창함. 앞의 "장"은 표창하다. 뒤의 "장"은 선한 사람. ○勸(권): 힘쓰다, 노력하다. ○小物(소물): 작은 일. ○弼亮四世(필량사세): 네 명의 임금을 보필함. 《상서공씨전》은 "문왕·무왕·성왕·강왕을 보좌한 공경대신이었다(輔佐文、武、成、康四世爲公卿)."라고 했다. ○正色(정색): 근엄한 얼굴빛 ○師(사): 받들다. ○垂拱(수공): 옷자락을 늘어뜨리고 손을 맞잡음. ○仰成(앙성): 성취를 우러러봄.

4

임금이 말했다. "아아! 보사여, 지금 저는 주공께서 했던 일을 공께서 맡아주길 삼가 명하니, 가도록 하십시오! 착한 사람과 나쁜 사람을 가려내십시오. 착한 사람은 그가 사는 마을에 비석을 세워주거나 편액을 하사하여 표창하십시오. 그리하여 선함을 칭찬하시고 악함을 꾸짖어, 좋은 전통을 세우십시오. 가르침을 따르지 않는 유민들이 있다면, 경작지의 경계를 구분지어, 그들로 하여금 두려움과 부러움을 알게 하십시오. 봉읍 내외의 경계를 분명하게 나누고, 봉읍을 방어하는데 삼가 만전을 기해, 천하를 안정시킵시오. 정사는 일관성이 있는 것이 중요하고, 언사는 간결하고 핵심적이어야지, 독특한 것을 좋아해서는 안 됩니다. 상나라의 풍속은 지나치게 문란하고, 말만 늘어놓는 것을 어질다고 여겼습니다. 그 여풍이 아직 사라지지 않았으니, 공께서는 이점에 유의해야 할 것입니다! 저는 '대대로 봉록을 받는 집안의 사람 치고 예를 따르는 사람은 드물다.'라고 들었습니다. 거드름을 피우며 덕이 있는 이를 함부로 대하고 기만하는 것은, 정말로 천도를 거스르는 것입니다. 풍속을 해치는 이런 사치스럽고 호화로운 풍조는 사람들을 영원히 이렇게 만들 것입니다. 저 은나라의 관리들은 옛날에 받은 총애와 나라의 힘이 강대하다는 것을 믿고 의로움을 저버렸으며, 화려하고 사치스런 옷을 입고 사람들에게 과시했습니다. 거만하고 방탕하며 자신을 과시하려하니, 장차 악행으로 최후를 맞이할 것입니다. 비록 그들의 오만방자한 마음을 잡았지만 그들이 나쁜 길로 가지 않게 막기란 매우 어려울 것입니다. 재물이 풍족하면서 옛날의 가르침을 따라야 오랜 수명을 누릴 수 있을 것입니다. 덕을 생각하고 의를 생각하십시오. 이것이야말로 큰 가르침입니다. 옛 가르침을 따르지 않는다면, 무엇을 따르겠습니까?"

王曰: "嗚呼! 父師, 今予祗命公以周公之事, 往哉! 旌別淑慝, 表厥宅里, 彰善癉惡, 樹之風聲. 弗率訓典, 殊厥井疆, 俾克畏慕. 申畫郊圻, 愼固封守, 以康四海. 政貴有恒, 辭尙體要, 不惟好異. 商俗靡靡, 利口惟賢, 餘風未殄, 公其念哉! 我聞曰: '世祿之家, 鮮克由禮.' 以蕩陵德, 實悖天道. 敝化奢麗, 萬世同流. 玆殷庶士, 席寵惟舊, 怙侈滅義, 服美于人. 驕淫矜侉, 將由惡終. 雖收放心, 閑之惟艱. 資富能訓, 惟以永年. 惟德惟義, 時乃大訓. 不由古訓, 于何其訓?"

○旌別(정별): 가려내다, 구별하다. "정"은 나타내다, 밝히다. ○淑慝(숙특): 착한 사람과 나쁜 사람. "특"은 간사하다, 나쁘다. ○表(표): 드러내다. 고대 마을에 비문을 세워주거나 편액을 하사하는 것으로 사람의 공이나 선행을 표창했음. ○癉(단): 꾸짖다, 미워하다. ○風聲(풍성): 좋은 기풍, 좋은 전통. ○訓典(훈전): 가르침, 법. ○殊(수): 다르게 구분지음. ○井疆(정강): 경작지의 경계. ○畏慕(외모): 두려워하면서 부러워함. ○申(신): 거듭 밝히다. ○畫(화): 구획하다. ○郊(교): 마을의 바깥지역. ○圻(기): 마의 안쪽 지역. "기(畿)"와 통함. ○固(고): 굳건히 하다. ○尙(상): 숭상하다. ○體要(체요): 간결하고 핵심적임. ○好(호): 좋아하다. ○靡靡(미미): 문란하고 사치스러움. ○利口(이구): 언변에 능함. ○殄(진): 끊어지다. ○世祿(세록): 대대로 국가의 봉록을 받음. ○鮮(선): 드물다. ○由(유): 따르다. ○蕩(탕): 예의에 어긋나다, 거드름을 피우다. ○陵(릉): 기만하다, 무시하다. ○悖(패): 저버리다, 어기다. ○敝化(폐화): 풍속을 망치다. "폐"는 해지다, 망치다. ○奢麗(사려): 사치스럽고 화려함. ○萬世同流(만세동류): 사람들을 영원히 똑같은 부류로 만듦. ○矜侉(긍과): 과시하다, 자랑하다. "과"는 자랑하다. ○由(유): ~로. ○放心(방심): 오만방자한 마음. ○閑(한): 가로막다. 《설문해자》는 "'가로막다'의 의미이다(闌也)."라고 했다. ○資富(자부): 재물이 풍족함. ○訓(훈): 따르다. 옛날의 가르침을 따른다는 의미. ○永年(영년): 장수하다. ○惟(유): 생각하다.

5

임금이 말했다. "아, 보사여! 나라의 안위는 저 은나라 사람을 잘 다스리느냐에 달려 있습니다. 강하지도 약하지도 않게 적절하게 다루어야, 어진 정치가 잘 실행될 것입니다. 주공은 처음에 신중하게 가르쳤고, 뒤를 이은 군진은 조화롭게 다스렸습니다. 공께서 마지막에 이 가르침을 완성해주시오. 세 분께서 함께 힘을 다해 가르침을 달성한다면, 가르침이 널리 퍼지고 정치는 잘되어, 백성들의 삶은 윤택해질 것입니다. 왼쪽으로 옷섶을 여미는 사방의 이민족도 귀순하지 않음이 없을 것입니다. 그렇게 된다면 이 어린 사람은 영원히 큰 복을 누릴 것입니다. 공께서 성주를 잘 다스리는 것은, 주나라의 무궁한 기업을 세우는 것이자, 불후의 명성을 남기는 일일 것입니다. 자손들도 공이 이루어놓은 법도를 본받아, 세상을 다스려 나갈 것입니다. 아아! 할 수 없다고 말하지 마십시오, 마음을 다하십시오. 백성들이 적다고 말하지 마십시오. 신중하게 일을 하십시오. 선왕께서 이룩하신 공업을 잘 받들어, 앞 사람들보다 더 훌륭한 업적을 남겨주십시오."

王曰: "嗚呼! 父師, 邦之安危, 惟玆殷士, 不剛不柔, 厥德允修. 惟周公克愼厥始, 惟君陳克和厥中, 惟公克成厥終. 三后協心, 同底于道, 道洽政治, 澤潤生民, 四夷左衽, 罔不咸賴, 予小子永膺多福. 公其惟時成周, 建無窮之基, 亦有無窮之聞. 子孫訓其成式, 惟乂. 嗚呼! 罔曰弗克, 惟旣厥心; 罔曰民寡, 惟愼厥事. 欽若先王成烈, 以休于前政."

○三后(삼후): 주공·군진·필공을 말함. ○同(동): 함께. ○底(저): 이르다. ○道(도): 가르침. "도(導)"와 통함. ○洽(흡): 두루, 널리. ○政治(정치): 정치가 잘 됨. ○生民(생민): 백성들. ○四夷(사이): 사방의 이민족들. ○左衽(좌임): 왼쪽으로 옷섶을 여미는 것. ○膺(응): 받다. ○時(시): 잘하다. 잘 다스린다는 의미. ○聞(문): 명성. ○成式(성식): 이룬 법도. 필공이 이룬 법도를 말함. ○旣(기): 다하다. ○成烈(성열): 이룬 업적. ○前政(전정): 주공과 군진의 정치적 업적.

제53편 군아君牙: 군아를 대사도에 명함

해제

군아君牙는 사람 이름이다. 《예기禮記·치의緇衣》는 "군아君雅"로 인용하며, 주周 목왕穆王(기원전 1101~기원전 947 재위) 때의 대사도大司徒를 지냈다고 했다.
본편은 주 목왕이 군아를 대사도에 임명하는 책서이다. 이 책서에서 목왕은 법을 널리 알리고, 몸을 바르게 하며, 어려움을 생각하고, 백성을 편안하게 하는 치국의 도리를 말하고 있다. 본편은 서주의 정치제도와 고대사상사를 연구하는데 중요한 자료이다.
송나라 사람 여조겸呂祖謙은 본편이 주 목왕 초년에 지어진 것이라고 여겼다.
본편은 금문에는 없고, 고문에는 있다.

1

주 목왕이 군아를 주나라의 대사도로 임명하는 책서를 썼는데, 이를 《군아》라 이름 했다.

穆王命君牙, 爲周大司徒, 作《君牙》.

○穆王(목왕): 주 강왕(康王)의 손자이자 주 소왕(昭王)의 아들. 이름은 만(滿). ○君牙(군아): 사람이름. 주 목왕 때 대사도(大司徒)를 지냄. ○大司徒(대사도): 육경의 하나. 나라의 교육을 책임지는 관리.

2

임금이 이렇게 말했다. "아, 군아여! 그대의 조부와 부친은 대대로 왕실을 위해 충성을 다해 일해 주었소. 그분들의 업적은 왕실의 태상기太

常旗에 기록되어 있소. 이 어린 사람은 문왕·무왕·성왕·강왕의 유지를 계승할 것이오. 선왕의 충신들께서도 짐이 천하를 다스리는 것을 도와줄 것이라고 생각하오. 마음의 걱정과 두려움이 호랑이 꼬리를 밟는 것 같고, 봄날의 살얼음 위를 지나가는 것과 같소.

王若曰: "嗚呼! 君牙, 惟乃祖乃父, 世篤忠貞, 服勞王家, 厥有成績, 紀于太常. 惟予小子嗣守文、武、成、康遺緖, 亦惟先正之臣, 克左右亂四方. 心之憂危, 若蹈虎尾, 涉于春冰.

○篤(독): 확실히, 분명히. ○忠貞(정): 충정을 다함. "정"은 곧다. ○服勞(복로): 열심히 일하다. ○紀(기): 기록하다. ○太常(태상): 해와 달이 그려진 주나라 왕실을 상징하는 깃발. 이 깃발에 공적을 세운 사람의 이름을 기록했다고 함. ○遺緖(유서): 선왕들이 남긴 유지. ○惟(유): 생각하다. ○先正(선정): 선왕. 《상서주소교감기》는 "이 '정'자는 '왕'자가 잘못된 것이다(此正字當屬王字之訛)."라고 했다. ○左右(좌우): 도와주다. ○亂(난): 다스리다.

3

지금 명하노니 그대는 짐을 보좌하여, 짐이 가장 신뢰하는 신하가 되어주고, 그대의 선조가 맡았던 직위를 이어주시오. 그대의 조부와 부친을 욕되게 하지 말고, 오륜을 널리 전파해, 백성들이 법을 지키고 화목하게 지내게 해주시오. 그대 자신이 바르다면, 바르게 되지 않는 사람은 없을 것이오. 민심이란 한쪽으로 치우치는 것이니, 그대가 늘 균형을 잡아 주길 바라오. 여름이 무덥고 비가 많이 오면, 백성들은 원망과 탄식만 할 것이오. 겨

백성들이 덥고 비가 많이 오는 것을 원망하는 그림(民怨暑雨圖)

울이 춥고 눈이 많이 와도 백성들은 원망과 탄식만 할 것이오. 그들은 정말 어려운 처지에 있소! 그들의 어려움을 잘 헤아려 그들이 곤경에 빠지지 않도록 해주시오. 그러면 백성들은 편안해질 것이오.

今命爾予翼, 作股肱心膂, 纘乃舊服, 無忝祖考, 弘敷五典, 式和民則. 爾身克正, 罔敢弗正, 民心罔中, 惟爾之中. 夏暑雨, 小民惟曰怨咨; 冬祁寒, 小民亦惟曰怨咨. 厥惟艱哉! 思其艱以圖其易, 民乃寧.

○翼(익): 보좌하다. ○股肱心膂(고굉심려): 팔·다리·심장·등뼈. 이곳에서는 임금을 가까이서 보좌하는 대신들을 말함. ○纘(찬): 잇다, 계승하다. ○乃舊服(내구복): 그대 선조의 옛날 직위. "내"는 그대. ○忝(첨): 욕되게 하다. ○敷(부): 펴다. ○五典(오전): 오륜(五倫). ○式(식): ~함으로써. 《이아·석언(釋言)》은 "'~로써'의 의미이다(用也)."라고 했다. ○則(칙): 따르다, 본받다. 법을 따르는 것을 의미. ○惟(유): 바라다. ○之(지): 나타내다, 드러내다. 《설문해자》는 "'지'는 '나오다'의 의미이다(之, 出也)."라고 했다. ○怨咨(원자): 원망하고 탄식함. ○祁寒(기한): 날씨가 춥고 눈이 많이 옴. "기"는 크다, 많다. ○易(이): 편안하다.

4

아아! 크게 드날리시오, 문왕의 계획을! 열심히 계승하시오, 무왕의 공업을! 우리 후손들을 인도하고 도와주시어, 우리 모두를 어긋남이 없이 바른 길로 나아가게 해주시오. 그대가 이 가르침을 공경히 밝히어, 선왕을 받들고 따른다면, 그것은 문왕과 무왕의 빛나는 가르침을 칭송하고 드날리는 것이자, 그대의 조부·부친과 어깨를 나란히 하게 되는 것이오."

嗚呼! 丕顯哉, 文王謨! 丕承哉, 武王烈! 啓佑我後人, 咸以正罔缺. 爾惟敬明乃訓, 用奉若于先王, 對揚文、武之光命, 追配于前人."

○謨(모): 계획. ○啓(계): 인도하다. ○乃訓(내훈): 이 가르침. "오륜(五倫)"의 가르침을 가리킴. ○若(약): 따르다. ○對揚(대양): ○칭송하고 드날림. ○追

配(추배): 어깨를 나란히 하다. ○前人(전인): 군아(君牙)의 조부와 부친.

5

임금이 이렇게 말했다. “군아여, 그대는 그대의 조부와 부친의 훌륭한 옛 법도들을 시행해야 할 것이오. 백성들을 잘 다스리고 못 다스리고는 모두 여기 있소. 그대는 조부와 부친이 행한 것을 따라, 그대의 주군을 인도한다면 잘 다스릴 수 있을 것이오.”

王若曰: “君牙, 乃惟由先正舊典時式, 民之治亂在玆. 率乃祖考之攸行, 昭乃辟之有乂.”

○由(유): 시행하다. ○先正(선정): 군아(君牙)의 조부와 부친. 앞 문장의 “전인(前人)”과 같은 의미. ○時式(시식): 훌륭한 법도. “시”는 훌륭하다. “식”은 법도. ○昭(소): 지도하다, 인도하다.

제54편 경명冏命: 경명을 태복정에 명함

해제

경冏은 주 목왕 때 태복정太僕正을 지낸 백경伯冏을 말한다.
본편은 주 목왕穆王이 백경을 태복정에 임명하는 책서이다. 목왕은 좌우의 근신들이 군주에 큰 영향을 끼칠 수 있음을 알고, "임금이 덕이 있는 것도 신하에게 달려 있고, 임금이 덕이 없는 것도 신하에게 달려 있소.后德惟臣, 不德惟臣."라고 말했다. 그는 백경에게 어진 이를 등용하고 뇌물을 근절할 것을 주문했다. 본편은 주 목왕의 관리임용을 연구하는 중요한 자료이다.
본편은 금문에는 없고, 고문에는 있다.

1

목왕이 백경을 주나라의 태복정에 임명했다. 사관들이 책서를 썼는데, 《경명》이라 했다.

穆王命伯冏, 爲周太僕正, 作《冏命》.

○백경(伯冏): 사람이름. 주 목왕(穆王) 때 태복정(太僕正)을 지냈음. ○太僕(태복): 임금의 수레와 말을 책임진 관리. ○正(정): 우두머리.

2

임금이 이렇게 말했다. "백경이여, 짐은 덕을 잘 행하지도 못하는데도, 선왕의 뒤를 이어 임금의 자리에 있소. 너무 걱정되고 두려워서 위험에 빠질 것만 같소. 한밤중에도 벌떡 일어나, 어떻게 하면 과실을 줄일 수 있을 지 생각하오.

王若曰: "伯冏, 惟予弗克于德, 嗣先人宅丕后, 怵惕惟厲. 中夜以興, 思免厥愆.

○先人(선인): 선왕. ○宅(택): 자리에 있음. ○丕后(비후): 대왕, 임금. ○怵惕(출척): 걱정되고 두려움. ○厲(려): 위험함, 위태로움. ○愆(건): 과실, 허물.

3

옛날 문왕과 무왕은 멀리 앞을 내다보시고 모든 것을 잘 살피셨던 성인이셨소. 대소 신료들 모두 충정을 다했소. 그들의 좌우 근신들도 충직하지 않는 사람이 없었소. 그들은 아침저녁으로 임금을 섬기고 보좌했소. 그래서 임금은 출입하고 기거함에 신중하지 않음이 없었고, 명령을 내려 시행함에 잘 되지 않음이 없었소. 백성들이 공손하게 따르자, 온 천하가 평안해졌소.

昔在文、武, 聰明齊聖, 小大之臣, 咸懷忠良. 其侍御僕從, 罔匪正人, 以旦夕承弼厥辟, 出入起居, 罔有不欽, 發號施令, 罔有不臧. 下民祗若, 萬邦咸休.

○聰明(총명): 잘 듣고 잘 봄. ○齊(제): 지혜롭게 살핌. ○시어복종(侍御僕從): 임금의 시중을 들거나 심부름을 하는 관리. 좌우의 근신들을 의미. ○臧(장): 잘하다, 훌륭하다.

4

짐은 어질지 못해, 정말이지 좌우와 앞뒤의 관리들을 의지해, 짐의 부족함을 바로잡을 것이오. 또 잘못을 고치고, 그릇된 마음을 바로 하여, 선왕들의 공업을 계승할 것이오. 지금 짐은 그대를 태복정에 임명하오. 좌우의 근신들을 바로 잡아주시고, 짐이 덕을 행할 수 있도록 힘써 주며, 함께 부족한 점들을 고쳐나가는데 노력해주오. 그대의 관리를 신중

백경이 태복정에 임명된 그림(冏作大正圖)

하게 뽑으시오. 교묘한 말을 하고 위선에 찬 행동을 하는 사람과 눈치를 잘보고 치켜세우길 좋아하는 사람은 뽑지 말며, 인품이 좋고 유능한 사람을 뽑아야 할 것이오. 시종과 근신들이 바르면, 그 임금은 바르게 될 것이오. 시종과 근신들이 아첨하면, 그 임금은 자신을 성군이라 여길 것이오. 임금이 덕이 있는 것도 신하에게 달려있고, 임금이 덕을 잃는 것도 신하에게 달려 있소. 그대는 말 잘하는 사람을 총애하여, 자신의 근신으로 임명하지 마시오. 이런 사람들은 임금을 선왕의 법전을 어기게 하는 그릇된 길로 인도하기 때문이오. 사람이 선량하기 때문이 아니라 재물 때문에 사람이 선량하다고 생각한다면, 그것은 관직을 망치는 길이 될 것이오. 이는 그대가 임금을 잘 공경하지 않는 것이니, 짐은 그대를 벌할 것이오."

惟予一人無良, 實賴左右前後有位之士, 匡其不及, 繩愆糾繆, 格其非心, 俾克紹先烈. 今予命汝作大正, 正于群僕侍御之臣, 懋乃后德, 交修不逮. 愼簡乃僚, 無以巧言令色, 便辟側媚, 其惟吉士. 僕臣正, 厥后克正; 僕臣諛, 厥后自聖. 后德惟臣, 不德惟臣. 爾無昵于憸人, 充耳目之官, 迪上以非先王之典. 非人其吉, 惟貨其吉, 若時, 瘝厥官, 惟爾大弗克祗厥辟, 惟予汝辜."

○繩(승): 고치다, 바로하다. ○糾(규): 고치다. ○繆(무): 허물, 잘못. "류(謬)"와 통함. ○格(격): 바로하다. ○紹(소): 계승하다. ○大正(대정): 태복정(太僕正)을 말함. ○群僕侍御之臣(군복시어지신): 심부름하거나 시중드는 여러 신하들. ○交(교): 함께. ○修(수): 노력하다, 힘쓰다. ○簡(간): 고르다, 선발

하다. ○巧言令色(교언영색): 교묘한 말과 위선에 찬 행동. ○便辟(편벽): 남의 눈치를 봐가며 처신하는 사람. 《서집전》은 "'편'은 사람이 하고 싶어 하는 것을 따라하고, '벽'은 사람이 싫어하는 것을 피하는 것이다(便者, 順人之所欲. 辟者避人之所惡)."라고 했다. ○側媚(측미): 간사하고 치켜세우는 말을 좋아하는 사람. 《서집전》은 "'측'은 간사하다. '미'는 치켜세우는 말로, 소인배들을 말한다(側者, 奸邪. 媚者, 諛說, 小人也)."라고 했다. ○僕臣(복신): 시중드는 신하들. ○自聖(자성): 스스로 성군이라 여김. ○昵(닐): 친하다, 가까이하다. ○憸人(섬인): 말 잘하는 간사한 사람. ○充(충): 충당하다. ○耳目之官(이목지관): 임금의 눈과 귀가 되는 신하. 임금을 가까이서 모시는 신하를 말함. ○迪(적): 인도하다. ○若時(약시): 이와 같다. ○瘝(관): 망치다. ○辜(고): 벌하다.

목왕이 백경에게 신중하게 관리를 선발할 것을 말하는 그림 (愼簡乃僚圖)

5

목왕이 말했다. "아아, 신중하시오! 그대의 군왕이 변하지 않는 법도를 행할 수 있도록 오래 오래 도와주시오."

王曰: "嗚呼, 欽哉! 永弼乃后于彝憲."

○彝憲(이헌): 변하지 않는 법도. "이"는 늘, 변함없는.

제55편 여형呂刑: 여후의 형벌제도

해제

주 목왕 초년, 형벌이 남용되고 정치가 혼란해지면서 백성들의 원성이 자자했다. 목왕이 여후呂侯를 재상에 임명해 형법을 정비하자 나라는 안정을 되찾았다. 여후는 목왕에게 덕을 행하고 형벌을 제정할 것을 건의했다. 본편은 목왕이 한 말을 기록하고 있지만 여후의 법률 사상과 형벌에 대한 생각을 보여주고 있다. 그래서 〈여형〉이라고 했다. 여후는 후에 여보甫侯로 불렸기 때문에 《예기》·《효경》·《사기》 등에서는 〈보형甫刑〉이라고도 했다.
본편이 쓰인 시기 역시 《상서》연구에서 논란이 가장 많은 부분이다. 본편은 중국 역사상 최초의 체계적인 형법서여서 사료적 가치가 매우 크다.

1

여후呂侯가 주 목왕에게 하나라 때의 속형贖刑을 설명했다. 사관들이 이를 근거로 《여형》을 지었다.

呂命穆王訓夏贖刑, 作《呂刑》.

○呂(여): 여후(呂侯). 주 목왕 때의 대신. 《예기》·《효경》·《사기》 등에는 "보후(甫侯)"라고 했다. ○命(명): 고하다, 아뢰다. ○訓(훈): 설명하다. ○贖刑(속형): 재물로 죄를 감해주는 제도.

2

여후가 국가의 형법을 제정할 것을 건의했다. 주 목왕은 100년 가까이 제위에 있어서, 나이가 연로했다. 그럼에도 주 목왕은 대대적으로 형법을 제정해 천하의 신민들이 경계로 삼도록 했다.

惟呂命. 王享國百年, 耄, 荒度作刑, 以詰四方.

○惟(유): 어조사. ○命(명): 고하다. 이곳에서는 건의를 하는 의미. ○享國(향국): 나라를 다스리다. 제위에 있음을 의미. ○百年(백년): 100년. 《사기》는 목왕은 50세에 즉위하여 50년간 통치했다고 했다. 이곳의 "100년"은 즉위 전의 50년을 포함한 것임을 알 수 있다. ○耄(모): 연로함. 《예기(禮記)·곡례상(曲禮上)》은 "8·90세를 '모'라고 한다(八十、九十曰耄)."라고 했다. ○荒(황): 대대적으로. ○度(탁): 헤아리다, 계획하다. ○詰(힐): 금하고 경계하다.

여후가 목왕의 명을 받는 그림(呂侯受命圖)

3

임금이 말했다. "옛날에는 훌륭한 가르침이 있었소. 후에 치우蚩尤가 난리를 일으키자, 그의 악행이 사람들에게 영향을 미쳤소. 약탈과 살인뿐만 아니라 나쁜 짓을 일삼고 안팎으로 혼란을 일으키며, 사람을 속이고 강제로 남의 물건을 빼앗는 행위가 만연했소. 묘나라 사람들이 그의 명령을 따르지 않자, 형벌로 그들을 다스렸소. 그는 다섯 가지 가혹한 형벌을 만들어 법이라 하고, 무고한 이들을 마구 살육했소. 그는 처음에 코를 베고 귀를 자르고 성기를 자르고 얼굴에 문신을 하는 형벌을 지나치게 많이 사용했소. 이로 법도가 사라지고 형벌이 시행되어, 죄가 있건 없건 무차별적으로 형벌을 가했소.

王曰: "若古有訓, 蚩尤惟始作亂, 延及于平民, 罔不寇賊, 鴟義姦宄, 奪攘矯虔. 苗民弗用靈, 制以刑, 惟作五虐之刑曰法. 殺戮無辜, 爰始淫爲劓刵椓黥. 越玆麗刑幷制, 罔差有辭.

○若(약): 어조사. ○蚩尤(치우): 묘족(苗族)의 부족장. 황제(黃帝)와 탁록(涿鹿)에서 싸우다 전사함. ○延급(연급): 미치다. "연"은 파급되다, 미치다. ○寇賊(구적): 약탈하고 살인함. ○鴟義(치의): 의롭지 않은 일을 함. 나쁜 짓을 일삼는 것을 말함. 《상서금고문주소》는 "금문의 '치의'는 '소의'가 되어야 할 것이다. 《광아·석고(釋詁)》에 '소'는 '없애다'는 의미라고 했다(或今文鴟義爲消義. 《廣雅·釋詁》云: 消, 滅也)."라고 했다. ○姦宄(간귀): 나라 안팎에서 혼란을 일으킴. ○奪攘(탈양): 뺏고 훔침. ○矯虔(교건): 사람을 속여 물건을 취함. "교"는 속이다. "건"은 강제로 취함. ○靈(령): 명령. 《상서정독》은 "'령(靈)'은 '령(令)'이 되어야 한다. 소리가 잘못된 것이다(靈當爲令, 聲之訛也)."라고 했다. ○爰(원): 어조사. ○淫(음): 지나치다. ○劓(의): 코를 자르다. ○刵(이): 귀를 베다. ○椓(탁): 궁형. ○黥(경): 묵형. ○越玆(월자): 이에. ○麗(려): 행하다. ○幷(병): 폐지하다, 없어지다. ○制(제): 법도. ○差(차): 선택하다, 가리다. ○有辭(유사): 억울함을 하소연 하는 말. 죄가 없음을 의미.

4

묘나라 백성들은 서로를 속였으며, 사회는 큰 혼란에 빠졌소. 사람들은 신의를 상실하여, 서약을 마음대로 저버렸소. 가혹한 형벌을 받은 사람과 욕을 당한 사람들은 하늘에 자신들의 무고를 크게 알렸소. 상제께서 묘나라 백성들을 살펴보시니, 멀리까지 향기가 퍼지는 덕의 정치는 없고, 오로지 형벌에서 나오는 피비린내뿐이었소. 상제께서는 죄도 없이 해를 입은 사람들을 가련하게 여기시어, 가혹한 형벌을 가한 사람을 징벌하고, 해를 가한 묘나라 백성들을 없애, 세상에 후손을 남기지 못하게 하였소. 또 중重에게 신의 일을 주재하게 하고, 여黎에게 백성을 다스리는 일을 맡도록 명해, 백성과 신을 연결하는 무술巫術을 금지하여, 서로의 영역을 침범하는 일이 없도록 했소. 땅에서는 고신高辛·요·순이 이어 나타나, 덕이 있고 유능한 이를 기용하고 일상적인 도리로 세상을 다스리니, 홀아비와 과부 같은 의지할 곳 없는 사람의 고충이 잘 알려지게 되었소.

묘족을 없애는 그림 (遏絶苗民圖)

民興胥漸, 泯泯棼棼, 罔中于信, 以覆詛盟. 虐威庶戮, 方告無辜于上. 上帝監民, 罔有馨香德, 刑發聞惟腥. 皇帝哀矜庶戮之不辜, 報虐以威, 遏絶苗民, 無世在下. 乃命重、黎, 絶地天通, 罔有降格. 群后之逮在下, 明明棐常, 鰥寡無蓋.

○漸(점): 속이다. ○泯泯棼棼(민민분분): 매우 혼란하고 어지러움. "민"과 "분"은 모두 어지럽다, 혼란하다. ○覆(복): 뒤집히다. ○詛盟(저맹): 서약, 맹세. ○虐威(학위): 형벌을 받은 사람. ○庶戮(서륙): 욕을 당한 사람. ○方(방): 크게, 널리. ○馨香(형향): 향기가 멀리까지 퍼짐. ○發(발): 발산하다, 나오다. ○黃帝(황제): 전욱(顓頊)을 말함. ○報(보): 심판하다, 보복하다. ○遏絶(알절): 막고 끊음. 멸망시킨 것을 의미. ○世(세): 후손, 후대. ○重(중): 사람이름. 전욱(顓頊) 때 하늘의 일을 책임졌던 관리. ○黎(려): 전욱(顓頊) 때 땅의 일을 책임졌던 관리. ○地天通(지천통): 백성과 하늘을 통하게 함. 이곳에서는 무술(巫術)을 의미. ○降格(강격): 오르고 내림. "격"은 오르다. "가(假)"와 통함. 《이아·석고(釋詁)》는 "'가'는 '오르다'의 의미이다(假, 升也)."라고 했다. ○群后(군후): 여러 임금. 고신(高辛)·요(堯)·순(舜)을 말함. ○逮(체): 이어지다. ○明明(명명): 큰 덕이 있는 사람을 등용함. ○棐常(비상): 일상적인 도리로 보좌함. ○蓋(개): 막히다, 차단되다.

5

상제께서 백성들의 고통을 자세하게 물으시자, 홀아비와 과부 같은 의지할 곳 없는 사람들은 묘나라 사람들을 원망하는 말을 하였소. 어진 이들이 벌하는 것들을 사람들은 두려워했고, 어진 이가 밝히는 것들을 사람들은 존중하게 되었소. 그리고 이 세 분에게 신중하게 백성을 다스리도록 명했소. 백이는 법전을 반포하고, 법에 따라 사건을 심리했소. 대우는 물과 흙을 다스리고, 명산대천의 이름을 짓는 일을 책임졌소. 후직은 백성들에게 씨 뿌리는 법을 알려주고, 좋은 농작물을 열심히 재배했소. 세 분의 성공으로 백성들의 삶은 올바르게 되었소. 법을 집행하는 관리는 공정한 형벌로 백관들을 통제하고, 신민들이 정중히 덕을 행할 수 있도록 지도했소.

백이의 모습(伯夷像)

皇帝淸問下民, 鰥寡有辭于苗. 德威惟畏, 德明惟明. 乃命三后, 恤功于民. 伯夷降典, 折民惟刑; 禹平水土, 主名山川; 稷降播種, 農殖嘉穀. 三后成功, 惟殷于民. 士制百姓于刑之中, 以敎祗德.

○淸問(청문): 자세하게 묻다. "청"은 분명하게, 자세하게. ○辭(사): 원망하다. ○德威(덕위): 덕이 있는 사람이 벌을 내림. ○德明(덕명): 덕이 있는 사람이 밝히는 것. ○三后(삼후): 다음에 나오는 백이(伯夷)·우(禹)·직(稷)을 말함. ○恤(휼): 신중하게. ○功(공): 일하다, 다스리다. ○伯夷(백이): 사람이름. 요임금 때 예법을 제정했다고 함. ○降(강): 반포하다. ○折民(절민): 백성들의 안건을 심리함. "절"은 판단하다. ○主(주): 다스리다, 책임지다. ○名(명): 이름을 짓다, 명명하다. ○稷(직): 후직(后稷). 요·순 때 농업을 관장한 관리. 주나라의 시조로 추앙받음. ○農(농): 열심히 하다, 노력하다. ○殖(식): 심다. ○殷(은): 올바르다. ○士(사): 법을 집행하는 관리. ○制(제): 통제하다, 다스리다. ○于(우): ~로써. "이(以)"와 통함. ○中(중): 공평하다.

후직의 모습(后稷像)

6

위로는 요임금이 공경하게 다스리고, 아래로는 세 분이 열심히 일을 했소. 이들의 은택이 사방을 환하게 비추었으니, 부지런히 덕을 행하지 않는 사람이 없었소. 그래서 형벌을 공정하게 적용해야 한다는 이치를 알고, 백성들을 다스림에 일정한 도로 뒷받침할 수 있었소. 형벌을 주관하는 관리는 위엄으로만 문제를 해결해서는 안 되며, 어질고 너그러움으로 문제를 해결해야 하오. 사람들이 존경하고 두려운 마음을 가지고 일을 한다면, 나쁜 말을 하는 사람은 없을 것이오. 하늘이 세운 도덕을 지키기 때문에 장수할 것이오. 그러면 아래에서 하늘이 내린 복을 누릴 것이오."

穆穆在上, 明明在下, 灼于四方, 罔不惟德之勤, 故乃明于刑之中, 率乂于民棐彝. 典獄非訖于威, 惟訖于富. 敬忌, 罔有擇言在身. 惟克天德, 自作元命, 配享在下."

○穆穆(목목): 공경하다. ○明明(명명): 열심히 노력하다. "명"은 힘쓰다, 노력하다. ○灼(작): 밝게 비춤. ○率(솔): 어조사. ○典(전): 주관하다. ○訖(흘): 그치다, 끝나다. ○富(부): 어질고 너그러움. 《설문해자》는 "'부'는 '두텁다'의 의미이다(富, 厚也)."라고 했다. ○忌(기): 두려워하다. ○擇言(택언): 나쁜 말. "역"은 "역(斁)"과 통함. ○克(극): 감당하다. ○元命(원명): 장수함. ○配享(배향): 천명에 부합되어 하늘이 내린 복을 누림.

7

임금이 말했다: "아! 정사를 살피고 법을 주관하는 사방의 제후들이여, 그대들은 하늘을 대신해 백성을 다스리는 사람들이 아니오? 지금 그대들은 무엇을 본보기로 삼겠소? 백이가 형벌을 집행하는 도리가 아니겠소? 지금 그대들은 무엇을 경계를 삼겠소? 저 묘나라 백성들이 형벌을 제대로 집행하지 않아 백성들을 도탄에 빠뜨린 것이 아니겠소. 그들은 어진 이를 등용해 다섯 가지 형벌이 공정하게 집행되는 지를 살피지 않았소.

또 위세를 믿고 백성들의 재산을 착취하는 사람들은 다섯 가지 형벌을 남용하여, 무고한 이들에게 마구 벌을 주었소. 하늘은 이를 버려두지 않고, 묘나라 백성들에게 재앙을 내렸던 것이오. 묘나라 백성들은 하늘의 벌에 변명할 말이 없었소. 이에 그들의 후손들이 끊어진 것이오."

王曰: "嗟! 四方司政典獄, 非爾惟作天牧? 今爾何監? 非時伯夷播刑之迪? 其今爾何懲? 惟時苗民匪察于獄之麗. 罔擇吉人, 觀于五刑之中, 惟時庶威奪貨, 斷制五刑, 以亂無辜. 上帝不蠲, 降咎于苗, 苗民無辭于罰, 乃絶厥世."

> ○牧(목): 백성을 다스림. ○播(파): 시행하다. ○懲(징): 경계로 삼다. ○麗(려): 재난에 빠뜨림. "리(罹)"와 통함. ○庶威(서위): 크게 위세를 부림. "서"는 많다, 크다. ○蠲(견): 버려두다. 연(捐)과 통함. ○咎(구): 벌. ○無辭(무사): 할 말이 없음.

8

임금이 말했다. "아아! 이 말들을 잘 새겨들으시오. 큰 아버지·큰 형·둘째 삼촌·동생을 비롯한 어린 아들과 손자들이여, 짐의 말을 잘 들으면 하늘이 우리에게 내린 큰 명을 잘 지킬 수 있을 것이오. 지금 그대들은 열심히 일하고 있다고 스스로를 위로하고 있소. 그러나 그대들 중에는 자신이 나태해질 것을 경계하는 사람은 없소. 하늘은 백성들을 다스림에, 우리에게 잠깐 국사를 맡긴 것뿐이오. 그 일을 이루는가는 전적으로 사람에게 달려 있소. 그대들은 천명을 겸허하게 받아 짐을 보좌해야 할 것이오! 어렵고 힘든 일이 닥쳐도 두려워 말며, 쉴 수 있어도 쉬지 마시오. 다섯 가지 형벌을 신중하게 사용하여, 세 가지 덕을 기르시오. 한 사람이 잘하면, 만백성들이 그 은혜를 입을 것이며, 나라는 오랫동안 평안해질 것이오."

王曰: "嗚呼! 念之哉. 伯父、伯兄、仲叔、季弟、幼子、童孫, 皆聽朕言,庶有格命. 今爾罔不由慰曰勤, 爾罔或戒不勤. 天齊于民, 俾我一日, 非終惟終, 在人. 爾尙敬逆天命, 以奉我一人! 雖畏勿畏, 雖休勿休. 惟敬五刑, 以成三德. 一人有慶, 兆民賴之, 其寧惟永."

○庶(서): 아마도. ○格(격): 굳건히 하다. ○由(유): ~로써. ○齊(제): 정돈하다, 정리하다. 이곳에서는 다스리는 의미. ○終(종): 이루다, 달성하다. ○逆(역): 맞이하다. ○奉(봉): 돕다, 보좌하다. ○三德(삼덕): 공경·올바름·근면함을 가리킴. 《상서이해》는 "'천명을 겸허하게 받아 짐을 보좌해야 할 것이오!'는 공경함을 말한다. '어렵고 힘든 일이 닥쳐도 두려워 말며'는 올바름을 말한다. '쉴 수 있어도 쉬지 마시오'는 근면함을 말한다. 세 가지 덕은 바로 이 세 가지를 가리킬 것이다('敬逆天命以奉我一人', 言敬也. '雖畏勿畏', 言正也. '雖休勿休', 言勤也. 三德蓋卽指此三者)."라고 했다. ○慶(경): 잘하다. ○賴(뢰): 이롭다.

9

임금이 말했다. "아! 이리 오시오, 제후들과 대신들이여, 그대들에게 좋은 형벌이 무엇인지를 알려주겠소. 지금 그대들은 무엇으로 백성들을 편하게 해주겠소? 어진 사람이 아니겠소? 무엇에 신중해야겠소? 형벌이 아니겠소? 무엇을 잘 생각해야겠소? 공정하고 이치에 맞는 판결이 아니겠소?

王曰: "吁! 來, 有邦有土, 告爾祥刑. 在今爾安百姓, 何擇, 非人? 何敬, 非刑? 何度, 非及?

○吁(우): 감탄사. ○有邦(유방): 제후들. ○有土(유토): 봉지를 가지고 있는 대신들. ○祥刑(상형): 좋은 형벌. "상"은 좋다. "선(善)"과 통함. ○及(급): 합당하다. 사건을 심리할 때 이치에 맞고 합당하는 의미. 《사기·주본기》에는 "의(宜)"로 되어 있다.

10

원고와 피고가 모두 오면, 법관은 다섯 형벌의 조문을 살펴야 하오. 사실관계를 따져 죄가 성립되어 다섯 가지 형벌의 조문에 해당되면, 다섯 가지 형벌로 다스리시오. 다섯 가지 형벌로 다스려도 사실 관계를 확인할 수 없다면, 다섯 가지 벌금으로 다스리시오. 다섯 가지 벌금으로도 다스려도 승복하지 않으면, 다섯 가지 잘못으로 다스리시오. 그러나 다섯 가지 잘못으로 다스릴 때의 문제점은 법관이 권세를 믿고 임의로 판결하는 것, 원한이나 은혜를 갚는 것, 인정에 이끌리는 것, 뇌물을 받는 것, 청탁을 받는 것이 있소. 법관에게 이상의 문제가 있다면 그 죄는 범죄를 저지른 죄인과 같으니, 그대들은 잘 헤아려야 할 것이오!

兩造具備, 師聽五辭; 五辭簡孚, 正于五刑. 五刑不簡, 正于五罰; 五罰不服, 正于五過. 五過之疵: 惟官, 惟反, 惟內, 惟貨, 惟來. 其罪惟均, 其審克之!

○兩造(양조): 소송하는 당사자들. 원고와 피고를 말함. ○師(사): 법관. ○聽(청): 살피다. ○五辭(오사): 다섯 형벌의 조문. ○簡(간): 사실관계를 따지다. "핵(核)"과 통함. ○孚(부): 부합되다. "부(符)"와 통함. ○正(정): 다스리다. ○五刑(오형): 다섯 가지 형벌. 코 베기·다리 자르기·묵형·궁형·사형을 말함. ○五罰(오벌): 다섯 가지 유형의 벌금. ○五過(오과): 다섯 가지 허물. ○疵(자): 흠결, 문제. ○官(관): 권세를 믿고 임의로 판결함. ○反(반): 은혜나 원한을 갚는 것. ○內(내): 인정에 이끌림. ○貨(화): 뇌물을 받음. ○來(래): 청탁을 받음. ○其(기): 그. 법관을 가리킴. ○均(균): 같다, 동등하다. ○審(심): 자세하다, 상세하다. ○克(극): 사실관계를 따지다. 《한서(漢書)·형법지(刑法志)》에는 "핵(核)"으로 인용되어 있다.

11

다섯 가지 형벌로 죄를 정하는데 의심스러운 곳이 있으면, 다섯 가지 벌금으로 낮춰 처리하시오. 다섯 가지 벌금으로 죄를 정하는데 의심스러운 곳이 있으면, 다섯 가지 잘못으로 낮춰 처리하시오. 그러니 잘 살펴 처리해야 할 것이오. 여러 사람과 사실관계를 따져 형벌의 조문에 해당하는지를 살피고, 아무리 사소한 안건이라도 신중하게 따져보아야 하오. 사실관계를 따지지 않고서는 죄를 물을 수 없으니, 함께 하늘의 위엄을 공경해야 하오.

五刑之疑有赦, 五罰之疑有赦, 其審克之! 簡孚有衆, 惟貌有稽. 無簡不聽, 具嚴天威.

> ○貌(모): 사소한 일. 《설문해자》는 "묘(緢)"라고 했다. "묘"는 미세하다. ○嚴(엄): 공경하다.

12

묵형을 선고할 때 의심되는 부분이 있으면 가볍게 처리하는데, 벌금으로 100환鍰을 내게 하고, 죄의 사실관계를 따지시오. 코를 베는 형벌을 선고할 때 의심되는 부분이 있으면 가볍게 처리하는데, 벌금으로 200환을 내게 하고, 죄의 사실관계를 따지시오. 다리를 자르는 형벌을 선고할 때 의심되는 부분이 있으면 가볍게 처리하는데, 벌금으로 500환을 내게 하고, 죄의 사실관계를 따지시오. 거세하는 형벌을 선고할 때 의심되는 부분이 있으면 가볍게 처리하는데, 벌금으로 600환을 내게 하고, 죄의 사실관계를 따지시오. 사형을 선고할 때 의심되는 부분이 있으면 가볍게 처리하는데, 벌금으로 1000환을 내게 하고, 죄의 사실관계를 따지시오. 묵형에 해당되는 죄목만 해도 1000가지가 있소. 코를 베는 형벌에 해당되는 죄목만 해도 1000가지가 있소. 다리를 자르는 형벌에 해당하는 죄목은 500가지가 있소. 거세하는 형벌에 해당하는 죄목은 300가지가 있소. 사형에 해당하는 죄목은 200가지가 있소. 이 다섯 가지 형벌에 해당하는 죄목만 3000가지나 되오.

墨辟疑赦, 其罰百鍰, 閱實其罪. 劓辟疑赦, 其罪惟倍, 閱實其罪. 剕辟疑赦, 其罰倍差, 閱實其罪. 宮辟疑赦, 其罰六百鍰, 閱實其罪. 大辟疑赦, 其罰千鍰, 閱實其罪. 墨罰之屬千. 劓罰之屬千, 剕罰之屬五百, 宮罰之屬三百, 大辟之罰其屬二百, 五刑之屬三千.

○辟(벽): 죄. ○鍰(환): 무게단위. 정현은 "'환'은 '여섯 냥'이다(鍰, 六兩也)." 라고 했다. ○閱(열): 살피다. ○倍差(배차): 배의 절반. 500환(鍰)을 말함. 《상서이해》는 "배(倍)의 절반으로, 500환이다(倍之又半, 爲五百鍰)."라고 했다. ○大辟(대벽): 사형. ○屬(속): 해당되는 죄목.

13

큰 죄를 저지른 자는 무거운 형벌로 처벌하고 가벼운 죄를 저지른 자는 가벼운 형벌로 다스리시오. 근거 없고 두서없는 범인의 진술을 듣고 오판해서는 안 되며, 이미 폐기된 법은 적용해서는 안 되오. 안건을 잘 살펴 법에 따라 처리하고, 사실에 근거해 잘 판단하시오! 무거운 형벌을 내렸어도 경감해주어야 할 경우에는, 가벼운 형벌로 다스리시오. 가벼운 형벌을 내렸어도 무거운 형벌을 내려야 한다면, 무거운 형벌로 다스리시오. 여러 가지 형벌을 무겁게 하거나 가볍게 할 때는 융통성이 있어야 하오. 형벌의 경중은 시대에 따라 무거워지기도 하고 가벼워지기도 하는 것이니, 같고 다름은 그 나름대로의 이치와 요구가 있는 것이오.

上下比罪, 無僭亂辭, 勿用不行, 惟察惟法, 其審克之! 上刑適輕, 下服; 下刑適重, 上服. 輕重諸罰有權. 刑罰世輕世重, 惟齊非齊, 有倫有要.

○上下(상하): 죄의 경중. 이곳에서는 큰 죄를 지은 사람과 가벼운 죄를 지은 사람을 가리킴. ○比(비): 비교하고 맞춰봄. ○僭亂(참란): 근거가 없고 두서가 없음. ○不行(불행): 이미 폐기된 법. ○適(적): 적합하다, 알맞다. ○服(복): 복역하다. ○權(권): 융통성을 가지고 처리함. ○齊(제): 같다. ○倫(윤): 이치, 도리. ○要(요): 요구.

14

형벌은 사람을 죽이는 것은 아니지만, 사람을 병보다 더한 고통을 받게 하오. 말 잘하는 사람에게 사건을 맡기지 마시오. 어진 이에게 사건을 맡기면, 재판이 공정하고 합리적으로 진행될 것이오. 진술에서 앞뒤가 맞지 않는 곳을 살핀다면, 반발하던 죄인은 자신의 죄를 인정할 것이오. 가련한 마음을 가지고 사건을 판결하고, 형법 책을 분명하게 펼쳐 해당 법률조문을 헤아린다면, 공정하고 합리적인 재판이 될 것이오. 어떤 형벌을 내리든, 꼼꼼하게 사실관계를 잘 살펴야 할 것이오! 사건에 대한 판결이 나면 사람들은 이를 받아들일 것이오. 판결이 바뀐다 해도, 사람들은 받아들일 것이오. 형벌을 내릴 때는 신중함이 중요하오. 두 가지 죄를 저질렀다면 한 가지 형벌로 다스릴 수도 있을 것이오."

罰懲非死, 人極于病. 非佞折獄. 惟良折獄, 罔非在中. 察辭于差, 非從惟從. 哀敬折獄, 明啓刑書胥占, 咸庶中正. 其刑其罰, 其審克之! 獄成而孚, 輸而孚. 其刑上備, 有幷兩刑."

○極(극): 고통. ○佞(영): 말 잘하는 사람. ○折獄(절옥): 사건을 판결함. "절"은 판단하다. ○差(차): 진술이 앞뒤가 맞지 않음. ○非從(비종): 죄를 인정하지 않는 사람. ○敬(경): 가련하다, 불쌍히 여기다. ○啓(계): 펼치다. ○占(점): 짐작하다, 헤아리다. ○庶(서): 아마도. ○獄成(옥성): 재판이 끝남. ○孚(부): 믿다. ○輸(수): 바꾸다. 《광아》는 "'수'는 '바꾸다'의 의미이다(輸, 更也)"라고 했다. ○備(비): 신중하다. 《설문해자》는 "'신중하다'의 의미이다(愼也)."라고 했다. ○有幷兩刑(유병양형): 두 가지 형벌은 하나의 형벌로 합해 집행함.

형법서를 분명하게 펼쳐 보는 그림 (明啓刑書圖)

"병"은 합하다. 《상서정독》은 "동시에 두 가지 죄를 범하면, 하나의 죄로 적용하고, 더 이상 다른 죄를 따지지 않는다. 이 모두는 너그럽고 후한 의미를 보여주는 것이다(兩罪俱發, 則但科以一罪, 不復責其餘, 皆取寬厚之意也)."라고 했다.

15

임금이 말했다. "아아! 공경하시오! 제후들과 짐의 종친 대신들께서는 짐의 말을 늘 경계하고 두려워해야 할 것이오. 짐은 형벌을 대단히 공경하여, 덕망이 높은 사람도 잘못을 하면 벌을 줄 수 있소. 지금 하늘이 백성들을 돕고 있으니, 그대들은 아래에서 하늘의 뜻에 잘 협력해야 할 것이오. 증거가 없는 한쪽의 말은 잘 살펴야 하오. 백성들의 안건을 잘 처리하려면, 소송하는 쌍방의 진술을 한쪽으로 치우침이 없이 들으며, 양쪽의 진술로 개인의 이익을 도모해서는 안 될 것이오. 벌금은 죄인을 벌하기 위해 내리는 것이니 자신의 재물로 여겨서는 안 될 것이오. 그렇게 한다는 것은 범죄를 저지르는 일이니, 사람들과 같은 죄로 다스릴 것이오. 영원히 두려워해야 할 것은 하늘의 벌이오. 하늘은 공정하지 않음이 없는데, 사람들이 천명을 거부할 따름이오. 하늘의 벌이 그대들에게 미치지 않는다면, 천하의 사람들은 훌륭한 정치를 누리지 못할 것이오."

쌍방의 진술을 공평하게 듣는 그림 (中聽兩辭圖)

王曰: "嗚呼! 敬之哉! 官伯族姓, 朕言多懼. 朕敬于刑, 有德惟刑. 今天相民, 作配在下. 明淸于單辭, 民之亂, 罔不中聽獄之兩辭, 無或私家于獄之兩辭! 獄貨非寶, 惟府辜功, 報以庶尤. 永畏惟罰, 非天不中, 惟人在命. 天罰不極, 庶民罔有令政在于天下."

○官伯(관백): 제후. ○族姓(족성): 임금과 같은 성씨의 대신들. ○敬(경): 공경하다. ○相(상): 돕다. ○配(배): 협력하다, 맞추다. 하늘의 뜻에 잘 맞춤. ○淸(청): 분명하다. ○單辭(단사): 한쪽의 말. ○兩辭(양사): 양쪽의 말. ○利家(이가): 이익을 도모해 가문을 이롭게 함. "사"는 개인의 이익을 도모함. ○獄貨(옥화): 벌금. ○府(부): 취하다. ○辜(고): 죄. ○功(공): 일. ○報(보): 판결하다, 다스리다. ○尤(우): 죄. ○在(재): 끝나다. ○極(극): 이르다, 미치다. ○令政(영정): 어진 정치, 훌륭한 정치.

16

임금이 말했다. "아아! 자손들이여, 지금부터 그대들은 무엇을 경계로 삼겠소? 덕이 아니겠소? 백성들과 관련된 사안은 잘 듣고 처리해주시오! 형벌을 사용해 백성들을 다스리시오. 무수하게 올라오는 송사를 다섯 가지 형벌에 맞게, 공정하고 분명하게 처리한다면 백성들은 기뻐할 것이오. 그대들은 짐의 어진 백성들을 물려받아 다스림에, 이런 착한 형벌을 중시해야 할 것이오."

王曰: "嗚呼! 嗣孫, 今往何監, 非德? 于民之中, 尙明聽之哉! 哲人惟刑. 無疆之辭, 屬于五極, 咸中有慶. 受王嘉師, 監于玆祥刑."

○今往(금왕): 지금 이후. ○中(중): 안건. ○哲(철): 다스리다. "절(折)"과 통함. ○辭(사): 송사. ○屬(속): 들어맞다, 부합되다. ○五極(오극): 다섯 가지 형벌. ○嘉師(가사): 훌륭한 백성들. ○監(감): 중시하다.

제56편 문후지명文侯之命: 문후에게 명함

해제

문후文侯는 진晉 문후文侯를 말한다. 그의 이름은 구仇, 자는 의화義和이다. 본편은 주 평왕平王이 진 문후의 공적을 치하하는 책서이다.
주 유왕幽王은 황음무도하고, 포사褒姒를 총애했다. 포사는 아들 백복伯侯을 낳았다. 유왕은 신후申后와 태자 의구宜臼를 폐위시키고, 포사를 왕후로 세우고 그의 아들 백복을 태자로 삼았다. 신후의 부친 신후申后가 견융犬戎과 연합하여 유왕을 공격해 살해했다. 제후들은 의구를 임금으로 세웠는데, 이가 바로 주 평왕이다. 진 문후와 정鄭 무공武公 등은 주 평왕을 보좌하여 난을 일으킨 견융을 진압하고 낙읍洛邑으로 천도했다. 평왕은 진 문후의 공적을 치하하는 뜻에서 그에게 수레·말·활·화살을 하사하고, 〈문후지명文侯之命〉을 지었다.
《사기》의 〈주본기周本紀〉·〈진세가晉世家〉와 《신서新序·선모편善謀篇》은 본편이 주 양양襄王 때 지어졌으며, 문후는 진 문공 중이重耳라고 했다. 대부분의 주석가들이 이 설을 따르고 있다.

1

주 평왕이 진 문후에게 검은 기장으로 빚은 술 한 병과 손잡이가 홀 모양으로 된 술그릇을 하사하며, 《문후지명》을 지었다.

平王錫晉文侯秬鬯、圭瓚, 作《文侯之命》.

○문후(文侯): 이름은 구(仇), 자는 의화(義和). 신후(申侯)와 견융(犬戎)이 유왕(幽王)을 시해하자 문후가 정(鄭)나라의 무공(武公)과 함께 태자 의구(宜臼)를 평왕(平王)으로 추대하고 낙읍으로 천도하였다고 함. ○秬鬯(거창): 검은 기장과 향초로 빚은 술. ○圭瓚(규찬): 손잡이가 홀(笏) 모양으로 된 술그릇.

2

임금이 이렇게 말했다. "백부가 되시는 의화義和시여! 크게 빛나는 문왕과 무왕께서는 신중하게 정사를 보시고 힘써 덕을 행하셨습니다. 그 은덕은 하늘에까지 알려지고, 명성은 백성들 사이에 자자합니다. 그래서 하늘은 문왕에게 큰 명을 내려주었습니다. 또 당시의 공경대부들은 문왕의 좌우에서 열심히 자신들의 군주를 섬기고, 크고 작은 계획들을 잘 따랐습니다. 그래서 선대의 대왕들께서는 편안하게 제위에 있을 수 있었습니다.

王若曰: "父義和! 丕顯文、武, 克愼明德, 昭升于上, 敷聞在下, 惟時上帝集厥命于文王. 亦惟先正克左右昭事厥辟, 越小大謀猷罔不率從, 肆先祖懷在位.

평왕이 문후에게 명하는 그림 (王命文侯圖)

○父(부): 임금이 같은 성씨의 연장자를 높여 부르는 말. ○義和(의화): 문후(文侯)의 자. ○昭(소): ~하게 되다. "현(見)"과 통함. ○升(승): 올라가다. 하늘에까지 알려졌다는 의미. ○惟時(유시): 이에. ○集(집): 내리다. ○先正(선정): 당시의 공경대부들. 정현은 "당시의 신하들로, 공경대부들을 말한다(先民, 謂公卿大夫也)."라고 했다. ○左右(좌우): 임금의 좌우. ○昭(소): 힘쓰다, 노력하다. "쇠(釗)"와 통함. ○越(월): ~에 대해서. "우(于)"와 통함. ○肆(사): 그래서. ○懷(회): 편안하다.

3

아아! 불행히도 이 사람이 왕위를 잇고서, 하늘로부터 큰 벌을 받았습니다. 백성들의 재산은 없어지고, 많은 나라들의 침략을 받고 있습니다. 지금 업무를 맡고 있는 짐의 신하 중에는 오랫동안 국사를 돌 본 경험 많은 어른이 없습니다. 저는 정말이지 직책을 감당해낼 수 없습니다. 조부와 아버지뻘이 되시는 제후들께서 저와 함께 근심해주었으면 합니다. 아아! 저를 위해 공을 세우셔서, 제가 오래오래 제위에 편안히 있도록 해주십시오.

嗚呼! 閔予小子嗣, 造天丕愆. 殄資澤于下民, 侵戎我國家純. 卽我御事, 罔或耆壽俊在厥服, 予則罔克. 曰惟祖惟父, 其伊恤朕躬! 嗚呼! 有績予一人, 永綏在位.

○閔(민): 가련하다, 불행하다. ○造(조): 만나다, 당하다. ○丕愆(비건): 큰 벌. ○殄(진): 끊어지다, 없어지다. ○資澤(자택): 재산. "택"은 "녹(祿)"과 통함. "녹"은 재산의 의미. ○侵戎(침융): 침략하다. "융"은 공격하다. 《상서이해》는 "'융'은 동사로, '공격하다'의 의미이다(戎, 動詞, 猶伐也)."라고 했다. ○純(순): 크다, 많다. 《죽서기년(竹書紀年)》은 "유왕 11년, 신 땅 사람·증 땅 사람과 견융이 종주를 침략하여 임금과 왕자 백복을 살해했다(幽王十一年, 申人、鄫人及犬戎入宗周, 殺王及王子伯服)."라고 했다. ○卽(즉): 지금. ○耆壽(기수): 유능하고 경험 많은 연장자. ○俊(준): 오래되다. "준(駿)"과 통함. 《상서변지》는 "'준(俊)'은 '준(駿)'으로 읽어야 한다(俊, 當讀爲駿)."라고 했다. 《이아·석고(釋詁)》는 "'준'은 '오래되다'의 의미이다(駿, 長也)."라고 했다. ○服(복): 직위. ○克(극): 감당하다. ○曰(왈): 어조사. "율(聿)"과 같은 의미. ○其(기): 바라다. ○伊(이): 어조사. ○績(적): 공을 세움. 《이아·석고(釋詁)》에는 "'이루다'의 의미이다(成也)."라고 했다.

4

백부가 되는 의화시여! 백부님께서는 위대하신 선조이신 당숙唐叔을 계승하십시오. 백부님께서 문무 관원들을 잘 통제하시고, 제후들을 불러 모으시어, 백부님의 선조의 덕을 따르십시오. 백부님께서 많은 전공을 세우신다면, 제가 어려움에 빠졌을 때 저를 지켜주실 수 있을 것입니다.

백부님께서 이렇게 한다면, 저는 백부님을 크게 찬미할 것입니다."

父義和! 汝克昭乃顯祖, 汝肇刑文武, 用會紹乃辟, 追孝于前文人. 汝多, 修扞我于艱, 若汝, 予嘉."

○昭(소): 계승하다. "소(紹)"와 통함. ○顯祖(현조): 위대하신 선조. 진나라의 시조인 당숙(唐叔)을 말함. ○肇(조): 힘쓰다, 노력하다. ○刑(형): 통제하다. ○會紹(회소): 불러 모음. "소"는 "소(召)"와 통함. ○辟(벽): 제후. ○追孝(추효): 본받고 따름. "효"는 본받다. "효(效)"와 통함. ○文人(문인): 문덕이 있는 사람. 이곳에서는 진(晉)나라의 시조인 당숙(唐叔)을 말함. ○다(多): 많다. 많은 전공을 세움을 의미. ○修(수): 공경하다. ○扞(한): 지키다, 보위하다.

5

임금이 말했다. "백부가 되시는 의화시여! 돌아가셔서 백부님의 군사들을 잘 다스리시어, 백부님의 나라를 부강하게 하소서. 지금 백부님에게 검은 기장으로 빚은 술 한 병·붉은 활 하나·붉은 화살 백대·검은 활 하나·검은 화살 백대와 말 네 필을 하사하옵니다.

王曰: "父義和! 其歸視爾師, 寧爾邦. 用賚爾秬鬯一卣; 彤弓一, 彤矢百; 盧弓一, 盧矢百; 馬四匹.

○其(기): 바라다. ○視(시): 다스리다. ○師(사): 군대. ○賚(뢰): 하사하다. ○卣(유): 술통. ○彤(동): 붉다. ○盧(노): 검다.

6

백부님, 돌아가십시오! 먼 곳의 신민들을 잘 어루만지고 가까운 곳의 신민들과 사이좋게 지내십시오. 백성들을 아끼고 편안하게 해주시고, 정사를 소홀히 하고 편안함을 추구하지 마십시오. 백부님께서 온 마음을 다하여 나라를 안정되게 이끄신다면, 백부님께서는 큰 덕을 이루실 것입니다."

父往哉! 柔遠能邇, 惠康小民, 無荒寧. 簡恤爾都, 用成爾顯德."

○柔(유): 어루만지다. ○能(능): 사이좋게 지냄. ○邇(이): 가깝다. ○惠(혜): 아끼다, 사랑하다. ○荒寧(황녕): 정무를 소홀히 하고 편안함을 추구함. ○簡(간): 마음을 다 기울이다. ○恤(휼): 안정하다. ○都(도): 나라.

제57편 비서費誓: 비 땅에서의 출정사

해제

비費는 지명으로, 지금의 산동성山東省 비현費縣 서북쪽에 있다. 《설문해자》에는 조粊로 인용되어 있고, 《사기》에는 힐肹로 되어 있다. 당나라 때 비費로 고쳐졌다.
본편은 노공魯公 백금伯禽이 군사를 이끌고 회이淮夷와 서융徐戎을 정벌하고, 노나라의 비 땅에서 반포한 글이다.
《사기·노주공세가魯周公世家》는 노공이 주공의 아들 백금인 점을 들어, 본편은 관숙管叔과 채숙蔡叔이 반란을 일으켰을 때 지어졌다고 했다. 당대 나온 《상서공씨전》은 주공이 정치에 복귀한 후에 지어졌다고 했다.

1

노후魯侯 백금伯禽이 곡부曲阜에 살고 있을 때, 서융徐戎과 회이淮夷가 함께 반란을 일으켰다. 이 때문에 노나라의 동쪽 교외가 편할 날이 없었다. 노후는 이들을 정벌하고자 《비서》를 지었다.

魯侯伯禽宅曲阜, 徐、夷幷興, 東郊不開, 作《費誓》.

○伯禽(백금): 주공의 아들. ○曲阜(곡부): 노(魯)나라의 수도. ○徐(서): 부족이름. 서융(徐戎)을 말함. 강소성(江蘇省) 서주(徐州) 일대에 거주했음. ○淮夷(회이): 부족이름. 회하(淮河) 하류지역에 거주했음. ○興(흥): 일어나다. 반란을 일으켰음을 의미. ○不開(불개): 문을 열지 않음. 정세가 매우 불안했음을 의미. 《상서정의》는 "서융과 회이는 노나라의 동쪽에 있었는데…… 노나라 제후는 그들이 국경을 침범하여 위협하는 것이 두려웠기 때문에 동쪽 교외의 문을 열지 않았다(戎、夷在魯之東……恐其侵逼魯境, 故東郊之門不開)."라고 했다.

2

공이 말했다. "어허! 사람들은 떠들지 말고, 명을 들으시오. 지금 저 회이와 서융이 함께 반란을 일으켰소. 그대들의 갑옷과 투구를 잘 깁고, 그대들의 방패를 잘 이으시오. 소홀히 해서는 안 될 것이오. 그대들의 활과 화살을 준비하고, 그대들의 창을 벼리고, 그대들의 칼날을 가시오. 준비를 잘 하지 않으면 안 될 것이오!

회이와 서융이 반란을 일으키는 그림
(淮夷徐戎圖)

公曰: "嗟! 人無譁, 聽命. 徂玆淮夷、徐戎幷興. 善敹乃甲冑, 敿乃干, 無敢不弔! 備乃弓矢, 鍛乃戈矛, 礪乃鋒刃, 無敢不善!

○譁(화): 떠들다. ○徂(조): 지금. 《경전석사》는 "'조'는 '차'로 읽는다. '차'는 '지금'의 의미이다(徂, 讀爲且. 且今也)."라고 했다. ○善(선): 잘하다. ○敹(료): 꿰매다. ○敿(교): 매다, 연결하다. ○干(간): 방패. ○不弔(부조): 잘 준비하지 않음, 소홀히 함. "조"는 잘하다. ○鍛(단): 벼리다. ○礪(려): 갈다.

3

지금 우리에 가두어둔 소와 말을 대대적으로 방목할 것이니, 그대들이 쳐 놓은 덫을 거둘 것이며, 그대들이 만든 함정을 메우시오. 소와 말을 해쳐서는 안 될 것이오. 소와 말이 다친다면, 그대들은 그에 합당한 벌을 받을 것이오.

今惟淫舍牿牛馬, 杜乃擭, 敜乃穽, 無敢傷牿. 牿之傷, 汝則有常刑!

○淫(음): 크게, 대대적으로. ○舍(사): 놓아주다, 풀어주다. ○牿(곡): 우리, 외양간. ○杜(두): 막다. ○擭(획): 덫. ○斂(엽): 메워서 막다. ○牿之傷(곡지상): 풀어준 소와 말이 다침. ○常刑(상형): 일정한 형벌. 죄에 합당한 벌을 내린다는 의미.

4

방목한 말과 소가 달아나거나 하인과 하녀가 도망가도, 대오를 떠나면서까지 추격하지 마시오. 이들을 찾았을 경우 공경하게 주인에게 돌려준다면, 나는 그대들에게 상을 내릴 것이오. 만일 마음대로 대오를 이탈해 추격하거나 물건을 찾고도 주인에게 돌려주지 않는다면, 그대들은 그에 합당한 벌을 것이오. 물건을 빼앗거나 훔쳐서도 안 될 것이오. 담을 넘거나 짐승을 훔치거나 하인과 하녀를 꾀인다면, 그대들은 그에 합당한 벌을 받을 것이오!

馬牛其風, 臣妾逋逃, 勿敢越逐, 祗復之, 我商賚汝. 乃越逐不復, 汝則有常刑! 無敢寇攘, 踰垣墻, 竊馬牛, 誘臣妾, 汝則有常刑!

○風(풍): 달아남. ○臣妾(신첩): 하인. 남자하인을 "신", 여자하인을 "첩"이라 함. ○逋逃(포도): 도망감. "포"는 달아나다. ○越逐(월축): 대오를 이탈해 추격함. ○復(복): 돌려주다. ○商(상): 상(賞)과 통함. ○乃(내): 만약. ○寇攘(구양): 빼앗고 훔친. ○踰(유): 넘다. ○垣牆(원장): 담.

5

갑술일, 우리는 서융을 칠 것이오. 그대들의 건량을 준비하시오. 한시라도 지체해서는 안 될 것이오. 지체한다면 그대들은 죽음을 면치 못할 것이오! 우리 노나라는 성 밖 경대부들의 봉읍에서 군사들을 모을 것이니, 그대들은 담을 쌓는 자재들을 준비하시오. 갑술일, 나는 성을

건량을 준비하는 그림 (峙乃糗糧圖)

쌓을 것이니, 반드시 공급하도록 하시오. 공급이 되지 않으면 그대들은 종신토록 풀어주지 않는 벌을 받을 것이오, 죽이지만 않을 뿐이오. 우리 노나라는 성 밖 경대부들의 봉읍에서 군사들을 모을 것이니, 그대들은 소와 말의 여물을 준비하시오. 한시라도 지체해서는 안 될 것이오. 지체한다면 그대들은 죽음을 면치 못할 것이오."

"甲戌, 我惟征徐戎. 峙乃糗糧, 無敢不逮; 汝則有大刑! 魯人三郊三遂, 峙乃楨榦. 甲戌, 我惟築, 無敢不供; 汝則有無餘刑, 非殺. 魯人三郊三遂, 峙乃芻茭, 無敢不多; 汝則有大刑!"

○峙(치): 갖추다, 준비하다. ○糗糧(구량): 마른 식량, 건량. "구"는 볶은 쌀이나 보리 등의 곡물. ○逮(체): 이르다, 도달하다. ○大刑(대형): 사형. ○三郊三遂(삼교삼수): 도성 밖 경대부들의 봉읍에서 군사를 모으는 것. "삼"은 성 밖 경대부들이 소유한 봉읍의 등급을 나타냄. "교"는 성 밖의 근교(近郊). "수"는 성 밖의 원교(遠郊). 고대에는 병사를 징집할 때 성 밖 근교와 원교의 마을에서부터 먼저 군사를 징집했다. 이것으로 부족할 경우 전국적으로 군사를 징집했다. ○楨榦(정간): 담을 쌓는 도구를 말함. "정"은 담을 쌓을 때 담의 두 끝에 세우는 기둥. "간"은 담을 쌓을 때 좌우 양쪽에 세우는 기둥. ○餘(여): 석방하다, 풀어주다. 《상서변지》는 "'여'와 '사'는 서로 빌려 통용된다. '사'는 '풀어주다'의 의미이다(餘舍二字得相通借. 舍, 釋也)."라고 했다. ○芻茭(추교): 소와 말을 먹이는 여물. ○多(다): 미치다, 도달하다. 《사기·노주공세가(魯周公世家)》에는 "급(及)"으로 되어 있다. 앞 문장에 나온 "체(逮)"와 같은 의미.

제58편 진서秦誓: 진 땅에서의 출정사

해제

노魯 희공僖公 33년, 목공穆公은 대장군 맹명시孟明視·서걸술西乞術·백을병白乙丙에게 군사를 내주고 먼 길을 돌아 정鄭나라를 기습하도록 했다. 연로한 신하 건숙蹇叔이 목공에게 출병하지 말 것을 극력 간언했으나 목공은 듣지 않았다. 행군 중, 진秦나라 군대는 정나라의 방비가 잘 되어있음을 알고 하는 수 없이 활滑나라를 멸하고 철군했다. 철군하는 길에 효산崤山에서 진晉나라 군의 공격을 받아 전군이 몰살당했다.

본편은 진秦나라 장수가 귀환했을 때 진 목공이 그들과 군신에게 한 말이다.

1

진秦 목공이 정나라를 정벌하자, 진晋 양공은 군사를 이끌고 효산崤山에서 진秦나라 군대를 크게 무찔렀다. 포로로 잡힌 진秦나라의 장수가 귀환하자, 목공은 잘못을 뉘우치고 군신들을 일깨워주고자 《진서》를 지었다.

秦穆公伐鄭, 晉襄公帥師敗諸崤, 還歸, 作《秦誓》.

○帥師(사사): 군대를 이끌다. ○諸(제): ~에서. 지우(之于)의 합음. ○崤(효): 산 이름. 지금의 하남성 서쪽에 있음. ○還歸(환귀): 귀환하다. 진(晉)나라에 포로가 된 진(秦)나라의 장수 맹명시(孟明視)·서걸술(西乞術)·백을병(白乙丙)이 본국으로 귀환한 것을 말함.

2

공이 말했다. "어허! 짐의 신하들이여, 떠들지 말고 잘 들으시오! 짐이 그대들에 중요한 말을 하겠소. 옛 사람이 말했소. '사람이 하고 싶은 대로 하면, 많은 문제가 생긴다. 사람을 탓하는 것은 어려운 일이 아니다. 사람에게 비난을 받고도 물 흐르듯 순종한다면, 이것이야말로 어려움에 빠지는 것이다.' 내 마음은 정말 근심걱정으로 가득하오. 시간은 또 하루하루 지나가고 다시 돌아오지 않으니 말이오.

公曰: "嗟! 我士, 聽無譁! 予誓告汝群言之首. 古人有言曰: '民訖自若, 是多盤. 責人斯無難, 惟受責俾如流, 是惟艱哉!' 我心之憂, 日月逾邁, 若弗云來.

○群言之首(군언지수): 여러 말 중 가장 중요한 말. "수"는 으뜸, 근본. ○訖(흘): 다하다. ○自若(자약):자기 하고 싶은 대로 함. "약"은 따르다. ○盤(반): 착오, 잘못. 청나라 사람 유월(兪樾)은 《상서평의(尙書平議)》에서 "'반(盤)'은 '반(般)'과 통한다(盤般通)."라고 했다. 《설문해자》는 "'반'은 '허물'의 의미이다(般, 辟也)."라고 했다. ○俾(비): 따르다. ○逾邁(유매): 지나가다. "유"는 넘어가다, 지나다. "매"는 지나다, 경과하다. ○若(약): 바로, 곧. 《소이아》는 "'약'은 '곧'의 의미이다(若, 乃也)."라고 했다. ○云(운): 어조사.

나이 많고 경험 많은 사람에게 가르침을 구하는 그림 (詢玆黃髮圖)

3

옛날에 국정을 도모한 신하들은 내 생각대로 움직이지 않고 다른 의견을 제기하오. 지금 국정을 도모하는 신하들은 내 생각대로 따라만 하기 때문에 짐은 잠시 그들과 가까이했소. 말은 이렇게 하지만, 그래도 국가대사는 나이 많고 경험 많은 사람에게 가르침을 청해야,

잘못되지 않을 것이오."

惟古之謀人, 則曰未就予忌; 惟今之謀人, 姑將以爲親. 雖則云然, 尙猷詢玆黃髮, 則罔所愆."

○忌(기): 의지, 생각. 《설문해자》에는 "기(惎)"로 인용되어있다. "기"는 가르치다. ○姑(고): 잠시. ○猷(유): 도리, 이치. 국가대사를 의미. ○詢(순): 묻다, 꾀하다. ○黃髮(황발): 나이가 연로한 사람. 이곳에서는 경험 많고 어진 신하를 가리킴.

4

저 백발이 성성한 어진 신하들은 힘은 떨어져도 나는 그들을 가까이 해야 하오. 저 건장하고 용맹한 사람들은 활을 잘 쏘고 말을 잘 타도, 그들은 나의 바람을 충족시켜주지 못하오. 저 천박하게 교묘한 말이나 잘하는 사람들은 군자들을 경솔하게 하고 게으르게 만드니, 내가 어떻게 저들을 가까이 두겠소!

番番良士, 旅力旣愆, 我尙有之. 仡仡勇夫, 射御不違, 我尙不欲. 惟截截善諞言, 俾君子易辭, 我皇多有之!

○番番(번번): 백발이 성성함. "파(皤)"와 통함. ○旅力(여력): 근육의 힘. 이곳에서는 체력을 의미. "려"는 "여(膂)"와 통함. ○愆(건): 부족하다, 손해보다. "건(騫)"과 통함. ○有之(유지): 그들을 가까이 함. 왕염손(王念孫)은 "그들과 친하게 지내다(親之)"와 같다고 했다. ○仡仡(흘흘): 건장하고 용맹함. ○欲(욕): 요구나 바람을 채움. ○截截(절절): 천박하다. ○諞言(편언): 교묘한 말. ○易辭(이사): 경솔하고 게으름. "이"는 경솔하다. "사"는 게으르다. 《공양전(公羊傳)》에는 "태(怠)"로 인용되어 있다. 《상서정독》은 "옛날 음에서 '사'는 '태'로 읽는다(古音辭讀如怠也)."라고 했다. ○皇(황): 하물며, 더군다나. ○有(유): 가까이하다. 앞 문장의 "아상유지(我尙有之)"의 "유지"와 의미가 같음.

5

짐은 곰곰이 생각해봤소. 재주는 없어도 성실한 신하라면, 넓은 마음을 가지고 있어서 사람들을 포용할 줄 알 것이오. 다른 사람이 재능을 가지고 있다면, 자신이 재능을 가진 것처럼 여길 것이오. 다른 사람이 어질고 뛰어나다면, 입으로 훌륭하다고 말할 뿐만 아니라 진심으로 그를 좋아할 것이오. 이렇게 마음이 넓고 포용할 줄 아는 사람을 등용해야, 우리의 자손과 백성들을 지켜주고, 이롭게 할 것이오. 사람이 재주가 있으면, 시기하고 미워하오. 사람이 어질고 뛰어나면, 그를 막고 군주가 알지 못하게 하오. 이렇게 마음이 좁고 포용할 줄 모르는 사람을 등용하면, 우리 자손과 백성들을 지킬 수 없고, 위태롭게 할 것이오!

昧昧我思之, 如有一介臣, 斷斷猗無他技, 其心休休焉, 其如有容. 人之有技, 若己有之. 人之彦聖, 其心好之, 不啻若自其口出. 是能容之, 以保我子孫黎民, 亦職有利哉! 人之有技, 冒疾以惡之. 人之彦聖, 而違之俾不達. 是不能容, 以不能保我子孫黎民, 亦曰殆哉!

○昧昧(매매): 몰래, 가만히. ○一介(일개): 한 명, 일개. ○斷斷(단단): 성실하다. 《광아·석훈(釋訓)》은 "'단단'은 '성실하다'의 의미이다(斷斷, 誠也)."라고 했다. ○猗(의): 어조사. ○休休(휴휴): 마음이 넓음. ○如(여): ~할 수 있다. 《공양전(公羊傳)》에는 "능(能)"으로 인용되어 있다. ○彦聖(언성): 재주와 덕이 있는 사람. ○不啻(불시): ~할뿐만 아니라. ○若(약): 훌륭하다. ○自(자): ~로부터. ○職(직): 아마도. 《대학(大學)》에는 "상(尙)"으로 인용되어 있다. ○冒嫉(모질): 질투하다. "모"는 "모(娼)"와 통함. "모"는 시기하다. ○惡(오): 미워하다. ○違(위): 막다, 저지하다. 정현은 "'어그러지다'와 같은 의미이다(猶戾也)."라고 했다. ○不達(불달): 임금에게 이르지 못하게 함. 임금이 알지 못하게 한다는 의미. ○曰(왈): 어조사.

6

나라가 불안해지는 것은 군주가 사람을 잘못 썼기 때문이고, 나라가 번영을 구가하는 것은 군주가 사람을 잘 썼기 때문이오."

邦之杌隉, 曰由一人; 邦之榮懷, 亦尙一人之慶."

○杌隉(올얼): 불안함, 위태함. ○曰(왈): 어조사. ○由(유): ~때문이다. ○懷(회): 평안하다. ○慶(경): 잘하다.

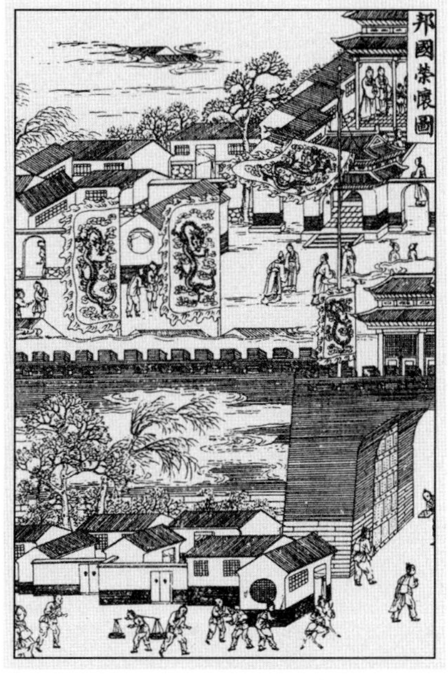

나라가 번영을 구가하는 그림 (邦國榮懷圖)

| 역주자 소개 |

권용호

경북 포항 출생. 중국 난징대학교 중문과에서 고전희곡을 전공했으며, 위웨이민(俞爲民) 선생의 지도 아래 ≪송원남희곡률연구(宋元南戲曲律研究)≫로 박사학위를 취득했다. 현재 한동대학교 객원교수로 있으면서 중국 고전문학의 연구와 번역에 힘을 쏟고 있다. 특히 거시적 관점에서의 중국문학연구와 중국학의 토대가 되는 경전의 읽기와 번역에 관심을 두고 있다. 저서로는 ≪아름다운 중국문학≫, ≪아름다운 중국문학2≫, ≪중국문학의 탄생≫이 있고, 번역한 책으로는 ≪중국역대곡률논선≫, ≪송원희곡사≫, ≪중국 고대의 잡기≫(공역), ≪초사≫, ≪장자내편역주≫, ≪그림으로 보는 중국희극사≫, ≪꿈속 저 먼 곳 - 남당이주사≫(공역), ≪송옥집≫ 등이 있다.

서경書經

초판 1쇄 인쇄 2018년 4월 20일
초판 2쇄 발행 2019년 1월 7일

역 주 자 | 권용호
펴 낸 이 | 하운근
펴 낸 곳 | 學古房

주　　소 | 경기도 고양시 덕양구 통일로 140 삼송테크노밸리 A동 B224
전　　화 | (02)353-9908 편집부(02)356-9903
팩　　스 | (02)6959-8234
홈페이지 | http://hakgobang.co.kr
전자우편 | hakgobang@naver.com, hakgobang@chol.com

등록번호 | 제311-1994-000001호

ISBN 978-89-6071-747-3 93140

값 : 25,000원

이 도서의 국립중앙도서관 출판예정도서목록(CIP)은 서지정보유통지원시스템 홈페이지(http://seoji.nl.go.kr)와 국가자료공동목록시스템(http://www.nl.go.kr/kolisnet)에서 이용하실 수 있습니다. (CIP제어번호 : CIP2018011966)